Dumas (fils)

Aventures de quatre femmes

AVENTURES

DE

QUATRE FEMMES

Paris.— Typ. Morris et Compagnie, rue Amelot, 64.

AVENTURES

DE

QUATRE FEMMES

ET

D'UN PERROQUET

PAR

ALEXANDRE DUMAS FILS

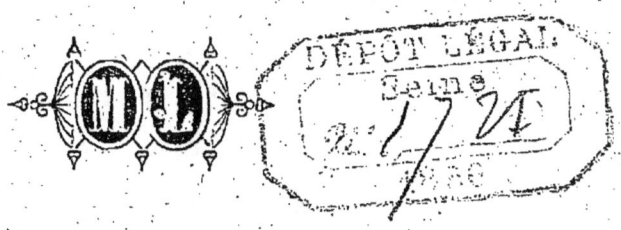

PARIS

MICHEL LÉVY FRÈRES, LIBRAIRES-ÉDITEURS

RUE VIVIENNE, 2 BIS

—

1856

Droits de traduction et de reproduction réservés.

I

Des émotions que peut éprouver un homme en regardant brûler un bout de chandelle.

Si, par une belle nuit du mois de mai 1836, vous eussiez parcouru les toits en compagnie d'Asmodée comme don Cléophas, l'écolier d'Alcala, voici ce que le diable boiteux vous eût fait voir dans une mansarde de la rue Saint-Jacques.

D'abord une fois le toit enlevé, vous eussiez découvert une pauvre chambre poussée comme une excroissance au front d'une maison sale. Une fenêtre aux vitres verdâtres se fermait sur cette mansarde, comme une paupière souffrante, dès les premières brises de l'hiver, et ne s'ouvrait plus qu'au premier azur du printemps; semblable à ces fleurs qui, les racines prises dans la fange, tournent leur tête maladive au soleil, lui demandent un rayon, et lui rendent un parfum. Car souvent l'été, rien n'est joyeux comme ces fenêtres à pignon qui, déshéritées de tout ce que donne la terre, absorbent, les premières, tout ce qui vient du ciel, et qui, aimées du Seigneur pour leur pauvreté, ont d'autant plus de soleil pendant les temps bleus qu'elles ont de neige pendant la saison grise.

Et cependant alors, on les voit, oubliées et méprisées de ceux qui passent, s'ouvrir, offrant à l'air quelques pots de marguerites, de roses ou de lilas achetés la veille, et qui fleurissent près du pantalon d'enfant destiné aux toilettes du dimanche, pour que le soleil, leur visiteur et ami quotidien, en faisant épanouir les uns, fasse sécher l'autre.

Donc, le toit de la maison de la rue Saint-Jacques soulevé, vous eussiez vu une chambre éclairée faiblement par la lueur enfumée d'une chandelle. Au fond de cette chambre petite, étroite, phthisique, si l'on peut s'exprimer ainsi, un lit dans lequel, aux trois quarts effacée par l'ombre, dormait une jeune femme, cachant sa tête blonde sous son bras, comme l'oiseau sous son aile, et rêvant peut-être en ce moment un de ces bonheurs que ne lui donnait jamais le réveil.

Assis près du lit et accoudé sur l'oreiller, était un homme encore jeune, aux cheveux et aux yeux noirs, à la figure belle, au teint pâle. Il contemplait silencieusement cette femme endormie, et comme si son regard eût été rivé au visage de la jeune femme, il ne la quittait pas des yeux et restait aussi immobile dans sa veille qu'elle dans son sommeil; il y avait dans la fixité de ce regard quelque chose de si profondément triste, qu'on devinait derrière lui une pensée douloureuse ou terrible; rien n'indiquait que la jeune femme fût malade. Au contraire, elle dormait d'un sommeil paisible et sans fièvre. Ce n'était donc pas une douleur physique qui faisait veiller cet homme. Mais à défaut de la souffrance du corps, les objets extérieurs pouvaient prouver une souffrance morale. Tout était pauvre dans cette humble chambre, un papier gris taché de toutes parts indiquait une longue suite de successeurs à cet asile désolé; des rideaux noircis obscurcissaient la fenêtre, et les draps du lit de sangle ressemblaient fort à ceux à travers lesquels Louis XIV enfant passait, au dire de Laporte, ses jambes royales; la table ronde, en noyer, sur laquelle brûlait une modeste chandelle était couverte de papiers de toutes sortes et de quelques assiettes, champ de bataille du médiocre repas du soir. Enfin, une mauvaise glace à cadre rouge était accrochée au-dessus de la cheminée, qui supportait pour tout luxe un chandelier, une carafe, deux verres, et à chaque coin un petit pot de pensées et de myosotis, tant il est vrai qu'au milieu de toutes les misères de la vie, l'âme cherche toujours quelque chose qui vienne de Dieu, pour lui parler de sa souffrance, de son repentir ou de son espoir.

Cet homme veillait ainsi depuis deux heures, et qui sait, depuis le commencement de sa veille, combien de pensées tristes, aboutissant à une pensée fatale, avaient traversé son esprit? Qui sait combien d'espérances d'avenir, détachées une à une, étaient tombées de son cœur, en même temps que les quelques larmes qu'il n'avait pu retenir étaient tombées de ses yeux? Toujours est-il qu'il restait là plutôt agenouillé qu'assis, sombre comme dans le remords, recueilli comme pour la prière, et que quiconque l'eût vu, se fût dit : Il a bien souffert, il souffre bien, et va bien souffrir encore.

Tout était calme au dehors comme au dedans. L'œuvre de la nature s'accomplissait nuitamment, avec ce silence qui fait sa majesté. Tout à coup une heure sonna dans le lointain. Le jeune homme tressaillit à ce bruit inattendu, qui interrompait à la fois la nuit et sa pensée, et quand la vibration se fut éteinte dans l'air, il se leva et se mit à marcher vers la table le plus doucement qu'il put, s'assit, regarda encore quelque temps sa femme endormie, prit une plume et se mit à écrire :

« A l'heure où je veille et t'écris, tu dors, mon pauvre ange, car Dieu, qui t'aime encore, te donne l'espoir des choses heureuses et te refuse le pressentiment des choses tristes. Eh bien ! sois sainte et résignée devant la volonté du Seigneur, volonté qui me dicte ce que je t'écris et m'ordonne ce que je vais faire.

» Tu sais si je t'aimais, Louise, tu sais si du moment où tu cessas d'être ma fiancée pour devenir ma femme, j'ai rêvé autre chose que ton bonheur dans le présent et dans l'avenir. Tu sais si j'eus jamais une plus grande joie que le jour où vint au monde notre enfant, qui devait tant souffrir sur cette terre, que Dieu, le prenant en pitié, l'a rappelé à lui, et qui nous réunit aujourd'hui par sa tombe comme il nous unissait autrefois par son berceau ; tu sais enfin si, quand le malheur est venu, j'ai lutté de toutes les forces d'un homme contre ce que je croyais le hasard et ce qui était réellement la fatalité. Eh bien ! voilà qu'aujourd'hui je suis au bout de mes forces. Voilà que mon corps s'affaisse sous sa charge trop lourde. Voilà que mon âme succombe sous cette trop rude épreuve, et que je rends à Dieu cette vie que tu m'avais fait aimer comme un bienfait et que le malheur me fait rejeter comme un fardeau.

» Au moment de détruire mon avenir, je songe à mon passé. Je me rappelle cette époque où Dieu m'envoya ta beauté pour me ravir et ton amour pour m'absoudre. Je me souviens du temps où tous deux nous faisions des rêves dont un sacrement devait faire une réalité, et qui vont à tout jamais se rompre aujourd'hui. Pauvre ange, te souviens-tu de nos longues causeries du soir auprès de ma mère qui dort déjà du sommeil dont je dormirai bientôt, mais qui, elle, a vu la mort sans crainte ayant passé sa vie sans remords ? Si j'étais seul à souffrir, s'il n'y avait pas attachée à ma vie une autre vie innocente des fautes que Dieu a peut-être à me reprocher et qu'elle expie cependant à moitié avec moi, je vivrais. Mais toi, Louise, toi jeune, belle, riche d'illusions, d'avenir et d'amour, faite pour un monde que tu as à peine connu et qu'il te faut quitter déjà, malgré ta résignation apparente tu souffres, malgré ton visage riant tu pleures parfois, et ce sont ces heures de douleur et de larmes qui font mes insomnies à moi, et qui m'ont amené où je suis. Je sais ce que notre misère t'a causé d'humiliation, je sais que pendant le temps où je cherche un travail qui nous donne au moins du pain, je sais qu'on te fait des propositions infâmes que tu m'as cachées pour m'épargner une douleur de plus. Eh bien ! écoute, ma Louise, mon enfant, je vais mourir; c'est ton bonheur que ma mort; et puis c'est si court la mort ! ne pleure pas, sois forte. On ne souffre pas en mourant; et moi une fois mort, au moins tu pourras être heureuse. Tu trouveras une âme noble qui te comprendra, et tu changeras ton nom de veuve contre un autre nom qui te fera riche et honorée; tandis que le mien ne te donne que misère et que honte. Le monde dira que j'étais un mauvais sujet, que j'ai commencé par la débauche et fini par le suicide. Mais toi, tu me garderas, n'est-ce pas, dans le fond de ton cœur une prière, afin que lorsque Dieu me punira de ma mort, seul crime qu'il ne pardonne pas, parce que, comme dit Shakspeare, il est sans remords, il doute de sa justice en t'écoutant prier.

» Hier, je suis allé au cimetière revoir la tombe de notre enfant qui se cache derrière les premières feuilles de mai et dort comme un nid au soleil. Si c'était l'hiver, peut-être n'oserais-je pas accomplir la résolution que j'ai prise. Mais tout était si calme, et je dirai même si gai, dans ce saint asile, qu'en oubliant ce monde de misères et de larmes dont je n'étais séparé que par quelques tombes, mon âme éprouvait comme un besoin de mort, c'est-à-dire de repos. J'ai prié longtemps. Si les hommes savaient ce qu'il y a de consolation à prier avec les morts, et tout ce que Dieu dit par la voix d'une tombe, c'est au cimetière qu'ils apporteraient leurs douleurs, et de même qu'à l'heure dernière, l'âme en sort délivrée du corps, à l'heure des souffrances, le cœur en sortirait purgé du doute. Le cimetière est plus que l'église, car là Dieu n'a besoin ni de prêtres, ni de livres, ni d'encens, ayant les oiseaux, les tombes et les fleurs. Puis de la tombe de notre enfant je suis allé à celle de ma mère; ainsi c'est du cimetière que je puis voir finir les deux horizons de ma vie, tout mon souvenir et toute mon espérance. Pauvre mère ! au milieu de nos joies, ingrats que nous étions, et depuis au milieu de nos tristesses, athées que nous sommes, nous avions oublié cette tombe, si bien que tout l'hiver, la pauvre tombe, elle a été couverte de neige, et cependant Dieu est si bon, qu'au printemps cette neige a disparu, et que de petites fleurs bleues et roses ont poussé à sa place; puis les feuilles sont venues aux arbres, filtrant le soleil et semant l'ombre, si bien que maintenant elle rit et chante comme un berceau; c'est qu'aussi la tombe est le berceau du ciel.

» Quand je serai mort, je ne te demande rien pour moi que l'on aura jeté dans la fosse commune parce que je suis pauvre, et qu'on aura exilé de l'Église parce que je me serai tué; mais tu auras bien soin de ces deux tombes, n'est-ce pas? Heureuse, tu viendras leur jeter des fleurs; triste, tu viendras leur demander une consolation. Car ce doit être une chose douce pour l'âme retournée à Dieu, que d'entendre une prière qui vient du monde. Si tu savais ce que j'ai revu de mon passé en face de cette tombe! Rien ne change dans la vie des choses, il n'y a de changement que dans la vie des hommes. Ces lilas et ces jacinthes, auprès desquels je priais hier, ont la même couleur et le même parfum que ceux que je cueillais il y a vingt ans et dont je faisais, en courant dans le jardin ou dans la campagne, un bouquet pour ma mère. C'est le même soleil, la même verdure, les mêmes chants, et je vais mourir. Hélas!... quand ma pauvre mère, jeune et aimée à cette époque, réunissait mes deux mains pour la prière et m'endormait, couvrant mon berceau du rideau de son lit, quand le matin, m'éveillant comme elle m'avait endormi, avec un baiser, elle m'habillait pour me faire ma journée de jeux et de plaisirs, me regardait courir sur la pelouse, hélas! elle ne se doutait pas qu'un jour j'en viendrais à détruire en une seconde l'œuvre patiente et obstinée de sa vie. Je revois tout à ce moment suprême : ma vieille grand'mère, que j'ai à peine connue, la table où l'on faisait le wisht le soir, autour de laquelle je courais quelque temps, jusqu'à ce que je m'endormisse sur les genoux de ma mère, le jardinier qui me portait sur son dos et dont j'essayais de traîner la brouette quand j'étais seul, enfin l'âge où je sus, en voyant pleurer ma mère, ce que sont les larmes, et où j'appris, en lisant un nom sur une tombe, ce que c'est qu'un orphelin. »

En écrivant ces dernières lignes, les yeux du jeune homme s'étaient remplis de larmes, qu'il avait voulu retenir et qui, s'amoncelant peu à peu, finirent par les couvrir d'un voile humide. Alors il porta les mains à son visage pour éteindre les sanglots qui l'étouffaient et dont le bruit eût pu réveiller sa femme endormie. A cette causerie du cœur, qu'il venait de mettre sur le papier, et qui devait être le dernier souvenir de sa vie et le seul héritage de de sa veuve, succéda cette rêverie intime, où la tête s'affaisse sur les mains, où l'âme se replie en elle-même, et où, en fermant les yeux, on voit passer, comme des ombres, ces êtres aimés qui ouvrent à l'enfant les portes de la vie, et qui les devançant dans la mort pour leur ouvrir les portes du ciel, continuent là-haut leur patronage d'ici-bas. Puis il en vint à ne plus songer à rien. Les larmes s'arrêtèrent d'elles-mêmes à ses paupières, sa pensée se tut dans son esprit, faisant place à une espèce de bourdonnement dont le seul mot distinct était mourir.

Une heure et demie sonna.

Le jeune homme tourna douloureusement la tête du côté du lit et continua sa lettre. Mais comme ces quelques instants de recueillement avaient absorbé tous ses souvenirs du passé et que la nuit avançait, il se hâta d'écrire.

« Quand tu liras cette lettre, j'aurai cessé de vivre, mais je veux mourir en face de la nature de Dieu. On portera mon corps à la Morgue, tu y viendras me reconnaître; triste et saint pèlerinage, n'est-ce pas? Et comme tu n'auras pas assez d'argent pour me faire faire une tombe particulière, tu me laisseras jeter où l'on jette les pauvres. Mais sois tranquille, mon enfant, de quelque endroit que l'on parte, on se retrouve un jour, et si malgré ton amour et ton dévouement, tu ne peux plus reconnaître l'endroit où je serai, prie toujours, mon pauvre ange, et ta prière trouvera mon âme.

» Adieu donc! je vais chercher au bois un endroit mystérieux et isolé, avec des arbres qui enveloppent comme un linceul. Le bruit fera partir quelques oiseaux effrayés, et tout sera dit.

» Je t'embrasse pour la dernière fois, Louise, adieu! et peut-être au revoir !

» TRISTAN. »

Tristan se leva, ouvrit une boîte de pistolets de combat, prit ces deux armes, les chargea, coula une balle dans chacune, mit les capsules et fit jouer les batteries. Mais si doucement que cela fût fait, la jeune femme fit un mouvement ; Tristan tressaillit et cacha aussitôt ses armes derrière lui. Mais ce n'était qu'un songe qui passait dans le sommeil de Louise, et sa tête blonde, après avoir changé de place, se fixa de nouveau sur l'oreiller avec un sourire.

— Je voudrais pourtant l'embrasser, se dit Tristan, et il s'approcha du lit. Mais au moment de poser ses lèvres sur le front de sa femme, il s'arrêta dans la crainte de la réveiller et se contenta de la contempler, aspirant son haleine qui lui caressait le visage. Il y avait dans le sommeil de Louise tant de calme et de sérénité qu'un instant Tristan douta de ses douleurs passées et oublia son projet. Mais peu à peu, en jetant les yeux autour de lui, leur affreuse position lui revint à l'esprit, et il s'éloigna de la misérable couche en murmurant : Il le faut.

Alors il acheva de s'habiller, et, disons-le, ce fut avec un grand sang-froid qu'il fit sa toilette de condamné. Il s'approcha de la table, plia sa lettre, mit les armes dans sa poche, s'agenouilla devant le lit, dont il baisa les draps comme le prêtre baise la nappe de l'autel, et passa, emportant la lumière, dans une seconde chambre qui complétait leur pauvre appartement.

Puis il ferma la porte et posa la lumière sur le rebord de la fenêtre, si bien qu'elle touchait presque les vitres.

— De cette façon-là, se dit il, je verrai la fenêtre plus longtemps.

Et il colla son oreille à la porte de ce qui servait de chambre à coucher, et n'entendant aucun bruit, il se dirigea vers celle du carré ; mais au moment où il allait l'ouvrir, il entendit son perroquet, qui lui venait de sa mère et qu'il avait toujours précieusement gardé, chanter en se réveillant : L'or est une chimère. — Chanson qu'aux jours de fortune et de bonheur Tristan lui avait apprise.

Elle n'était guère de circonstance, — aussi Tristan s'arrêta-t-il, avec un sourire amer, à la voix de la pauvre bête, et s'approchant du perchoir, il la caressa pour qu'elle se tût et ne réveillât pas Louise.

Il faut dire, à la louange de l'animal, qu'il était impossible de chanter cet air si connu avec une plus grande pureté et une plus philosophique ironie.

Tristan revint à la porte du carré, l'ouvrit et la referma doucement ; puis, après avoir descendu les quatre étages, il frappa au carreau du portier, qui tira le cordon sans se réveiller, ignorant que celui qui allait sortir ne devait plus rentrer.

Alors Tristan passa de l'autre côté de la rue, leva la tête et vit la fenêtre éclairée. Tout en marchant, il se retournait et suivait des yeux cette mauvaise chandelle, devenue son étoile. Tout à coup il cessa de l'apercevoir; alors il s'arrêta un instant, revint sur ses pas, la regarda une dernière fois et reprit sa course.

Deux heures sonnaient à Saint-Étienne du Mont.

II

Où l'auteur dit ce qu'il n'a pas eu le temps de dire dans le chapitre premier.

Quelques sombres souvenirs qu'il eût rappelés, Tristan n'avait pas tout dit dans sa lettre. Il y avait des choses que Louise connaissait aussi bien que lui et qu'il était inutile de lui répéter à cette heure dernière. Comme lui, la pauvre jeune femme avait eu ses moments de lassitude et de découragement, et souvent la pensée de la mort lui était venue à elle aussi; mais elle l'avait rejetée en se disant : Il m'aime trop pour que je l'abandonne, et elle s'était résignée. Tristan ne comprenait pas, comme on le voit, la vie ou plutôt la mort de la même façon. S'il y avait dans cette résolution suprême un sacrifice fait au bonheur de Louise, il y avait bien aussi obéissance à son propre égoïsme. La nature de l'homme, si parfaite qu'elle soit, ne comprend pas certains côtés de dévouements naturels à la femme. Aussi, Dieu, dans les deux grands symboles de la douleur humaine, a-t-il plus fait souffrir la Vierge que le Christ, car peut-être le fils, tout Dieu qu'il était, se fût-il arrêté à mi-chemin de la souffrance de sa mère. Aussi, lorsque, après de longues heures d'insomnie et quelquefois de faim, Louise avait rêvé le suicide, elle ne l'avait pas rêvé pour elle seule, elle ne le comprenait que partagé, comme son amour, avec Tristan, et mourant avec lui, elle eût trouvé une volupté dans cette dernière douleur qui pouvait encore être une dernière caresse. Mais quand, avec son doux regard, parfois triste, toujours pur, elle avait interrogé celui de son mari, en essayant de faire passer dans ses yeux la pensée de sa nuit et la résolution de son âme, Tristan n'y avait jamais lu que de l'amour, et la prenant sur ses genoux, il avait pleuré avec elle ; alors elle s'était dit : Puisqu'il ne souffre pas, laissons-le espérer encore.

Cependant il y avait eu des heures terribles de misère et d'abandon, et d'autant plus terribles qu'elles étaient le réveil d'un rêve de bonheur. Quand Tristan était arrivé à Paris, non pas pour chercher fortune, mais pour commencer une carrière, il pouvait vivre sinon avec luxe, du moins avec aisance. Son père, en mourant, avait laissé à sa veuve un revenu honorable et cette petite maison où, dans la lettre que nous avons transcrite, il reportait ses premiers souvenirs d'enfance. Alors il avait mené à Paris la vie que mène tout jeune homme, vie d'insouciance et de liberté, gardant, il faut le dire, au milieu de ses amours légères et frivoles, un amour profond et religieux pour sa mère. Puis, un jour, au milieu de ses plaisirs, une jeune fille chaste, pauvre et belle lui était apparue. Tout était si pur en elle, qu'il n'avait pas songé une minute à devenir son amant. Elle demeurait à la campagne, près de la petite maison de sa mère, avec une tante, sa seule famille. Comme elle portait un nom qui, à défaut de la noblesse des titres, avait celle de l'honneur, le seul héritage que lui eût laissé son père, peu à peu, à titre de voisine d'abord, puis ensuite à titre d'amie, Tristan l'avait fait recevoir chez sa mère. Alors le jeune homme avait oublié Paris, et n'avait pas, pendant les deux mois de vacances que lui laissait l'école de Médecine, désiré une seule fois y retourner.

Donc, un beau jour, riche de résolution et de foi dans l'avenir, il était revenu à Paris avec Louise, avec sa femme qu'il avait conduite, jusqu'à ce qu'il en eût trouvé un plus commode, dans son logement de garçon, puis ils avaient déménagé : en reprenant ses études, il avait été reçu médecin; mais il avait pour Louise une telle adoration, qu'il ne pouvait la quitter un instant; qu'il désertait Paris avec elle pendant des mois entiers, et qu'il négligeait d'aller dans les hôpitaux et de se faire connaître. Bien souvent la jeune femme lui avait conseillé sinon d'être moins amoureux, du moins de travailler davantage; mais il lui avait toujours répondu : Plus tard! et comme, grâce à leur modeste existence, Tristan pouvait vivre avec ce que lui donnait sa mère, tout allait à merveille, et Louise se consolait de cette oisiveté qui n'était qu'une preuve de plus de l'amour de son mari.

Il y avait deux ans que les choses étaient dans cet état, quand la mère de Tristan tomba malade. Le jeune homme partit aussitôt avec Louise pour Auteuil, et trouva sa mère frappée d'une attaque d'apoplexie. Deux jours le pauvre enfant lutta avec les ressources de son art contre la fatale maladie. Deux jours Louise ne quitta le lit de la mourante que pour aller s'agenouiller à l'église; mais comme si Dieu, lassé de leur bonheur, eût voulu y jeter un premier nuage, le soir du deuxième jour, madame d'Harville, c'était le nom de la mère de Tristan, madame d'Harville mourut sans avoir reconnu ni béni son fils.

C'est quand depuis deux ans on est quotidiennement heureux, que les premières larmes sont amères. Aussi rien ne fut triste comme l'enterrement. Louise et Tristan revirent l'église où deux ans plus tôt le même prêtre qui disait la prière des morts pour leur mère avait dit la messe de mariage pour eux. C'était les mêmes assistants qu'il y avait deux ans; seulement les visages étaient tristes au lieu d'être joyeux, et les pauvres assis sous le porche ne demandaient plus l'aumône avec un sourire. La sombre et dernière cérémonie achevée, les deux jeunes gens étaient rentrés dans la petite maison où à chaque pas ils avaient retrouvé une trace de l'ange qui venait de retourner à Dieu, un écho de l'amour qui venait de s'éteindre, et nul ne peut dire les douloureuses heures qui se passèrent dans cette petite maison, qui leur rappelait à la fois leurs premières joies et leur première souffrance.

Alors dans leur tristesse profonde, ils voulurent s'isoler et ne pensèrent même pas à revenir à Paris. C'est en restant en face des souvenirs douloureux que l'âme s'y habitue, et que les blessures se cicatrisent. La douleur est plus forte d'abord, mais elle est moins longue, et bientôt les mille objets dont la seule vue serrait le cœur et inondait les yeux font seulement rêver jusqu'à ce qu'ils deviennent presque indifférents.

Or, une des choses qui nous ont toujours paru le plus étranges à nous, c'est quand nous avons assisté à une grande douleur qui emplissait tout à coup les cœurs et la maison de deuil, de revoir un beau jour cette maison et les cœurs redevenir joyeux et oublier sous de nouveaux plaisirs ou de nouvelles affections, les souffrances du passé, comme l'arbre oublie sous les premières feuilles du printemps la dernière neige de l'hiver. Car telle est notre pauvre nature que dans notre vie que nous trouvons si courte, il nous est possible d'avoir des douleurs dont nous croyons mourir et que nous oublions bien avant notre mort.

C'est ce qui arriva à Tristan, lequel, outre les consolations naturelles que le temps apporte, avait maintenant deux amours qui le rattachaient à l'espérance, sa femme et son fils. Le pauvre petit continuait de vivre sans se douter qu'une tombe venait de s'ouvrir à côté de son berceau, et rassemblait sur sa tête toutes les affections des deux jeunes mariés. Il grandissait, et ce furent des joies et des sourires au premier mot qu'il put prononcer, de sorte qu'au bout d'un an la maison, consolée de la mort de la vieille mère, s'égayait des premiers jeux de l'enfant.

Madame d'Harville en mourant avait laissé à son fils toute la petite fortune qu'elle tenait de son mari, si bien que Tristan, d'abord trop triste pour s'occuper de travail et de médecine, puis ensuite satisfait de cette médiocrité dorée, comme dit Horace, ne songea pas à autre chose qu'à se laisser vivre dans le bonheur que, grâce aux deux amours qui emplissaient son cœur, Dieu voulait bien encore lui donner.

Les malheurs vont par troupes, dit un proverbe. La maison se couvrit de deuil une seconde fois ; l'enfant avait succombé à une de ces maladies spontanées et terribles de l'enfance contre lesquelles l'art est si souvent impuissant.

Tristan et Louise faillirent devenir fous.

Quand le malheur, ce conquérant de l'âme, entre dans la vie, il marche à grands pas : quand les yeux des deux jeunes gens commencèrent à se sécher, non pas à défaut de chagrin, mais à défaut de larmes, une nouvelle affreuse leur arriva. Le banquier chez qui était déposée leur petite fortune avait fait banqueroute, et il ne leur resta rien que la petite maison qu'ils habitaient. Tristan vendit tout ce qui composait l'appartement qu'il avait à Paris, résolu à tout plutôt qu'à quitter cette maison.

Alors le jeune homme se souvint qu'il savait assez de choses pour vivre et faire vivre Louise. C'était un de ces hommes aptes à tout, et incapables pourtant d'une chose sérieuse ; sachant assez de dessin pour faire un croquis sur un album, assez de musique pour noter quelques vers ou déchiffrer une romance dans un salon, mais ayant besoin d'études encore pour apprendre cela profondément et s'en faire une ressource aux jours de misère. Malheureusement il n'avait pas le temps d'étudier, et il fallait que tout ce qu'il ferait lui rapportât de l'argent. Quant à la médecine, il l'avait, dans ces deux maladies, trouvée si impuissante, qu'il en doutait, et d'ailleurs il voulait suivre sinon un art, du moins un état qui lui permît de ne pas quitter Louise, laquelle, triste et désolée comme la Mater dolorosa des hymnes saintes, redoublait de larmes chaque fois qu'il s'absentait.

Comme nous l'avons dit et comme il l'a dit lui-même dans sa lettre, Tristan lutta tant qu'il put; mais les ressources allaient toujours en diminuant, et après avoir vendu quelques bijoux, puis des meubles, puis l'argenterie, il avait fallu enfin qu'il se décidât à vendre la maison. Ils avaient bien pleuré, tous deux, mais le soir Tristan avait dit :

— Heureusement, ma mère et mon fils ont leurs tombes que nous ne serons pas forcés de vendre ; et cette phrase ayant rappelé de sombres souvenirs, toute la nuit s'était passée dans les larmes.

Le lendemain ils étaient allés faire leurs adieux au cimetière, et étaient venus à Paris, où ils avaient pris dans la maison de la rue Saint-Jacques un petit appartement au quatrième étage. Il avait fallu racheter des meubles, et malgré les conseils de Louise, conseils pleins d'abnégation et d'amour, son mari avait voulu lui rendre, autant que possible, ce certain luxe auquel il l'avait habituée, car sa crainte incessante, c'était de la voir souffrir ; mais ces revers d'argent n'étaient rien pour elle à côté de ses chagrins de mère ; et la pauvre résignée, dont les nuits étaient longues d'insomnies ou de rêves, trouvait cependant le matin encore assez de force pour sourire, sachant que ce sourire était pour toute la journée le seul bonheur de son époux.

Quelque temps la fatalité avait semblé s'être lassée. Tristan travaillait dans un journal, et ses chagrins récents avaient donné à sa pensée et à son style une amertume et une poésie qu'on lui payait à trois sous la ligne et qui l'aidaient à vivre. Mais il ne pouvait pas toujours faire des lignes, et quand il en faisait, elles étaient plus vite mangées qu'elles n'avaient été écrites, si bien qu'après quelques mois qu'il habitait ce quatrième étage, il avait été forcé de monter au cinquième, où de douleurs en douleurs, il en était arrivé où nous l'avons vu au commencement de cette histoire.

Voilà, le plus brièvement possible, quelle avait été la vie de cet homme : maintenant suivons-le dans sa course nocturne, la dernière qu'il se crût appelé à faire.

III

Où notre héros s'aperçoit qu'il est plus difficile de se tuer qu'il ne l'avait cru d'abord.

Tristan suivit silencieusement les quais déserts. Pourquoi ne pas se noyer alors? c'eût été plus simple.

Il savait nager.

Toutes les fenêtres étaient closes, et la terre offrait au ciel, en échange de ses étoiles d'or déjà pâlissantes, ses lanternes fumeuses prêtes à s'éteindre, et dont le fleuve, sombre comme s'il eût roulé des flots d'encre, reflétait la lumière rougeâtre. Tristan passa près de la Morgue : à la vue de ce tombeau provisoire du malheur ou du crime, il eut comme un frisson, et il s'en éloigna en marchant plus rapidement encore, sans songer que plus il s'en éloignait vite, plus tôt on l'y rapporterait.

Il traversa les Champs-Élysées sans ralentir sa course, dépassa la barrière et prit l'avenue à gauche de l'arc de triomphe de l'Étoile.

Il avait marché si rapidement que la porte par laquelle il comptait entrer dans le bois n'était pas encore ouverte.

Peut-être dira-t-on que Tristan pouvait se tuer aussi bien hors du bois de Boulogne que dedans, mais on se trompe. Les mourants ont des fantaisies : Tristan, dans ses rêves de néant, s'était dit qu'il se tuerait dans un massif bien vert, au pied d'un chêne touffu, au bruit charmant des oiseaux qui s'éveillent sous le tiède rayon du soleil levant. Il avait mis, comme on le voit, du caprice dans son agonie, du sybaritisme dans son suicide.

Il s'assit donc, en attendant qu'on ouvrît la grille, sur le revers du fossé, — et se mit à songer. — A quoi? — Dieu le sait. — A Louise sans doute. Tout ce que nous pouvons dire, c'est que plus d'une fois il tourna la tête du côté de Paris : et, à en juger par ce que semblaient dire ses yeux, on eût pu croire qu'il voulait revenir sur ses pas.

Cependant une fois ses regards, au lieu de se tourner vers Paris, se tournèrent vers le bois, et il s'aperçut que pendant sa rêverie la grille s'était ouverte, et que le passage était libre.

Facilis descensus Averni, comme dit Virgile.

Il se leva, et pareil au Juif maudit, continua de marcher. Lorsqu'il entra dans le bois de Boulogne, une teinte blanchâtre colorait déjà l'horizon, et les étoiles, devenues d'argent, semblaient flotter dans un ciel de nacre.

Il suivit silencieusement une allée, — puis apercevant à sa droite un massif tel qu'il le désirait, dominé par un chêne pareil à celui qu'il avait rêvé, — jeta un dernier regard sur le chemin qu'il venait de parcourir. — Il s'enfonça dans le massif, après avoir regardé avec attention si la route était bien solitaire, et alla s'asseoir près du chêne, le visage tourné vers l'orient.

C'était bien le lieu que Tristan avait choisi dans son rêve : le massif était profond, le chêne était ombreux, la mousse qui allait lui servir de couche était moelleuse, une fauvette chantait dans le buisson voisin, et à travers les arbres un peu moins épais du côté de l'est, on voyait s'étendre une de ces lignes roses qui faisaient croire à Roméo qu'il était temps de quitter Juliette.

Tristan n'avait aucun prétexte à se donner pour retarder plus longtemps l'exécution de son projet; hâtons-nous même de dire qu'il tira bravement ses pistolets de dessous sa redingotte, — qu'il en fit jouer les ressorts avec un de ces sourires à la Manfred, qui lui eussent fait honneur si on avait pu le voir, et que lorsqu'il se fut assuré que les capsules étaient bien à leur place, sa main droite en approcha un de sa tempe.

Puis il prononça le nom de Louise, et appuya le doigt sur la détente en levant les yeux au ciel.

Mais entre lui et le ciel, son regard rencontra un corps opaque, dont la forme se dessinait en vigueur.

Ce corps était celui d'un homme couché sur une branche, et dont la tête passée à travers un nœud coulant le regardait avec des yeux effarés.

Il était évident que la place qui avait paru si propice à Tristan avait fait le même effet à un autre, et que cet autre était déjà installé sur l'arbre lorsque Tristan s'était assis dessous.

Tristan laissa retomber son pistolet.

— Eh ! monsieur, qui êtes là-haut, dit Tristan, que diable faites-vous là ? — Eh parbleu ! monsieur, répondit l'inconnu, ce que selon toute probabilité vous alliez vous-même faire en bas. — Moi, dit Tristan en montrant ses pistolets, je venais, comme vous le voyez, pour me brûler la cervelle. Faites-moi donc le plaisir de choisir une autre place pour vous pendre. — Moi, monsieur, dit l'inconnu en montrant sa corde solidement attachée à une branche supérieure, je venais pour me pendre, comme vous le voyez, et comme vous le dites, allez donc vous brûler la cervelle ailleurs. J'étais arrivé le premier, par conséquent j'ai pour moi le droit de l'antériorité et de la possession. — C'est juste, monsieur, dit Tristan se levant et saluant. Seulement c'est fâcheux, je ne trouverai nulle part une place qui me convienne autant que celle-ci. — Le fait est, dit l'inconnu, qu'elle n'est pas mal choisie. L'aviez-vous remarquée déjà ? — Non, monsieur, c'est le hasard qui m'y a conduit ce matin. — Oh! moi, c'est autre chose, il y a longtemps que je la convoitais. Et de temps en temps, quand je venais me promener au bois, je dirigeais ma promenade de ce côté, et je me disais: Quand je me pendrai, ce sera ici. — Monsieur, dit Tristan, je reconnais que vous êtes chez vous, et je vous laisse. —Attendez donc, reprit l'inconnu.

Tristan, prêt à sortir du massif, s'arrêta.

— Vous venez pour vous tuer? — Oui, et je m'éloigne, puisque vous êtes venu dans la même intention, pour que nous ne nous gênions pas mutuellement. — Mais au contraire, monsieur, reprit l'inconnu, et puisque nous sommes venus pour la même cause, et que le hasard nous réunit, je ne vois pas pourquoi nous n'accomplirions pas notre résolution de compagnie. Ce sera du moins une consolation que de mourir ensemble. — Comme vous voudrez, monsieur, répondit Tristan; puis d'ailleurs la pendaison, ce me semble, est un assez triste moyen de sortir de la vie, et si vous aimez mieux vous brûler la cervelle... j'ai un pistolet à votre service. — Non, merci, monsieur, j'ai mûrement réfléchi, et j'aime mieux me pendre.

Tristan s'inclina en homme bien élevé qui ne veut pas contrarier son interlocuteur.

— Savez-vous, continua l'inconnu en passant de la position horizontale à la position perpendiculaire, et en se mettant à califourchon sur la branche, savez-vous, monsieur, que c'est une grande chose que la chose que nous allons faire là? — Oui, monsieur, dit Tristan, je le sais, et le sang-froid avec lequel vous paraissez l'accomplir en est d'autant plus remarquable. — Oh! moi, dit l'inconnu, c'est tout naturel, j'en ai l'habitude. — Comment cela? demanda Tristan. — C'est la troisième fois que je me suicide. — Vous? — Oui, moi. — Et ces trois fois, vous vous êtes manqué? — Hélas! vous le voyez bien. — En vérité, dit Tristan, c'est tenter la Providence, et il faut que vous ayez bien souffert pour mettre un pareil acharnement à mourir. — Ah! monsieur, plus que qui que ce soit au monde. — Pas plus que moi, monsieur, murmura Tristan avec un soupir. — Pas plus que vous? — Non. — D'abord, êtes-vous né un vendredi? — Ma foi, monsieur, j'avoue que je n'ai jamais su quel jour je suis né. — Eh bien, moi, dit l'inconnu en se remettant à plat ventre sur sa branche et en passant sa tête dans le nœud coulant, moi, je suis né un vendredi, monsieur, et de là viennent tous mes malheurs.

— Êtes-vous bien sûr, monsieur, de ne pas être atteint de monomanie? — Ah! vous voilà comme les autres. — Dame! la raison que vous donnez de votre mort... — Est meilleure que les vôtres, monsieur, répondit l'inconnu avec une certaine aigreur. — Du moment que vous le prenez sur ce ton, monsieur... — Recevez mes excuses, monsieur, je suis d'une nature un peu irritable, mais j'ai été si malheureux! Savez-vous ce que c'est, monsieur, que d'être sans père, sans mère, sans nom? — Ce doit être affreux. — Eh bien! ce n'est rien, c'est moi qui vous le dis, en comparaison des coups d'épingle que s'amuse à vous donner le hasard quand vous êtes né un vendredi. Enfant, j'ai eu toutes les maladies des enfants, depuis le croup jusqu'à la coqueluche, depuis la coqueluche jusqu'à la rougeole.

Voilà pour le temps que j'ai passé en nourrice.

— En pension, mes camarades m'avaient surnommé Vendredi, parce que je n'avais pas de nom et que je leur avais avoué ne rien savoir de ma naissance, sinon que j'étais né un vendredi.

Ils me jetaient de l'encre sur mes livres.

Ils m'empêchaient de dormir la nuit.

Ils me battaient pendant les récréations et me faisaient punir pendant les classes.

Comme ils avaient des parents qui prenaient toujours leur parti auprès du maître de l'institution, et que, moi, je n'avais personne pour me défendre, ils avaient toujours raison et moi toujours tort.

Cependant ma pension était fort bien payée par un homme d'affaires, qui, depuis que je me connais, a toujours pris soin de moi sans vouloir me dire qui je suis.

Eh bien! monsieur, j'ai supporté tout cela, j'en avais pris mon parti; mais j'étais né un vendredi au mois de juillet, et... connaissez-vous l'horoscope de ceux qui sont nés pendant le mois de juillet?

— Non, monsieur. — Amère dérision! Écoutez... il est ainsi conçu :

« Le lion domine dans le ciel depuis le 22 juillet jusqu'au 21 août. Celui qui naît sous cette constellation est brave, hardi, magnanime, fier, éloquent, orgueilleux; sa belle âme est accessible aux douces émotions de la pitié. Il aime la raillerie et ne craint pas assez de se montrer coureur de femmes; il sera souvent entouré de dangers. »

— Eh bien! mais tout cela est superbe, interrompit Tristan.

— Vous allez voir : « Ses enfants feront sa consolation et son bonheur; il s'abandonnera sans retenue à sa colère et s'en repentira quelquefois; les honneurs et les dignités viendront le trouver, mais auparavant il les aura longtemps cherchés; qu'il craigne le feu, les armes et les bêtes féroces. *Il aura de gros mollets!* »

Tristan jeta machinalement les yeux, en entendant l'intonation de cette dernière phrase, sur les jambes de l'inconnu, et le numéro deux, malade de la poitrine et près de mourir, ne serait pas plus maigre que ne l'étaient les deux jambes de son interlocuteur.

L'inconnu fit un signe de tête correspondant à celui de Tristan, et qui voulait dire : Vous avez deviné; cette erreur de l'horoscope est une des causes de ma mort.

— Oui, monsieur, reprit le jeune homme en continuant sa propre pensée sans transitions inutiles, oui, mon entêtement à réparer cette erreur de Mathieu Laensberg, la seule qu'il eût commise à mon sujet dans son *Almanach Liégeois*, car tout le reste est d'une exactitude extraordinaire, je suis brave, hardi, fier, magnanime, car ma belle âme est accessible aux émotions de la pitié, car je suis coureur de femmes et j'ai été souvent entouré de dangers, et, si Dieu me prêtait vie, sans doute les honneurs viendraient à moi et les enfants feraient ma consolation; oui, monsieur, mon entêtement à avoir les mollets promis a causé ma première déception amoureuse.

— Mais, monsieur, on n'a pas de mollets comme on a du courage, par la force de la volonté. — Pas plus qu'on n'achète le courage comme on achète les mollets. — Alors, c'étaient de faux mollets? — Et vous devinez le reste. Une jeune fille que j'aime, qui paraît m'aimer, un bal, un pantalon collant, une plaisanterie de petite pensionnaire, des épingles noires ornées de petits drapeaux plantés dans mes mollets, et moi, dansant toujours et faisant le joli cœur, ma fuite au milieu des rires, ma honte, savez-vous quel jour cette aventure m'arriva?—Non. — Un vendredi. — Et vous vous tuez pour si peu ? — Non, ce n'est que mon premier pas dans le chemin du suicide. — Quel est le second?—Ah! je vous intéresse; le second est celui des incisives. — Des incisives? — Oui, monsieur, oui, monsieur, des incisives, vous allez voir. Je puis vous raconter l'histoire, nous avons le temps, personne ne viendra nous déranger ici.

Je demeurais, l'année dernière, dans le faubourg Saint-Germain; avant de mourir, je me permettrai de conseiller aux gens qui n'ont pas de nom de demeurer dans ce quartier-là; rien que le nom de la rue où l'on demeure, où l'on passe même, vous donne une physionomie aristocratique. Qu'on ait chez soi le portrait d'Henri V, qu'on demeure rue de Varennes ou rue de l'Université, qu'on déjeune au café d'Orsay, qu'on lise *la Quotidienne* devant tout le monde, comme si c'était la chose du monde la plus simple, et si au bout de deux ans de ce travail on n'est pas convaincu soi-même qu'on descend des premiers croisés, je veux être pendu ou plutôt je veux ne pas être pendu.

J'avais pour voisin, dans ma maison, un antiquaire fort à son aise, lequel jouait du hautbois et avait une fille, habitant Saint-Mandé, et chez laquelle il m'invita à venir dîner, car mon voisin et moi nous avions fait connaissance. J'acceptai. Il fut convenu qu'il partirait d'avance et qu'il m'annoncerait pour le lendemain.

Il partit un jeudi.

Le lendemain donc, qui était un vendredi, je pris un remise et partis pour Saint-Mandé. J'arrivai une heure avant le dîner, et mon vieux voisin me présenta à sa fille, qui était véritablement une des plus charmantes et des plus spirituelles femmes que j'eusse vues.

On se mit à table : j'étais placé à droite ; tout à coup un des convives s'écria :

— Tiens! nous sommes treize à table.

Je pâlis malgré moi. Treize à table et un vendredi! Chacun se mit à rire de cette observation qui m'avait fait tressaillir : alors on commença de raconter des histoires effrayantes sur le thème fatidique, histoires auxquelles personne ne crut, excepté moi.

Le soir, je prétextai un grand mal de tête, et je partis.

Le lendemain, je n'avais plus d'appétit; enfin, je crus que j'allais tomber malade de superstition. Cependant les jours se passaient, et il ne m'arrivait rien de désagréable. Mon voisin était revenu de la campagne, et je croyais déjà que le charme était rompu, lorsque je reçus une seconde invitation d'aller à Saint-Mandé. Comme c'était un dimanche, j'acceptai avec enthousiasme. Cette fois on n'était que huit à table, de sorte que ce soir-là rien ne me préoccupait. Je fus on ne peut plus spirituel, tandis que de son côté la maîtresse de la maison était charmante avec moi. Il est vrai que je l'avais prodigieusement fait rire, ce qui lui avait donné l'occasion de montrer les plus belles dents du monde. Elle avait auprès d'elle une de ces femmes qui ont dans les salons une réputation d'esprit parce qu'elles disent du mal des autres femmes, et qui, toute la soirée, avait été railleuse avec moi. Malheureusement pour elle, j'étais en verve, de sorte que le dernier mot me resta, et qu'en la quittant avec force compliments, je compris au sourire charmant par lequel elle me répondait que je venais de me faire là une mortelle ennemie.

Le soir, je m'en revins avec mon vieil ami, le joueur d'échecs, lequel était forcé d'être à Paris le lendemain pour affaires pressantes, et qui tout le long du chemin me parla de sa fille. Cette fois, comme je n'étais préoccupé d'aucun présage fatal, je l'écoutai avec l'attention la plus soutenue. Il me raconta comment il avait marié sa chère Charlotte, c'était le nom de cette femme charmante, à un homme qu'elle estimait plutôt qu'elle ne l'aimait, et qui de son côté la rendait heureuse à la manière dont le monde l'entend. Au reste, si le bonheur est dans la liberté, Charlotte n'avait rien à désirer au monde. Nulle femme n'était plus libre qu'elle, son mari étant en voyage dix mois sur douze. Tout cela m'intéressait fort, sans que je susse pourquoi, et cependant je ne voyais encore dans cette femme qu'une adorable maîtresse de maison qui recevait à merveille, riait facilement, et chaque fois qu'elle riait, montrait, comme je l'ai dit, des dents près desquelles eût pâli un collier de perles dans son écrin.

Sur ces entrefaites, mon vieux voisin tomba malade. Sa fille avait voulu le retenir auprès d'elle, craignant qu'il ne lui arrivât quelque chose à Paris, mais il avait obstinément tenu à y revenir. Elle l'avait donc laissé partir en me recommandant, car je m'étais institué son garde-malade, de veiller sur lui, de lui écrire souvent et de le ramener le plus tôt possible.

Une fois de retour chez lui, au lieu de s'améliorer, l'état du vieillard empira : et un jour, effrayé moi-même du changement qui se faisait en lui, je partis pour Saint-Mandé, et je vins dire à Charlotte que son père était sérieusement malade; elle monta dans ma voiture et revint avec moi à Paris. Toute la nuit quoi qu'on pût lui dire, elle veilla son père, qui n'allait ni mieux, ni plus mal. Je restai auprès d'elle, et je recevais toutes ses impressions, toutes ses craintes, toutes ses espérances. Le lendemain, la maladie ayant pris des caractères plus graves, elle voulut veiller encore, et toute la nuit encore je restai auprès d'elle. Elle me remerciait des soins que je donnais à son père et des consolations que je lui offrais, à elle, en me tendant sa main que je portais à mes lèvres. La troisième nuit, malgré sa résolution, elle ne put y tenir et s'endormit dans le fauteuil, que depuis soixante-douze heures elle avait à peine quitté. Quand elle se réveilla, elle me trouva veillant à la fois sur elle et sur le malade, et me remercia avec ce sourire triste, ce regard humide des gens qui souffrent de cœur. Vous comprenez, monsieur, quelle intimité ces veilles à deux avaient établie entre nous. Quand le malade reprenait un peu de force et pouvait causer, c'était moi qui trouvais dans le détail même de la maladie quelque mot qui les faisait rire tous deux; lui à travers ses douleurs, et elle à travers les larmes de joie que ce mieux momentané lui faisait verser. Puis, le malade reprenait sa fièvre, nous notre tristesse, et les heures sombres revenaient. Aussi, comme nous avions souffert et espéré ensemble, que j'avais dans les moments les plus terribles essayé de supporter toute sa fatigue, sinon toute sa douleur, et qu'aux instants d'espoir je lui avais donné toute ma joie, nous en étions arrivés à ne plus nous dire monsieur et madame. Enfin, la convalescence était venue, le vieillard avait pu se lever, et ayant souffert, Charlotte et moi, de la même souffrance, nous fûmes heureux du même bonheur.

Quand les promenades furent autorisées, je me fis le soutien du malade. Enfin, la santé étant revenue tout à fait, les parties de campagne recommencèrent à leur tour. Par malheur, elles ne pouvaient durer longtemps, car l'hiver venait rapide, assombrissant le ciel et jaunissant les feuilles.

Charlotte était devenue un besoin pour moi. Son père m'avait pris en adoration pour les soins que je lui avais donnés, et j'étais devenu le commensal et l'ami de la maison. Jamais je n'avais dit un mot à Charlotte de l'amour que tant de circonstances où elle s'était dévoilée à moi avaient fait naître dans mon cœur :

mais il était évident qu'elle m'aimait aussi, et qu'un jour viendrait où notre double confidence se ferait sans savoir comment, à l'une de ces heures où l'on rêve à deux, où les voix se taisent, et où, en se rapprochant l'un de l'autre, les cœurs murmurent des mots d'amour que la bouche ne peut répéter, et qui n'ont pas de traduction dans notre langue humaine.

— Sapristi! ne put s'empêcher de penser Tristan, voilà un gaillard bien poétique!

— Malheureusement, cette femme que j'avais vue souvent à Saint-Mandé, chez Charlotte, revenait encore chez elle à Paris, et je ne sais pourquoi la vue de madame de Mongiron, c'était ainsi qu'on l'appelait, empoisonnait ma joie, et je me figurais, dans mes pressentiments continus, que si quelque douleur me devait venir, elle me viendrait d'elle. J'aimais Charlotte bien autrement que j'avais aimé autrefois miss Fanny; et je me laissais aller à ce bonheur quotidien de la voir, oubliant que le jour où je l'avais connue était un vendredi, et que ce jour-là nous étions treize à table.

Son mari était toujours en voyage, et elle recevait de temps en temps des lettres de lui qui n'annonçaient pas un prochain retour. Je la voyais donc sans gêne aucune, et si tout à coup il m'eût fallu cesser de la voir, elle aurait tellement manqué à ma vie, qu'autant eût valu, je crois, que le souffle ou la lumière me manquassent. Un jour, j'arrivai chez elle et je la trouvai toute en larmes. On doit comprendre quelle crainte m'inspira une réception si inattendue. Son mouchoir couvrait tout le bas de son visage; au bruit que j'avais fait en entrant, car on ne m'annonçait plus, elle avait jeté les yeux sur moi et ses pleurs avaient redoublé. Je courus à elle, je me jetai à ses pieds, je saisis la main qui restait libre. Ma première idée fut, égoïste et fat que j'étais, qu'elle avait reçu des nouvelles de son mari, que le mari annonçait son retour, et que ce retour, qui était notre séparation, car souvent je m'étais dit qu'il me serait impossible de voir Charlotte aux bras d'un autre, la désolait. Je l'interrogeai donc tout tremblant sur ce point, mais elle me fit signe de la tête que ce n'était point cela.

J'avoue que comme ce retour était la seule chose que je craignais, je me sentis fort soulagé à cette réponse. Je songeai alors qu'il était peut-être arrivé malheur à mon voisin. Mais ce n'était point encore là la cause mystérieuse de ses larmes. Enfin, de cette conjecture, je passai aux combinaisons les plus vagues et les plus insensées ; mais à chaque combinaison nouvelles, les pleurs de Charlotte redoublaient, et elle secouait la tête d'une façon désespérée qui semblait dire : Ce n'est pas cela, ce n'est pas cela. Hélas ! c'est bien autre chose !

Toute mêlée d'angoisses qu'elle était, la situation me paraissait pleine de douceur : je demeurais aux genoux de Charlotte, je gardais ses mains dans les miennes, je les couvrais de baisers ; mes instances essayaient de pénétrer dans son cœur par tous les chemins ouverts aux tendres paroles. Je comprenais, aux mouvements de son sein, aux frémissements de toute sa personne, qu'à sa douleur se mêlait insensiblement une tendre et profonde émotion. Son regard, la seule partie de son visage qui ne fût point cachée par son mouchoir, s'alanguissait au milieu de ses pleurs. Sa tête s'abaissait vers moi, ses longs cheveux roulés en anneaux s'inclinaient sur mon front, et leur contact électrique faisait passer un frissonnement voluptueux par tout mon corps. J'insistais toujours, mais sans plus savoir bien précisément ce que je disais, tant j'étais hors de moi, quand Charlotte, soit qu'elle me vît au point où elle voulait me voir, soit qu'elle fût incapable de résister plus longtemps à mes instances, s'écria :

— Vous m'aimez, n'est-ce pas, Henry ?

C'était la première fois que le mot d'amour était prononcé entre nous, et ce mot sortait de la bouche de Charlotte, et il en sortait avec l'accent de l'interrogation la plus passionnée. Le ciel s'ouvrait pour moi, je la pressai entre mes bras, — je baisai ses genoux.

— Si je vous aime, Charlotte ! vous osez me le demander ! Oh ! oui, mon Dieu ! je vous aime. — Et vous m'aimerez malgré tout ? continua-t-elle. — Que voulez-vous dire ? — Je veux dire malgré tout ce qui pourrait m'arriver. — Charlotte, ma vie est à vous, et nulle puissance humaine, si vous le voulez, ne nous séparera jamais. — Eh bien, regardez, fit-elle en ôtant son mouchoir.

Et elle me montra sa bouche où sur le devant manquait une incisive qu'elle venait de se casser.

— Et vous avez cru, m'écriai-je à mon tour, que pour si peu de chose je cesserais de vous aimer ?

Ses larmes redoublèrent, mais brillantées par un rayon de joie.

— Oh ! continuai-je, croyez-le bien, mon pauvre ange, je ne vous en aime que plus, puisque vous avez souffert ; mais il faut nous cacher cela au plus vite, vos amies seraient trop joyeuses. Qu'elles ignorent donc votre accident, et à moins qu'il n'y ait plus de perles au monde, nous trouverons bien une dent pour remplacer celle-là.

Sans se consoler, Charlotte se calmait.

Une fausse dent, murmurait-elle tristement, une fausse dent, et sur le devant encore! C'est Dieu qui me punit. Je me suis tant moquée des autres femmes qui avaient de fausses dents! Oh! je serai ridicule! oh! je ne me consolerai jamais!

— Si, vous vous consolerez, lui dis-je, mais il n'y a pas de temps à perdre. — Si mon dentiste allait être indiscret; si quelqu'un de ma connaissance allait entrer chez lui pendant l'opération!

— Faites mieux, allez chez le mien, qui ne vous connaît pas.

— Oui, vous avez raison; c'est cela, dit-elle. — Je lui donnai son adresse. — Et vous m'aimez toujours? demanda-t-elle avec un adorable sourire.

Oh! cette fois je n'y pus tenir : je rapprochai sa tête de la mienne, et je touchai de mes lèvres ce double rang de perles dont la fatalité venait de briser une des plus visibles.

— Henry, Henry, murura-t-elle, il peut donc exister une joie cachée au fond de la plus extrême douleur?

J'étais transporté de bonheur; je voulais la retenir encore, je voulais resserrer le lien qui l'attachait à moi, mais elle dénoua mes bras tout doucement.

— Laissez-moi, Henry, me dit-elle, vous me l'avez dit vous même, il n'y a pas de temps à perdre.

Et appuyant à son tour ses lèvres sur mon front, elle s'élança dans sa chambre en sonnant sa camérière pour l'habiller.

Je restai tout abîmé dans ma joie, bénissant le bienheureux accident auquel je devais l'aveu de l'amour de Charlotte, quand tout à coup je jetai un cri de joie.

Une pensée venait de traverser mon esprit.

Je m'élançai hors de la maison; je sautai en voiture, et j'ordonnai au cocher de toucher chez mon dentiste.

Par hasard et par bonheur il était seul.

— Ah! lui dis-je, je vous trouve, tant mieux, écoutez-moi.

Il me regarda avec étonnement : mon visage, que j'entrevis dans une glace, portait l'empreinte de la plus grande exaltation.

— Je suis à vos ordres, monsieur, me répondit-il; qu'y a-t-il donc?

— Est-il vrai, demandai-je, que lorsqu'une personne vient de se casser une dent, si on la lui ôte et qu'on lui remette à l'instant même dans l'alvéole de la dent absente une dent qu'on vient d'arracher à une autre personne, cette dent nouvelle reprenne et se solidifie? — Cela réussit quelquefois, monsieur, surtout si cette dent est une incisive. — Oh! c'est justement une incisive, m'écriai-je en levant dans mon transport joyeux mes deux mains vers le ciel.

Je m'entrevoyais toujours dans la glace: j'étais véritablement magnifique d'exaltation.

— Eh bien! mon cher monsieur, m'écriai-je, voici ce que vous allez faire. — Dites.

Je regardai autour de moi.

— Soyez tranquille, nous sommes seuls, reprit le dentiste. — Eh bien! il va venir chez vous une dame qui a eu le malheur de se casser une dent ce matin. Vous la ferez entrer ici. Je serai dans votre chambre. Vous m'arracherez la dent pareille à sa dent cassée, et vous m'en mettrez à moi une fausse.

Le dentiste me regarda comme si j'eusse perdu l'esprit.

Il faut vous dire que j'avais des dents merveilleuses, et dont les femmes me faisaient toujours compliment.

— Mais, monsieur, me dit-il vous êtes fou. — Oui, mon cher monsieur, fou d'amour pour cette femme. — C'est un bien grand sacrifice. — Ce n'est pas le quart, ce n'est pas la moitié, ce n'est pas la centième partie de ce qu'elle mérite! m'écriai-je avec une exaltation croissante. — Ainsi, vous désirez toujours... — Je l'exige. — Malgré mes observations. — Mon cher monsieur, répliquai-je avec dignité, c'est une résolution prise, et à laquelle aucune observation n'aura le pouvoir de me faire renoncer. — Comme vous voudrez, reprit le dentiste; mais je vous préviens d'une chose. — De quoi me prévenez-vous? — C'est que vous allez souffrir horriblement. — Qu'importe?

Le mot était sublime, n'est-ce pas?

Tristan fit signe de la tête que oui. Il prenait, malgré la situation où il se trouvait, un intérêt singulier à ce singulier récit, tant il est vrai que toute émotion réelle, eût-elle pour cause une base futile ou ridicule, est communicative.

Henri continua.

— Juste à ce moment la sonnette retentit. Je m'élançai dans la chambre à coucher, où je me mis à regarder sans les voir des gravures représentant je ne sais plus qui, refusant les présents d'Artaxercès, et la famille Porus devant Alexandre.

Un instant après, le dentiste vint me rejoindre.

— Eh bien? lui demandai-je! — C'est elle, dit-il.

Je me plaçai dans un fauteuil.

— C'est bien, dis-je à mon tour. — Vous êtes toujours décidé? — Parbleu! — Vous ne me reprocherez jamais de vous avoir obéi? — Jamais. — Seulement faites-la souffrir le moins possible, et ne lui dites pas que c'est moi. — N'en parlons plus.

Et le dentiste repassa dans son cabinet en haussant les épaules.

Un instant après, j'entendis un cri de douleur qui me fit perler la sueur au front.

— Pauvre ange, murmurai-je.

Le dentiste reparut.

— Etes-vous prêt? demanda-t-il.

J'ouvris la bouche.

Il toucha la dent avec sa clef, — puis s'arrêtant:

— En vérité, dit-il, j'ai besoin que vous me disiez une fois encore que vous le voulez. — Oui, bourreau, je le veux. Es-tu content?

Il se remit à l'œuvre.

En une seconde la dent fut enlevée, c'est une justice à lui rendre. Mais, pendant cette seconde, la douleur fut d'autant plus épouvantable qu'elle m'était inconnue, c'était la première dent que l'on m'arrachait.

Mais pour Charlotte je ne pouvais pas trop souffrir, car Charlotte me rendrait en bonheur bien plus que je n'avais souffert.

Je me levai et allai prendre sur la toilette de l'eau pour me rincer la bouche et apaiser tant soit peu la douleur. Mais j'avoue ma faiblesse, en arrivant devant la glace et en voyant ma gencive saignante à la place où avait été ma dent, j'éprouvai un profond serrement de cœur.

— Puis, un frisson d'effroi me passa dans les veines.

Il me sembla que le dentiste s'était trompé: je croyais me rappeler que c'était l'incisive de gauche qui manquait à Charlotte, et c'était l'incisive de droite que le docteur m'avait arrachée.

J'entendis fermer la porte du cabinet, et le dentiste rentra.

J'épiais son visage avec anxiété, son visage était parfaitement tranquille.

— Eh bien? lui demandai-je. — Eh bien! me dit-il, si elle a le courage de rester deux ou trois jours sans manger, sans parler, sans remuer la mâchoire enfin, elle reprendra. — Bien vrai? m'écriai-je. — Je l'espère. — Et comment cela s'est-il passé? — A merveille. C'est une véritable amazone que cette dame-là. — Et que lui avez-vous dit pour présenter cette dent arrachée à un autre? — Je lui ai dit que j'avais justement là un petit Savoyard occupé à ramoner ma cheminée, qui, pour une pièce de cinq francs, consentirait sans aucun doute. — Oh! comme c'est adroit! Et elle a accepté? — Oui. — Sans hésitation? — Elle a dit : Oh! pauvre petit diable!

Et elle a tiré deux louis de sa poche qu'elle m'a chargé de lui remettre. Vous comprenez, monsieur, qu'à la rigueur, ces deux louis ne sont pas à moi, et que...

— Allons donc, monsieur! — Dame! jugez-en par vous-même : l'opération était exactement pareille, puisque je vous ai ôté à tous deux l'incisive de droite. — Ah! c'est vrai, c'est étonnant! — Quoi? — C'était l'incisive de droite? — Parfaitement. — — J'avais cru, moi, que c'était l'incisive de gauche. — Vous vous trompiez, monsieur. Au reste, votre dent semblait faite exprès pour elle, car elle a une mâchoire magnifique. — N'est-ce pas? m'écriai-je avec une exaltation qui me fit oublier ma douleur. — Et des cheveux! — Hein? quels cheveux!

J'eusse embrassé le dentiste qui me détaillait ainsi une à une les perfections de Charlotte.

— Je n'ai jamais vu, continua-t-il, une nuance si finie, si délicate.

Je le regardais avec étonnement : Charlotte avait les cheveux du noir le mieux accusé.

— Quel blond admirable! continua-t-il; on dirait des cheveux d'enfant. — Comment, blonds? m'écriai-je; mais elle a les cheveux noirs comme du jais. — Blonds. — Noirs. — Blonds, je vous jure!

Une idée terrible me traversa l'esprit : je m'élançai à la fenêtre. Mon dentiste demeurait au troisième; la dame qui faisait l'objet de notre discussion montait justement en voiture, et ses cheveux, flottant en dehors de son chapeau, étaient en effet du plus beau blond qui se puisse voir.

— Malheureux! m'écriai-je, ce n'est pas Charlotte!

Et je retombai écrasé sur un fauteuil : j'avoue ma faiblesse, je pleurais à chaudes larmes.

On sonna de nouveau.

Le dentiste rentra dans son cabinet, et un instant après revint me retrouver.

— Cette fois, me dit-il, c'est bien elle.

Je ne répondis qu'en secouant la tête d'un air désespéré.

— C'est bien elle, dit-il ; vous aviez raison, c'était l'incisive du côté gauche qui lui manquait. — Ah ! mon Dieu ! — Au reste, si vous doutez, regardez par le trou de la serrure.

Je me traînai jusqu'à la porte et je regardai.

C'était bien Charlotte, en effet ; Charlotte, avec ses beaux yeux rougis par les pleurs qu'elle avait versés, et pâlie moins encore par la douleur qu'elle avait éprouvée que par la crainte de ce qu'elle allait souffrir.

— Lui avez-vous déjà parlé de quelque chose? demandai-je au dentiste. — Non, monsieur, j'ai voulu vous consulter auparavant ; je craignais qu'une première épreuve si mal appliquée vous eût dégoûté de la générosité.

Je poussai un profond soupir.

— Que décidez-vous, voyons ? — Je décide que le sacrifice sera complet. Heureusement encore que le hasard a permis que cette intrigante qui m'a escroqué ma dent n'avait pas perdu la même que Charlotte. — Oh! oui, reprit le dentiste, c'est bien heureux. Je vais donc aller lui dire, comme à l'autre, que j'ai là un petit Savoyard. — Allez.

La même scène que je vous ai racontée se renouvela ; seulement, cette fois, ce fut au profit de Charlotte. L'opération réussit à merveille, et Charlotte se retira consolée.

A travers le trou de la serrure, je vis briller dans ses yeux un rayon de joie, et je l'aimais tant, que ce rayon de joie endormit ma douleur.

Ce fut à mon tour à appeler l'art du mécanicien au secours du déficit que mon dévouement amoureux avait occasionné à ma mâchoire ; mais comme personne ne fit pour moi le sacrifice de ses dents, ce furent simplement deux morceaux de défense d'hippopotame, taillés en incisives, que le mécanicien maudit fixa à mes gencives, avec un mécanisme dont il était l'inventeur. Aussi, tout humilié de ce mensonge d'ivoire, je ne riais plus et je mangeais avec hésitation ; mais je songeais que Charlotte était heureuse et consolée, et que si je ne riais plus et ne mangeais plus avec toutes mes dents, Charlotte mangeait et riait avec une des miennes, et c'était pour moi une consolation.

Cependant, j'avais la mâchoire tellement souffrante, et je me trouvais si gêné de la présence dans ma bouche de ces deux meubles étrangers, que je n'osai retourner chez Charlotte de cinq ou six jours, quoiqu'au point où nous en étions quand nous nous séparâmes, il me semblait que j'avais une bien douce récompense, non pas de mon dévouement, elle l'ignorait, mais de mon amour, à obtenir en la revoyant. Pour motiver cette absence insolite, je lui avais écrit que l'émotion causée par l'accident qui lui était arrivé m'avait rendu malade ; et comme effectivement son père de son côté lui avait dit que je gardais la chambre, je reçus de Charlotte une de ces lettres que les femmes seules savent écrire, et où, sans rien dire de positif, elles disent tout.

Cette lettre m'invitait, si j'étais mieux, à aller pour le dimanche suivant à Saint-Mandé. *Nous serions seuls.*

Ces trois mots, qui promettaient un monde de félicités à mon cœur, étaient soulignés.

J'attendis le dimanche avec impatience. Huit jours s'étaient écoulés depuis l'implantation de mes incisives, l'enflure de mes gencives avait diminué, je ne riais pas encore, mais je mangeais déjà. Au reste, les dents étrangères étaient assez bien assorties avec les autochthones, et il fallait y regarder de bien près pour reconnaître, tant elle était légère, la différence de nuances qu'elles offraient avec leurs voisines.

Je pouvais donc compter avec quelque certitude que Charlotte ne s'apercevrait de rien.

Je partis vers les trois heures : avant de descendre, je voulus m'assurer que nous serions bien en tête-à-tête et que mon voisin ne viendrait pas : comme j'allais porter la main à la sonnette, mon domestique me remit une lettre. Je venais d'en faire sauter le cachet lorsque la porte de mon voisin s'ouvrit et que je le vis apparaître. Je remis aussitôt sans l'avoir lue la lettre dans la poche de mon habit. J'avais cru d'ailleurs remarquer que cette lettre n'était autre chose que la note d'un de mes fournisseurs.

Je m'informai si mon voisin venait à Saint-Mandé. Charlotte m'avait dit vrai, nous devions être seuls.

Je descendis tout joyeux. C'était ma première sortie depuis huit jours. J'avais un petit miroir de poche : à peine dans ma voiture, je regardai mes dents. L'accident était à peu près invisible.

Pendant toute la route je m'étudiai à rire de la lèvre inférieure seulement. J'y parvins avec peine, et cependant j'y parvins.

Je fus reçu avec des cris de joie par tous les domestiques, qui m'adoraient.

Je demandai Charlotte : elle était au fond du jardin sous un berceau de chèvrefeuilles et de clématites bien connu de moi. Je partis tout courant pour la rejoindre, sans rien demander de plus.

Cependant à mesure que j'approchais, je croyais voir deux ombres, je croyais entendre deux voix; je ne me trompais pas, Charlotte était avec son amie : madame de Mongiron au moment où elle s'y attendait le moins était venue lui demander à dîner.

Le coup fut terrible : et autant que je pus m'en apercevoir, Charlotte le reçut comme moi.

Ce fut déjà une grande douleur pour moi, qui arrivais le cœur débordant d'amour, de renfermer en moi toute cette émotion qui refluait à mon visage avec mon sang. Je sentis la sueur de l'impatience perler à mes cheveux, et je tirai mon mouchoir pour m'essuyer le front, sans m'apercevoir qu'en tirant mon mouchoir, je tirais en même temps la lettre que j'avais reçue le matin, laquelle sans que je la visse tomba aux pieds de madame de Mongiron.

Il fallut me résigner, nous causâmes de choses indifférentes. Charlotte paraissait, à part l'ennui que lui causait la présence de son amie, parfaitement à son aise : la promesse du dentiste s'était effectuée, ma dent avait en quelque sorte repris racine dans la gencive qui lui avait offert l'hospitalité. Charlotte souriait comme d'habitude, découvrant une double rangée de perles dans laquelle, je dois le dire, celle que j'avais introduite n'était pas trop déplacée.

Au bout d'un quart d'heure, madame de Mongiron, ordinairement fort peu littéraire cependant, éleva une discussion sur une ode de Lamartine, faisant partie de ses méditations poétiques : j'étais d'un avis contraire au sien, comme cela m'arrivait toujours, bien plus par instinct que par raison. Charlotte, pour nous mettre d'accord, m'indiqua le rayon de sa bibliothèque où se trouvaient les œuvres de Lamartine. Je partis comme un trait pour l'aller chercher, empressé que j'étais de lui prouver que j'avais tort.

Lorsque je revins, il s'était fait un changement si notable

entre les deux femmes que j'en fus frappé tout d'abord. Madame de Mongiron était passée de l'affection à la raillerie. Charlotte était rouge et paraissait soucieuse, préoccupée et presque honteuse. Je tenais le livre, je voulais reprendre la discussion où je l'avais laissée, mais, contre son habitude, madame de Mongiron, avec un charmant sourire, à l'expression duquel je ne me trompai pas, avoua son erreur, et déposant le livre sur un guéridon :

— Asseyez-vous là, monsieur Henry, me dit-elle, et causons.

Je m'assis sur la chaise que me montrait mon ennemie, et qui était située juste en face du canapé où elles étaient toutes deux. Seulement j'avais fort peu envie de causer, car je ne sais pourquoi je me fis non pas l'effet d'un interlocuteur ordinaire qui prend la place qui lui convient dans la conversation, mais d'un accusé sur la sellette.

La situation était trop singulière pour pouvoir durer longtemps. J'avais quitté Charlotte, gracieuse et charmante comme elle était d'habitude pour moi ; ses yeux me disaient que la présence seule de son amie l'empêchait d'être plus charmante et plus gracieuse encore. Et voilà qu'à mon retour je trouvais cette impression bienveillante changée en une impression pénible.

Madame de Mongiron semblait seule au comble de la joie. Elle parlait, elle essayait de me faire parler, elle riait, et en riant montrait deux rangées de dents magnifiques, puis elle faisait des signes à Charlotte, qui, les yeux fixés sur moi, semblait chercher à découvrir en mon visage quelque chose d'inconnu.

La situation devenait de plus en plus embarrassante, et sentant que j'allais y succomber, je m'apprêtais à me lever, lorsque Charlotte me prévint. Je fis un mouvement instinctif pour la retenir, j'ouvris la bouche pour l'arrêter ; mais, au contraire, ce mouvement parut fixer tous ses doutes.

— Oh ! monsieur, me dit-elle en se retirant.

C'était juste l'exclamation de miss Fanny, la rougeur me monta au front, je regardai autour de moi, je demeurais seul avec madame de Mongiron. Charlotte était déjà au bout de l'allée ; elle ne s'éloignait pas, elle fuyait.

— Mais qu'a-t-elle donc, mon Dieu ! demandai-je à madame de Mongiron, et quelle chose a pu la faire changer ainsi tout à coup ?

— Peut-être quelque lettre de son mari, répliqua celle-ci. Ah ! à propos de lettres, monsieur Henry, j'en ai trouvé une là tout à l'heure et qui vous était adressée.

Et de l'air le plus candide du monde, elle me tendit un papier que je reconnus pour la lettre qu'on m'avait remise au moment où j'allais sortir.

Puis, me saluant de la plus gracieuse révérence, elle s'éloigna par la même allée où avait disparu Charlotte, me laissant debout à ma place et ma lettre à la main, comprenant instinctivement que tout me venait de cette lettre.

Je suivis des yeux madame de Mongiron tant que je pus la voir, puis mes yeux s'abaissèrent avec inquiétude sur le mystérieux papier.

Au premier mot je frémis; au dernier je poussai un cri de rage.

Voici ce qu'il contenait:

« Doit, monsieur Henry de Sainte-Ile, à B***, dentiste breveté, la somme de quatre-vingts francs, pour deux incisives, en défense d'hippopotame, première qualité. »

On devine quel coup de foudre ce fut pour moi qu'une pareille lettre, une sueur froide me coula du front, et je m'appuyai aux chaînes de fer de la sonnette, pour ne pas m'évanouir.

Puis je compris instinctivement que tout était perdu, la note eût porté une incisive au lieu de deux, que j'eusse couru à Charlotte, et que je lui eusse dit: Cruelle ingrate, c'est cependant pour vous que j'ai été obligé de recourir à cette dent mensongère; mais la note réclamait le prix de deux dents, comment lui raconter qu'une inconnue avait emporté l'autre. D'intéressant que j'eusse été, cette circonstance me faisait ridicule.

Si ridicule, que je n'osai repasser par la maison, de peur de rencontrer Charlotte. J'aperçus la petite porte du jardin ouverte, et je me précipitai par cette porte en poussant un rugissement.

Je ne sais pas quel chemin je pris, j'ignore par où je passai. J'avais perdu l'esprit ou peu s'en faut; quand je revins à moi, je me retrouvai dans mon appartement, couché sur mon parquet, frappant le tapis de mon front, sans pouvoir dire comment j'étais venu là.

Peu à peu, cependant, la raison reprit quelque empire sur moi. Il me semblait toujours que j'allais entendre le bruit de ma sonnette, et que cette sonnette serait mise en mouvement par quelque messager de Charlotte, qui m'apporterait un petit mot d'elle, bien affectueux, bien consolant. Hélas! le reste de la journée se passa sans que cette malheureuse sonnette retentit, mise en branle par ce messager imaginaire ou par tout autre.

Jusqu'à trois heures du matin je veillai; vous dire pendant le silence de la nuit à cette heure, où tout bruit s'éteint même à Paris, cette ville du bruit éternel, vous dire tout ce qui se présenta à mon esprit de réflexions douloureuses et de souvenirs insensés, serait impossible : le résultat ne ces réflexions fut que j'étais un de ces êtres abandonnés de Dieu, jetés en ce monde pour servir de boucs émissaires au reste du genre humain, et qui doivent courir éternellement après le bonheur, sans l'atteindre jamais.

La conviction, vous le voyez, n'était point consolante.

Vers trois heures je m'endormis brisé de fatigue; j'avais pris la résolution, à l'heure où je croirais Charlotte visible, de me présenter chez elle, de lui tout dire, de mettre en comparaison cet amour ardent, passionné, sans bornes, que j'avais pour elle, avec un moment de ridicule ; je partis dans cette volonté.

Mais à mesure que j'approchais de Saint-Mandé, je sentais faiblir cette résolution que j'avais crue inébranlable : on eût dit que chaque mouvement progressif de la vie vers le but où je tendais avait cette faculté rétrospective de me rappeler à l'esprit les moindres circonstances de l'aventure de la veille. Je me voyais tirant mon mouchoir de ma poche, je sentais, pour ainsi dire, tomber le papier fatal : ces yeux pétillants de méchanceté, que j'avais vus fixés sur la terre, sans savoir ce qu'ils cherchaient derrière les bâtons de ma chaise, je les voyais étinceler comme deux escarboucles. J'entendais l'intonation avec laquelle madame de Mongiron avait fait cette défectueuse citation, qui avait pour but de m'éloigner. Chaque mot de la discussion me revenait à la mémoire. Je maudissais cet orgueil intérieur qui, en me donnant la certitude de ma cause, m'avait, dans la joie de mon triomphe anticipé, fait bondir vers la bibliothèque, en laissant les deux femmes seules sous la tonnelle; puis alors par un singulier mystère d'intuition, je m'abandonnais, pour ainsi dire, à la recherche du livre, et je voyais madame de Mongiron, bondissant comme une tigresse, vers la lettre perdue, la saisissant entre ses serres, l'ouvrant, lisant, jetant un cri de joie et la passant, triomphante, à Charlotte, tandis que moi, niais que j'étais, au lieu de lui laisser faire une citation, deux citations, dix citations fausses, je lui livrais le champ de bataille par une fausse marche, et par une orgueilleuse retraite.

Aux premières maisons de Saint-Mandé, le tableau était devenu tellement vivant à mes yeux, que j'étais, j'en suis sûr, aussi tremblant et aussi confondu que la veille : aussi en passant devant une ruelle qui donnait sur le bois, je fis arrêter la voiture, et je descendis, espérant que le grand air, la marche, la vue des arbres, des champs, des fleurs, me rendraient la force ; mais la force était absente, la honte l'avait chassée. Je tournai vingt fois autour de la partie du jardin de Charlotte, qui donnait sur la forêt. Je m'arrêtai devant cette petite porte par laquelle j'avais fui la veille. Je m'en approchai. J'écoutai. J'essayai de voir par la serrure. Je portai la main à la sonnette ; mais au même moment j'entendis un bruit comme le frôlement d'une robe qui s'approcherait ; je pensai que, la veille, Charlotte était vêtue d'une robe de soie, que ce frôlement pouvait donc être causé par elle, que la porte allait s'ouvrir peut-être, et que je serais pris la main à la sonnette et l'oreille à la serrure ; je n'avais rien préparé, je sentis que rien ne viendrait. Je ne me fiais aucunement à mon talent d'improvisation. Je m'enfuis comme un voleur, et ce ne fut qu'après avoir fait un énorme tour dans le bois que je revins désespéré à ma voiture, qui me ramena chez moi.

Je ne devais pas espérer reprendre assez de force pour affronter une entrevue non préparée avec Charlotte. Je résolus de lui écrire, et je mis cette résolution à exécution à l'instant même.

Je ne vous dirai pas ma lettre, quoique je sois certain que pas un des mots qu'elle contenait n'est sorti de mon esprit. Je lui disais qu'elle était ma joie, mon bonheur, ma vie, et que je me tuerais certainement si je perdais l'espérance de la revoir ; elle avait quatre pages, peut-être était-ce un peu long, et à moi, elle me paraissait encore trop courte, car chaque ligne était détrempée par les larmes de mes yeux et dictée par les tortures de mon cœur.

Je la relus dix fois peut-être ; il me paraissait impossible, pour peu que l'on eût un peu de miséricorde dans le cœur, que l'on résistât à une pareille pièce d'éloquence. Je lui donnai trois jours pour me répondre ; puis, comme si le papier eût dû lui porter, outre les caractères brûlants dont il était couvert, le serment que j'avais fait, je jurai que si dans trois jours elle ne m'avait pas répondu, je me tuerais.

Trois jours s'écoulèrent, et je n'obtins aucune réponse.

Vous dire le degré croissant de fièvre auquel j'arrivai pendant l'attente de ces trois jours serait chose impossible. Ma montre était devant moi, sur ma table, et je suivais le mouvement progressif de l'aiguille, et je me disais : Après-demain, demain, aujourd'hui, dans une heure, quand cette aiguille insensible sera arrivée à ce point, je me tuerai.

L'aiguille y arriva sans déviation, sans retard, avec l'impassible cruauté des machines inintelligentes. Je me levai.

Tout à coup il me passa un regret par l'esprit ; c'était de ne pas lui léguer, comme un remords, l'heure et la date de ma mort. Je descendis, je pris un cabriolet, je me fis conduire à Saint-Mandé, je pris la ruelle, j'arrivai à la porte du jardin, et avec une pierre blanche, j'écrivis sur cette porte :

« Vendredi, 13 novembre, quatre heures du soir.

» Henry. »

C'était mon dernier adieu.

Je revins au cabriolet.

— Où faut-il vous conduire, notre bourgeois? demanda le cocher, voyant que je restais muet près de lui, absorbé que j'étais dans mes pensées.

— A la rivière, répondis-je.

Le cocher me regarda avec étonnement.

— Plaît-il?

Cette hésitation qu'il mettait à m'obéir me fit comprendre que si je me faisais conduire en voiture jusqu'à la mort, je courais beaucoup de chances qu'on ne m'empêchât de mourir.

Je donnai au cocher pour le prix de sa course tout l'argent que j'avais sur moi, et je m'éloignai à pied.

Une demi-heure après je me jetais à l'eau.

Une heure après j'étais dans un bon lit, ayant à mon chevet mon frère de lait, le fils de ma nourrice, qui passait sur le pont Royal au moment où je passais dessous. Ce Charles est mon seul ami, et encore c'est lui qui m'aime ; ce n'est pas moi qui l'aime. J'ai oublié jusqu'à présent de vous parler de lui. C'est un cœur d'or ; il passe sa vie à me sauver la mienne ; mais aujourd'hui je suis tranquille.

Vous comprenez bien, monsieur, qu'il fallut rendre compte à Charles de cette résolution désespérée. Alors tous mes souvenirs me revinrent, et au lieu de le remercier de m'avoir sauvé la vie, je le maudis de m'avoir rendu à mon abandon et à ma douleur. Cependant une fois sauvé, la première pensée qui me vint fut une pensée d'espoir, et je voulus absolument me lever pour aller voir chez moi s'il y avait une lettre de Charlotte; car enfin Charlotte avait peut-être lu ces quelques lignes écrites sur la porte du jardin, et les ayant lues, elle ne pouvait guère faire autrement que d'envoyer en demander l'explication à moi, ou tout au moins à son père.

Mais j'étais cloué dans mon lit, et le médecin avait défendu qu'on me permît de me lever et même qu'on me laissât parler. D'ailleurs, j'avais les membres comme paralysés, je ressentais un frisson continuel, et il me semblait à chaque instant que ma tête allait éclater. Il y avait des moments où un voile de sang me passait sur les yeux, et à travers le voile, je voyais tout danser autour de moi, le chien, Charles, le docteur. De ces étourdissements, je passais au délire, et tous les objets se confondaient dans mon esprit, je voyais de faux mollets, de fausses dents, de faux râteliers, j'étais poursuivi par des bonnetiers, des dentistes, et madame de Mongiron me riait incessamment au nez. Enfin, si je n'étais pas mort, j'avais au moins la consolation d'être sérieusement malade : et quand un instant de lucidité me revenait, je ne retrouvais qu'une pensée, c'était celle de me tuer, et cette fois de prendre mes précautions de manière à ce qu'on ne m'arrêtât point à moitié chemin, et cette pensée me poursuivait jusque dans mon délire. Si bien que la fièvre me donnant des forces, je me levais, et me veillant jour et nuit, Charles, qui était auprès de moi, avait une peine affreuse à me replacer dans mon lit et à m'y contenir. Cela dura ainsi trois semaines. Pendant ce temps, il fut impossible de me transporter chez moi. Mon ami m'avait fait mettre dans une chambre à côté de la sienne dans le premier hôtel qu'il avait trouvé, et il me soignait, comme je l'ai déjà dit, avec un dévouement et une résignation rares. Enfin, je commençai à aller mieux, et dès que je pus sortir, ce fut pour aller chercher moi-même des nouvelles que je n'avais osé envoyer prendre. Je fis venir une voiture, et je me hasardai de nouveau sur la route de Saint-Mandé. Je retrouvai sur ce chemin une partie des impressions que j'avais éprouvées à mes derniers voyages; et comme je ne me sentais pas le courage d'aborder la maison de face, je pris cette petite ruelle qui m'ouvrait un chemin sur la forêt, et je retrouvai la porte du jardin avec son inscription aussi fraîche et aussi visible que si elle eût été écrite de la veille.

Mais tout en relisant cette ligne que j'avais tracée dans une situation d'esprit si désespérée, mes yeux passèrent par-dessus le mur, et je vis toutes les fenêtres de la maison fermées.

Qu'était-il arrivé? Quelque malheur sans doute. Cette maison avec ses persiennes closes avait un faux air de tombe qui m'effrayait; du moment où je craignais pour Charlotte, je ne craignais plus pour moi. Je repris le chemin de ma ruelle, et j'arrivai tout courant à la porte de la maison.

Le portier en balayait le seuil.

Le brave homme me reconnut et me parut fort s'intéresser à ma disparition, sur laquelle j'inventai une histoire qui, quoique absurde, ne lui fit faire, je dois le dire à sa louange, aucune objection.

Je l'interrogeai à mon tour.

Le lendemain de mon départ, Charlotte était allée rejoindre son mari.

C'était le dernier coup.

Je rentrai chez moi bien résolu à en finir. Mes pistolets étaient dans leur boîte avec tout leur attirail de destruction; j'allongeai la main, je pris la boîte et je chargeai les armes. Malheureusement, j'étais rentré si préoccupé que j'avais oublié de fermer ma porte; au moment où je venais d'appliquer les capsules sur leurs cheminées, cette porte s'ouvrit, et Charles entra.

Je replaçai les pistolets dans leur compartiment, mais pas si vite cependant que Charles ne vît le mouvement : il comprit tout, mais sentant qu'il n'avait de force contre moi qu'à la condition que je ne me défierais point de lui, il ne parut s'apercevoir de rien. Il avait vu le beau temps, disait-il, et venait me proposer une promenade pour me distraire.

J'acceptai : je comptais bien rentrer chez moi à un moment ou à un autre. Nous sortîmes donc.

En sortant il dit quelques mots tout bas à mon domestique : je ne remarquai pas d'abord cette circonstance, qui me fut expliquée plus tard.

Notre promenade avait donné de l'appétit à Charles, il me proposa de dîner. Le dîner l'avait mis en train, il me força de l'accompagner au spectacle.

Vous n'avez pas idée, monsieur, combien ce dîner me sembla lourd, et ce spectacle ennuyeux. Il me serait aussi impossible de dire ce que je mangeai que ce que je vis. Enfin minuit sonna. Charles n'avait aucun prétexte pour coucher chez moi. Il fallut bien qu'il finît par se retirer.

Je me retrouvai seul.

Cette fois je fermai avec le plus grand soin la porte derrière Charles, et je revins à mes pistolets avec un sourire farouche sur les lèvres.

Ils étaient à la même place, dans leur boîte.

Comme je les avais chargés le matin même, je n'eus point la peine de m'occuper de ce détail : j'attirai à moi l'encrier, je tirai du papier et une plume du tiroir même de la table où j'étais assis, et j'écrivis une lettre d'abord, puis une seconde ; la première était pour Charles et la seconde pour Charlotte ; puis je pris mes pistolets, j'en appuyai un sur mon front et je lâchai la détente.

La capsule seule partit.

Le sort, comme on le voit, y mettait de l'entêtement.

Je résolus d'être plus entêté que le sort. Je repassai mon second pistolet de la main gauche dans la main droite, et je lâchai le second coup.

Mais cette fois encore la capsule seule s'enflamma.

Alors je me rappelai ces quelques mots que Charles, en sortant, avait dits à mon domestique. Je le sonnai à briser le cordon. Il arriva tout habillé, et avec un embarras qui me confirma dans mes soupçons.

Ces soupçons n'étaient que trop fondés. Constant m'avoua tout. Charles lui avait ordonné de décharger les pistolets et de ne leur laisser que les capsules. Il lui avait en outre recommandé de faire disparaître de la maison tout ce qu'il y avait de poudre et de balles.

Ceci se passait il y a huit jours. Depuis ce temps, je suis venu me promener tous les matins au bois ; j'ai découvert l'endroit où nous sommes, et m'y voilà. Cette fois, je suis bien tranquille, je vous le répète, Charles ne m'y trouvera pas.

Vous voyez, monsieur, continua Henri, que, quoique, ayant suivi deux routes différentes, nous arrivons au même but. Heureusement que s'il y a des milliers de douleurs qui peuvent accabler l'âme, il n'y a qu'une vie à perdre, et qu'on peut, lorsqu'on est las de cette vie, s'en débarrasser d'un seul coup. Maintenant, si vous êtes toujours dans la même intention, l'heure est venue.

Et avec le même sang-froid qu'il avait montré jusque-là, Henry, sa corde à la main, remonta sur son arbre, tandis que Tristan, moins habitué que lui à envisager la mort en face, ramassait d'une main tremblante son pistolet, que, pendant le récit de son compagnon de suicide, il avait laissé tomber.

Tout à coup on entendit un grand bruit dans les arbres : un homme apparut aux limites de la clairière, et Henry, occupé à assurer sa corde, poussa un cri.

— Charles! dit-il, encore Charles! — Ah! je te retrouve enfin! s'écria celui-ci. Malheureux! je croyais que tu avais à jamais abandonné cette funeste résolution. — L'entendez-vous? dit Henry à Tristan ; l'entendez-vous? toujours le même refrain. Arrêtez-le, au nom du ciel! je vous prie, arrêtez-le cinq minutes seulement!

Charles, sans faire attention à ce que disait Henry, s'élança vers lui avec toute l'impétuosité de cet amour du prochain plus développé encore dans son âme chrétienne que dans toute autre.

Mais Tristan se leva sur son chemin et lui barra le passage.

Pendant ce temps Henry achevait ses préparatifs.

— Monsieur, criait Charles, monsieur, au nom du ciel, laissez-moi passer! Ne voyez-vous pas ce qu'il fait, ce malheureux? — Il se pend : je le sais, dit Tristan. — Mais aidez-moi donc à l'empêcher de commettre un pareil crime! — Moi? dit Tristan. — T'aider? dit Henry, ah bien oui! Monsieur est venu ici pour en faire autant que moi. — Alors, reprit Charles, les yeux ardents d'enthousiasme, je dois remercier doublement la Providence, car, au lieu d'une, ce sont deux âmes que je sauverai. — Pardon, monsieur, dit Tristan en armant son pistolet, pardon, mais comme je n'ai pas l'honneur d'être connu de vous, je vous prie de ne pas vous mêler de mes affaires : que vous empêchiez votre ami de se tuer, c'est votre droit, puisqu'il est votre ami, mais moi je n'ai point cet honneur. Je vous prie donc de vous éloigner, et de me laisser achever tranquillement ce que je suis venu faire. — Ferme! cria Henry, tenez ferme, mon cher compagnon; une minute encore, et j'ai fini. — Mais j'ai donc affaire à des forcenés! hurla Charles. Mais, malheureux que vous êtes, continua-t-il en saisissant le bras avec lequel Tristan approchait le pistolet de son front, malheureux! vous ne savez donc pas que vous allez vous damner pour l'éternité? Amen, dit Henry s'élançant dans l'espace.

Charles, à ce spectacle de son ami se balançant dans l'air, jeta un cri terrible et voulut forcer la barrière que lui opposait Tristan. Une lutte s'engagea entre ces deux hommes, et dans la lutte le pistolet que ce dernier tenait tout armé partit.

Au même instant, Tristan sentit les doigts qui serraient son bras se relâcher. Charles fit un pas en arrière, chancela et tomba à la renverse baigné dans son sang.

Tristan le regarda avec terreur. La balle l'avait frappé au visage, et comme d'ailleurs il avait reçu le coup à bout portant, il était complétement défiguré.

Le malheureux était mort sur le coup.

Tristan se retourna vers le pendu qui semblait conserver encore assez de sentiment pour avoir la conscience de ce qui se passait, et qui regardait cette scène avec des yeux qui lui sortaient de la tête.

Entre ces deux moribonds, Tristan sentit comme un vertige, il jeta le pistolet déchargé, ramassa l'autre et s'élança hors de la clairière rapide comme un daim poursuivi.

A peine eut-il fait cinquante pas qu'il se trouva au bord d'une route, et qu'à travers un tourbillon de poussière, il vit venir une voiture.

— J'ai tué un homme, se dit-il, raison de plus de me tuer moi-même.

Et il appuya cette fois sans obstacle le canon de son pistolet contre son cœur, qui battait violemment, lâcha la détente et tomba en poussant un cri douloureux.

IV

Louise.

Louise s'était réveillée un instant après le départ de son mari, et ne le trouvant pas auprès d'elle, elle avait été sur le point de se lever pour savoir où il était, mais elle avait vu le dessous de la porte éclairé et elle avait pensé que Tristan travaillait encore comme cela lui arrivait souvent, et elle s'était rendormie : car le sommeil était devenu son seul moment de bonheur, étant son seul moment d'oubli. Puis, le matin, quand elle s'était réveillée de nouveau, elle s'était trouvée seule encore, et comme elle voyait par le dessous de la porte que la lumière était éteinte, elle avait pensé que Tristan travaillait toujours : elle l'avait appelé, mais personne n'avait répondu.

— Il se sera endormi, se dit-elle, et elle se leva tout doucement de son lit, et entr'ouvrit la porte de sa chambre en faisant le moins de bruit possible, puis elle avança la tête, et quoique son regard embrassât toute la chambre, elle ne vit personne. Le chandelier était, comme nous l'avons dit, posé sur le rebord intérieur de la fenêtre mansardée et la chandelle brûlait jusqu'au dernier fil. Louise fut d'abord inquiète de cette absence, puis elle pensa que Tristan était sorti pour aller porter son travail de la nuit et rapporter l'argent quotidien, et rentrant dans sa chambre, elle avait fini de s'habiller; à son tour, après avoir ouvert la fenêtre et fait elle-même son ménage, elle s'était mise au travail; mais les heures se passaient, et Tristan ne rentrait pas. Alors son inquiétude avait augmenté, elle ne faisait que passer d'une chambre à l'autre, que d'aller de la fenêtre à la porte d'entrée, pour voir s'il ne paraissait pas à l'angle de la rue, ou s'il ne montait pas l'escalier, de plus en plus inquiète à chaque minute qui s'écoulait. Tout à coup, au milieu des papiers épars sur la table, elle crut reconnaître l'écriture de son mari, elle s'élança vers la lettre : c'était celle que nous connaissons.

A chaque mot qu'elle lisait, la pauvre femme passait la main sur son front comme si elle eût craint de devenir folle. Ses larmes l'étouffaient, car elle souffrait trop pour pouvoir pleurer, et quand elle eut achevé de lire la lettre de son mari, elle ne put que s'écrier :

— Mon Dieu! mon Dieu! il est mort!

Et elle tomba sur une chaise, les yeux fixes, la respiration haletante, puis tout à coup se levant, elle mit son châle et son chapeau, elle descendit, passa devant le portier sans rien lui dire et se mit à courir comme une folle vers les Champs-Élysées, et des Champs-Élysées au bois de Boulogne, comme si dans cette vaste enceinte elle eût eu l'espérance de trouver l'endroit où Tristan avait accompli sa fatale résolution. Deux heures, Louise avait traversé les allées, fouillé les taillis, se mettant les mains et le visage en sang, n'ayant plus sa pensée à elle, car si elle eût pu un seul instant rassembler ses idées, elle eût demandé à la portière à quelle heure était sorti Tristan; elle eût fait dresser procès-verbal et n'eût pas cherché seule dans un dédale comme le bois de Boulogne, où, après avoir marché des heures entières, elle se retrouvait à l'endroit d'où elle était partie. Cependant tout était si calme autour d'elle, il y avait tant de chants, tant de parfums dans l'air, tant de sérénité au ciel, tant de bonheur ou d'indifférence sur la figure de ceux qui passaient, que Louise, au milieu de toute cette joie venue de Dieu aux hommes, tombée du ciel sur la terre, ne pouvait se convaincre de sa douleur et croire qu'elle seule dût être triste. Dans notre nature égoïste, nous pensons toujours que tout se ressent de notre douleur; et lorsque dans notre existence a passé un grand événement qui peut en une nuit blanchir nos cheveux ou briser notre âme, et que nous sortons éperdus soit par la ville, soit dans la campagne, nous sommes étonnés que tout dans ce monde demeure dans le même état que la veille, que le soleil ne se soit pas arrêté, que le ciel ne se soit pas assombri, et qu'il passe à côté de nous des gens en habit de fête, au visage joyeux et au cœur content. Dans le premier moment cela nous attriste, puis nous distrait, et enfin nous console; car nous finissons par comprendre combien notre douleur est peu de chose dans l'univers, puisque rien de ce qui est au-dessous de nous dans la création ne souffre, et que rien de ce qui est au-dessus de nous ne change.

Donc Louise, qui n'avait pas été témoin de son malheur, conservait au fond du cœur l'espérance que quelque événement providentiel l'aurait empêché, et ne pouvait penser que Dieu qu'elle priait tous les soirs et qui lui donnait la force en échange de sa prière, l'eût ainsi abandonnée tout à coup, quand elle n'avait rien fait pour l'offenser, si bien qu'en revenant rue Saint-Jacques, elle était presque convaincue qu'elle allait trouver Tristan chez elle, qu'il allait lui demander pardon de la peine qu'il lui avait faite, et qu'ils n'en seraient que plus heureux tous deux à l'avenir; elle dit donc à la concierge :

— Tristan est-il rentré? — Non, madame, répondit celle-ci.

La pauvre femme porta la main à son front humide d'une sueur froide. Une des tortures de ceux qui espèrent, c'est d'entendre les gens qu'ils interrogent leur répondre avec indifférence le mot qui brise leur espoir et déchire leur cœur.

— Et l'on n'a rien apporté pour moi, ajouta-t-elle. — Rien. — Vous êtes sûre? — Bien sûre. — C'est donc vrai? murmura la pauvre jeune femme, et elle ressortit ne sachant ni ce qu'elle devait faire ni où elle devait aller.

Machinalement elle reprit le chemin qu'elle venait de parcourir, et arrivant à la porte Maillot, elle aperçut le portier de la grille. Elle s'approcha de lui, pâle comme si elle allait mourir.

— Monsieur, lui dit-elle, et en s'arrêtant après chaque mot, car son cœur se gonflait, et c'est à peine si elle pouvait parler, monsieur, savez-vous si quelqu'un s'est tué ici cette nuit et si on l'a emporté? — Je l'ignore, madame, répondit le concierge, car je suis sorti ce matin et je rentre à l'instant. Ma femme pourrait vous le dire, mais je crois qu'elle est sortie à son tour.

Et pour s'en assurer, le brave homme entra un instant chez lui et revint en disant qu'effectivement sa femme n'était pas là.

— Dis donc, Jean! cria-t-il à un homme en blouse qui buvait avec un autre, sais-tu si quelqu'un s'est tué cette nuit dans le bois? — Qu'est-ce qui demande ça? — C'est madame. — Ah! ma foi, dit l'homme en blouse en se levant et en venant à Louise, je crois que Pierre m'a parlé de quelque chose comme ça ce matin. Un jeune homme qui s'est brûlé la cervelle. Est-ce cela?

Louise faillit tomber à la renverse; car à mesure que ses craintes semblaient se réaliser, elle manquait de force pour cette terrible épreuve.

— Dans tous les cas, ma petite dame, reprit celui qui répondait au nom de Jean, vous n'avez qu'à aller chez le commissaire de police du quartier : si l'on a retrouvé le corps, on aura dressé procès-verbal, et il pourra vous donner des renseignements. — Ah! merci, monsieur, dit Louise. — Il n'y a pas de quoi. C'est un triste conseil que je vous donne, voilà tout.

Et Jean indiqua à la pauvre éplorée la demeure du commissaire de police. Elle arriva, croyant qu'elle allait entrer tout de suite, mais elle fut forcée d'attendre que trois personnes arrivées avant elles eussent fini avec le digne magistrat. Enfin, on l'introduisit à son tour.

— Monsieur, dit-elle en entrant et en saluant le commissaire, qui, pour la voir, descendit ses lunettes un peu plus bas et regarda par-dessus les verres, monsieur, est-il vrai qu'un homme s'est tué cette nuit dans le bois de Boulogne. — Oui, madame, ce matin à sept heures de relevée. — Oh! mon Dieu, murmura Louise. — Puis-je vous demander quel intérêt vous avez à savoir cela, madame? — C'est mon mari, monsieur. — Votre mari, dit froidement le commissaire; ah! je comprends. Mais êtes-vous sûre qu'il n'a pas été assassiné? — J'en suis sûre, monsieur, car lui-même avant de quitter la maison, a écrit qu'il allait se tuer. — Ah! très-bien, s'écria le commissaire; c'est que, comme nous craignions un assassinat, nous avions gardé l'arme comme pièce de conviction.

La pauvre jeune femme pouvait à peine se soutenir.

— Ce doit être, ajouta-t-elle, un pistolet damasquiné en argent. — C'est cela même, madame, c'est cela même, reprit le commissaire de plus en plus satisfait.

C'était encore un pas que Louise faisait dans la réalité.

— Permettez-moi de m'asseoir, monsieur, dit-elle, car je me sens si faible que je crains à chaque instant de me trouver mal. — Faites, madame, faites. — Et qu'est devenu le corps, monsieur? — Comme il donnait encore signe de vie, je l'ai fait transporter à l'hospice Beaujon. — Il vivait encore? — Oui, madame. Le médecin appelé a dit qu'il n'y avait guère d'espoir, mais que cependant le principe de la vie n'était pas encore éteint. — Et je pourrai aller à l'hôpital? — Oui, madame. — Et je pourrai le voir? — Oui, madame. — Oh! que vous êtes bon, monsieur.

Et Louise remerciait le froid magistrat de ce qu'il lui ouvrait les portes d'un hospice où tout le monde avait le droit d'entrer. Il lui signa un laissez-passer, lui indiqua son chemin, et la pauvre veuve partit en le bénissant, ne fit qu'un pas du commissariat à l'hôpital Beaujon, où, grâce au billet du commissaire, elle entra sans difficulté.

— Monsieur, dit-elle à l'infirmier, en se précipitant dans la salle qu'on lui avait indiquée, monsieur, on a apporté ce matin un homme mourant qu'on avait trouvé au bois de Boulogne. — Oui, madame. — Où est-il? au nom du ciel!

L'infirmier feuilleta un livre et dit :

— Il avait le n° 6. — Il avait, dites-vous. Il n'est donc plus ici? — Non, madame, au bout d'une demi-heure il est mort, et, comme on n'avait trouvé aucun papier sur lui, on l'a fait transporter à la Morgue. — A la Morgue! murmura Louise d'une voix sourde. A la Morgue, dites-vous? — Oui, madame. — Merci, merci, murmura-t-elle, comme si tout à coup la pensée lui eût échappé, merci; et, l'œil hagard, les joues pâles, elle descendit l'escalier de l'hospice et se prit à courir dans la direction des quais.

Mais, à mesure qu'elle avançait, elle cessait d'y voir : des nuages de sang lui passaient sur les yeux. Elle allait comme ces pauvres âmes abandonnées du Seigneur, qui leur a retiré la raison en leur donnant la vie; si bien que ceux qui passaient auprès d'elle, en la voyant pâle et chancelante, disaient :

— Elle est folle. Et mieux eût valu qu'elle l'eût été, la pauvre femme; car étant folle elle eût oublié, et, au contraire, c'était le souvenir qui la tuait.

Enfin, au détour d'une rue, elle avait chancelé, était tombée de tout son long à terre, et son front, en heurtant le pavé, s'était inondé de sang. On l'avait alors transportée dans une boutique ; et comme, parmi ceux que cet accident avait amassés, il se trouvait un médecin, il était entré, et avait déclaré qu'elle avait une fièvre cérébrale et qu'il fallait la ramener chez elle. Mais la pauvre femme n'avait pas de papiers sur elle qui indiquassent ni sa demeure ni son nom. Alors, comme ce médecin était un homme vieux et respectable, et que la jeune femme était intéressante et belle, au lieu de la faire conduire à l'hospice, il l'avait fait transporter chez lui, et l'avait confiée aux soins de sa nièce.

La maladie faisait des progrès effrayants. Le délire avait envahi la pauvre et frêle créature, et rien n'est affreux comme le délire plein de ces mots étranges et sans suite qui épouvantent celui qui les entend. La jeune fille devenue la garde-malade de Louise avait peur de son sommeil comme de son insomnie, que poursuivait incessamment la même pensée. Le lendemain, après les premiers soins que lui avait donnés le docteur, un peu de calme était revenu à la pauvre souffrante, et elle avait ouvert les yeux et vu auprès d'elle une jeune fille qu'elle ne connaissait pas.

— Qui êtes-vous, mademoiselle ? avait-elle dit. — Je suis la nièce du docteur Mametin, qui vous soigne, madame, et qui vous guérira, soyez-en sûre. — Ah ! c'est vrai, je suis malade ; et lui, on n'en a pas de nouvelles ? — Qui lui ? — Tristan..

La jeune fille fit signe qu'elle ne comprenait pas.

— Ah ! c'est juste, reprit Louise, vous ne le connaissez pas. Mais moi, qui le cherche, il faut que je le trouve, et pour le trouver, il faut que je me lève.

Et elle fit en effet un effort pour descendre du lit.

— C'est impossible, madame, s'écria la jeune fille en l'arrêtant, mon oncle a défendu le moindre mouvement. — Mais lui, pendant ce temps-là, il est à la Morgue : à la Morgue comme un pauvre corps abandonné, mon Tristan qui m'aimait tant et que je laisse là avec d'autres. Oh ! mademoiselle, laissez-moi me lever ! Et sa lettre ? sa bonne lettre ? Où est-elle ? on me l'a reprise. Et il ne me reste rien, rien de lui. Oh ! rendez-moi sa lettre que je la lise encore !

Et Louise se mit à pleurer comme un enfant.

— Madame, je vous en prie, dit la jeune fille effrayée, et en s'agenouillant devant le lit, je vous en prie, ne pleurez pas. Si vous saviez comme vous me faites de la peine quand vous pleurez, et comme vous me faites peur dans vos rêves! Oh! ne parlez pas, ne parlez pas, je vous en prie, mon oncle va venir. Soignez-vous bien. On vous guérira, et nous vous aimerons.

— Oui, dit Louise dans un moment de calme qui n'était que la transition de la fièvre au délire, — vous avez raison, mon enfant. On va me guérir et puis je pourrai me lever, et alors j'irai à la Morgue, n'est-ce pas? vous m'y laisserez aller? et je le ferai enterrer, mon pauvre Tristan, enterrer! lui que j'aimais tant! ne plus le revoir, mon Dieu! et l'aimer toujours.

Et la fièvre revenait, et avec elle le délire qui durait des heures entières.

Le médecin avait soin de Louise comme si elle eût été sa fille, et le second jour qu'elle était chez lui, il lui avait fait raconter tout ce qui avait précédé la maladie. Alors il avait été à la Morgue, où on lui avait montré le corps de l'homme qui avait été trouvé dans le bois de Boulogne. Il l'avait réclamé, avait donné tous les détails, avait montré la lettre que Tristan avait écrite à Louise, et l'avait fait enterrer au cimetière du Mont-Parnasse dans un terrain qu'il avait acheté pour cinq ans. Alors il était allé rue Saint-Jacques, où demeurait la jeune femme, avait donné les raisons de son absence, et avait payé ce qu'elle devait pour qu'on ne vendît pas son pauvre mobilier : puis après cette double bonne action, il était rentré chez lui pour achever son œuvre en guérissant la malade.

Dès que les accès du délire avaient été calmés, dès que la convalescence était venue, la jeune femme n'avait plus eu qu'une pensée: c'était d'aller réclamer le corps de son mari. Alors le vieux médecin lui avait dit tout ce qu'il avait fait, et que, craignant que sa maladie ne durât trop longtemps, pour qu'elle pût aller reconnaître le corps de Tristan avant qu'on l'envoyât au cimetière des hôpitaux, il avait accompli cette œuvre dernière et l'avait fait pieusement enterrer. Louise, à ce récit, qui ne lui laissait plus aucun doute sur la mort de son mari, s'était résignée, et avait, avec des larmes de reconnaissance, remercié le vieillard, qui venait de faire pour elle la seule chose que les hommes pussent faire de son mari, c'est-à-dire d'acheter une tombe où elle pût aller prier.

Le premier jour où elle avait pu sortir, elle s'était rendue au cimetière avec la jeune fille, s'était agenouillée sur la tombe de Tristan, et avait prié aussi longtemps qu'elle avait pu. Puis, le soir, elle avait, les larmes aux yeux, dit au vieillard qu'elle prendrait congé de lui et de sa nièce le lendemain.

— Pourquoi nous quittez-vous, Louise? avait dit la jeune fille.
— Parce que votre oncle et vous, mon enfant, avait répondu la veuve, avez déjà fait pour moi plus que je n'en pourrai payer dans toute ma vie, et que je ne puis pas toujours rester ainsi chez vous. Je n'ai plus rien dans ce monde et je veux me consacrer à Dieu; j'entrerai dans un couvent. — Entrer dans un couvent? mais on y est très-malheureuse, s'écria la jeune fille! restez plutôt avec nous, je vous aimerai bien, et si je suis malade, eh bien! vous aurez soin de moi à votre tour, car je n'ai plus ni mon père ni ma mère, et mon oncle est bien vieux et n'aura pas de trop auprès de lui de deux personnes qui l'aiment.

Louise n'avait rien répondu à cette offre qui lui présentait presque une consolation, mais qu'elle n'osait accepter.

Le lendemain le vieillard lui dit :

— Écoutez, mon enfant, restez avec nous, vous terminerez l'éducation de ma nièce Amélie, et vous n'aurez pour cela qu'à lui apprendre à être bonne comme vous.

La jeune femme avait accepté, et à compter de ce jour qui lui avait enlevé son mari, Louise avait un père et une sœur.

V

Où l'auteur se fût trouvé embarrassé si le lecteur avait pu accompagner le médecin à la Morgue.

Si le lecteur avait été à la Morgue avec le sauveur de Louise, il lui eût dit :

— Le corps que vous réclamez n'est pas celui de Tristan. — Bah! eût répondu le médecin. — Oui, eût repris le lecteur. — Comment le savez-vous? — Écoutez bien. — J'écoute. — Tristan, du moins l'auteur nous le dit, s'est tiré un coup de pistolet dans la poitrine, et celui que vous allez faire enterrer sous son nom a la tête fracassée et la poitrine intacte. — C'est juste, eût continué le docteur; mais celui-ci, qui est-il alors? — Celui-ci, eût ajouté le lecteur, c'est le corps de ce malheureux Charles qui en voulant sauver du suicide son ami et Tristan, s'est tué lui-même. — Ah! très-bien, eût toujours continué le docteur; mais alors Tristan, où est-il? — Je l'ignore, eût encore ajouté le lecteur, mais sans doute l'auteur va nous le dire.

Heureusement pour nous, le lecteur ne pouvait pas accompagner le médecin à la Morgue, et nous avons pu faire enterrer Charles à la place de Tristan, sans que le docteur ni Louise pussent s'apercevoir de la substitution.

Quant à notre héros, voici ce qui était advenu de lui.

Comme nous l'avons dit, au moment où le jeune homme s'était tiré un coup de pistolet, une voiture venait à toutes rênes. Or, il ne s'était tant hâté que pour ne pas être vu de ceux qui étaient dans cette voiture et pour ne pas être arrêté par eux s'ils le voyaient; car non-seulement on pouvait en l'arrêtant le détourner de son projet, mais encore l'accuser du meurtre de Charles. Tristan voulait bien se tuer d'un coup de pistolet, mais il ne voulait pas monter sur un échafaud : il avait donc hâtivement lâché sa détente, la balle était parfaitement entrée, et il était tombé sans connaissance sur le gazon comme il avait le droit de le faire.

Au bruit d'une arme à feu, les chevaux avaient eu peur, et une charmante tête s'était montrée à la portière et s'était écriée :

— Arrêtez, postillon.

Car il faut vous dire que cette voiture, qui venait au galop, était une chaise de poste.

Le postillon avait arrêté ses chevaux, était descendu, avait ouvert la portière. Aussitôt une jeune femme, en costume de voyage, avait mis pied à terre et s'était enfoncée dans le bois, du côté où le coup était parti. Un instant après elle avait trouvé Tristan étendu sans connaissance, et elle avait appelé de toute la force de sa voix : Au secours !

Le domestique qui accompagnait la belle voyageuse, car, disons-le en passant, la voyageuse était belle, le domestique était accouru avec le postillon, et s'était fort lamenté sur le sort du malheureux qui venait, selon toute probabilité, de rendre le dernier soupir.

— C'est un homme qui se sera tué, dit le postillon enchanté de cette supposition perspicace. —Ou qu'on aura tué, dit le domestique. —C'était un duel, ajouta le postillon, car si madame se rappelle, nous avons entendu deux coups de feu. — C'est vrai, reprit la jeune femme. — L'adversaire et les témoins se sont sauvés, dit le domestique, oui, c'est bien cela, c'était un duel.

Pendant ce temps, la jeune femme, agenouillée, tâtait le pouls de Tristan.

— Jean, s'écria-t-elle tout à coup, portez ce malheureux dans la voiture, il respire encore, peut-être pourrons-nous le sauver. — Mais madame partait pour l'Italie. — Eh bien ! nous partirons plus tard. — Alors, madame veut qu'on porte le blessé.... — Chez moi.

Le postillon et le valet de pied transportèrent Tristan dans une chambre, et l'on fit appeler le médecin de Boulogne; il n'y en avait qu'un, on n'hésita donc pas à le choisir comme le meilleur.

Il arriva, regarda le malade et finit par dire :

— Cet homme a reçu une balle.

Chacun admira la science du médecin.

— Mais, continua ce dernier, comme l'arme qui a porté le coup n'était pas carabinée, la blessure est moins dangereuse. — Ainsi, interrompit la jeune femme, il n'en mourra pas?

Le médecin sonda la plaie :

Avec des soins et du repos, la convalescence viendra vite. La balle a glissé contre les côtes. Ce ne sera rien.

Et il procéda au premier pansement, en recommandant qu'on laissât dormir le malade.

Tristan ne rouvrit les yeux qu'au bout de trois jours; et à travers le voile qu'un somme fiévreux de soixante heures laisse longtemps encore sur les yeux, il crut voir, il vit une chambre d'une élégance et d'un goût parfaits.

Le plus grand silence régnait autour de lui.

— Qu'est-ce que cela veut dire? se demanda notre héros.

Et comme il était incapable de répondre à sa question, et qu'il y avait une sonnette dans la ruelle de son lit, il sonna.

Un domestique parut aussitôt.

— Où suis-je? lui demanda Tristan. — A la campagne. — Très-bien. Chez qui? — Chez vous. — Depuis combien de temps suis-je chez moi? reprit-il. — Depuis trois jours. — Je ne me suis donc pas tué? — Non, monsieur. — Et je suis guéri? — Non, mais monsieur est sauvé. — A merveille. Où est mon domestique? — C'est moi. — Donnez-moi de quoi m'habiller. — C'est inutile. — Parce que? — Parce que monsieur ne peut sortir. — Qui m'en empêchera? — Monsieur ne peut pas se lever. — Vous êtes fou. — Que monsieur essaye.

Tristan fit un effort propre dans sa pensée à soulever une montagne, et il ne bougea pas.

— Tiens! tiens! se dit-il. Alors donnez-moi de quoi écrire.

— A quoi bon? monsieur ne peut pas remuer la main.

C'était vrai.

— Mais vous, vous pouvez remuer? — Oui, monsieur. — Et vous pouvez me faire une commission? — Parfaitement. — Tout de suite? — A l'instant même. — Mais pendant que vous serez sorti, si j'ai besoin de quelque chose? — Monsieur sonnera. — J'ai donc deux domestiques? — Monsieur en a six. — Ah! je comprendrai plus tard, se dit Tristan, allons au plus pressé.

Et il voulut dire au domestique d'aller tout de suite prévenir sa femme qu'il vivait encore, mais il en avait déjà trop dit pour l'état où il était, un éblouissement enveloppa sa pensée, et sa tête resta clouée sur l'oreiller, tandis que sa respiration plus rapide et plus chaude annonçait le retour de la fièvre, et lui interdisait la parole.

Quand il revint à lui, le lendemain, il trouva un bien autre spectacle : celui que, dans tous les romans, doivent trouver en revenant à eux les héros qui ont voulu se tuer et qui naturellement se sont manqués.

C'était une de ces ravissantes têtes blondes et roses qui, par la pureté des lignes et le ton général, rappellent les anges chrétiens de Cimabué et du Giotto. Sur cent personnes qui lisent ce roman, s'il y a cent personnes assez courageuses pour cela dans cette époque de décadence, il y en a quatre-vingts qui ne savent pas ce que c'est que Cimabué. Peu importe! tant mieux même! quelle différence y aurait-il entre les auteurs et les lecteurs si les lecteurs en savaient autant que les auteurs? De larges bandeaux encadraient cette tête divine, et, comme a dit Chénier:

> Or je sais qu'il n'est point d'appas plus désirés
> Qu'un visage arrondi, de longs cheveux dorés,
> Dans une bouche étroite, un double rang d'ivoire,
> Et sur de beaux yeux bleus une paupière noire.

— Comment allez-vous, monsieur? — Beaucoup mieux, et, sans doute, grâce à vous, madame. — Vous avez donc bien souffert? — Beaucoup. — Et vous me maudissez peut-être de vous avoir empêché de mourir? — Au contraire, car si j'augure de l'avenir par le réveil, je dois espérer. — Et cependant vous semblez triste. A cause de Louise, n'est-ce pas? — A cause de Louise!

Étonnement de Tristan.

— Pouvez-vous m'en donner des nouvelles, madame? — Hélas! non. — Mais comment savez-vous que Louise est la cause de ma tristesse? — Pendant votre délire vous avez plusieurs fois répété ce nom.

Les délires ne servent guère qu'à ces choses-là, dans les romans, bien entendu. Dans la vie réelle, ils effrayent les amis ou les parents des malades, voilà tout.

— Vous êtes ici chez vous. Je ne veux pas avoir sauvé le corps et perdre l'âme. Je pars dans quelques jours. Je vous prête où je vous confie, si vous aimez mieux, cette maison où vous pourrez faire venir Louise. Vous serez à la campagne et peut-être mieux qu'à Paris. — Oui, mieux qu'à Paris. Merci, madame. Vous avez deviné encore que je suis pauvre, et vous m'offrez vos secours après vos consolations. Merci. Mais je ne puis accepter.

— Vous prenez mal ce que je vous dis. Il y a pour tout honnête homme des positions difficiles, et qui peuvent, vous le savez mieux que personne, le mener au suicide : il faut donc que ceux que le hasard ou la Providence jette sur leur route pour les sauver accomplissent l'œuvre jusqu'au bout et leur viennent en aide jusqu'à la fin. Je suis plus riche que vous, je partage avec vous jusqu'au jour où l'aide de Dieu remplacera la mienne. Ce n'est pas une offense que je vous fais, c'est la loi du Christ que je pratique.

— Vous êtes un ange; aussi, pardonnez-moi, madame, d'avoir mal interprété vos offres; mais, vous le savez, ceux qui souffrent à la fois du corps et de l'esprit sont plus sensibles que les autres. C'est une question de nerfs et non de cœur. Pardon...

— Ainsi, vous acceptez ? — Non, madame, je ne le puis. — Mais vous chercherez Louise, vous demeurerez ici avec elle, et je ne vous gênerai pas puisque je pars. — Vous partez?— Oui. — Mais peut-être partez-vous pour me laisser cette maison? — Oh! mon Dieu, non; car, lorsque je vous ai trouvé mourant, j'étais en route pour le voyage que je dois faire. — Et vous l'avez retardé pour moi ? — Oui. — Je me rappelle : au moment de me tuer, j'ai entendu venir une voiture. C'était la vôtre. — Oui. J'avais de mon côté entendu un premier coup de pistolet; j'en ai entendu un second, et c'est alors que je suis descendue de voiture.

— Deux coups de pistolet, murmura Tristan en pâlissant. Oui, deux coups.

— Eh bien ! qu'avez-vous ? — J'ai, que peut-être eussiez-vous mieux fait, madame, de passer outre, de continuer votre voyage et de me laisser mourir. — Et pourquoi ? — Parce que j'ai tué un homme. — C'était donc un duel? — Non. — Non? mais alors?... — Alors, c'était un assassinat, voilà ce que vous alliez dire. Ce n'était pas un assassinat, c'était une fatalité. — Une fatalité? — Oui. Au moment où je tournais le canon du pistolet contre ma poitrine, un homme s'est élancé, a fait partir le coup en m'arrêtant le bras, et là balle lui a brisé la tête. — Oh! mon Dieu! — C'est étrange, n'est-ce-pas? Au point de n'y pas croire, et pourtant c'est la vérité. Ce meurtre, dont je suis l'auteur involontaire et dont je n'aurai pas à me justifier devant Dieu, si on le connaît, il faudra que je m'en justifie devant les hommes; ce sera impossible, je serai condamné et alors que deviendra Louise? — Que fût-elle devenue, si vous étiez mort? — Elle m'eût oublié, se fût remariée, et tout eût été dit; tandis que, femme d'un prisonnier, son sort reste attaché au mien, sa vie rivée à la mienne, et que je lui donne plus que la misère, je lui donne la honte. — Écoutez. Il y aurait peut-être un moyen de tout sauver. — Lequel? — C'est de partir. — Partir? — Oui. — Comment? — Avec moi. — Avec vous? — Certainement. — Mais il me faut un passe-port, et, pour l'avoir, ce passeport, il faut avouer son nom. — Inutile. — Comment faire? — Écoutez : Dans les grands embarras de la vie, il faut se servir de tous les moyens possibles pour en sortir. Vous m'écoutez? — Oui. — Quand je vous ai rencontré, je partais, moi, et, sur mon passeport, j'étais portée comme voyageant avec mon valet de chambre. — Eh bien? — Vous ne comprenez pas? — Non. — Je laisse mon valet de chambre ici; vous prenez sa place jusqu'à Genève; à Genève, vous redevenez vous même; nous traversons les Alpes; nous gagnons l'Italie; vous écrivez à Louise de venir vous rejoindre, et vous habitez là-bas une charmante petite maison que j'ai sur le bord du lac Majeur, à une lieue d'Arona. — Oh! ce serait un beau rêve! — Vous refusez? — Puis-je accepter? Dois-je, moi, étranger sans ressource, recevoir de vous, madame, un don pareil? Oui, oui, je refuse. — Aussi, n'est-ce pas à vous que je l'offre, mais à Louise : entre femmes il n'y a pas ce préjugé qu'il y a de femme à homme, et ce que vous refusez elle peut l'accepter, elle. — Oh! vous êtes un ange! — Ainsi? — Ainsi, je m'abandonne à vous, puisque vous êtes ma providence en ce monde. — C'est bien heureux. Dans quelques jours nous partons; mais, d'ici là, il faut couper cette barbe, qui n'appartient pas à un domestique; il faut endosser une livrée et vous habituer à me parler à la troisième personne. Ah!

ce sera fort drôle ! — Que vous êtes bonne ! — Peut-être plus folle que bonne : ce que vous regardez comme un service, je m'en fais une joie. Cela m'amusera beaucoup de vous voir me servir à table. Mais soyez tranquille, nous ne serons pas toujours dans des auberges, et nous aurons des heures de bonnes causeries, pendant lesquelles je vous demanderai bien pardon de tout ce que je vous aurai fait souffrir. Ainsi c'est convenu? — Oui. — Vous vous appelez Pierre ? — Oui. — Vous pouvez choisir entre Pierre, Jean et Joseph, les trois noms les plus répandus dans la gent domestique. — Baptisez-moi vous-même. — Eh bien! va pour Joseph; et maintenant, Joseph, je vous ordonne de rester seul et de vous reposer; demain, je reviendrai vous voir. Adieu, monsieur. — Adieu, madame.

Ainsi au milieu d'une veille brûlante, d'une douleur de chaque jour, on rêve le suicide, on pleure, on se désole, on fait tout pour mourir; et le hasard arrive, qui fait un dénoûment de comédie à ce commencement tragique. C'est bien curieux.

Il ne s'agissait plus que d'avoir des nouvelles de Louise. Ce fut encore la dame inconnue qui se proposa à Tristan pour faire les démarches qu'en sa qualité de malade et d'assassin, il ne pouvait faire lui-même. Tristan lui raconta toute la vérité, et elle se rendit rue Saint-Jacques, où on lui apprit que la veille on était venu payer ce que devait Louise, et qu'elle-même avait envoyé dire de faire vendre son petit mobilier et d'en faire donner le faible prix aux pauvres de sa paroisse.

— Ainsi, elle vit? demanda la belle visiteuse. — Oui, madame, répondit le concierge. — Eh bien! continua celle-ci, si d'ici à trois mois vous avez de ses nouvelles, vous lui remettrez ou ferez tenir cette lettre.

Voici ce que la lettre contenait :

« Madame,

» Quelqu'un qui s'intéresse à vous est prêt à donner à votre
» tristesse une consolation qui vous rendra joyeuse comme au-
» trefois. Les morts peuvent sortir du tombeau, mais il faut
» aller les chercher loin. En recevant cette lettre vous passerez
» chez mon banquier, qui a ordre de vous compter ce que vous
» voudrez prendre, et vous partirez pour l'Italie. Lui-même
» vous indiquera la route à suivre et vous dira où vous trou-
» verez une maison dans laquelle est tout votre bonheur à
» venir. Cette lettre vous semblera bien mystérieuse, mais elle

» pourrait se perdre et compromettre quelqu'un que vous aimiez
» et que vous aimez encore. Espérez ! »

Suivaient l'adresse du banquier et la signature de la dame inconnue.

— Si dans trois mois vous ne revoyez pas Louise, ajouta celle qui venait d'écrire, vous brûlerez cette lettre. Si, au contraire, vous la voyez et qu'elle demande qui a écrit ceci, vous direz que c'est une vieille femme. — Dans trois mois, pensait notre belle inconnue en remontant en voiture, nous serons de retour; et d'ailleurs, si on ne la voit pas d'ici-là, c'est qu'elle sera morte.

Elle rentra annoncer à Tristan ce qu'elle avait appris et ce qu'elle avait fait. Le jeune homme lui baisa les mains en lui donnant tous les noms du ciel, et le lendemain à midi la chaise de poste était attelée devant la porte. Tous les domestiques avaient été congédiés une heure avant le départ, pour qu'ils ne vissent pas dans quel costume partait le malade mystérieux.

Tristan s'apprêta en souriant à monter sur le siége de derrière.

— Joseph, lui dit la comtesse, allez me chercher un livre que vous trouverez tout ouvert sur ma cheminée.

Il monta et rapporta le livre demandé. En le remettant à la blonde voyageuse, il sentit une petite main qui pressait la sienne pour le remercier d'avoir si bien fait son service.

— Et maintenant, dit Tristan en ôtant son chapeau à large galon, il faut que je sache le nom de madame; sans cela je serais fort embarrassé tout le long de la route. — C'est juste, reprit la jeune femme. Eh bien ! pour tous, je suis la comtesse Henriette de Lindsay, mais pour vous Henriette tout court. Courage, mon ami. Dites qu'on parte, Joseph.

Et la voiture disparut au galop de quatre chevaux dans un nuage de poussière.

VI.

Comment un chemin paraît de moitié plus court quand on le fait tantôt sur le siége et tantôt dans la voiture.

Ce fut donc par une belle matinée du commencement du mois de juin que Tristan, à peu près guéri, mais encore pâle et faible, prit sa place sur le siége d'une excellente calèche à panneaux armoriés, transformée momentanément en chaise de poste, tandis que Henriette s'installait à l'intérieur. Par une délicatesse toute féminine, le costume qu'elle avait fait faire au jeune homme n'était point une livrée, mais un habit à l'anglaise, c'est-à-dire noir; de sorte qu'en ôtant son chapeau à large ganse et à cocarde rouge, Tristan cessait d'être un laquais et devenait presque un homme.

Le cocher se plaça près de lui, car pour ne pas envoyer chercher de chevaux à la poste, ce qui aurait pu, surtout si le postillon avait été par hasard le même que celui qui avait aidé le domestique d'Henriette à transporter Tristan chez elle, faire naître d'étranges conjectures; pour ne pas envoyez chercher de chevaux à la poste, disons-nous, la comtesse avait pris ses propres chevaux, en ordonnant de ne relayer qu'à Villejuif. Chaque année elle partait ainsi, laissant sa maison de Boulogne toute montée de domestiques français, pour aller chercher sa villa du lac Majeur, toute montée de domestiques italiens. Cette remarque, ainsi que plusieurs autres déjà faites par Tristan, lui indiquait que la comtesse devait être fort riche.

On comprend les émotions qu'éprouva le jeune homme en revoyant ce bois de Boulogne où il avait failli laisser sa vie, et en longeant ce Paris où il abandonnait Louise, Louise qui se croyait veuve, et envers laquelle, à tout prendre, il avait accompli son sacrifice, puisqu'elle se croyait libre.

On tourna Paris et l'on prit la route de Fontainebleau.

A Villejuif on s'arrêta en face de la poste, le cocher dételades chevaux, et Tristan descendit pour requérir l'attelage. Le passe-port était en règle, et l'on ne fit aucune difficulté.

Pendant qu'on attelait, Tristan s'approcha de la portière, chapeau bas et comme pour prendre les ordres de la comtesse.

— Qu'avez-vous? lui demanda-t-elle avec intérêt. — Je souffre, madame. — De votre blessure? — Non, de mes pensées. — Je comprends, vous quittez Louise. — Elle m'était bien chère, je l'avoue, madame, si chère que j'ai voulu mourir pour qu'elle vécût. — Si bien, dit en souriant la comtesse, que vous allez tout doucement prendre en haine la personne qui vous a empêché d'accomplir ce beau projet? — Non, madame, car ce projet est accompli, vous le voyez bien; vivant pour vous seule, qui m'avez promis de garder le secret, je suis mort pour ma femme, pour mes amis et pour la France; je changerai de nom, et je trouverai là-bas, je l'espère, quelque coin obscur, quelque ville ignorée où je m'ensevelirai. — C'est bien, dit la comtesse, nous vous chercherons cela. — Route de Fontainebleau, dit le postillon? — Oui, répondit Tristan en remontant sur le siége.

Il avait été décidé que l'on dînerait à Montereau.

C'est, lorsqu'elle le veut bien, une chose si charmante que la femme, que tout office qu'on remplit près d'elle lui emprunte une portion de son charme. Tristan, sa vie y eût-elle été intéressée, n'aurait pas voulu passer pour le valet de chambre d'un homme; mais servir un homme est faire œuvre d'esclavage, servir une femme est faire œuvre de courtoisie. Tristan fut donc le plus courtois qu'il put.

En récompense, Henriette lui permit de se mettre à une table voisine, et appelant à son tour les domestiques, elle leur dit qu'ayant hâte de repartir, elle désirait que Joseph dînât tandis qu'elle passerait dans une chambre voisine pour rajuster sa toilette.

Joseph dîna donc, servi à son tour par les domestiques de l'hôtel.

On partit. Tristan avait repris sa place sur le siége, et ce pays si vulgaire d'aspect, à trente lieues autour de Paris, qu'on appelle cependant, par amour national sans doute, la belle France, se déroulait à ses yeux sans amener la moindre distraction à ses pensées, encore toutes remplies du souvenir de Louise. Que faisait-elle? que devenait-elle en ce moment? était-elle plus heureuse?...

Le soir vint. Tristan descendit de son siége et s'approcha respectueusement de la portière pendant un relais.

— Qu'ordonne madame? demanda-t-il. — Madame est fort peureuse, dit Henriette; elle craint les voleurs, les fantômes, toutes sortes de choses incroyables ou impossibles, et elle a besoin de quelqu'un qui la rassure. Elle ordonne donc que Joseph quitte le siége et monte dans la voiture.

Joseph était un serviteur trop bien dressé pour ne pas obéir à l'instant même. Il ouvrit la portière et se plaça sur la banquette de devant.

— Eh bien! que faites-vous? demanda Henriette. — Vous le voyez, madame, je profite de vos bontés. — Et vous vous mettez à la plus mauvaise place; allons donc! la voiture est large, mettez-vous à côté de moi. — Mais je vous gênerai pour la nuit. — Mais vous êtes souffrant, et il faut bien que je continue d'être votre garde-malade. — Vous êtes mille fois trop bonne. — Mettez-vous là, et, si en dormant c'est moi qui vous gêne, eh bien! vous m'excuserez.

Henriette était non-seulement charmante d'esprit, mais elle avait ce délicieux son de voix, elle avait cet adorable sourire qui donne un prix inestimable à tout ce que dit la bouche. Quand il était en face d'Henriette, Tristan, sans qu'il sût pourquoi, sans qu'il pût se rendre compte de la cause, sentait un bien-être inconnu se répandre dans toute sa personne, toutes ses idées s'éclaircissaient, repoussant le passé dans l'ombre, et avec ce passé la blanche et pâle figure de Louise, qui alors perdait de sa réalité et devenait une espèce de fantôme qui se confondait dans l'éloignement et dans la nuit, jusqu'au moment où l'absence de la comtesse permettait à toute chose de reprendre sa place. Louise, alors redevenue réalité, quittait le troisième plan et reparaissait au premier.

Cette mutation de place s'était faite pendant le relais. Le postillon chercha un instant Joseph, qui devait être sur le siége, et comme il ne partait pas :

— Eh bien! mon ami, dit la comtesse, qui vous arrête? — Je cherche votre domestique, madame. — C'est inutile, il est dans la voiture. — Dans la voiture? dit le postillon étonné. Eh bien! en voilà un qui n'est pas malheureux; bon, bon, bon!... et il remonta sur les chevaux et partit en sifflant :

« Va-t'en voir s'ils viennent, Jean, va-t'en voir s'ils viennent. »

Tristan était pris d'une énorme envie de rosser le drôle qui se permettait de faire de pareilles observations, mais Henriette le retint en riant; d'ailleurs Tristan était d'une nature plutôt fine et élégante que vigoureuse; il était encore affaibli par sa blessure, et l'entreprise de rosser un postillon, surtout quand il n'était pour ce postillon qu'un simple domestique, présentait des chances hasardeuses.

Puis la voiture roulait; elle était douce et légère, préparée avec soin pour le voyage. Tristan se sentait parfaitement accoudé dans son coin, il respirait ce parfum enivrant qui émane de toute femme jeune, jolie et aristocrate; parfum plus enivrant, plus sympathique et surtout plus sensuel que celui des fleurs. Il laissait donc, par ce jeu de bascule, que nous avons essayé de faire comprendre, la présence d'Henriette produire son effet et effacer par son rayonnement les idées sombres qui l'attiraient loin d'elle.

La nuit était douce, quoique pleine de brises, comme sont d'ordinaire nos nuits du commencement de l'été. Quelques nuages cotonneux et transparents flottaient au ciel, et tout en glissant sur son azur semblaient communiquer leur mouvement à la lune silencieuse et mélancolique. — C'était une nuit comme il en fallait une à un convalescent de corps et de cœur, avec un médecin comme la belle comtesse.

Tristan était resté quelque temps le regard vague et perdu, la bouche entr'ouverte, aspirant par tous ses pores la nouvelle atmosphère dans laquelle il se trouvait, lorsque enfin l'idée lui vint que son silence, si facile à comprendre cependant, était impertinent ou ridicule, et se retournant vivement vers Henriette.

— Oh! mon Dieu, madame, lui dit-il, je vous demande pardon, mais en vérité, je ne sais pas même si j'ai songé à vous remercier de la nouvelle faveur que vous avez bien voulu m'accorder. — Oh! rassurez-vous, c'est fait, répondit en riant Henriette; vous vous êtes fort convenablement défendu d'accepter ce que vous appelez une faveur et vous n'avez cédé, comme on cède, qu'avec toutes les formes voulues en pareil cas. — Vous me raillez, madame, dit en souriant Tristan, mais je reconnais que je mérite la raillerie. Je suis un être fort ridicule à mes propres yeux, qui ne sait être ni heureux ni malheureux, ni vivant ni mort; excusez cette variété de l'espèce que je présente et pardonnez-moi. — Oh! vous êtes tout pardonné; le premier défaut des femmes, vous le savez, c'est la curiosité. Eh bien! en supposant que vous fassiez dans le monde cette anomalie que vous dites, vous n'en êtes qu'un sujet plus curieux à étudier. — Eh bien! soit, dit Tristan, j'accepte toute votre bienveillance à titre de sujet. J'ai étudié un peu de tout et surtout de médecine, et si vous avez besoin que je vous aide dans ma propre autopsie, je vous aiderai, mais à charge de revanche. — Ah! vous voulez m'étudier à votre tour, dit la comtesse; c'est bien facile; je vais en deux mots vous en apprendre sur moi autant que tout le monde en sait et je vous dirai presque autant que j'en sais moi-même. Puis, si en votre qualité de médecin vous en arrivez à en savoir plus que moi, eh bien! vous m'éclairerez, et nous nous serons aidé mutuellement à accomplir ce précepte du sage qui veut qu'on se connaisse soi-même. — Oh! moi, dit Tristan, vous me connaissez, madame, car je vous ai tout dit. Je vous ai déroulé ma vie comme un tableau, et vous avez vu que bien peu de rayons de soleil éclairaient cette sombre toile. Tandis que vous, au contraire... Mais dites toujours, plus votre vie à vous sera heureuse et brillante, plus je serai consolé par le contraste. — Écoutez, dit Henriette en souriant et en découvrant ses dents qui brillèrent dans la nuit comme une double rangée de perles, une autre femme, à la tête penchée et aux yeux mourants, ferait de la mélancolie, pousserait un long soupir et se contenterait de vous répondre : Hélas !... moi, je n'agirai point ainsi. Comme vous, je suis une exception, c'est-à-dire un de ces êtres rares qui ne sont pas humiliés d'être heureux et qui avouent franchement leur bonheur. — Tant mieux, tant mieux! murmura Tristan, vous me consolez. Dites, dites. — Du reste, je n'ai point de mérite à être heureuse; le bonheur est souvent une affaire de position, une question décidée avant notre naissance : on voit le jour dans tel ou tel milieu, et de ce jeu du hasard ou de ce calcul de la Providence, comme vous voudrez l'appeler, découlent tous les autres événements de la vie. — Malheureusement, ce que vous dites là n'est que trop vrai, répondit Tristan. — Je naquis donc riche, de parents nobles; je fus élevée dans ma famille, et non au couvent, ce qui développa encore l'indépendance de mon caractère : à dix-huit ans, on me présenta, comme devant être mon mari, le comte de Lindsay; c'était un homme grand, sec, maigre et excentrique, comme sont tous les anglais grands, secs et maigres. Huit jours après notre mariage, il me dit : — Madame, que pensez-vous de moi, maintenant que vous me connaissez? — Mais, monsieur, lui répondis-je, vous m'embarrassez fort. — Dites, dites; m'avez-vous reconnu quelque défaut? — Non, pas encore, répondis-je en riant; mais soyez tranquille, cela viendra peut-être. — Eh bien! je vais vous aider. Je suis voyageur. — Que voulez-vous dire? — Que Dieu, qui m'a donné les longues pattes du héron et de la cigogne, m'a par malheur refusé leurs ailes; mais j'y supplée par la chaise de poste, le chemin de fer et le bateau à vapeur. — Je ne vous comprends pas, monsieur. — Je vais me faire comprendre. Je suis atteint de la manie de la locomotion. Le Juif errant avait une heure pour reprendre haleine; moi, j'ai un mois, six semaines au plus. Quand je suis depuis un mois ou six semaines dans une localité, si charmante qu'elle soit, il faut que je la quitte pour une autre. Si Dieu me donnait après ma mort le choix entre le paradis ou l'enfer, l'un m'épouvanterait presque autant que l'autre, et je

lui demanderais le purgatoire par la seule raison que j'aurais la faculté de le quitter un jour. — Ce qui veut dire, monsieur, que ce désir de locomotion vient de vous prendre, que je suis votre purgatoire et que vous avez grande envie de me quitter.
— Non, car je commencerai par vous offrir de me suivre.
Je fis un mouvement.
— Cependant, entendez-moi bien, je ne sais pas ce que c'est, moi l'appréciateur exagéré de l'indépendance, je ne sais pas ce que c'est que la tyrannie. Je vous laisse donc parfaitement libre, accompagnez-moi, et vous me ferez plaisir; restez, et je vous retrouverai au retour. J'ai un château en Écosse, j'ai une villa sur les bords du lac Majeur, j'ai un chalet en Suisse, j'ai un palais à Venise. Allez où vous voudrez, mais seulement faites-moi savoir par des lettres, adressées poste restante aux endroits que je vous indiquerai, le lieu où j'aurai la chance de vous dire bonjour en passant; je m'arrêterai près de vous un mois, six semaines, si cela m'est possible, et je repartirai. — Et où allez-vous de ce pas? — Je vais en Égypte, de là je gagne la terre sainte, je traverse l'Asie-Mineure, je visite Constantinople en passant, je longe la mer Noire, je gagne Moscou par Odessa et Koursk, j'arrive à Pétersbourg, et de là je m'embarque pour l'Angleterre. — C'est un charmant voyage. — Vous plairait-il, par hasard? — Je dois dire qu'il me tente. — Je ne veux pas vous emmener par surprise, je retarderai donc mon voyage d'un jour. Ce jour je l'emploierai à faire mon testament. Il va sans dire, que vous me suiviez ou non, que je vous laisse tout ce que je possède, quatre ou cinq millions à peu près; un sixième sera employé à faire des positions honorables à des petits-neveux, à des arrière-cousins et à d'honnêtes serviteurs de la famille. Mais de cela vous n'aurez pas même à vous en occuper, c'est l'affaire de mon intendant. — Ainsi donc, monsieur, j'ai jusqu'à demain pour me décider. — Demain, à dix heures du matin, je viendrai prendre vos ordres.
Le lendemain, il me trouva en costume de voyage.
— Voici ma réponse, lui dis-je.
Un éclair de joie brilla dans ses yeux.
— Mais, dit-il, avez-vous bien réfléchi? — Oui, répondis-je. — C'est un voyage fatigant que celui que nous allons entreprendre. — Je suis forte, monsieur. — Il faudra marcher jour et nuit, monter en litière, à cheval, à chameau même. — Je subirai toutes les conséquences de ma position. — Le soleil

d'Orient vous hâlera le teint. — J'ai toujours regretté de n'être pas brune. — La bise du nord vous gercera les lèvres. — J'emporte de l'opiat d'Houbigand. — Les variations de l'atmosphère vous attaqueront la poitrine. — J'ai douze boîtes de pâte Regnault. — N'en parlons plus et partons. — Quand vous voudrez. — Tout de suite, alors. — Tout de suite.

Et nous partîmes.

Ce fut un voyage charmant. Lord Lindsay parcourait le monde depuis son enfance, et par conséquent, avait toutes les habitudes précautionnelles qui enlèvent la plus grande partie de leurs ennuis aux fatigues du voyage. Nous fîmes donc quatre à cinq mille lieues, tantôt à cheval, tantôt en bateau, tantôt à dromadaire, tantôt en cange et tantôt à pied, sans qu'il m'arrivât aucun accident. Au bout de deux ans nous étions de retour en Angleterre.

J'avais pris goût à ce premier voyage. Lord Lindsay m'en proposa un second dans les deux Amériques; j'acceptai.

Celui-là s'acheva comme l'autre, sans accident. Nous mîmes dix-huit mois à visiter les États-Unis, à descendre le Mississipi, à parcourir le golfe du Mexique et à remonter l'Amazone, pendant cinq cents lieues à peu près. Tout cela se faisait royalement avec un vaisseau qui nous transportait d'une mer à l'autre, et avec une suite opulente qui nous accompagnait dans l'intérieur des terres; nos deux fortunes réunies, celle de lord Lindsay et la mienne, formaient près de six cent mille livres de rentes. Nous revînmes en France.

Il était question de l'expédition de Chine. Lord Lindsay avait toujours eu le plus grand désir de visiter le Céleste-Empire, justement parce que c'était une chose à peu près impossible. C'était un de ses parents qui commandait l'expédition. Il lui demanda deux places sur son bord. — Mais les lois maritimes s'opposant à ce que dans les expéditions militaires les femmes fussent embarquées sur les vaisseaux de l'État, il ne put obtenir que je le suivisse. J'avais le même désir de voir la Chine que l'on a de visiter une planète. Cependant je renonçai à ce voyage devenu, comme je l'ai dit, impossible; mais tout en invitant lord Lindsay à s'en passer la fantaisie; d'après la connaissance que vous avez de son caractère, vous comprenez qu'il ne se fit pas prier; il me fit quelques excuses, me promit de n'être que deux ans au plus, m'invita à venir, si la chose m'agréait, au-devant de lui jusque sur les bords de la mer Rouge. Et il partit, me laissant liberté entière de vivre en son absence comme je l'entendrais.

Je fus six mois sans recevoir de nouvelles. Au bout de six mois je reçus une lettre par le courrier des Indes, venant par Suez, Alexandrie et Malte. L'escadre anglaise devait passer de la mer Bleue dans la mer Jaune et s'apprêtait à débarquer Lord Lindsay me disait qu'on voyait du bord les Chinois déployant de grandes bannières ornées de dragons peints et roulant sur le rivage de vieux canons sans affûts.

Il ajoutait que d'après cet aperçu, la Chine lui paraissait un des pays les plus curieux, et qu'il regrettait que je ne fusse point près de lui.

Six mois après je reçus une lettre du commodore Smith qui m'annonçait que lord Lindsay, ayant eu l'imprudence de s'avancer en chassant dans l'intérieur des terres avec trois ou quatre amis, avait été assassiné lui et ses compagnons par une troupe de Chinois qui étaient sortis d'un village. Le village avait été brûlé, les habitants avaient été passés par les cordes. Puis on avait fait au pauvre lord Lindsay un enterrement dans lequel on avait déployé toute la magnificence et tout l'orgueil britannique, ce qui, ajoutait le commodore Smith, devait un peu adoucir la douleur de la perte que je venais de faire.

Le commodore se trompait. La douleur était réelle. J'aimais lord Lindsay non pas comme on aime un mari, non pas comme on aime un père, mais comme on aime un oncle qui, grâce à une grande fortune, vous procure tous les plaisirs que l'on ambitionne, vous accorde toutes les fantaisies qui vous passent par le cerveau. Peu de maris, jeunes, beaux et exempts d'excentricités, peuvent se vanter, je vous le jure, d'avoir été pleurés aussi sincèrement que l'a été le pauvre lord Lindsay.

On me donna connaissance du testament. Lord Lindsay n'y avait rien changé. J'étais, à part les petites modifications qu'il m'avait annoncées lui-même, l'héritière de toute sa fortune.

Cependant tout a son terme dans ce monde. Ma douleur quoique réelle s'affaiblit, ma position de veuve me donnait une liberté plus grande que lorsque j'étais femme; j'en profitai pour mener la vie à laquelle mon mari m'avait habituée. Je montai à cheval; je tirais le pistolet, je faisais des armes. Mais comme un jour, dans un assaut, mon adversaire me fendit la lèvre et me cassa une dent, je renonçai à cet exercice. Voilà.

Maintenant, vous me connaissez comme moi-même.

Tristan avait écouté toute la première partie de ce récit avec une tristesse amère et toute la seconde partie avec une stupéfaction profonde.

La tristesse venait de la comparaison de l'état d'Henriette au sien, de cette abondance opposée à sa misère, de cette conviction qu'il avait déjà et qui s'augmentait encore de celle de la comtesse, que l'homme naissait destiné d'avance à être heureux ou malheureux. En effet quel événement pouvait lui rendre le bonheur à lui, quelle circonstance pouvait l'ôter à Henriette?

La stupéfaction venait de ces confidences étranges qu'Henriette lui avait faites sur sa propre personne. Jamais il ne s'était représenté la femme dans les conditions où Henriette se posait elle-même. Cette vie errante, cette existence d'amazone lui paraissait incompatible avec la faiblesse d'organisation de la femme et il ne comprenait, pour la petite-maîtresse parisienne, telle qu'Henriette lui avait semblé être, d'autre voyage que celui des Pyrénées, de la Suisse ou de Baden-Baden. A cette stupéfaction se mêlait un peu de honte.

Tristan s'était complétement trompé, la petite-maîtresse était une lionne. Un assez long silence suivit donc le récit de la comtesse.

— Eh bien! demanda Henriette à Tristan, me connaissez-vous un peu maintenant? — Un peu moins qu'auparavant, madame, répondit le jeune homme en souriant, car je ne sais comment allier votre organisation si frêle en apparence avec ces fatigues que vous avez supportées, avec les voyages lointains que vous avez accomplis; de sorte que, sauf votre bon plaisir, je vous demanderai la permission de regarder tout ce que vous m'avez raconté comme un rêve qui laissera dans mon esprit un souvenir fantastique, mais qui demeurera toujours empreint, je vous l'avoue, d'un caractère d'impossibilité. — Ah! quant à cela, mon cher compagnon de voyage, vous comprenez que vous êtes complétement le maître d'envisager, rêve ou réalité, la chose comme il vous plaira; seulement, je vous préviens que j'ai fort peu d'imagination et que je n'avais aucun motif pour vous faire un mensonge. Ceci posé, n'en parlons plus. — Au contraire parlons-en, dit Tristan, j'ai toujours adoré les voyages, seulement mon peu de fortune m'a empêché de les exécuter. Parler avec vous des pays que vous avez vus, ce sera les visiter moi-même ; ce sera mieux que cela, ce sera voir par vos yeux.

Henriette sourit.

— Vous doutez, dit-elle, et vous voulez me prendre en défaut. — Non, je veux me donner un bonheur longtemps désiré et que l'occasion m'offre enfin. Vous savez que les anciens, ces intelligents interprétateurs qui matérialisaient par une forme quelconque les choses les plus abstraites, ont représenté l'occasion le pied posé sur une roue ; elle passe rapide, et lorsqu'elle passe, il ne faut pas la laisser échapper : — Eh bien ! soit, dit Henriette, montons sur le tapis enchanté des mille et une nuits et traversons l'espace ; où voulez-vous aller, voyons. — En Orient, madame, c'est le pays des merveilles ou des mensonges et par conséquent le pays des poètes. Pardon de réclamer pour moi le privilége de ces messieurs ; mais je vous ai dit que j'avais essayé de tout et dans ce tout là un peu de poésie se trouvait mêlée : allons donc en Orient.

Alors, à la lueur de la lune voilée de temps en temps par un blanc nuage, le visage caressé par la brise de la nuit qui faisait flotter ses cheveux, mollement bercée par le mouvement de la voiture qui l'emportait vers l'Italie, Henriette, la femme étrange, se mit à raconter les merveilles du Caire, cette fille de Mahomet, de Jérusalem, cette épouse du Christ et de Constantinople, cette rivale de Rome. Elle fut tour à tour pittoresque, pieuse et inspirée ; Corinne au pied du Capitole n'eût pas mieux dit, et Henriette avait sur elle le double avantage de ne pas poser en poétesse et de ne pas tenir une lyre à la main.

Aussi Tristan commença-t-il à trouver sa compagne de voyage véritablement charmante et à oublier jusqu'à ses propres malheurs, momentanément écartés de l'esprit du pauvre fugitif par le charme de cette parole rapide, pittoresque et colorée.

La nuit s'écoula ainsi, Henriette se fatigua la première ; au point du jour, la belle voyageuse s'accommoda dans un coin, s'enveloppa gracieusement dans sa mantille de satin rose, renversa sa tête sur une de ses épaules et s'endormit.

Lorsqu'on atteignit le relais, le jour était tout à fait venu ; Tristan alors ouvrit doucement la portière, sortit de la voiture sans réveiller Henriette et reprit sur le siége sa place de la journée.

Là, les idées oubliées pendant cette nuit de longue causerie se représentèrent à l'esprit du jeune homme, mais, faut-il le dire, vagues, confuses, et comme à travers un voile ; on eût dit qu'à mesure qu'il s'éloignait matériellement de Paris, il s'éloignait du souvenir de Louise. Certes, Louise était aussi jolie que cette femme ; mais cette femme avait le double prestige de la richesse et de l'excentricité ; Louise était une vierge chrétienne, Henriette était une magicienne antique.

Vers les neuf heures du matin, Tristan fut tiré de sa rêverie par une voix qui prononçait son nom, et vit la tête blonde et fraîche de sa compagne de voyage qui l'appelait par la portière. Un instant avait suffi pour réparer le désordre de la nuit ; ses cheveux, roulés autour de son doigt à défaut du fer arrondi, flottaient de nouveau en boucles soyeuses ; sa mante, doublée de satin blanc, retombait derrière ses épaules d'où son cou s'élançait blanc comme le satin qui doublait cette mante. Tristan se pencha de son côté ; Henriette allongea sa main fine et potelée, le jeune homme en fit autant, et le salut amical fut échangé.

On s'arrêta pour déjeuner à Auxerre. La comtesse fit porter son nécessaire dans sa chambre, tandis que Tristan, après avoir commandé le déjeuner, s'occupait de son côté de sa toilette. Sans se rendre compte à lui-même de la cause qui le faisait agir, il soigna particulièrement ses beaux cheveux et ses dents d'ivoire, étudia devant la glace son regard et son sourire et descendit content de lui-même. Tristan, qui jamais ne s'était occupé de sa figure, regretta que la ligne de son nez ne fût pas plus grecque et que l'arc de son sourcil ne fût pas mieux formé. Et pourquoi regrettait-il tout cela, Tristan ne le savait pas lui-même.

Tout naturellement le jeune homme eut fini le premier : il descendit et attendit Henriette dans la salle où l'on avait servi le déjeuner ; un instant après elle entra, légère, gracieuse, charmante comme d'habitude. Tristan fit une pause pour aller au devant d'elle et lui présenter un compliment ; mais il s'arrêta, se souvenant qu'aux yeux de tous il n'était que le domestique de la baronne.

Celle-ci, qui avait vu le mouvement, qui avait compris la retenue, le remercia par un sourire.

Tristan servit Henriette avec une prévoyante promptitude, avec une compréhension instinctive de ses désirs que n'aurait certes pas eu un véritable domestique ; aussi Henriette, de son côté, fit-elle tout ce qu'elle put pour lui faire comprendre qu'elle voyait dans ces prévenances les soins d'un chevalier galant, et non les devoirs *payés* d'un serviteur.

Comme la veille, Tristan déjeuna sur un coin de la table ; comme la veille, les domestiques de l'hôtel furent congédiés, mais de plus que la veille, Henriette voulut servir Tristan à son tour; Tristan comprit cette délicatesse et baisa respectueusement la main qui s'étendait vers lui.

On remonta en voiture et chacun reprit sa place. Seulement Henriette, au lieu de s'asseoir sur la banquette de derrière, s'assit sur la banquette de devant, abaissa la glace qui donne sur le siége, et par ce moyen établit avec le faux valet de chambre une communication, à l'aide de laquelle la conversation commença. Néanmoins, le bruit de la voiture rendait cette conversation fort gênante et faisait désirer à chacun des deux jeunes gens le retour de l'obscurité.

On avait décidé qu'on ne dînerait pas en route, mais qu'on souperait à Dijon. L'arrivée pendant la nuit permettait à Tristan de déguiser sa position apparente. Et plus Henriette se trouvait en contact avec le jeune homme, plus elle souffrait de le voir regarder comme un domestique, même par des gens aussi étrangers à elle que l'étaient des postillons et des aubergistes.

A l'un des relais, on découpa donc un poulet emporté d'avance. Tristan le tailla sur un petit plat d'argent tiré du nécessaire de voyage d'Henriette; on avait pris une bouteille de vin de Bordeaux, mais on n'avait qu'un verre.

Tristan fut alors forcé de boire dans le même verre qu'Henriette. Un proverbe populaire dit que l'on connaît la pensée d'une femme lorsque l'on boit après elle. Si le contact sympathique s'établit à ce point à l'aide du verre qui, on le sait cependant, est un assez mauvais conducteur, Tristan n'eut point à se plaindre de l'opinion de la comtesse, qui, nous devons l'avouer, lui devenait de plus en plus favorable.

On arriva vers dix heures du soir à Dijon.

Tristan insista fort pour que la comtesse s'y reposât cette nuit ; mais Henriette avait hâte de sortir de France. Elle avait hâte de voir son compagnon de voyage quitter cette livrée qui l'avait amusée d'abord. Toute cette comédie, pleine de détails blessants pour le jeune homme, lui pesait; elle décida donc que l'on continuerait la route, affirmant que son habitude des voyages faisait qu'elle dormait très-bien en voiture.

La réhabilitation de Tristan commençait à partir de ce souper ; il avait laissé le chapeau à cocarde bleue dans l'intérieur de la voiture. Il entra dans l'hôtel donnant le bras à la comtesse, la

4.

redingote noire, dénuée de tout signe de servilité qu'il portait, permettait cette familiarité, qui devenait celle d'un compagnon de voyage d'égale position.

Le souper fut gai grâce à cette première absence de contrainte. De temps en temps un souvenir cruel qui rappelait à Tristan sa position, lui serrait le cœur, et un soupir s'échappait adressé à Louise ; mais ce soupir était bien plus causé par l'incertitude où il était de la position de la jeune femme que par la douleur de sa position à lui, qu'il commençait à trouver fort tolérable.

Le souper fini, et après que le maître de l'hôtel eut, une bougie à la main, reconduit *monsieur* et *madame* jusqu'à la portière, Tristan et Henriette montèrent en voiture, reprirent chacun la place de la veille, et la causerie, qu'aucune séparation n'interrompait, recommença plus vive, plus animée et surtout plus familière encore que la veille.

Mais si intéressante que fût la causerie, Henriette éprouva bientôt le besoin du sommeil. Elle prit comme la veille ses petites dispositions nocturnes, souhaita le bonsoir à Tristan et s'endormit.

La nuit était délicieuse, pleine de brises et de parfums. De chaque côté de la route s'étendait un tapis bariolé de luzerne et de sainfoin en fleurs, dont les émanations semblaient flotter dans l'air comme une odorante vapeur ; la lune, immobile au milieu d'un ciel d'azur, regardait curieusement le monde sur lequel elle épandait sa douce lumière. On n'entendait plus de tous les bruits de la nature que le roulement des roues, le bruit des sonnettes des chevaux, et de temps en temps la voix enrouée du postillon. Tristan, accoudé dans son coin, fatigué lui-même de la nuit d'insomnie qu'il avait passée la veille, jeta un dernier regard sur cette femme charmante, étendue et drapée près de lui, et ferma les yeux pour s'abandonner à une rêverie qui le conduisit peu à peu au sommeil.

L'argent avait été donné d'avance au postillon pour toute la nuit, avec recommandation de reporter le surplus sur les postes suivantes. C'était une précaution prise pour ne pas être réveillé d'heure en heure, précaution habituelle, du reste, aux voyageurs.

Au bout d'une heure ou deux de sommeil, Tristan sentit un poids léger qui s'appuyait à son épaule, il se réveilla aussitôt. Henriette, dérangée de son équilibre, avait quitté son coin et s'était toujours endormie, laissée glisser le long des moelleuses parois de la voiture. C'était sa tête, à moitié engagée encore dans sa mante, qui causait cette douce pression, laquelle avait fait ouvrir les yeux à Tristan.

Les yeux du jeune homme, en s'ouvrant, restèrent fixés sur le charmant aspect qu'ils avaient devant eux.

Henriette dormait : ses beaux yeux étaient fermés, mais ses lèvres entr'ouvertes laissaient voir cette double rivière de perles, qu'elles recouvraient d'habitude, et donnaient passage à une respiration régulière comme un souffle d'enfant, parfumée comme l'émanation d'une fleur ; ses cheveux, roulés en longues boucles, tombaient de chaque côté de son visage et, de temps en temps, soulevés par le vent, venaient effleurer celui de Tristan, sur lequel ils faisaient courir un frissonnement qui se répandait par tout le corps du jeune homme.

Tristan se tint immobile et n'osait faire un mouvement, de peur de réveiller sa belle compagne de voyage ; d'ailleurs, il trouvait un charme profond, une volupté intime à demeurer dans la situation où il se trouvait ; seulement, son bras pressé contre lui ôtait de l'aplomb à la belle dormeuse, qui dans un mouvement de la voiture pouvait se réveiller et reprendre sa place, ce qu'elle n'eût probablement pas manqué de faire ; il passa son bras avec une lenteur mesurée, avec une patience infinie derrière Henriette, dont la tête alors glissa tout naturellement sur sa poitrine et dont le visage se rapprocha encore du sien.

On comprend que pour Tristan il n'était plus question de dormir ; la poitrine haletante, la respiration suspendue, la tête inclinée, il tenait les yeux fixés sur la comtesse, dont la lune, descendant doucement à l'horizon, éclairait toute la partie supérieure ; alors Tristan détaillait en peintre chacun de ses traits qui, vus ainsi, à cette poétique lumière, acquéraient encore une nouvelle valeur, et chacun de ses traits, son nez droit et modelé sur celui de la Vénus antique, ses lèvres pures et fines, son sourcil d'un courbe irréprochable, était en harmonie avec l'ovale raphaëlique de son visage.

Tristan poussa un profond soupir. Le souvenir de Louise venait de traverser son esprit. Mais son souvenir n'était pas son image, et il fut forcé de fermer les yeux pour la revoir.

Notre voyageur ne pouvait pas toujours rester les yeux fermés, il les rouvrit, et l'image de Louise, ramenée avec tant d'efforts dans l'imagination du jeune homme, s'évanouit aussitôt que son regard se fut de nouveau fixé sur Henriette.

Elle dormait toujours, mais son sommeil avait changé de nature, soit qu'un rêve l'agitât, soit que le fluide magnétique qui s'échappait de toute la personne de Tristan agît sur elle ; sa respiration devenait plus rapide et surtout plus saccadée, une rougeur graduée envahissait peu à peu ses joues ; ses narines se dilataient, ses lèvres, légèrement contractées, laissaient non-seulement apercevoir les dents de la belle dormeuse, mais encore leur monture de corail-rose. Enfin de temps en temps des tressaillements nerveux pareils à ceux que ressentait Tristan chaque fois qu'une boucle de cheveux d'Henriette avait effleuré son visage, faisaient frissonner toute sa personne.

Tristan était trop bon physiologiste pour se tromper à ces signes, il était évident qu'une sensation voluptueuse, pareille à celle qui agitait sa veille, se glissait peu à peu dans le sommeil de sa compagne de voyage. La conviction, on en conviendra, était dangereuse pour un docteur de vingt-cinq ans.

Par un mouvement naturel et presque irrésistible, sa tête se rapprochait graduellement de celle d'Henriette. Sa bouche entr'ouverte aspirait, avide et sèche, l'haleine de plus en plus brûlante de la dormeuse. Un nuage de feu semblait s'épaissir autour du groupe gracieux, comme autrefois autour des dieux qui voulaient dérober leur amour aux regards mortels. Tristan sentait battre ses tempes, tinter ses oreilles, bondir son cœur. Un intervalle qui disparaissait à chaque seconde séparait encore ses lèvres des lèvres d'Henriette, mais allait disparaître tout à fait, quand tout à coup la voiture s'arrêta, on était arrivé au relais.

Deux choses vous tirent habituellement du sommeil quand on dort : le repos, si l'on est en mouvement, le mouvement, si l'on est en repos. En sentant s'arrêter la voiture, Henriette ouvrit ses yeux et Tristan, presque surpris en flagrant délit, ferma les siens, mais pas si complétement toutefois qu'il ne pût suivre entre ses paupières rapprochées, mais non closes, tous les mouvements de sa compagne.

D'abord elle demeura un instant immobile et dans cette vague hésitation qui suit le sommeil ; puis elle leva les yeux sur Tristan et se rendit compte de sa position. Un léger sourire passa sur ses lèvres. Elle crut que Tristan dormait.

La position du jeune homme lui parut alors ridicule ; il rouvrit les yeux, prit de sa main brûlante la main d'Henriette et la baisa.

Celle-ci comprit aussitôt qu'il n'avait pas dormi une seconde. La position n'était plus ridicule pour Tristan, mais embarassante pour Henriette.

— Où sommes-nous? demanda-t-elle pour dire quelque chose. — Je ne sais, répondit Tristan, mais je viens de rêver, je crois que ce n'était plus sur la terre. — Monsieur Joseph, dit en riant la comtesse, j'ai bien peur que vous soyez comme ce pêcheur des Mille et une Nuits dont le nom m'échappe, que pour le moment j'apellerai en conséquence Tristan, et qui dormait tout éveillé. — Je ne sais, madame, dit Tristan, mais si je veillais, je demande à ne jamais m'endormir; si je dormais, je demande à ne jamais m'éveiller. — Allons! allons! dit Henriette avec ce tact si juste des femmes qui d'un mot savent calmer ou irriter les désirs. Voilà qui est assez galant de la part d'un homme qui, il y a un mois à peine, voulait se tuer.

Tristan tressaillit : tous ses souvenirs écartés par la magique influence qu'exerçait Henriette sur lui se représentèrent de nouveau à son esprit, il poussa un soupir douloureux, s'éloigna de la jeune femme avec un sentiment qui ressemblait à de l'effroi, et reprit, immobile et muet, sa place dans l'angle de la voiture qui se remit en route avec ce mouvement calme et mesuré qui distingue l'allure de la poste française.

VII

Où le lecteur n'apprendra rien dont il ne se soit douté.

Ni l'un ni l'autre ne dormaient, et cependant tous deux avaient repris une position propre au sommeil, Tristan pour étudier Henriette, Henriette pour étudier Tristan. Le jeune homme regardait autant avec la pensée qu'avec les yeux à demi clos cette femme riche, belle, heureuse, et se demandait pourquoi Dieu n'avait pas permis qu'il en fût ainsi de Louise. Puis, il faut le dire, la pensée qui lui venait le plus souvent, c'est que lorsque Dieu refusait ce bonheur d'un côté, c'était pour que l'homme le cherchât d'un autre, et il se disait vaguement que celui qui serait l'amant de la comtesse serait un homme heureux, et que cet amour compenserait bien des choses. Mais malheureusement, au milieu de ces ambitieuses réflexions, Tristan se regardait et voyait sa livrée; et quoiqu'il ne fût qu'un valet de hasard, ce costume ne lui en rappelait pas moins la distance qui le séparait de sa compagne de voyage, et il comprenait que les consolations qu'elle voulait bien lui donner par charité, elle ne les lui donnerait jamais par amour. C'est alors que son front devenait plus soucieux, que quelques soupirs sortaient de sa bouche, et qu'il passait la main sur ses yeux comme pour effacer l'ombre même de ces douloureuses idées.

Or, Tristan avait la main blanche et belle, et comme tous les gens qui ne souffrent que raisonnablement et plutôt dans le passé que dans le présent, sa douleur momentanée avait une coquetterie adorable, surtout dans le tête-à-tête, et à travers ses doigts posés sur son front, Tristan voyait parfaitement Henriette le regarder; disons-le en passant, les femmes, malgré ce tact merveilleux qui les distingue, se trompent très-facilement à la douleur de l'homme qu'elles aiment ou qu'elles se sont dit qu'elles aimeront.

Avec quelques soupirs, un teint pâle et des airs soucieux, on arrive très-facilement à les convaincre que l'on souffre; et, nous l'avons déjà dit, comme elles saisissent avec empressement toutes les occasions de protéger un homme pour lui faire sentir leur supériorité, dans la position où se trouvaient Henriette et Tristan, elles s'approchent de l'homme qui paraît malheureux, peut-être à cause d'elles, prenant une petite mine adorable de fausse charité, et lui disent avec un ton charmant :

— Vous souffrez, mon ami ?

Ce à quoi l'homme répond en levant les yeux au ciel, en pressant la main qu'on lui tend et en poussant un soupir qu'il semble avoir voulu longtemps étouffer, ce qui dans toutes les langues humaines veut dire : Oh! beaucoup! et ce qui est complétement faux.

L'homme qui sent qu'il gagne à cette petite comédie quelques moments d'abandon qu'on lui reprochera plus tard se garde bien de l'interrompre; il se confit dans sa mélancolie, reste quelques instants comme plongé dans ses pensées, puis tourne la tête du côté de celle qui lui parle, la regarde d'un de ses regards profonds et doux qui n'appartiennent qu'aux amants, lui sourit et dit, comme en extase :

— Oh! vous êtes bonne, vous, merci !

Après quoi le silence éloquent recommence, et l'un semble reprendre les pensées de tristesse et l'autre les pensées de consolation.

Il y a dans la nature et dans la vie des choses tellement consacrées, que tout individu qui vient au monde doit s'y soumettre un jour. Ainsi, tout être créé qui n'est pas un rustre, croit à sa spécialité et se dit qu'il lui est arrivé à lui des choses qui n'arrivent pas aux autres, et qu'il emploie pour réussir des moyens inconnus jusqu'alors ; c'est faux : tout homme, s'il est juste, toute femme, si elle est franche, avouera qu'il a toujours réussi et vu réussir par les mêmes moyens ; que les serrements de main, les soupirs, les yeux en l'air, les mots à voix basse, les teints pâles et les poitrines oppressées sont le catéchisme ordinaire et naturel de l'amour, catéchisme qu'on étudie sérieusement à dix-huit ans, qu'on sait par cœur à vingt et qu'on répète à tout âge, et toujours avec le même succès.

Nous ne prétendons pas changer ni même blâmer ce qui existe ; nous constatons simplement ce qui, existant depuis six mille ans, prouve l'ignorance croissante des nations qui conservent l'habitude sans paraître s'apercevoir de l'abus. Et après tout, pourquoi changerait-on de méthode ? Beaucoup de femmes de notre temps ont voulu simplifier l'intérêt de ces petits drames quotidiens, et arrivent tout de suite au premier acte sans jouer le prologue. Eh bien ! franchement, c'est moins amusant que l'ancienne manière.

Tout excentrique que paraissait Henriette, elle se laissait, comme les autres femmes, prendre à ces dehors de tristesse, et, compatissante à Tristan, abandonnait sa main à sa main et son âme à son âme ; et celui-ci se laissait aller au bonheur d'être plaint par une femme jeune et belle et se gardait bien de dire un mot.

Ce fut Henriette qui la première rompit le silence :

— Vous aurais-je fait de la peine, ami ? dit-elle. — Non, madame : peut-on blesser avec une voix si douce ? mais votre voix, toute mélodieuse qu'elle est, a réveillé avec un seul mot les pensées tristes endormies au fond de mon cœur, et les souvenirs douloureux qui pour un instant avaient fait place aux espérances. — Eh bien ! puisque c'est moi qui ai blessé, c'est à moi de guérir : que puis-je faire pour cela ? — Rien, madame, si ce n'est de rester bonne, comme vous l'avez toujours été pour votre domestique Joseph et pour votre esclave Tristan.

Henriette sourit et s'arrangea de façon, sans le savoir, à lui répondre par un sourire à la fois triste et reconnaissant.

— Croyez-vous donc, continua la jeune femme, parce que

vous m'avez vue légère et folle, que je sois incapable d'une pensée sérieuse et d'une action sainte? détrompez-vous, monsieur, fit-elle avec une moue de reproche; Dieu a donné à la femme le double pouvoir de faire oublier le passé et de faire espérer dans l'avenir, et Dieu m'a laissée prendre la part des biens qu'il donne à toutes. Vous verrez, je suis bonne, Louise reviendra; je l'aimerai bien, et si elle ne revient pas, eh bien ! vous trouverez le soir, en vous promenant sur le bord de notre lac, quelque enchanteresse merveilleuse qui la remplacera, et quelque nouvel amour qui, comme l'eau du Léthé, vous donnera l'oubli, c'est-à-dire le bonheur.

Tristan poussa un soupir; Henriette pressa la main de Tristan.

Ils suivaient donc tranquillement la route que suivent deux amoureux qui veulent s'avouer qu'ils s'aiment sans se le dire. D'ailleurs, la nature semblait être d'intelligence avec leur pensée; le jour venait de se lever, et le soleil, au milieu de ses nuages de pourpre, comme un roi au milieu de sa cour, voulait bien sourire au monde; de sorte que les fleurs, les arbres et les oiseaux profitaient de cette bonne volonté du maître pour parfumer, bruire et chanter tout à leur aise. Tout le monde l'a dit et heureusement tout le monde le dira encore, car il y a des vérités incontestables qui, comme la parole de Dieu, laisseront passer les siècles sans passer; rien n'anime les sens chez les uns, le cœur chez les autres, comme ces mille bruits du matin que tous les êtres créés se permettent d'envoyer au Créateur, à qui sans doute ils sont agréables; — car à chaque aurore, il donne les mêmes rayons, en échange des mêmes chants que la veille.

Comment donc alors se serait-il pu faire que deux jeunes gens, jetés et isolés tous deux au milieu de cette nature ruisselante de parfums, de chants et d'amour, n'en eussent pas absorbé un peu, et ne fussent pas devenus, sinon du cœur, du moins de la bouche, l'écho momentané de cette harmonie universelle?

Comme nous l'avons dit, c'était dans les premiers jours de juin, et il n'y avait pas longtemps que la campagne avait ôté son manteau de neige, doublée de brume, pour se livrer toute nue aux baisers du soleil. Il est vrai que son amant la couvrait pudiquement de gazon, de feuilles et de fleurs. Mais elle était encore toute palpitante de bonheur, toute fatiguée d'amour, et il y avait dans l'air des mots mystérieux qui ne pouvaient être que les murmures des amours puissantes et éternelles du soleil et de la terre.

Quand vient le printemps, le cimetière, ce gardien des morts, et le cœur, ce gardien des souvenirs, se couvrent l'un de fleurs l'autre d'illusions nouvelles; et de même qu'en voyant les premières feuilles écloses au soleil on oublie les branches desséchées de l'hiver, de même l'âme oublie la tristesse passée, si bien que Tristan, emporté sans secousse dans une voiture légère aux côtés d'une des plus jolies femmes de Paris, commençait à laisser sa vie se dérouler comme elle pouvait entre les mains du hasard ou de la Providence.

Tout était si calme et si serein autour de lui et même en lui, qu'il ne pouvait penser qu'on fît autre chose à pareille heure et par un pareil temps, que d'ouvrir sa fenêtre au soleil et son cœur à l'espoir. Puis tout ce qui s'était passé pour lui depuis quelque temps avait un caractère si étrange d'invraisemblance, qu'il en arrivait à douter de cette portion de sa vie comme d'un rêve, et à être convaincu par moments que cette voiture l'emportait vers Louise, et qu'il allait continuer sa vie passée, qui ne pouvait être qu'interrompue et non brisée.

Quant à Henriette, pendant ce temps, elle jetait furtivement sur Tristan de ces longs regards microscopiques qui grossissent, surtout à l'endroit des défauts et des ridicules, aux yeux de la femme, l'homme qu'elles aiment ou pourraient aimer. Mais, malheureusement pour Louise, Tristan n'avait aucun défaut ni aucun ridicule. Il était même difficile d'avoir une figure plus noble et plus distinguée, et de porter à la fois avec plus de grâce et moins d'habitude le costume qu'il avait été forcé de prendre pour quitter la France.

Les relais se suivaient et se ressemblaient tous. D'abord Tristan mettait la serviette sur son bras comme un domestique, puis il la mettait sur ses genoux, et, comme un ami, s'asseyait auprès d'Henriette. La route fuyait derrière eux lentement, il est vrai, car quelque pensée et quelques émotions qu'on ait au cœur, le postillon français n'en va pas plus vite.

Henriette et Tristan eurent encore dans la journée quelques moments de causerie, mais il était évident que leurs paroles n'étaient que le masque de leurs pensées, et la conversation s'interrompait souvent, car, entre deux jeunes gens qui s'aiment déjà, quand le cœur n'ose parler, la bouche se tait vite.

Ou l'on voyage pour arriver, alors on dort; ou l'on voyage pour voyager, alors on veille. Tristan veillait, lui; et, aux clartés de Phébé, qui, ce soir-là sans doute, était brouillée avec Endymion, car aucun nuage au ciel ne pouvait leur servir d'alcôve, Tristan regardait dormir Henriette. Il avait eu trop de bonheur la nuit précédente à sentir sur son épaule la tête blonde et parfumée de la jeune femme pour se hasarder à dormir, et il attendait impatiemment que, comme la veille, un choc ami fît glisser le long des moelleuses parois de la voiture cette figure charmante, qui, si elle avait les yeux fermés par le soleil, avait la bouche entr'ouverte comme pour un baiser.

Le choc ami se fit attendre. La route était d'une régularité désespérante, et les chevaux, qui probablement dormaient aussi, rêvaient qu'ils allaient au pas, et, cette fois, le rêve était vrai. Vingt fois Tristan approcha sa main de celle de la jeune femme, et vingt fois il la retira avec un battement de cœur affreux, et resta comme en extase devant cette bouche charmante dont un seul mot eût pu le rendre heureux. Alors il se retournait, ouvrait la glace de la voiture, faisait tous les bruits qui peuvent paraître accidentels et grâce auxquels il pouvait réveiller Henriette, car tout lui paraissait plus agréable que ce sommeil profond qui laissait son cœur dans le doute; mais rien ne réveilla la belle endormie.

Il cria au postillon :

— Allons! mon ami, allons!

Il se retourna, mais Henriette n'avait pas changé de position. Il est vrai que, si dans ce moment la lune eût continué d'éclairer le joli visage de sa compagne de voyage, Tristan, avec un peu d'attention, eût pu voir se dessiner sur sa bouche un sourire imperceptible et railleur : donc Henriette, qui ne dormait pas, se garda bien de se réveiller et voulut voir jusqu'où irait cette petite comédie.

Tristan, pendant quelques instants, fit le résigné et se rejeta au fond de la voiture; mais bientôt il n'y put tenir. La veille le brûlait et il lui était impossible de dormir; il ne comprenait pas comment, au milieu de ce calme et de ce silence, cachés comme ils l'étaient aux yeux de tous, lui et Henriette pouvaient faire autre chose que d'être dans les bras l'un de l'autre; mais comme il était bien convaincu qu'Henriette ne commencerait pas, il se résolut enfin à commencer.

Henriette, en dormant, avait négligemment, ou peut-être même avec intention, laissé glisser sa main, et c'était cette main merveilleuse sur laquelle, comme un voleur, Tristan fixait ses yeux, et de laquelle, avec les airs les plus indifférents, il approchait la sienne pour voir si, comme la sensitive, elle se retirerait au toucher ; mais, par une étrange fatalité, toutes les fois que les deux mains allaient se joindre, c'était toujours celle de Tristan qui se retirait, ce qui faisait que le sourire dessiné sur la bouche d'Henriette devenait de plus en plus visible et de plus en plus railleur. Mais ce sont surtout les choses qu'on doit voir qu'on ne voit pas ; et Tristan, occupé de sa main, ne pensait pas à la bouche, qui, dans ses combinaisons, ne venait que longtemps après la main.

Cependant il tourna sa tête dans le coin de la voiture, et, avec sa main droite, il se mit à chercher cette main gauche qu'il ambitionnait, de façon que, si Henriette se réveillait, elle pût croire que c'était le hasard qui était cause de cette rencontre de leurs deux mains. Il toucha d'abord le bout des doigts ; Henriette ne bougea pas. On ne peut savoir les battements de cœur qu'éprouve un homme qui a déjà touché la première phalange d'un doigt, et qui va toucher la seconde. Tristan se hasarda et empiéta encore : même immobilité de la part de la main. Tristan, tout en désirant qu'Henriette continuât de dormir, n'eût pas été fâché qu'elle se réveillât, car cette main, tenue dans la sienne, était un aveu assez franc pour qu'il ne fût pas forcé d'en faire d'autre, et, en somme, baiser la main d'une femme qui ne s'en aperçoit pas, n'est guère le moyen de lui faire voir qu'on l'aime.

Tristan faillit se trouver mal ; il venait de passer des doigts au poignet, et il tenait maintenant la main de la belle dormeuse dans la sienne, sans oser bouger, comme un enfant qui vient de prendre un oiseau et qui tremble qu'il ne s'envole. Mais ce n'était pas encore assez ; il glissa ses doigts par-dessous sa conquête, abaissa un peu la tête, et du bout de ses lèvres, imprima dessus le baiser le plus furtif qui ait jamais été donné par un amant à sa maîtresse. Henriette ne fit pas le moindre mouvement. Tristan réitéra ; même silence. Si le jeune homme n'eût pas été un enfant en matière d'amour, il aurait compris tout de suite en voyant Henriette si profondément endormie, qu'elle ne dormait pas.

La voiture s'arrêta. Henriette fit comme si elle se réveillait. Tristan passa la tête par la portière, de l'air le plus indifférent du monde. Puis il se retourna, et voyant sa compagne éveillée :

— Vous avez bien dormi, madame? — Très-bien, et vous?

— Moi aussi. — Et vous n'avez pas rêvé? — Non. — J'ai rêvé, moi. — Et peut-on savoir ce que vous avez rêvé? — Est-ce que, comme votre homonyme, Joseph, vous expliquez les songes? — Peut-être. — Eh bien! j'ai rêvé que vous aviez retrouvé Louise, et que vous étiez si content de la revoir, que même pendant son sommeil vous lui baisiez les mains.

Tristan rougit et ne répondit pas.

Le postillon s'approcha de la voiture.

— Madame s'arrête-t-elle ici ce soir?

Henriette regarda Tristan et lui dit:

— Joseph, demandez et choisissez-moi une chambre bien éloignée de tout bruit, je veux continuer mon sommeil.

Tristan descendit de la voiture, et sentit en descendant de la voiture la main d'Henriette qui, par hasard sans doute, effleurait la sienne.

Vers minuit à peu près, une bonne, en traversant un corridor de l'hôtel, entendit le parquet crier sous des pas qu'on faisait aussi légers que possible. Elle s'approcha curieusement. Mais à peine eut-elle paru avec sa lumière, que l'ombre mystérieuse disparut derrière une porte qui se referma violemment.

Et le lendemain les oiseaux, qui se connaissent en langue d'amour, se disaient entre eux qu'ils avaient vu passer une voiture emportant deux jeunes et beaux amoureux qui se parlaient bien bas.

Et le soleil se leva comme d'ordinaire; seulement il parut à Tristan encore plus beau que la veille.

VIII

Les deux amants.

En effet, le lendemain matin, Henriette s'était levée de bonne heure, et comme une femme habituée aux voyages, elle était descendue commander elle-même son déjeuner et avait donné l'ordre qu'on réveillât son domestique en disant qu'elle voulait se remettre en route tout de suite. Puis elle était passée dans la salle à manger tapissée de papier représentant des chasses indiennes avec des tigres roses, des hommes jaunes, un ciel vert et des arbres bleus, avait, à travers ses pensées, fait semblant de regarder ces caricatures, et ne s'était retournée qu'au bruit que faisait Tristan en ouvrant la porte.

Celui-ci s'était approché d'Henriette respectueusement le chapeau à la main. Alors elle lui dit avec un sourire que lui seul pouvait comprendre :

— Asseyez-vous là, Joseph, et déjeunez en même temps que moi pour ne pas perdre de temps. Pendant le déjeuner, on avait été commander les chevaux, et vingt minutes après la voiture disparaissait aux regards ébahis et naturellement stupides des gens de l'auberge.

Au relais suivant Tristan quitta son siége et s'approcha de la portière, afin de demander les ordres de la comtesse; celle-ci ne lui répondit qu'en lui faisant signe de venir s'asseoir à côté d'elle, jusqu'à ce que la voiture eût quitté le village qui, à chaque maison, offrait un curieux. La jeune femme ne dit rien à son amant, si l'on peut appeler ne rien dire presser la main de l'homme que l'on aime, s'appuyer sur lui et laisser ses cheveux caresser son visage.

Du reste, les amoureux ont bien fait d'inventer cette façon tacite de se dire qu'ils s'aimaient! l'usage en est commode et peut se suivre dans tous les pays. De cette façon-là, en ne disant rien, on ne se trompe pas, et l'on est libre de supposer tout ce que l'on veut, ce qui d'un côté met la délicatesse à l'abri, et de l'autre donne le champ libre à la fatuité. L'homme et la femme, convaincus de la vérité de cet axiome, ont fini par se prouver que le silence est décidément la langue du cœur.

Henriette et Tristan en usaient donc assez largement. Tristan craignait toujours de dire un mot ridicule à cette femme excentrique; pauvre Tristan! qui ne savait pas encore que l'excentricité des femmes n'est jamais que factice, et que, comme le disait un grand philosophe de cette époque, les femmes ne diffèrent entre elles que par l'orthographe.

— Vous m'aimez? disait Henriette. — Si je vous aime! disait Tristan à voix basse, oh! oui, je vous aime! — Et vous m'aimerez longtemps? — Toujours. — Toujours! ajouta-t-elle avec un ton de doute; et Louise? — Louise! dit Tristan en devenant soucieux, encore Louise! comme s'il eût voulu effacer à la fois ce nom de ses lèvres et ce souvenir de sa pensée. Oh! ne parlons pas de Louise, madame! parlons de vous; ne parlons pas des autres, mon ange, parlons de toi. — De moi! eh! qui sait si vous ne me méprisez pas déjà? — Te mépriser! et pourquoi?

— Parce que je n'ai vu que mon amour et que j'aurais dû voir mon honneur; parce que si je suis libre, vous ne l'êtes pas, vous, et que cet avenir que j'avais rêvé pour nous deux se brisera bientôt, et que je resterai seule! — Et pourquoi Dieu ne réaliserait-il pas ce que vous avez rêvé? Vous en veut-il donc encore d'avoir quitté le ciel? — Enfant! toujours de l'esprit au lieu de cœur! nous autres femmes, nous ne parlons pas ainsi. C'est peut-être pour cela que vous nous aimez moins. Mon Tristan, comme nous serions heureux! si tu savais comme notre lac est beau, et comme nous aurions de bonnes et mystérieuses promenades le soir! — Et qui empêche que cela soit? — C'est que j'ai fait une chose que je ne vous ai pas encore dite. C'est qu'avant de quitter Paris, je suis allée chez vous; j'ai écrit à Louise dans le cas où elle reviendrait d'ici à un mois, et je ne serais pas étonnée de la voir arriver dans quelques jours.

Cette fois Tristan devint réellement soucieux, car il aimait tendrement Louise, et en ce moment même, malgré la beauté de sa nouvelle maîtresse, malgré tout le charme qu'elle répandait autour d'elle, c'est encore avec Louise, nous le pensons du moins, qu'il eût voulu faire ces longues et mystérieuses promenades que lui promettait Henriette. A partir de ce moment il fallait qu'il se laissât aller aux caprices de sa destinée. Sa vie avait depuis quelque temps des phases et des irrégularités si étranges que, pour peu que cela continuât ainsi, l'avenir devait lui garder des événements bien terribles ou bien bouffons; et puisqu'en attendant ces événements, Dieu lui envoyait une femme jeune et belle pour faire la moitié de sa route, il n'avait pas encore trop à se plaindre; aussi se retourna-t-il vers Henriette avec un regard plein d'amour et de reconnaissance. — Espérons, lui dit-il. — Espérons, reprit Henriette; le mot est étrange. Espérons; quoi? que Louise reviendra? et alors vous ne m'aimez pas, ou qu'elle ne reviendra pas? et alors vous n'aimez pas Louise. Sortez de là, monsieur le poëte. — Espérons, continua Tristan, que Louise sera assez heureuse à Paris pour ne pas venir chercher le bonheur si loin. — Merci, Tristan, mais je ne suis pas comme les autres femme, moi, égoïste et ne s'occupant que de leur amour, sans savoir si dans cet amour est le bonheur de l'homme qu'elles aiment. Non, Tristan, si Louise ne revient pas, à moi toute ta vie, à toi toute la mienne. Nous aurons une existence calme et transparente comme nos soirées d'Italie, nous vivrons l'un pour l'autre, et nous oublierons pour qu'on nous oublie, tu le veux bien, n'est-ce pas? Songe que je n'ai jamais aimé, moi, et que Dieu ne t'eût pas jeté ainsi mourant et ensanglanté sur mon chemin s'il ne m'avait choisie pour ton ange, et si je n'avais dû après avoir guéri les blessures du corps, consoler les douleurs de l'âme. Que m'importe Paris? je n'y reviendrai jamais; que m'importe le monde? je le hais. Nous aurons là-bas, sur le bord du lac, deux maisons jumelles comme nos cœurs, pleines de calme comme notre amour, et nous nous ferons notre paradis en attendant que Dieu nous donne le sien; — voilà ce que je rêve. Eh bien! vois si je suis bonne et si je t'aime : si Louise revient, ce sera la même vie et le même bonheur; seulement, au lieu de moi, ce sera elle; au lieu de me promener le soir avec toi, je vous regarderai passer tous les deux, et j'aurai fait pour toi tout ce qu'on pouvait faire. Te dire que je n'en souffrirai pas, ce serait mentir, et, peut-être, quand le soir sera descendu sur le lac et que je vous verrai comme l'ombre de mon bonheur passer sous mes yeux en vous tenant enlacés, elle te disant les mots que j'aurais voulu te dire, toi lui disant ce que tu m'aurais dit, — j'avoue que je serai triste et que je pleurerai quelquefois dans ma chambre sombre et vide comme mon cœur. — Oh! vous êtes bonne, Henriette, je vous aime. — Oui, aimez-moi, car, jusqu'ici, ce qui a fait mon caractère excentrique et mon existence bizarre, c'est l'ignorance où j'étais d'un amour réel; j'avais besoin de dépenser cette vie que j'aurais donnée, calme et retirée, à un homme que j'eusse choisi et que je te donnerai à toi; puis, pour que cette vie monotone ne t'ennuie pas, nous voyagerons, nous irons où tu voudras, dans l'Inde, au bout du monde; la vie est partout. Nous vivrons toujours ensemble, et il n'y aura que nous deux dans la création. Tu verras, je suis à la fois une femme et une amie, aimante comme l'une et dévouée comme l'autre. Je suis forte : je ne crains rien. Nous monterons à cheval, nous chasserons le tigre. Tu verras si je suis brave, tu verras comme nous serons heureux; tout cela, ajouta-t-elle avec un soupir, si Louise ne revient pas.

Voilà ce qu'ils se disaient, et ils se parlaient si bas, que s'ils n'avaient eu leur cœur, ils n'auraient pu s'entendre.

Cependant, si lentement que marchent des chevaux, il arrive toujours un moment où le chemin diminue, surtout quand, pour compenser la paresse des postillons, on a, comme Tristan et Henriette, de ces longues causeries d'amoureux qui abrègent tant un voyage.

La nuit était donc revenue, mais ce n'était plus comme la

veille, et dès les premières ombres, Henriette s'était abandonnée à Tristan, qui, tremblant, non plus de crainte mais d'amour, la tenait entre ses bras : c'était la réalité de son rêve : cette main qu'il n'osait toucher, il la tenait maintenant dans les siennes ; ce mot qu'il enviait, on le lui redisait à chaque instant, au milieu du même calme, de la même sérénité, de la même poésie. Certes, dans le commencement d'un amour sérieux ou non, ce qu'il y a de charmant, c'est qu'on y va de bonne foi et qu'on est bien convaincu qu'on s'aime. Il y a alors des moments de bonheur réel, de félicité parfaite qu'un mot peut ternir, qu'un soupçon peut effacer, mais qui, si courts qu'ils soient, si vite qu'ils passent, n'en ont pas moins un parfum enivrant, qui heureusement renaît aussi souvent qu'il s'évanouit.

Les circonstances, qui s'amusent presque toujours à arranger la vie des hommes contre leur volonté et surtout contre leur bonheur, venaient de mettre Tristan dans une position assez ridicule, pour ne pas dire fatale. Dans le premier moment d'enivrement et de vanité que lui causait ce que dans le monde on eût appelé une bonne fortune, il oubliait à la fois le passé et l'avenir.

Le passé plein de douleurs partagées avec Louise, l'avenir qui semblait ne pouvoir être heureux que sans elle, et qui, basé entièrement sur le caprice d'une femme, pouvait en un instant s'assombrir. Puis une pensée qui venait souvent à Tristan et qui le rendait rêveur, c'était son infériorité auprès d'Henriette. Comme ami, il pouvait à la rigueur accepter les services que cette femme lui rendrait ; mais comme amant, il ne le pouvait plus : et il se trouvait ne pouvoir plus vivre avec Louise, à moins de la tromper, ni avec Henriette, à moins de partager sa fortune. D'un côté il y avait la misère, de l'autre l'infamie. Aussi, ce pauvre Tristan, au milieu de ses transports de joie et de ses baisers d'amour, rougissait et devenait sombre tout à coup, en voyant Henriette donner au postillon ou au maître d'auberge un argent qu'il n'avait pas, et qu'il n'entrevoyait pas le moyen de gagner.

Heureusement les femmes, quand elles aiment, ont une certaine délicatesse qu'elles perdent, il faut le dire, aussitôt qu'elles n'aiment plus. Henriette avait donc eu la même pensée que Tristan, mais elle avait dans son esprit arrangé tout de façon à concilier les scrupules et le cœur. Ainsi, quand elle voyait son amant s'écarter d'elle avec un soupir, elle comprenaît que c'était cette idée qui, comme une ombre, passait sur sa joie.

Elle lui prenait la main, et répondait sans qu'il l'eût émise à cette pensée intérieure, et lui disait : Ne pense pas à tout cela, et espère.

Enfin, tout en rêvant le soir, tout en causant la nuit, tout en s'aimant toujours, on était arrivé à Genève; et le postillon, vingt minutes avant d'entrer dans la ville, avait crié à Henriette : Nous ne sommes plus en France ; — nouvelle qui n'avait pas été très-désagréable à Tristan, lequel, comme on le sait, avait bien involontairement tué ce pauvre Charles, et craignait qu'ayant trouvé le cadavre, on ne fût à la recherche de l'assassin.

Henriette proposa de s'arrêter à Genève. C'était une de ces propositions qui ne peuvent être refusées, surtout quand, comme Tristan, on est fatigué du voyage et amoureux de sa maîtresse.

Ils descendirent donc de la voiture. Tristan, toujours dans son rôle de domestique qu'il ne pouvait quitter, puisqu'il fallait à chaque instant montrer le passe-port, mais se dédommageant, quand il était seul avec Henriette, de ce nom de Joseph qu'elle lui donnait devant les autres.

Puis, au voyage fatigant de la chaise de poste succéda celui du bateau à vapeur; et le lendemain, madame de Lindsay, toujours accompagnée de Joseph, se mit en route pour Lauzanne, et traversa le lac Léman; cette nappe bleue qui semblerait à l'horizon se réunir au ciel, s'il n'y avait sur les flancs d'énormes montagnes qui s'y opposent. Du reste, si jamais paradis paraissait avoir été fait pour deux amants, c'était celui que les rives du lac déroulaient sous les yeux de la belle voyageuse, avec des villas pleines de rayons et de parfums, de chants et de fleurs, et qui semblaient les esquisses de celle de Sorrente et de Baia. Aussi Tristan, assis sur le bord du bateau, la tête appuyée sur sa main, regardait ces sites capricieux, ces montagnes nuageuses et ces petites maisons blanches, groupées comme des nids de cygnes qui se chauffent au soleil, passer devant ses yeux, apportant chacune à son âme une pensée en même temps qu'un parfum. Eh bien! nous devons le dire, la femme qu'il rêvait dans ces villas aux grands arbres, ce n'était pas madame de Lindsay; et si quelquefois, en se retournant, il n'eût aperçu sa maîtresse qui, avec un sourire, le rappelait à la réalité, il eût fini par croire que ni sa pensée ni la brise ne pouvaient mentir, et que Louise allait se montrer à lui.

Alors il passait la main sur son front, se levait et se promenait à grands pas, allait à la poupe du bateau, et là regardait fuir et s'effacer l'horizon. Puis, il se disait: derrière cet horizon il en est un autre, puis un autre encore; derrière ces montagnes sont d'autres montagnes encore, derrière ce pays au ciel bleu, aux flots d'azur, aux villas splendides, est un autre pays aux rues tortueuses, au ciel gris, aux maisons maussades: cet autre pays, c'est la France, c'est Paris, c'est la rue Saint-Jacques, c'est Louise.

Alors, comme par un effet d'optique, tout changeait, et le jeune homme revoyait sa chambre qu'il avait laissée si triste, mais qui, à l'heure où il pensait à elle, devait s'illuminer d'un rayon de soleil, et se laisser bercer par les bruits de la rue; sa chambre qu'il eût préférée à cette heure au palais qu'il allait trouver, et dont chaque élan du bateau l'éloignait peut-être pour toujours.

On ne s'arrête plus une fois qu'on s'est mis à redescendre ses souvenirs, cette échelle sans fin, dont chaque échelon est une tristesse, un regret ou un remords; et quand on est loin des objets qu'on a aimés, la pensée qui les retrace les dépeint plus charmants ou plus sombres qu'ils ne le sont en réalité. Ainsi, près de madame de Lindsay, Louise paraissait à Tristan mille fois plus aimée; et peut-être, s'il eût retrouvé Louise, pour laquelle, en ce moment, il eût donné sa maîtresse, peut-être eût-il regretté Henriette; ou si toutes deux avaient pu se trouver dans la même villa, eût-il, dans son cœur, associé ces deux amours sans crainte et sans remords. L'homme a toujours besoin de la chose qu'il n'a pas; et comme la distance efface les défauts et augmente les charmes, il s'ensuit que plus Tristan s'éloignait de Louise, plus il l'aimait.

Quant à Henriette, pour qui, sur le bateau à vapeur, Tristan n'était qu'un domestique, elle préparait en elle-même les moyens de lui faire partager sa fortune sans blesser son amour-propre et sans altérer son amour.

Les autres voyageurs dormaient, mangeaient ou fumaient.

IX

Où Tristan a tort de croire à ce que lui dit Henriette.

Or, il y avait à cette époque, sur les bords du lac Majeur, auprès de Raveno, deux petites maisons qui, comme deux sœurs jumelles, avaient le même visage et la même fraîcheur, et qui, s'avançant jusqu'au bord de l'eau, rendaient au lac, en échange de ses murmures et de son miroir, leur calme et leurs parfums. On eût dit de loin deux nids de blanches colombes, dormant abritées par les montagnes, et bercées par la chanson des eaux. Leur façade était blanche, et sur leurs fenêtres s'abaissaient, comme de grandes paupières, les stores aux riantes couleurs, versant l'ombre et le repos. Enfin on sentait, en passant devant ces grands arbres qui se balançaient au vent du soir, pleins d'oiseaux, qui comme les notes ailées d'un concert vivant, voltigeaient de branche en branche, quelque chose de doux comme la prière d'un enfant, et de mystérieux comme l'amour d'une jeune fille. De temps à autre, sur la route brûlante, passait quelque paysan fatigué; car il faut toujours qu'une chose humaine anime la nature de Dieu; mais rien ne s'interrompait à ce bruit momentané, et l'œuvre des choses créées s'accomplissait chaque jour avec la même harmonie que la veille.

Autour de ces deux maisons se groupaient naturellement d'autres villas, sur le front blanc desquelles le soleil aimait à se reposer; si bien qu'à une certaine distance, et vues des montagnes de l'autre rive, elles semblaient jaillir du sein du gazon, semblables aux grands lis aimés de la vierge.

Cependant ces deux petites maisons dont nous venons de parler, encadrées chacune dans un mur, étaient séparées l'une de l'autre par une centaine de pas environ. On eût dit que, quoique entièrement pareilles, elles n'avaient consenti à vivre bien ensemble qu'à la condition qu'elles ne seraient pas entièrement réunies. Ces deux maisons étaient celles du baron et de la baronne de Lindsay, et c'était là que venaient Henriette et Tristan, lesquels avaient déjà traversé le Simplon, passé par Crenola, et après s'être arrêtés quelque temps à Domo-d'Ossola, ne devaient pas tarder d'arriver à Raveno.

En effet, un matin, au milieu d'un nuage de poussière soulevée par le galop de quatre chevaux, une chaise de poste parcourait la route qui longeait les rives du lac.

Tristan avait quitté son costume de domestique et se trouvait assis à côté d'Henriette, qui semblait toute à la joie de revoir son beau lac.

— Voyez, disait-elle, c'est là-bas! ces deux petites maisons blanches, les voyez-vous? — Oui. — Voyez-vous bien? — Certainement! — Elles sont en tous points semblables; vous choisirez celle que vous voudrez, monsieur le docteur. — Très-bien. — Vous savez bien votre rôle? — Parfaitement! — Vous m'avez sauvé la vie. — Juste le contraire de la vérité. — Vous voyagiez comme moi. — Et pour ne pas perdre mes soins, et me prouver votre reconnaissance, vous m'avez emmené avec vous. — Vous savez, mon cher Tristan, qu'on est toujours, surtou nous autres femmes, l'esclave des domestiques, et qu'il faut, sous peine de tourments continuels, leur donner la raison de tout ce qu'on fait. Eh bien! voilà celle de votre présence, elle est mauvaise, mais elle suffit. — Vous êtes un ange! — Vous m'aimez? — Toujours. — C'est tout ce que je vous demande. Puis je vous donne la maison qu'habitait M. de Lindsay. Vous devenez amoureux forcé de ce pays, et vous restez jusqu'à ce que Louise arrive. — Encore! fit le jeune homme avec un ton de reproche. — Pardon, reprit Henriette en souriant, mais il faut bien de temps en temps retomber dans la réalité.

Quelques minutes après, la voiture s'arrêtait devant la première de ces deux villas.

Les gens de la maison accoururent au-devant de leur maîtresse, la saluant de toutes les démonstrations de joie servile que possèdent si bien les domestiques italiens, et regardant curieusement Tristan.

— Docteur, fit Henriette en se tournant vers lui, voulez-vous venir visiter ma maison avant de voir la vôtre?

Tristan s'inclina et suivit madame de Lindsay.

Pendant ce temps les domestiques déchargeaient la voiture et faisaient porter à part toutes les malles sur lesquelles il y avait le nom de Tristan.

Les deux jeunes gens se mirent donc à parcourir la maison, charmante pour l'un, nouvelle pour l'autre. Madame de Lindsay regardait chaque chose avec amour; et chaque chose, arbres, fleurs, semblaient lui répondre par un sourire. Comme si les oiseaux, malgré la longue absence, eussent reconnu une ancienne amie, aucun d'eux ne s'envola à ce bruit inaccoutumé, et le concert continua sans interruption. Henriette traversa le jardin et entra dans la maison, qui était meublée avec un goût merveilleux. On se fût cru transporté dans les salons et les boudoirs les plus capricieux de Paris. Tout ce que la recherche et le désœuvrement peuvent inventer de luxe étoilait cette demeure, et l'on devinait partout les prévenances de l'homme élégant et riche, qui cherchait à compenser l'amour qu'il ne pouvait donner par tout ce que la fantaisie peut rêver de charmes extérieurs. C'étaient de vastes salles peintes à fresques et peuplées de tout un monde de divinités antiques, de faunes souriants, de nymphes furtives et d'amours joufflus, avec de larges fenêtres ouvrant sur un horizon de camélias; c'étaient de petits boudoirs mystérieusement éclairés, et laissant filtrer à travers leurs rideaux de satin juste ce qu'il fallait de jour pour montrer la divinité de cet olympe en miniature; c'étaient des salles de bain tout en marbre, comme celles de Pompéi et d'Herculanum, ces villes merveilleuses que Dieu a enfouies pour les conserver. C'étaient de longues serres où l'on dormait d'un sommeil parfumé, abrité que l'on était sous les grandes feuilles des arbres de l'Inde, ce paradis du monde.

Il avait fallu une persévérance inouïe pour rassembler dans cette maison toutes ces choses, qui ont été faites pour encadrer de luxe et de jouissance la vie des femmes. Il y avait des miniatures de Saxe, qui avaient demandé plus de peine à apporter qu'à faire, et surtout un immense sérail de fleurs qui s'inclinaient, et semblaient fatiguées d'amour devant le soleil, leur pacha qui les aime et qui les tue.

Henriette, dans son insouciance de femme, montrait tous ces détails à Tristan, qui s'en affligeait au lieu de les admirer. Plus il voyait la richesse de cette femme, plus il sentait son infériorité, et il comprenait combien, du jour où il ne l'aimerait plus, sa position deviendrait humiliante auprès d'elle. Puis une chose affreuse, sinon pour l'amour, du moins pour l'amour-propre, c'est de voir à sa maîtresse le luxe qu'elle doit à un autre, et qu'on n'aurait jamais pu et qu'on ne pourra jamais lui donner. Il semble que ce luxe occupe la moitié de la place qu'on eût voulu occuper tout entière dans son esprit et dans son cœur; il semble que chaque objet rappelle un nom qu'on voudrait effacer de l'âme comme des lèvres, et que la femme doit être plus reconnaissante encore à l'homme qui lui a donné ce luxe qu'à celui qui lui donne son amour et sa vie.

Tristan était donc plus que consterné de cette profusion. Son œil s'arrêtait, fixe et morne, sur ces grandes tentures, dont le pinceau de Véronèse a seul le secret, et il comparait tout bas sa chambre désolée et vide à cette fastueuse villa en se disant : Si, au lieu de me trouver mourant sur un chemin du bois de Boulogne, Henriette m'avait vu pauvre dans ma mansarde de la rue Saint-Jacques, m'eût-elle aimé et n'eût-elle pas rougi de moi ?

Et Tristan avait raison de penser ainsi, car la moitié de l'amour de madame de Lindsay était de l'orgueil, sans qu'elle s'en doutât peut-être elle-même. Ce qui l'avait charmée en Tristan, c'était la possibilité qu'il lui dût tout et la satisfaction de se dire : Sans moi il n'existerait pas, ou s'il existait, il serait malheureux, et c'est à moi qu'il doit la vie et tout ce qu'il aura dans l'avenir.

Nous l'avons dit, la distance poétise encore les objets qu'on se rappelle. Ainsi, plus Tristan se voyait entouré de luxe, plus il lui semblait voir Louise environnée de misère.

Quant à Henriette, elle était toute au plaisir de revoir cette maison qu'elle avait quittée depuis un an, et ne s'apercevait pas que son amant était toujours debout et rêveur à la même place.

— Tenez, lui dit-elle en l'amenant près d'une fenêtre et en lui montrant une plaque noire au bout d'une allée, voulez-vous voir comment je tire ?

Et elle appela un domestique qui passait portant une malle.

— Gaetano, donnez-moi mes pistolets d'ivoire ? deux bijoux merveilleux, ajouta-t-elle en se tournant vers Tristan, ciselés par Klagmann. Tirez-vous bien le pistolet, Tristan ? — Vous avez vu que je tirais assez mal, reprit le jeune homme, puisqu'à trois pouces je me suis manqué. Le cœur est plus grand qu'une mouche, pourtant.

En ce moment, le domestique reparaissait, portant les armes demandées, qui, en effet, étaient d'un travail inouï.

— Remportez ces armes, fit Henriette, et elle demanda à Tristan pardon de lui avoir rappelé un souvenir douloureux.

Puis ils gagnèrent l'autre maison, qui, toute semblable à la première pour le dehors, différait pour le dedans. Ce n'étaient plus les fresques dorées de l'Italie, c'étaient les tentures sombres du Nord, gardant tout le jour dans leurs plis et ne le laissant arriver sur les grands bahuts noirs que tamisé par leur ombre. Puis, à la chambre sombre succédait la tente d'un chef arabe dans un désordre si parfaitement arrangé qu'on eût dit que le chef allait y venir se reposer après quelque combat et rapportant sa capture. La serre était pleine d'oiseaux enchantés, ciselés par Dieu lui-même, rubis vivants, diamants ailés, fleurs volantes, faisant avec les arbres, les fleurs et les plantes, un concert harmonieux de notes, de bruissements et de parfums.

Puis venait une longue galerie de tableaux réunissant toutes les divinités passées et présentes, depuis Raphaël, Rubens et Rembrandt, les rois d'autrefois, jusqu'à Delacroix et Decamps, les rois d'aujourd'hui. Lord Lindsay était un homme d'esprit et de goût qui se faisait, comme un dieu particulier, son royaume d'élus et qui n'admettait que ceux qui l'avaient mérité. Cependant cette galerie n'avait pas la roideur et l'ennui des galeries ordinaires, qui n'ont d'autres ornements que les tableaux eux-mêmes.

Il y avait sur les meubles de Boule des coupes de Cellini, des vases antiques, des terres cuites de Clodion, des bronzes de Barye, des émaux de Sèvres, des figurines de Saxe; sur les murs, des armes de tous les pays, des glaces de Venise. Enfin venaient les chambres réservées aux hôtes et où le luxe était, sinon sacrifié, du moins cédait au confortable, et le jardin, dont les propriétaires momentanés étaient une belle biche blanche et des daims au regard timide et intelligent.

Quand Henriette parut dans le jardin, la biche la regarda en inclinant la tête de côté, puis elle se mit à bondir vers elle et à lui lécher les mains.

— Tout le monde vous aime ici, dit Tristan. — Et moi, je n'aime que vous, reprit madame Lindsay. Et maintenant, docteur, continua-t-elle assez haut pour qu'on l'entendît, vous n'êtes plus mon hôte, vous êtes mon voisin, et si vous le voulez bien, mon ami ; passez donc chez vous, car vous devez avoir besoin de repos. Je vous garde les écuries pour votre réveil.

Tristan quitta Henriette et remonta l'escalier qu'il venait de descendre, entra dans la chambre à coucher et s'assit en rêvant auprès de la fenêtre; il vit madame de Lindsay qui traversait le jardin, accompagnée de sa femme de chambre. Elle se retourna, lui fit un salut de la main, et disparut derrière un massif d'arbres.

Alors, le jeune homme fit ce que fait un homme qui a la tête trop pleine de différentes pensées; il regarda les meubles pendant des quarts d'heure, et n'eût pas pu dire, après les avoir regardés, comment ils étaient faits. Il se promena en long et en large, s'arrêta, ouvrit des livres, se mit à la fenêtre, et nonchalamment finit par se coucher sur un grand lit à estrades et à colonnes, derrière les rideaux duquel on était toujours sûr de trouver la nuit, puis enfin s'endormit doublement fatigué par le voyage et ses pensées.

Quand Tristan se réveilla, le soleil était déjà couché depuis longtemps; il se leva, s'avança vers la fenêtre et vit les étoiles qui faisaient leur œuvre silencieuse et nocturne. Tout était calme; la lune éclairait d'un seul rayon toute la maison d'Henriette, et les grands arbres se balançaient dans sa lueur comme des fantômes; on n'entendait rien que ces mille bruits mystérieux qui, réunis, composent le silence de la nuit.

Une horloge sonna minuit. Tristan comprit que jusqu'au matin il ne pourrait se rendormir, et comme un homme qui voit pour la première fois les lieux où il doit rester longtemps, il voulut profiter de cette heure mystérieuse et favorable pour laisser son âme y puiser toute la poésie qu'ils contenaient. Il descendit donc dans le jardin qu'il avait à peine vu, et se mit à le parcourir, se retournant au moindre bruit avec cette peur instinctive que causent, la nuit, les objets et les bruits devant lesquels on passe et qu'on écoute le jour indifféremment et sans émotion. Il arriva sur la terrasse et s'y arrêta, considérant ce lac dont chaque flot, reflétant la lune, semblait recouvrir un minerai d'argent, et comme un somnambule, sans penser et sans voir, ouvrit la porte du jardin et descendit jusqu'à l'endroit où le lac mouillait la terre.

Alors il s'assit et regarda la nuit dont chaque heure emportait une obscurité, et qui, à son tour, emportait chaque heure dans ses voiles.

Cette contemplation dura longtemps à ce qu'il paraît; car le soleil avait déjà paru à l'horizon, lorsque Tristan, en entendant des pas derrière lui, se retourna et vit Henriette qui lui souriait.

— Déjà rêvant, grand philosophe, dit la comtesse.

— Déjà levée, belle matinale, répondit Tristan. — Quand on s'endort lorsque les étoiles se lèvent, il faut bien se réveiller quand elles se couchent. — Depuis minuit je ne dors plus. — Et qu'avez-vous fait? — J'ai rêvé, comme vous le dites. — A quoi?

— A vous. — Flatteur? — De quoi voulez-vous que je rêve la nuit? A quoi voulez-vous que je rêve le jour, si ce n'est à vous? Seulement mon rêve est si beau que je doute toujours au réveil s'il est vrai, et je crains sans cesse que, pareil à ces pauvres qui rêvent qu'ils sont rois et qui voient en se réveillant disparaître leur couronne, je ne rêve, moi, que je suis aimé, et je ne voie le matin s'effacer votre amour.

— Pauvre don Juan! que, comme Haïdé, vous recueillez mourant, sur votre rivage, et que vous réchauffez sur votre cœur. Rêvez de moi, ami, je suis toute à vous, et soyez tranquille! au réveil la réalité continuera le rêve. Et, ajouta la comtesse à voix basse et en s'asseyant près de Tristan, pour que vous doutiez moins, nous tâcherons toujours que vous ayez la réalité auprès de vous. — Puis, continua Tristan, répondant à ses pensées bien plus qu'à ce que lui disait la comtesse, vous l'avouerai-je, Henriette? tout ce luxe qui vous environne et qui vous charme, m'épouvante. Si vous étiez pauvre comme moi, ou si j'étais riche comme vous, il me semble que nous nous aimerions davantage et que nous serions plus heureux. — Eh bien! interrompit Henriette, Dieu s'est fait homme, la Providence peut bien se faire femme. Supposons que je suis la Providence. — Oui, reprit Tristan avec un sourire, oui, la Providence peut me donner la paix du cœur; mais la Providence ne donne pas de maison toute meublée au bord d'un lac, et surtout ne devient pas la maîtresse de l'homme qu'elle protége. Avouez que ce serait une mauvaise excuse à donner au monde intrigué de ma fortune subite, si je lui disais : la Providence s'est faite femme, elle s'appelle momentanément la comtesse Henriette de Lindsay, et elle m'a donné sur le lac Majeur une maison qui était celle de son mari, avant qu'elle fût la Providence. Vous voyez tout au point de vue de votre âme, Henriette, qui est comme tout ce qui sort directement des mains de Dieu; mais moi, pauvre matérialiste! je vois tout au point de vue de mon orgueil, et je cherche vainement une bonne raison à donner à ce que je fais. — Il n'y en a qu'une, reprit Henriette, je le veux. Mais enfin, ajouta-t-elle en s'approchant de Tristan et en lui prenant la main, si votre cœur est si rigoureux, si votre orgueil est si grand qu'il s'effarouche ainsi, si votre amour redoute le luxe, eh bien! ami, nous trouverons dans la Suisse, sur le flanc de quelque montagne, un chalet pauvre et couvert de mousse; nous nous y retirerons comme deux ermites. Vous bêcherez la terre et moi je trairai une vache.

Alors nous ne nous devrons plus rien l'un à l'autre. L'amour-propre sera sauvé et nous nous ennuierons beaucoup. Vous autres hommes, vous êtes, avant tout, les esclaves de votre vanité et de votre amour-propre. Quand vous êtes nos amants, sur un désir de nous vous risquez votre fortune, et vous ne voulez pas qu'un jour une femme plus riche que vous associe sa fortune à votre pauvreté et vous demande un bonheur que vous seuls pouvez lui donner. Ce n'est pas une vertu, c'est un vice; ce n'est pas de l'abnégation, c'est de l'égoïsme. Vous avez des délicatesses étranges. Vous recevez d'une femme son amour, sa vie, plus que sa vie, son honneur; pour une indiscrétion de vanité, vous sacrifiez cet honneur, et vous la condamnez à l'isolement; ou bien, lorsqu'elle a tout sacrifié pour vous, famille, réputation, avenir, vous l'abandonnez à ses larmes et à ses remords sans le moindre regret, sans le plus léger scrupule, vous la livrez aux désirs des autres hommes et au mépris des autres femmes, sans qu'elle ait ni votre cœur pour s'appuyer ni votre bras pour la défendre; et vous refusez d'accepter d'une femme qui vous aime le partage d'une fortune qui n'est rien et que vous pouvez lui rendre un jour plus facilement que l'honneur et le repos, qui ne se retrouvent jamais quand une fois on les a perdus. Allons, avouez, messieurs, que vous vous êtes fait une conscience assez large, et que, comme le lion de la fable, vous avez pris non-seulement la plus belle part, mais que vous les avez prises toutes. Puis, cette fortune que vous ne voulez pas accepter d'une femme qui vous aime, vous la demandez souvent à une femme qui ne vous aime pas. Vous rivez pour une dot votre existence et vos émotions à une femme que vous n'avez jamais vue, que vous rencontrerez pour la première fois et qui vous achète, moyennant une somme de cinq cent mille francs, toutes vos illusions de jeune homme, tous vos rêves d'amour, toutes vos ambitions de cœur. N'ayez pas de pareilles faiblesses devant la femme que vous aimez, c'est-à-dire devant l'autre moitié de votre âme, soyez sans amour-propre et montrez-vous tel que vous devez être; car vous ne vous ferez jamais mieux que Dieu vous a fait. — Je vous écoute, vous admire, reprit Tristan, et je m'abandonne à vous, je vous suivrai donc dans la route que vous m'ouvrez, n'importe où elle me mènera. — A la bonne heure! vous devenez raisonnable. Croyez-vous donc que je n'aie pas réfléchi à tout cela et que je n'aie pas cherché le moyen de vaincre vos préjugés et de charger le hasard de triompher de vos scrupules ? Je pouvais jeter sur votre chemin un portefeuille plein de billets de banque et dont vous fussiez devenu le légal propriétaire puisque personne ne l'eût réclamé ; je pouvais vous inventer un parent mort et vous faire son héritier universel : j'ai mieux aimé être franche avec vous et vous dire tout simplement : Partageons. Et sur ce, mon voisin, allons visiter mes écuries, dont je vous ai promis l'inspection pour ce matin, et venez vous promener à cheval avec moi, car c'est mon habitude.

Après une promenade de deux heures, ils allèrent s'abriter dans une grande salle à manger, fraîche et parfumée comme une oasis, et l'on servit le déjeuner.

Puis, quand le repas fut fini, ils passèrent dans une vaste chambre où le soleil ne pouvait entrer, défendue qu'elle était par un rempart de stores et de grands arbres verts qui la couvraient d'ombre comme un oiseau couvre son nid en étendant ses ailes. C'était l'heure où le corps fatigué s'affaisse et laisse épancher l'âme. Henriette se mit au piano, et Tristan, sûr qu'on ne les dérangerait pas, se coucha aux pieds de sa belle maîtresse.

Les oiseaux chantaient dehors, redisant leurs nouvelles amours : le ciel était d'un azur irréprochable, et l'on n'entendait, avec la voix des oiseaux, que la brise mystérieuse, que de temps en temps le lac respirait dans les feuilles. C'était donc une des journées brûlantes qui font les soirs étoilés où l'on parle d'amour dans les allées perdues, et où les jeunes filles du village babillent sur leur porte, bras nus, les unes appuyées contre le mur, les autres assises nonchalamment.

Il y a des moments où, subissant les effets extérieurs, l'âme, quoique pleine, ne peut rendre tout ce qu'elle contient, lorsque les larmes sont sur le bord des paupières, quand les mots d'amour sont sur les lèvres, et qu'on ne peut cependant ni pleurer ni parler. Il en était ainsi de Tristan et d'Henriette, fatigués tous deux par leur promenade du matin, magnétisés par la splendide et voluptueuse richesse du jour, les mains dans les mains, les yeux fixés sur les yeux et ne se disant rien, comme si, sous l'empire de l'opium, ils eussent continué un rêve d'amour. Enfin Henriette comprit qu'il fallait rompre ce silence, non pas en parlant aux oreilles, mais en s'adressant au cœur. Alors elle dégagea ses mains de celles de Tristan, préluda quelques instants sur le piano, et chanta une des plus amoureuses inspirations de Rossini. Tout sembla se taire autour d'elle pour l'écouter, tandis que, sous le charme puissant de la mélodie, le jeune homme murmurait de temps en temps : Je t'aime! comme si ces deux mots eussent été les seules paroles qui pussent accompagner l'enivrante musique.

Alors, toutes les émotions qui emplissaient ces deux âmes semblaient s'exhaler par une seule voix et dans la seule pensée du maître ; l'harmonie nageait dans la chambre, et chaque note brûlait à la fois le front et le cœur de celui qui écoutait, et devant qui semblait s'ouvrir un monde d'enchantements. Il faut avoir entendu dans une salle éclairée du soleil italien, et chantée par une femme qu'on aime, cette musique ardente qui, comme le vent du désert, fait bouillir l'âme dans le corps, pour comprendre ce qu'éprouvait Tristan. Alors on oublie tout. Les yeux, la voix, le cœur, tout se fait oreilles, et comme le voyageur brûlé de fatigue, à qui l'on tend une gourde pleine d'eau, on ne peut que dire : Encore! encore!

Cependant le dernier son s'éteignit dans l'air, peu à peu on entendit reprendre le concert des oiseaux, et la nature sembla continuer la pensée de l'homme.

Quand le piano se fut tu, Henriette se retourna et vit Tristan qui, couché à terre, la tête appuyée sur sa chaise, les yeux fermés, semblait avoir réuni tous ses sens pour écouter encore. Elle se pencha sur son front, y déposa un baiser et lui dit :

— Allons! ami, réveillez-vous, votre rêve est fini. Nous quittons le ciel pour la terre, la poésie pour la prose, nous allons dîner.

Tristan se leva comme un homme ivre, deux grosses larmes roulaient dans ses yeux.

Henriette avait versé la dernière goutte qui faisait déborder le vase, la dernière émotion qui faisait épancher l'âme.

— Venez-vous? reprit-elle. — Je vous suis. Où me menez-vous maintenant? — Où je vous mène? — Oui. — Je vous mène tout bonnement dans la salle à manger. Chaque chose en son temps, et ce soir nous irons nous promener un peu sur le lac, n'est-ce pas mon ami? et comme nous avons déjà vu ce que Dieu fait le jour, nous apprendrons ce qu'il dit la nuit. Jusque-là nous sommes sur la terre.

Elle sonna.

Un domestique parut.

— Qu'on serve, dit-elle. Qu'on prévienne Jacopo, et qu'il prépare la barque pour ce soir, n'est-ce pas, docteur? une promenade sur le lac sera excellente pour ma santé.

X

!!!

Le soleil se couchait lorsque Henriette et Tristan quittèrent la ville pour venir se promener sur le lac, des rives duquel on pouvait voir à l'horizon la grande chaîne des Alpes, réchauffant et dorant ses neiges aux rayons de l'astre couchant.

Les deux jeunes gens suivirent la route et arrivèrent à l'endroit où la barque était amarrée; c'était la véritable gondole vénitienne, avec sa proue au cou de cygne, avec sa cabine sombre et voilée par les rideaux, où l'on ne tient que deux, et à l'avant de laquelle son rameur intelligent, qui comprend la pensée de ceux qu'il promène, les berce et les emporte.

Henriette et Tristan descendirent dans la barque, qui ouvrit ses rames et partit. Tous deux, elle assise, lui couché à ses pieds, se tenaient la main, se regardant de temps en temps, pour se dire qu'ils se comprenaient s'ils ne se parlaient pas. Les impressions de la nature, si mélancoliques, si rêveuses et par conséquent si peu fatigantes pour l'esprit qu'elles semblent être, sont cependant si fortes que si on ne s'y habituait, et si au bout d'un certain temps on ne pouvait considérer le soir avec les étoiles, et son silence étrange, sans éveiller dans son cœur les pensées et les souvenirs endormis par les habitudes du jour, on finirait par devenir fou. Ainsi chaque année le printemps renaît, reprenant la même robe de feuilles qu'il a quittée l'année précédente. Et qui sait combien de souvenirs repoussent au cœur l'homme en même temps que les feuilles aux branches des arbres? et cependant cette nature indifférente qui, sans souci de vos pensées et de votre douleur, refait les allées parfumées où vous alliez à deux, et où vous allez seul maintenant; les fleurs de pourpre que vous cueillez pour l'ombre qui accompagnait vos pas, et devant lesquelles vous passez sans y voir autre chose que vos souvenirs et sans les cueillir; cette nature cependant a tant de charmes, tant de parfums, qu'elle vous console même des émotions qu'elle vous rappelle et fait de vos pensées amères des pensées douces. Ainsi Tristan, couché aux pieds d'Henriette, ne pensait pas à elle. Il rappelait dans son esprit ce qu'il faisait l'année précédente, au même jour et à la même heure, et comme chacune de ses pensées lui redisait Louise, il oubliait complétement qu'il était auprès d'une autre femme; si bien que lorsque celle-ci, curieuse du regard de son amant, portait les yeux sur lui avec une expression d'amour à laquelle elle espérait trouver un miroir dans les yeux ou dans le cœur de Tristan, elle ne trouvait qu'un homme absorbé dans une autre pensée que la sienne, et pour qui tout ce qui l'entourait semblait avoir disparu.

Alors la jeune femme, qui, comme toutes les femmes qui aiment ou qui croient aimer, voulait qu'absente ou présente on ne s'occupât que d'elle, se rejeta en arrière, boudeuse, puis fâchée réellement. Tristan était si profondément plongé dans sa pensée qu'il ne s'apercevait de rien, et, le front posé sur sa main, le coude appuyé sur le banc de la barque, il suivait un point imaginaire de l'horizon, comme si, n'osant regarder Henriette, il se fût cru forcé de regarder quelque chose. Pendant ce temps, l'ombre se faisait autour d'eux, le soleil fatigué s'endormant derrière l'horizon, sous prétexte d'éclairer un autre monde, réveillait la lune, cette sentinelle de la nuit, et la barque marchait accompagnant du bruit de ses rames la chanson douce et voilée du rameur.

Cependant la lune, à mesure que le soleil s'effaçait, se faisait plus grande et plus éclairante, et apparaissant derrière une montagne qui bordait l'autre rive du lac, découpait les moindres détails de cette montagne, laquelle avait à son sommet un charmant petit château qui semblait un burg des bords du Rhin. Tristan, tout en regardant un point factice, finit par trouver ce point réel, et après quelques minutes de contemplation, se souvint, comme un homme qui sort d'un rêve, qu'il avait dormi dans ses souvenirs et qu'il avait oublié tout, c'est-à-dire Henriette. Il crut avoir trouvé le moyen de renouer la conversation, et dit en tournant la tête vers sa maîtresse :

— Voyez donc, madame, ce petit château. — Je le connais, répondit froidement la jeune femme. — Qu'avez-vous donc? — Je n'ai rien. — Vous paraissez fâchée. — Point du tout. Seulement, j'admire votre perspicacité qui va découvrir la nuit un château sur le haut d'une montagne, et qui ne me découvre pas, moi qui suis auprès de vous. — Je vous laissais à vos pensées. — Dites plutôt que vous vous abandonniez aux vôtres.

— Peut-être, reprit Tristan, et puisque je ne vous les disais pas, c'est que probablement je les avais trop tristes pour vous, ce qui n'empêche pas, continua-t-il en souriant, qu'il y a sur cette montagne un adorable petit château. — Ramenez-nous au bord, dit Henriette au gondolier.

Et elle fit la moue.

Le lendemain, elle était redevenue gaie.

Pourquoi?

Parce que c'était le lendemain. Si l'on trouve une meilleure raison, qu'on me la donne. —

L'époque était passée depuis longtemps où Louise pouvait revenir, et rien n'avait annoncé qu'elle existât : plus le terme avait approché, plus Henriette avait étudié Tristan, et quand elle le voyait rêveur, ce qui lui arrivait rarement, car il savait se surveiller, elle se disait : Il l'aime encore ! Et le soir il y avait, pour un autre motif, bien entendu, des larmes versées dans la maison.

Tristan regrettait sincèrement sa femme. Si l'on eût dit : Vous pouvez rentrer librement en France et vivre de nouveau avec Louise, il eût accepté. Il fût parti aussitôt; mais ce que nous ne pouvons assurer, c'est que, comme personne ne se serait étonné qu'il fût aimé de sa femme, ce qui cependant touche un peu au paradoxe au bout de quinze jours, le souvenir de l'excentricité d'Henriette lui fût revenu à l'esprit comme lui revenait le souvenir de l'amour de Louise, et au bout d'un mois il eût regretté sa maîtresse comme maintenant il regrettait sa femme.

Ce sont des vérités incontestables qu'il faut de temps en temps semer dans le roman pour bien faire comprendre que le roman est non-seulement la reproduction des choses possibles, mais aussi le miroir des choses vraies.

Qu'Henriette eût une passion effrénée pour Tristan et que ce fût son premier amour, c'est ce que nous n'oserions affirmer, quoiqu'elle le dît et peut-être même parce qu'elle le disait. En général, un amant qui veut savoir la vérité doit à peu près croire le contraire de ce que lui dira sa maîtresse. Il y a toujours dans la vie des femmes, si transparente qu'ait été cette vie, et par conséquent si connue qu'elle semble être, quelque amour mystérieux et caché, perdu dans les plis du passé et qu'elle n'avoue pas; car elle use du privilége accordé à l'amour et à la politique, d'être tout dans le présent et de n'avoir à répondre ni du passé ni de l'avenir.

Toute femme a péché par idée sinon par action. Quand elle est jeune fille, qu'elle est encore au couvent ou en pension, c'est un secret entre elle et une de ses camarades, laquelle garde le secret jusqu'à ce qu'elle entre dans le monde, car arrivée là, la camarade disparaît pour faire place à la rivale.

Quand elle est déjà femme et qu'elle a un amant ou un mari, et qu'il lui prend un de ces caprices d'amour comme les femmes en ont tant dans leur vie, et qui ne sont excusables que parce qu'ils naissent sans raison et meurent comme ils sont nés, le secret est entre la femme, la femme de chambre, et un paquet de lettres qu'on cache de tous les côtés, — lesquelles lettres, convaincues qu'elles ont été écrites pour être lues, s'empressent de voler à droite ou à gauche et de se faire trouver par le mari ou l'amant.

Un soir que, comme d'habitude, nos deux amants se promenaient sur le lac, ils aperçurent de nouveau le château d'Enghera.

— Il faut que j'aille faire un pèlerinage à ce château-là, dit Tristan. J'irai demain. — Vous n'avez pas peur des revenants ? — Je ne crois pas, je n'en ai jamais vu. — C'est que, ajouta la jeune femme en riant, peut-être l'ombre de Roger revient-elle ? — Quel est ce Roger ? — Le fondateur de ce château. On dit que son fantôme l'habite encore. — Nous le verrons demain.

Il avait donc été convenu que le lendemain Tristan partirait pour le château d'Enghera.

En effet, le matin, il prit la barque et se dirigea vers l'autre rive.

— Par qui est habité le château ? demanda-t-il au rameur. — Je l'ignore, monsieur ; il y a quelque temps, il était à vendre. — Et il a été vendu ? — Oui. — Qui l'a acheté ? — Je n'en sais rien. — Mais on peut le visiter sans doute ? — Oui, monsieur.

Tristan avait dit au rameur de ne pas se hâter, et celui-ci abusait toujours de la permission ; si bien que, comme il avait sans doute ses pensées et ses rêves à continuer aussi, il laissait négligemment tomber les rames comme un oiseau ferme ses ailes, et que la barque allait au caprice du courant, ce qui fit qu'elle n'avançait pas du tout.

Enfin, le pauvre garçon entendit tout à coup un grand bruit qui interrompait son *far-niente*, il se retourna, et vit un bateau à vapeur qui, comme un monstre marin, s'avançait sur lui et allait le dévorer s'il ne disparaissait pas au plus vite. Il saisit donc les rames et regagna le temps perdu ; bientôt après il touchait le bord, et Tristan sortait de la cabine.

— Nous sommes arrivés, dit le rameur.

Tristan sauta à terre.

— Attendez-moi ici, dit-il; et il se mit à gravir la montagne.

Si on veut savoir le fond de notre pensée, nous avouerons, nous, que pour Tristan, ce pèlerinage n'était qu'un moyen d'être seul, et de pouvoir penser et rêver à son aise sans qu'Henriette fût là pour chasser, comme les esclaves d'Orient avec leur éventail, les pensées et les rêves qui venaient se poser sur son front.

Le chemin était, sinon difficile, du moins fatigant, et plus d'une fois le pèlerin essoufflé s'arrêta pour respirer et regarder l'horizon éclatant ; puis il reprenait la route, se demandant ce qu'il allait dire au propriétaire de ce château qu'il venait dénicher comme un aigle dans son aire, et qui, comme un aigle, pourrait bien le recevoir à coups de bec.

Le château, loin d'être en ruines, se couronnait coquettement de créneaux, et ses fenêtres, sur lesquelles se fixait le soleil, brûlaient comme des lames d'or et d'argent; mais il était évident que c'était le jour qui lui prêtait cette gaieté factice, car la nuit, isolé comme il l'était sur le haut d'une montagne, il devait perdre cet aspect pittoresque qu'il avait de loin, pour revêtir une face sinistre, comme toutes les choses mystérieuses. Arrivé au sommet, Tristan fit le tour du mur, et se décida enfin à frapper à la porte avec le lourd marteau qui pesait sur elle ; longtemps il attendit, puis un domestique vint ouvrir.

— Que voulez-vous? dit le vieillard. — Je voudrais visiter ce château, qui m'a semblé si joli d'en bas que je suis monté pour le voir.

Le domestique ne répondit qu'en faisant signe à Tristan d'entrer et en refermant une porte sur lui; puis il traversa une cour où rôdait en grondant un gros chien, et entra dans le château. Tout y avait un aspect triste, et l'on était tout étonné de voir, par les fenêtres, entrer le soleil. Quand Tristan l'eut visité du bas en haut, il trouva une porte sombre qui donnait dans une salle qu'il n'avait pas vue.

— Quelle est cette porte? fit-il. — C'est celle de la chambre de mon maître. — Ne puis-je y entrer? — Impossible. — Pourquoi? — Monsieur ne reçoit personne. — Jamais? — Jamais, fit le vieillard en inclinant la tête d'un air résigné.

Tristan n'en était que plus curieux de voir le châtelain inconnu.

— Raison de plus, reprit-il, pour que je lui demande pardon de mon indiscrétion. Allez lui dire qu'un étranger veut le remercier de la permission qu'il m'a donnée de visiter son château. — Vous y tenez, monsieur? — Oui.

Le vieillard ouvrit la porte en hochant la tête comme pour dire : Ce que vous me faites faire là est inutile.

Puis il reparut, et avec l'air étonné d'un homme qui ne comprend plus ce qui se passe :

— Vous pouvez entrer, dit-il; et il s'éloigna laissant la porte entr'ouverte.

Ce fut alors Tristan qui, à son tour, hésita s'il entrerait. Par l'entre-bâillement de la porte il ne distinguait que l'obscurité éclairée de la lueur d'une lampe. Si le dehors était triste, le dedans était effrayant, et il venait comme un vent de douleur ou de mort. Cependant il fallait se décider; il poussa la porte et la referma sur lui.

Alors il se trouva dans une vaste chambre toute tendue d'étoffe sombre. Sur la cheminée, haute, brûlait une lampe de forme antique qui avait peine à percer cette ombre épaisse, et qui cependant éclairait dans le fond un homme pâle comme un mourant, et assis dans un grand fauteuil de bois noir, devant de grands rideaux hermétiquement fermés par-dessus les volets clos. Tristan, malgré une frayeur instinctive, s'approcha de cet homme, qui avait le front baissé et qui semblait plongé dans ses réflexions. Mais au moment où il allait parler, il poussa un cri et faillit tomber à la renverse.

Il venait de reconnaître Henry de Sainte-Ile.

La première chose que fit Tristan fut de sauter sur les rideaux pour les ouvrir et faire entrer librement le jour dans cette chambre. Henry n'avait pas bougé et il était toujours assis, pâle, morne et immobile comme une statue. Il semblait que les yeux vécussent seuls dans ce cadavre.

— Comment, vous voilà! s'écria Tristan. — Vous voilà bien, vous, répondit froidement Henry. —Vous ne vous êtes donc pas tué? — Et vous? — Moi, parce qu'on m'a sauvé. — Moi aussi. — Mais qui vous a sauvé? — Et vous?

Cet et vous, dit froidement et revenant périodiquement, glaçait Tristan.

— C'est une femme, répondit-il. — Moi, c'est Charles, reprit

Henri. — Charles ! s'écria Tristan, il n'est donc pas mort ? — Si fait.

Tristan, qui un moment avait eu l'espérance que Charles vivait encore, et que, par conséquent, il pourrait rentrer en France, retomba anéanti sur une chaise ; des gouttes de sueur froide couvraient son front.

— Mais comment vous a-t-il sauvé ? — Parce que sa vie, en ce monde, devait se passer à sauver la mienne. — Mais enfin ? — Enfin, lorsque j'eus entendu le bruit de votre pistolet, je me laissai aller ; alors ce malheureux, que vous aviez mortellement blessé, se releva, s'approcha de l'arbre, et comme mon corps faisait plier la branche et que je touchais presque à terre, il eut encore la force de me tirer jusqu'au sol. Je crus d'abord qu'il m'achevait, mais il prit, au contraire, un couteau dans sa poche, coupa la corde, voulut parler, et tomba auprès de moi, qui étouffais déjà. — Et qu'avez-vous fait alors ? — Ce que j'ai fait ? j'ai réuni toutes mes forces et je me suis sauvé. — Abandonnant Charles ? — Il était mort. — Vous lui deviez au moins de le faire enterrer. — Et si j'étais resté là et qu'on m'eût accusé de l'avoir tué, qu'aurais-je dit ? — C'est juste, murmura Tristan ; et vous êtes parti ? — Tout de suite. — Et vous demeurez ici ? — Vous le voyez. — Et que faites-vous ? — Ne pouvant pas mourir, je m'enterre. — Mon Dieu ! mon Dieu ! murmurait Tristan ; mais c'est un rêve ! — Pas du tout, disait Henry. — Et vous n'avez pas été étonné de me voir ? — Rien ne m'étonne plus maintenant. — Depuis combien de temps êtes-vous ici ? — Depuis un mois. — Et vous n'êtes pas sorti ? — Jamais. — Et vous ne sortirez pas ? — Jamais. — Mais vous ne pouvez pas vivre ainsi ? — Tant mieux, alors je mourrai. — Et pourquoi vouloir mourir avec tant d'obstination ? — Parce que je hais les hommes et que les hommes me haïssent. — Vous êtes fou. — Je l'étais, je ne le suis plus. — Mais Fanny, mais Charlotte, mais Nathalie ? — Mortes pour moi. — Et les autres femmes ? — Mortes comme elles.

Cette conversation avait, comme vous le pensez, un caractère étrange pour Tristan. Jeté tout à coup du soleil dans l'ombre, du presque bonheur de sa vie nouvelle dans la bizarrerie de l'existence de Henry, il croyait à chaque instant que château, montagne, solitaire, tout allait s'abîmer sous terre, et qu'il allait enfin redevenir maître de sa pensée. — Mais rien ne changeait. Le soleil entrait tout étonné dans cette chambre, close depuis un mois comme une tombe, et il pouvait à loisir éclairer le front pâle et les yeux sombres de l'ex-pendu. Quant à Tristan, immobile, atterré, fou, il ne faisait plus un mouvement, ne disait plus une parole : — on eût dit une statue de l'Étonnement.

Enfin, au bout de quelque temps il rompit le silence, car Henry, sans curiosité comme sans mouvement, ne le questionnait pas sur sa vie.

— Mais, vous devez souffrir ici, dit Tristan. — J'ai beaucoup souffert, mais je ne souffre plus. — Tenez, continua Henry en se levant et en marchant comme une ombre vers la fenêtre, lorsqu'il y a un mois je résolus de m'enterrer vivant ici, je compris que pour ne regretter rien de la vie il ne fallait en rien voir, ni le soleil, cette vie du ciel, ni les hommes, cette vie de la terre. Cependant, je n'eus pas, comme Œdipe, le courage de me crever les yeux. Il est vrai que, si j'avais des crimes à reprocher, ce n'était pas de moi aux autres, mais des autres à moi. Ce fut bien douloureux, je vous le jure, et lorsque je m'ensevelis, aux premiers jours du printemps, dans cette chambre sombre que je fermai à tout soleil comme j'avais fermé mon cœur à toute espérance, je souffris bien en pensant à cette vie de feuilles, de chaleur et de lumière qui débordait au dehors, dont chacun prenait sa part, et dont moi je m'abstenais volontairement. Cependant, ayant le cœur faible comme tous les hommes, je me promis de voir le ciel une fois par an. Vous dire avec quelle anxiété j'attendis le jour que je m'étais fixé pour ouvrir ma fenêtre serait impossible; deux jours à l'avance j'avais le délire, j'entendais les oiseaux bourdonner dans mon esprit comme dans la nature, je ne mangeais pas, je ne dormais pas, bien entendu, et le jeûne et l'insomnie me brûlaient, c'est ce que je voulais d'ailleurs. Enfin le jour arriva. Dès quatre heures du matin j'ouvris ma fenêtre, je vis le soleil se lever, je regardai tout ce qu'il y avait devant moi. Je ne quittai pas ma fenêtre de tout le jour. J'aspirai tous les parfums qu'il y avait dans l'air, j'embrassai tous les rayons qu'il y avait au ciel, je fis une provision de nature pour quinze jours. Puis, je vis le soleil se coucher, je riais comme un fou, je pleurais comme un enfant, j'étais heureux enfin. A huit heures je fermai ma fenêtre et je mourus encore pour deux semaines. Hier, c'était mon second jour de bonheur, ma seconde ration de vie, et j'étais renfermé dans ma volonté et dans mon ombre depuis hier soir, lorsqu'on vint m'annoncer tout à l'heure qu'un étranger voulait me parler. Vous étiez le premier, vous pouviez être le dernier, car Dieu vient quand on l'appelle, mais les hommes ne viennent pas; il est vrai que l'un porte toujours une consolation, tandis que les autres ne reflètent que des misères. Je vous fis entrer d'autant plus vite que j'étais plus triste que d'habitude, ayant été hier plus heureux que de coutume; Dieu a permis que ce fût vous. C'est encore un bienfait de la Providence.

Tristan était confondu.

— Allons, Henry, dit-il, il faut sortir d'ici, vous y deviendrez fou.

— Oh! si cela se pouvait, reprit Henry, je m'abstiendrais du soleil pendant un an pour devenir fou pendant un mois. Je ne désire plus qu'une chose, la folie qui me fera croire que je suis heureux, qui illuminera ma chambre de lumière nouvelle, mon cœur d'espérances soudaines, ma pensée de souvenirs joyeux. Mais devenir fou, c'est le plus grand bien de la terre, je prie Dieu tous les soirs qu'il me rende fou. Mais comprenez donc ce bonheur étrange d'oublier les choses qui sont, pour croire aux choses qui pourraient être! Ne plus rien sentir de la terre et rêver les splendeurs du ciel! Oh! oui, je voudrais être fou!

— Allons! se dit Tristan, qui, devant cette étrangeté trop forte, recouvrait son calme et ne voyait plus là dedans qu'un spectacle, si ce pauvre garçon espère devenir fou, il faut qu'il le soit bien pour ne pas s'apercevoir qu'il l'est. Voyons, Henry, continua-t-il en lui prenant la main et comme pour tenter un dernier effort, regardez par cette fenêtre que je veux ouvrir comme j'ai ouvert les rideaux, car je ne suis pas condamné à l'obscurité, moi; regardez tout ce qui vous environne, est-ce que quelque chose dans la nature vous dit de faire ce que vous faites? Tout, au contraire, vous dit : Espérez! Voyez cet horizon, voyez le lac, voyez ces villas qui dorment à vos pieds, est-ce que tout cela n'est pas riche à faire envie? est-ce que pour quelque folie du hasard vous allez vous faire mourir tous les jours? Est-ce qu'on doit bâtir l'avenir sur le passé? et craindre parce qu'on a souffert, surtout quand on n'a pas plus souffert que vous? Allons! vous avez le cerveau fatigué par la veille, le jeûne et les souvenirs, venez avec moi, je vous emmènerai dans une villa charmante, vous n'aimerez personne, si vous voulez, vous ne m'aimerez même pas, moi. Mais vous aurez des fleurs, des arbres et des oiseaux, et jamais les oiseaux, les arbres et les fleurs ne vous ont fait de mal, que je sache. Venez ; je vous le dis, vous serez encore heureux.

Henry avait écouté Tristan les yeux fixes et comme un homme qui entend un bruit inconnu, puis au mot heureux, il s'était retrouvé avec un sourire étrange sur les lèvres et avait dit à son visiteur :

— Vous voulez que je rentre dans la société des hommes. Tenez, voyez ce bateau qui passe avec des rameurs, eh bien ! voilà comme à l'avenir je veux voir les hommes. Je les méprise ; mais vus de loin ce ne sont plus des hommes, ce sont des choses qui se meuvent et qui complètent le paysage. Je ne vois d'ici que l'ombre que leurs corps projettent sur le chemin, et si je vivais avec eux, je verrais l'ombre que leur vie jetterait sur la mienne. Lorsque vient le jour où j'ouvre ma fenêtre, j'en vois beaucoup d'hommes qui ne me voient pas, eux. Ils passent sans laisser plus de trace dans mon esprit que sur leur route. J'ignore d'où ils viennent, comme j'ignore où ils vont. Et ces hommes que je haïrais, si je coudoyais leur existence, je les aime presque, parce que je ne les connais pas ; vous ne savez pas le bonheur qu'il y a à se dire : Je n'aime rien et rien ne m'aime. Tout peut disparaître autour de moi sans me tirer une larme des yeux, sans m'extraire une plainte du cœur, et moi je puis mourir sans varier le ton d'une seule note de la nature, et sans rien changer à l'harmonie universelle. L'amour des femmes, l'ambition des hommes, la splendeur des titres, mensonge. Il n'y a donc de vrai au monde que Dieu et la nature. Eh bien ! tous les quinze jours je cause avec Dieu et je m'abreuve de nature. Je suis donc heureux, moi. Ai-je une famille, moi ? Ai-je un père qui m'ait facilité la vie ? Ai-je une mère qui m'ait fait le cœur bon ? Ai-je un frère qui m'aide à souffrir ? Ai-je une sœur qui m'exhorte à prier ? Non. Dieu m'a jeté seul pauvre et misérable, il faut que je vive comme Dieu m'a fait, il faut que je retourne à lui comme j'aurai vécu. Je ne suis ni un rejeton ni une semence ; je ne viens de rien, et ne dois rien créer. Je n'ai ni point de départ ni but ; je suis ce que la destinée me fera. Or, la destinée m'a jeté ici, j'y reste ; et vous, Tristan, passez votre chemin sans plus vous inquiéter de moi, car vous ne pouvez rien pour moi, comme je ne puis rien pour vous. Vous m'avez apporté aujourd'hui un peu de bonheur, en échange duquel je vous ai rendu un peu de tristesse, pardonnez-moi et surtout oubliez-moi. Dans un an si vous passez par ici et que je ne sois pas mort, montez ; et si je n'ai point vu d'autre homme que vous depuis ce commencement de l'année, je vous recevrai. Si je suis mort, vous trouverez ma tombe que je creuse moi-même, de minuit à une heure, comme les trappistes. Vous jetterez dessus ce que vous aurez à la main, une fleur ou une pierre, pourvu que ce soit un souvenir, qu'importe?

Tristan écoutait cet homme, se demandant s'il était sage ou fou, et ne comprenant rien à cette existence, si en dehors de celle qu'il avait acceptée. S'il y avait eu derrière cette résolution d'Henry un malheur réel, une souffrance continue, si cette captivité sépulcrale eût été le résultat de douleurs sans fin, il l'eût comprise; mais il était affreux de penser que pour quelques caprices du sort qu'un autre eût pris en riant, Henry se condamnait à cette mort de tous les jours, quand lui, Tristan, qui avait dans son passé des tourments sérieux, prenait encore de la vie ce qu'elle avait de bon, et gardait au fond du cœur une espérance comme un pauvre garderait un diamant.

— Ainsi, c'est une résolution irrévocable? dit Tristan. — Irrévocable. — Mais vous êtes jeune encore, et si Dieu vous laisse à la fois la vie et la raison, que deviendrez-vous? — Je continuerai l'œuvre que j'ai commencée, — seulement, plus je veillerai, plus j'oublierai et plus je pourrai anatomiser froidement la vie, ou du moins ce que j'aurai vu de la vie. Je laisserai donc un livre où j'aurai disséqué mon âme, douleur par douleur, et peut-être, comme saint Augustin, laisserai-je un chef-d'œuvre de repentir, de philosophie et de recueillement. Adieu. — Adieu! je reviendrai vous voir. — Dans un an. — Dans un an, donc, puisque vous le voulez.

Tristan se dirigea vers la porte. Henry alla fermer la fenêtre, les volets et les rideaux, marchant calme comme une statue, puis il reprit la lampe, la posa sur la table, ouvrit un vieux livre et s'assit. Cette figure pâle et maigre, vue ainsi à la lueur d'une lampe, était terrible comme un spectre. Tristan eut presque peur, il éprouvait un frisson glacial, comme s'il fût entré dans une tombe.

— Adieu! s'écria-t-il une dernière fois, car il avait honte de rentrer dans la vie des autres.

Le soleil ruisselait au dehors, Tristan respira comme au sortir d'un cauchemar, se frotta les yeux comme s'il se fût réveillé tout à coup, et s'il n'eût eu la réalité si près de lui, il eût douté. A la porte, il trouva le vieux serviteur qui semblait courbé par la volonté de son maître; il était muet comme la statue du tombeau qu'il gardait; on eût dit un château habité par un mourant et gardé par un mort. — Le batelier dormait, Tristan le réveilla, et ils se remirent en route.

La nuit était déjà venue, et depuis sa visite Tristan trouvait à ce château, éclairé de la lune, une forme sinistre. Il ne pouvait en détacher les yeux, et il lui semblait qu'il ne pourrait dormir sans en rêver.

Enfin, il arriva à la villa d'Henriette, laquelle l'attendait sur la terrasse, et ne savait pas ce que signifiait ce long retard.

— J'ai toute une histoire à vous conter, lui dit-il pour seule réponse, mais une histoire étrange. — Eh bien! venez souper, dit-elle, et en soupant vous me conterez cela.

Ils se mirent à table, et Tristan raconta ce qu'il avait vu au château d'Enghera.

XI

Le lendemain il était encore question entre Henriette et Tristan de l'aventure de la veille. Curieuse comme Ève, la jeune femme brûlait du désir de connaître cet homme qui, par ce qu'on appelle les petites misères de la vie, avait été amené à vouloir trois fois se tuer, et enfin à se faire ermite dans toute l'acception du mot. Mais pour voir Henry, il fallait le décider à venir. Car, comme il refusait de recevoir les hommes, à plus forte raison refuserait-il de voir les femmes, à qui il devait tous ses malheurs présents, passés et futurs. De la part d'Henriette, ce ne pouvait être, comme nous venons de le dire, que de la curiosité; mais de la part de Tristan, c'était de l'égoïsme, et cette presque-vanité barbare qui pousse l'homme heureux à faire voir son bonheur à l'homme qui souffre. Certes, quand Tristan se disait: Je voudrais qu'Henry fût auprès de moi, ce n'était pas cette raison-là qu'il se donnait: justement, parce que c'était au fond la véritable, et je dirai presque la seule. Une qu'il s'avouait cependant, et qui tenait à son égoïsme, c'était:

— Henriette est une charmante femme, c'est vrai, et d'un caractère exceptionnel. Mais vivre toujours avec Henriette, cela devient monotone. La maîtresse, si aimée qu'elle soit, ne remplace jamais complètement l'ami; car l'amour est une passion qui fatigue, et l'amitié un sentiment qui repose: tandis que, si j'avais Henry près de moi, il ne manquerait plus rien à mon bonheur : et je lui dirais, puisqu'il connaît déjà ma vie, toutes ces pensées que je ne puis rejeter au dehors, qui m'étouffent et qu'il écouterait s'il était auprès de moi.

On voit qu'Henry avait bien fait de se résoudre à ne plus voir personne, puisque sur deux sentiments qui faisaient désirer à Henriette et à Tristan qu'il manquât à sa résolution, l'un était la curiosité, l'autre l'égoïsme.

Cependant il y a des choses, et la vie même de Tristan était une de ces choses-là, qui s'annoncent sous des formes ténébreuses, sous des aspects sombres et auxquelles, lorsqu'on y réfléchit, il semble impossible de conserver ce caractère étrange et terrible. Le soir, Tristan avait encore été effrayé de cette tête pâle qu'il avait vue dans cette chambre sombre. La nuit du lac avait continué cet effroi, puis il avait revu Henriette souriante et folle, et lui avait raconté cette aventure ; avait causé d'autre chose, avait repris sa vie ordinaire, avait dormi là-dessus, et la réalité de la veille allait sinon s'effaçant comme un rêve, du moins perdant peu à peu de sa vraisemblance, si bien que le lendemain, en face de cette nature ruisselante de soleil, Tristan était resté convaincu que ce qu'il avait vu pouvait être vrai dans le passé, mais devenait impossible dans l'avenir, et qu'il n'y avait pas d'homme au monde assez fou pour se condamner à une pareille réclusion en face de pareilles beautés.

Il s'était donc frotté les yeux, avait allumé une cigarette et avait dit à Henriette :

— Je vais chercher Henry, je vous le ramène ; il dînera avec nous : puis il avait baisé la main de la jeune femme, avait lestement sauté dans la barque et était parti pour le château d'Enghera. Comme Pérette, comptant sur son pot au lait, il comptait tout simplement sur Henry, et arrangeait sa vie avec la sienne ; il lui donnait déjà sa chambre dans la même villa que lui ; et l'ermite devenait enfin l'ami de la maison. C'était un charmant petit avenir à la Florian, que Tristan préparait entre les ombres de son esprit et la fumée de sa cigarette.

Il est vrai de dire que la nature lui prêtait un merveilleux secours. Le soleil, Phœbus, dieu dont l'arc est d'argent, comme dit Chénier, lançait dans le lac des flèches rayonnantes et dorées ; de grands oiseaux passaient sur la barque comme des éventails vivants ; et l'horizon circulaire au milieu duquel s'avançait Tristan ne semblait avec son dôme d'azur, ses maisons blanches, ses arbres verts et ses flots d'argent, qu'une urne immense débordant d'amour et de poésie; il devenait donc de plus en plus impossible qu'il y eût sur une montagne et dans un charmant château qui, à cette heure même se drapait dans le soleil, un homme qui, au lieu de continuer sa vie mortelle, commençai une mort vivante.

La barque marchait toujours et marchait si bien qu'elle finit par arriver. Tristan, comme la veille, dit au batelier de l'attendre, et comme la veille il exécuta son ascension; seulement il n'avait plus l'air inquiet; au moment de frapper, il entendit chanter des oiseaux, et après avoir longtemps cherché ce qu'il allait dire à Henry, il n'avait trouvé rien de mieux que :

— Mon cher, je viens vous chercher pour dîner avec nous.

En effet, que voulez-vous qu'un homme qui a dit à un autre ce qu'Henry avait dit la veille à son co-suicidé, réponde à ce même homme qui, après de telles paroles vient l'inviter à dîner le lendemain même, il faut qu'il l'étrangle ou qu'il le suive.

Ce fut donc de l'air le plus délibéré, et après avoir allumé une nouvelle cigarette, que Tristan frappa à la porte du château; le domestique vint ouvrir.

— Henry y est-il? demanda Tristan en franchissant le seuil de la porte.

Le malheureux vieillard recula d'épouvante.

— Mais où voulez-vous qu'il soit, à moins qu'il ne soit mort? Je ne sais pas où il pourrait être autre part qu'ici. — Bien; dites-lui que c'est moi.

Le vieillard recula derechef, Tristan avançant tranquillement vers le côté du château où se trouvait la chambre de Henry.

— Mais, monsieur, vous êtes fou, s'écria le bonhomme en se jetant entre le mur et lui, vous allez me faire perdre ma place. — Avec cela qu'elle me paraît superbe votre place. — Cela ne fait rien, monsieur, c'est toujours une place; et quand monsieur mourra, il est probable qu'il me laissera quelque chose pour récompenser mes services.

Or, celui qui parlait ainsi avait deux fois l'âge de Henry; et quand on pense que si l'on dit de pareilles choses, c'est la faute de la mort, qui aime mieux empêcher l'avenir que de terminer le passé!

Ce fut au tour de Tristan de reculer.

— Voyons, mon ami, sérieusement, reprit-il, je veux parler

à votre maître. — Eh bien ! monsieur, sérieusement, c'est impossible ; et si vous voulez passer, il faudra que vous me passiez sur le corps. — Et pourquoi ? — Ah ! parce qu'hier, quand vous avez été parti, mon maître m'a appelé, et voici mot pour mot ce qu'il m'a dit : — Homme qui me sers, quand aujourd'hui, grain de sable dans le sablier de Dieu, aura vu fuir derrière lui trois cent soixante-cinq jours, tu pourras laisser venir à moi le premier homme qui se présentera ; jusque-là cette porte est close comme une tombe, et ne doit s'ouvrir que pour toi. S'il en arrive autrement, je te maudis et te chasse. Quand j'ai été seul, murmura le vieux serviteur, j'ai médité sur ce que je venais d'entendre, et le résultat de mes méditations a été que mon maître ne voulait recevoir personne d'ici à un an ; vous comprenez que ce n'est pas le lendemain du jour où j'ai reçu un pareil ordre que je vais l'enfreindre. S'il n'y avait que la malédiction, je vous laisserais passer ; mais il y a le : Je te chasse qui me tinte aux oreilles. Ainsi, monsieur, croyez-moi, allez-vous-en, et revenez dans trois cent soixante-quatre jours ; si vous êtes deux, c'est à vous que je donnerai la préférence, je vous le promets.

Et le vieillard qui comptait sur la mort d'Henry, toussa, fatigué qu'il était par une si longue péroraison.

Tristan fit le tour du château, et vit en effet la fenêtre de Henry hermétiquement fermée, et tenta une dernière fois d'entrer ; mais le domestique, inflexible comme le Destin et les créanciers, lui barra de nouveau le passage ; alors il prit de nouveau son parti, descendit la montagne, non sans jeter de temps en temps un coup d'œil sur le château, et revint à la villa, où il trouva Henriette devant son miroir, et toute contrite de revoir Tristan seul, non parce qu'il n'avait pas sauvé à Henry la captivité et peut-être la vie, mais parce qu'elle ne pouvait montrer à un étranger le négligé le plus ravissant qu'elle eût encore mis de la saison.

Heureusement qu'il n'y a pas de volonté d'homme qui puisse lutter contre un entêtement de femme, et Henry, enfermé dans son château, ne se doutait pas qu'il y avait à une lieue de lui une femme qui voulait le voir par cela même qu'il avait juré de ne plus voir les femmes.

— Il est décidément fou, disait Tristan le soir à Henriette. — Et vous ne voyez aucun moyen, disait celle-ci, de le guérir ? — Non. — Comment ! vous médecin jadis ? — Raison de plus pour que je ne le guérisse pas. — Si c'était moi... — Eh bien ? — Je le guérirais. — Comment feriez-vous ? — Curieux ! — Dites toujours. — Je le forcerais bien à quitter son château et à venir me voir. — Par quel moyen ? — Un moyen bien simple. — Lequel ? — Un moyen de mélodrame. Vous ne devinez pas ? — Non ; car j'étais un peu plus mauvais auteur que je n'étais mauvais médecin. — Cependant il faudrait, dans cette circonstance, que vous fussiez l'un et l'autre. — Je ne comprends pas. — Vous allez comprendre. Vous aimez, Henry ? — Oui. — Et vous voudriez l'avoir auprès de vous ? — Oui. — Et moi, qui ne cherche que votre bonheur, je le voudrais aussi. Eh bien ! si vous le voulez, dans trois jours il se promènera avec nous sur les rives du lac. — Je le veux bien. — Vous êtes sûr que, quelque moyen qu'on emploie pour le tirer de là-bas, une fois qu'il sera dehors, il n'en voudra pas aux auteurs du moyen ? — Je le crois. — Il faut le déterminer. — Je comprends. — C'est bien heureux. Vous faites un narcotique. — Que son domestique lui fait prendre. Oui, mais si le domestique ne le veut pas ? — Philippe de Macédoine, qui ne manquait pas d'un certain sens, disait qu'on ouvre toutes les portes avec une clef d'or. — C'est juste ; pendant son sommeil on l'amène ici. — Et quand il se réveille, il est trop heureux qu'on l'ait forcé de quitter Enghera. — C'est convenu. — C'est bien heureux que vous ayez compris. Il n'y a que les femmes qui aient de l'imaginative ; on devrait en faire des ambassadrices. — Oui, de cette façon-là, les hommes n'auraient plus qu'à se battre ; ce serait toujours la moitié de la besogne faite. — Ainsi, c'est une chose arrêtée ? — Parfaitement. — Nous aurons un véritable petit drame, et je verrai donc enfin un véritable ermite prenant un vrai narcotique et se réveillant d'un vrai sommeil. — Vous verrez tout cela après-demain. — Maintenant, allons cueillir les herbes nécessaires, car les sorcières de Macbeth disent qu'il faut les cueillir au clair de lune.

Et tous deux disparurent derrière les arbres.

Le lendemain, le narcotique était fait. Tristan en avait donné quelques gouttes au lévrier d'Henriette, lequel dormait du plus profond sommeil de chien qu'on ait jamais vu, et s'était apprêté à partir. Il avait fallu que la liqueur fût blanche, car comme le reclus ne buvait que de l'eau, il se serait aperçu de toute autre nuance. Henriette, curieuse de voir tout jusqu'au bout, voulut accompagner son amant ; ils partirent donc, et pour la troisième fois, Tristan recommença l'ascension du château d'Enghera.

Le domestique, qui avait été étonné quand il avait vu un homme, fut épouvanté en apercevant une femme ; il voulut même refermer la porte sans répondre, mais il était trop tard, Henriette et Tristan étaient déjà dans la cour. Henriette était heureusement connue dans tous les environs, non-seulement comme la plus jolie, mais comme la plus bienfaisante des femmes, de sorte que le vieux domestique la reconnaissant, la salua jusqu'à terre; il est quelquefois bon d'être protégé par un domestique, surtout dans une occasion pareille à celle où l'on entrait. Henriette prit donc le vieux bonhomme à part, et lui dit :

— Mon ami, je suis la parente de M. Henry, vous comprenez que nous ne voulons pas le laisser dans l'état où il est, il y a trop de danger pour sa raison et pour sa vie; il faut donc l'emmener. — Mais, madame, il n'y consentira jamais. — Aussi l'emmènerons-nous sans son consentement. — Que voulez-vous dire ? — A quelle heure lui donnez-vous son dîner ? — Oh ! son dîner est bien simple, reprit le serviteur; il se compose de pain, de fruits secs et d'eau pure. Je lui donne ce maigre repas à six heures, c'est-à-dire dans une heure d'ici. — Eh bien ! dans une heure d'ici vous verserez le contenu de cette fiole dans l'eau qu'il doit boire, et une heure après vous resterez, il sera endormi, et nous le transporterons. — Mais, madame. — Écoutez, mon ami, vous ne devez pas avoir un attachement sérieux pour votre maître, il n'est pas assez aimable pour cela, parlons donc franchement. Vous comptez qu'il mourra bientôt, et qu'en mourant, il récompensera le seul homme qui l'ait vu et qui lui ait été utile pendant les dernières années de sa vie; mais il est jeune encore, il peut ne pas mourir et vous pouvez mourir avant lui, vous. Il vaut donc mieux vous assurer du présent que de vous fier à l'avenir. Or, l'avenir c'est lui, et le présent, c'est moi.

Ce disant, Henriette tira de sa poche une bourse qui passa de ses mains dans celles du vieillard.

— Mais, ajouta celui-ci après l'avoir prise, la vie de mon maître ne court aucun danger pendant son sommeil? car s'il arrivait quelque chose, ce ne serait pas vous qu'on accuserait, mais moi. — Soyez tranquille, répondit Henriette avec un sourire; nous répondons de tout. N'est-ce pas, docteur? — Certes, dit Tristan. — Alors, madame, répondit le vieillard, vous serez obéie ; mais, à son réveil, si mon maître s'en prend à moi, vous lui direz bien qu'il n'y a pas eu de ma faute, et que je n'ai cédé qu'à vos vives sollicitations... — Que je vous ai renouvelées avec instance, interrompit Henriette en tendant au portier la sœur jumelle de l'autre bourse. — Mais, d'ici là, que deviendrez-vous ? — Nous attendrons dans une autre chambre. Il n'y a pas de danger qu'il nous surprenne, n'est-ce pas ? — Il ne quitte jamais sa cellule.

Henriette et Tristan passèrent en effet dans une chambre complétement séparée de celle d'Henry, et, sûrs de n'être pas vus, se mirent à la fenêtre, causant de la surprise qu'allait avoir le dormeur à son réveil.

A six heures, le domestique entra portant à sa main une carafe d'eau ; il venait dire qu'il préférait que ce fût Tristan qui versât lui-même le narcotique. Tristan prit la fiole en souriant, la versa dans le cruchon, et après avoir laissé les deux liquides se mêler, en répandit quelques gouttes afin de voir si l'eau avait conservé sa couleur ; puis il y porta le bout de ses lèvres pour s'assurer une dernière fois qu'elle n'avait pas changé de goût. Cette expérience faite, il rendit la carafe en disant :

— Vous pouvez aller ; il n'y a aucun danger.

Le vieillard quitta les deux jeunes gens et entra dans la chambre d'Henry, lequel écrivait, comme il avait coutume de le faire, à la lueur de sa lampe. Il plaça sur une table la cruche, le pain et les fruits secs sans dire une parole, puis il revint prévenir ceux qui l'attendaient. Alors ils vinrent tous trois, sur la pointe des pieds et sans faire de bruit, jusqu'à la porte. Tristan se baissa et, par le trou de la serrure, regarda ce qui allait se passer dans la chambre. Il vit Henry qui mangeait lentement et avec ces gestes mesurés qui semblaient faire de lui un automate au lieu d'un homme, et qui, après avoir mangé, se versait coup sur coup deux grands gobelets d'eau, qu'il but lentement comme il avait mangé. Alors le pauvre solitaire se leva, marcha vers la fenêtre et s'y appuya, comme s'il eût été bien tenté de l'ouvrir, puis resta longtemps dans cette position, et, soit que ce fût sa seule distraction, soit qu'il sentît déjà l'effet du narcotique et voulût combattre le sommeil qui commençait à charger ses paupières, il se mit à se promener de long en large dans sa chambre, passant de temps à autre sa main sur son front et s'arrêtant quelquefois devant cette fenêtre derrière laquelle étincelait le soleil, c'est-à-dire la vie.

Il revint s'asseoir; mais il subissait une impression inaccoutumée. Il se levait à chaque instant, de subites rougeurs lui montaient au visage, et il semblait avoir besoin d'air; mais fenêtre et porte étaient closes, et il avait fait vœu de n'ouvrir ni l'une ni l'autre. Il luttait donc tant qu'il pouvait contre ce sommeil étrange qui, pesant sur lui comme un voile de plomb, lui faisait bouillir le crâne, et il croyait à chaque instant devenir fou; mais si ardemment qu'il eût souhaité la folie, les moments qui la précèdent étaient si douloureux, qu'il finissait par craindre ce qu'il avait tant désiré.

Enfin, brûlant, épuisé de fatigue, comme au sortir d'un voyage ou d'une lutte, il ne put résister plus longtemps à cette torpeur qui l'étreignait, et se laissa aller sur son lit; le front humide de sueur, la respiration haletante, il s'endormit bientôt d'un sommeil lourd et profond.

C'était le moment qu'attendait Tristan. Il entra dans la chambre, ouvrit doucement la fenêtre, qui laissa pénétrer les derniers rayons du jour et la brise déjà fraîche du lac. Henry dormait de façon à rendre le transport facile; mais, pour plus grande sûreté, Henriette exigea qu'on le laissât une demi-heure encore s'enfoncer dans son sommeil; puis, cette demi-heure passée, on descendit, à l'aide du matelas, le dormeur dans la barque, qui l'emporta, toujours endormi, vers la villa de l'autre rive.

XII

Henry avait laissé croître sa barbe et ses cheveux; car nous devons dire qu'ils avaient parfaitement repoussé malgré leur dernière mésaventure. Il était vêtu comme un ermite, c'est-à-dire fort mal, et il avait, en somme, plus l'air d'une bête fauve étendue dans le fond de la barque, dont les rideaux étaient ouverts et laissaient un courant d'air qui rafraîchissait son front, que d'une créature humaine faite à l'image de Dieu, comme dit la Genèse. Henry semblait, comme Épiménide, s'être endormi pour cinquante ans et n'en être encore qu'à son premier jour de sommeil. Henriette, la tête appuyée sur l'épaule de Tristan, laissait le vent enlever ses cheveux blonds comme il enlève les fils blancs de la Vierge, et regardait avec curiosité cet homme étendu à ses pieds et qu'on eût pris pour un cadavre, tant son visage était pâle et tant son immobilité était effrayante. La barque marchait aussi vite que possible. Mais ce soir-là, ni Henriette ni Tristan ne chantaient. Ils ne pouvaient se lasser l'un et l'autre de regarder Henry, que quelques gouttes extraites de plantes jetaient dans un sommeil profond, esquisse de la mort, et lequel, en quelques minutes, allait changer ses fatales résolutions d'avenir en une nouvelle existence pleine d'événements inconnus qui devaient peut-être, plus d'une fois, lui faire regretter la voie sombre et fatale dont on l'écartait malgré lui.

On avait préparé pour Henry une chambre éclairée de tous côtés, donnant sur le jardin, voisine de la serre, proche des oiseaux, de façon qu'à son réveil qui devait avoir lieu le lendemain matin, toute cette nature, réveillée en même temps que lui, semblât s'être entendue pour fêter avec des chants d'amour son retour à l'espérance et à la vie réelle, et continuât son rêve, si toutefois un rêve quelconque s'était dégagé de ce sommeil de plomb.

Lorsqu'on eut touché le bord, le batelier et Tristan prirent chacun un bout du matelas sur lequel était couché Henry et le transportèrent dans la chambre qui lui était destinée, et qui était située au rez-de-chaussée. Comme les deux jeunes gens voulaient qu'il se crût à son réveil le héros d'un conte de fée, Tristan, tant bien que mal, lui coupa les cheveux et lui fit la barbe, ne laissant sur son visage pâle et amaigri qu'une moustache fine et élégante. Puis à son costume il substitua une magnifique robe de chambre de Perse, le coucha lui-même sur un lit de repos, baissa les stores et le quitta.

Le lendemain, Tristan vint de bonne heure regarder par une fenêtre si Henry dormait encore. Celui-ci n'avait pas bougé.

Alors il entra tout doucement, lui fit respirer un flacon de sels, et le dormeur commença de s'agiter, ce que voyant Tristan, il disparut au plus vite et revint prendre sa position derrière une fenêtre, d'où il pouvait tout observer. Henriette bientôt vint le rejoindre, et, tous deux, souriant comme des enfants, attendaient ce qui allait se passer. Henriette était toute vêtue de blanc, et de loin, sous les arbres du jardin, miroitant d'ombre et de soleil, on eût pu la prendre pour une apparition autant que pour une femme.

C'était bien, du reste, la femme oisive, enchantée de semer de drames étranges l'action monotone de la vie. C'est ainsi qu'elle avait sauvé Tristan de la mort. C'est ainsi qu'elle allait sauver Henry de la réclusion. Mais celui-ci serait plus difficile. Aussi se faisait-elle une grande joie de la guérison et de la convalescence de ce pauvre cerveau. Il avait été convenu entre elle et Tristan qu'aussitôt qu'Henri sortirait de sa chambre, il disparaîtrait et qu'elle resterait seule, inconnue au malade, afin qu'il la prît dans le reste de son délire pour sa fée protectrice ou son ange gardien.

Henry ouvrit les yeux avec effort et essaya plusieurs fois de lever la tête ; mais toujours, si peu qu'il la levât, elle retombait lourde sur l'oreiller.

— Voilà comme vous étiez à votre premier réveil, dit Henriette à Tristan, dans ma maison d'Auteuil. — Vous regardiez donc ? — Comme je regarde ici. — Curieuse !

Ils échangèrent un sourire et je crois même un baiser.

Henri semblait s'être rendormi ; mais à l'agitation de ses paupières, on comprenait que c'était un sommeil factice : de temps en temps il ouvrait les yeux, mais la lumière les lui faisait refermer aussitôt avec une sorte de douleur ; puis il passait la main sur son front, tout se réveillait peu à peu chez lui par un mouvement mécanique ; sa pensée seule dormait encore. Enfin il parvint à se lever sur son séant, et, s'appuyant sur son coude, il regarda les objets qui l'environnaient. Il se trouvait, lui qui s'était endormi la veille au fond d'une chambre aux tentures sombres et sans soleil, dans une salle aux tentures claires et inondée de clarté. Les premières choses qu'il vit furent de grandes tapisseries représentant des Chinois avec leurs formes étranges, leurs animaux chimériques et leurs poses bizarres. Là, où il n'y avait plus de tapisseries, il y avait de grands vases peuplés de Chinoises que des glaces se renvoyaient les unes aux autres et qui faisaient de cette chambre une succursale de Pékin. Comme son regard était encore un peu trouble, il lui semblait voir s'agiter tous ces personnages fabuleux, et de l'agitation à la danse, comme il n'y a pas loin, l'imagination du malade faisait le reste, et il croyait voir exécuter une ronde chinoise autour de lui ; il n'y comprenait naturellement rien. Puis venait le soleil inaccoutumé pour lui, qui débordait à pleins rayons et qui complétait pour Henri l'invraisemblance de cette vision ; alors il se leva, et, chancelant encore, il marcha droit au doyen de tous les Chinois, qui aurait eu les cheveux blancs s'il avait jamais eu des cheveux, et qui, tenant un grand sabre à la main, le regardait avec ce sourire pointu dont ce peuple bienheureux a seul le privilége et l'exploitation. Il le toucha du doigt. Naturellement, le Chinois ne bougea pas, mais continua son regard et son sourire; alors il marcha à une Chinoise qui avait les ongles des doigts plus longs à eux seuls que ses pieds, et qui, à l'aide de cette substance cornue, filait une sorte de quenouille, ayant sur ses genoux une sorte d'enfant qu'on eût cru fait d'un morceau du ciel, tant il était d'un azur parfait. Elle ne bougea pas plus que son compatriote, et continua de filer sa quenouille et de tenir sur ses genoux cette vilaine chose, sans s'inquiéter de ce monsieur Français, vêtu comme un Persan, qui se permettait de la toucher ainsi. Oui, ce rêve humain n'était qu'une réalité de papier, et cependant Henri semblait douter encore, lorsqu'en passant devant une glace il vit se refléter, au milieu de tous ces Chinois, une tête qui ne lui était pas étrangère. Cette tête était la sienne, mais si changée depuis la veille et ayant subi de telles métamorphoses de cheveux et de barbe, qu'il doutait d'elle comme il doutait de ses voisins en porcelaine, et que s'il se fût rencontré, il y avait beaucoup de chances pour qu'il ne se saluât pas. Cependant il se fit subir à lui-même la même expérience qu'aux Chinois : il se toucha le visage devant la glace, et se vit remuer les yeux, ce qui l'étonna tellement, qu'il eut peur. Ajoutez à cela que cette grande robe, qui lui donnait la tournure d'un eunuque persan, l'empêchait encore de se reconnaître. Cependant, comme le rayon de soleil qui filtre à travers la jalousie dans une chambre close et qui éclaire peu à peu les objets, le souvenir commençait à renaître dans l'esprit d'Henri. A force de se toucher les mains et de sentir qu'il se touchait, à force de se regarder et de voir qu'il se regardait, il resta bien convaincu que cet eunuque persan était lui, et que depuis la veille il s'était passé quelque chose d'étrange dans son existence. Alors il se rappela parfaitement ce sommeil effrayant auquel il avait succombé, et comme s'il ne lui fût resté qu'une lueur de raison, il l'usa bien vite à supposer qu'il était fou. En effet, il se rappelait ces douloureuses sensations qu'il avait éprouvées à la tête et qu'il n'avait pu vaincre. Dans sa joie, il se mit à danser; mais un rire éclatant se déroula dans un des angles de la chambre, et ce rire alla, se perdant dans l'espace, comme si la brise l'eût emporté sur ses ailes. Henri s'arrêta consterné. Il n'était pas fou.

Il s'approcha donc de la fenêtre et se mit à chercher quelle était cette Chinoise mystérieuse dont il avait provoqué l'hilarité; mais il ne vit de la fenêtre qu'une ombre blanche qui s'effaçait dans les arbres et qui pouvait aussi bien être un rayon de soleil qu'une femme. Comme tout était nouveau pour lui de ce côté, il continua de regarder les fleurs aux têtes variées de couleurs, chargées ne rayons d'or, qui se balançaient sur leurs tiges comme des almées au front chargé de sequins; ces grands arbres qui versaient sur la terre un peu de l'ombre amassée dans leurs feuilles, et qui faisaient ces allées mystérieuses, pleines de rêveries pour qui se promène seul, pleines d'amour pour qui se promène à deux. Le vent du matin passait sur le front d'Henry, le rafraîchissant comme un éventail éternel, et il éprouvait une telle sensation de bien-être, qu'à son tour il avait endormi son esprit, et ne pensait plus à rien qu'à se laisser vivre dans cette espèce d'extase qui s'était emparée de lui : d'ailleurs la vie revenait graduellement à ce pauvre être altéré de soleil, des larmes reconnaissantes tombaient de ses yeux, et il commençait de sourire à ce paradis de fleurs qu'il avait devant lui, comme le malade au médecin qui lui dit : Vous êtes sauvé.

Quelqu'un qui l'eût repris dans ce moment et l'eût rejeté dans la chambre sombre et solitaire, l'eût fait souffrir, car il l'avait complétement oubliée, et si de temps en temps un vague souvenir de sa réclusion lui étreignait à la fois le cerveau et le cœur, il lui semblait qu'il était maintenant dans la vie réelle, et que c'était ce souvenir qui était un rêve. Si puissante que soit notre volonté, celle de Dieu est plus forte; et toutes les fois que l'homme aura déplacé son existence, et que Dieu consentira à la refaire comme il l'avait faite, l'homme ne pourra que se résigner, car cette volonté de Dieu sera toujours un bonheur. Henry seul, enfermé, le cerveau irrité par cette pensée continuelle que son avenir devait se réduire à cette captivité, avait une fièvre quotidienne qui faisait presque une joie de cette résolution. Il avait vis-à-vis de lui-même la fatuité de vouloir se tenir la promesse qu'il s'était faite, et du jour où il avait vu Tristan, cette résolution s'était augmentée de la fatuité de vivre ainsi malgré les autres : cependant nous, l'historien de cette vie qui passe à côté de celle de notre héros, nous pouvions voir à découvert à la fois dans la prison et dans le cœur du prisonnier. Nous avouerons donc qu'Henry, comme nous l'avons vu une fois, s'approchait bien souvent de la fenêtre, et que sans cette mauvaise honte qu'il avait vis-à-vis de sa résolution, il eût voulu l'ouvrir à deux volets et reprendre sinon la vie avec les hommes, mais du moins la vie avec Dieu.

Il ne pouvait donc, maintenant que par un miracle qu'il n'avait pas cherché il était réinstallé dans sa vie première, faire autre chause que de s'en emparer tout de suite si c'était une réalité, et la savourer le plus longtemps possible si c'était un rêve.

Il était encore appuyé contre cette fenêtre, dans la béatitude d'un homme qui viendrait au monde à vingt ans, avec les sens parfaitement éveillés, et à qui tout d'abord se révélerait une journée de printemps dans toute sa splendeur et dans toute son harmonie, lorsqu'il entendit au-dessus de lui cette même musique mystérieuse et cette même voix qui avaient complété la guérison de Tristan et qui allaient compléter la sienne; — chant et accompagnement étaient si mélodieux, qu'on eût dit que la brise, au lieu de prendre des parfums aux fleurs inclinées, leur prenait des notes et les apportait à Henry toutes palpitantes de poésie et d'amour; — cette musique semblait éveiller chez le pauvre isolé des sens inconnus, et s'il eût connu sa mère, elle la lui eût rappelée. Mais le pauvre être ne rattachait dans son passé aucune harmonie à son berceau, comme il ne rattachait dans le présent aucun amour à son cœur : tant que cette musique tomba comme une rosée sur son front, il resta les yeux fixes, la respiration oppressée; puis, lorsqu'elle se fut éteinte dans une note vague et voilée comme les syllabes mystérieuses du désert, il lui prit une soif étrange de voir celle qui chantait, à moins que ce ne fût sainte Cécile elle-même qui l'enveloppât de cette harmonie céleste. En ce moment la vie lui revenait de tous côtés, et avec tant de charmes, que c'était cette salle immense et éclairée qui se faisait à son tour trop étroite pour le contenir; et il sauta par la fenêtre, qui n'était élevée que d'un pied au-dessus du sol, et comme un savant qui cherche des étoiles, il se mit à se promener et à chercher dans les arbres son orchestre enchanté et sa voix bienfaitrice.

Puis, en outre, Henry eût bien voulu savoir où il était, car il ne comprenait rien à tout ce qui se passait autour de lui; à moins que ce ne fût un nouveau paradis et qu'il ne fût un nouvel Adam, il ne s'expliquait pas bien cette transplantation qu'on lui avait fait subir.

La voix qu'il avait entendue était-elle celle d'un ange, d'une Ève nouvelle née de son sommeil comme la première? voilà ce qu'il demandait à tout ce qu'il voyait et ce qu'il eût demandé au serpent lui-même, afin d'avoir quelques renseignements sur ce jardin enchanté et désert. Mais il ne voyait heureusement pas de serpent et malheureusement pas d'Ève.

Il continuait donc ses explorations avec ce doute qui fait qu'on se retourne au moindre bruit et qu'on tressaille pour un rien, absorbant comme pour la première fois ces splendeurs matinales qui font la vie, ces bienfaits de Dieu qui font le cœur, et entendant toujours cette musique charmante qui, éteinte dans l'instrument, se réveillait dans son esprit et y germait, pour ainsi dire. Pendant ce temps, Henriette était descendue de la chambre où elle avait chanté, et, cachée par les massifs d'arbres et de lilas, suivait tous les mouvements et toutes les anxiétés d'Henry. Elle se mit à courir et passa comme un rêve au bout de l'allée dans laquelle il se promenait. Cette fois il avait bien vu; aussi s'arrêta-t-il avec un battement de cœur et se hâta-t-il de gagner le bout de l'avenue. Mais arrivé là, il ne vit rien que le soleil.

Enfin, Henriette se laissa surprendre dans une allée par Henry, qu'elle voyait avec ces yeux cachés que possèdent les femmes, ce qui ne l'empêcha pas de pousser un charmant petit cri de fausse surprise et de terreur feinte lorsque le promeneur s'approcha d'elle.

— Oh! madame, dit-il en mettant un genou en terre, est-ce vous la châtelaine de ce château ou l'Ève de ce paradis? — La châtelaine, oui, dit Henriette en souriant; l'Ève, non. Mais, vous-même, qui êtes-vous? — Qui je suis?... Je suis un mourant à qui l'on a rendu la vie, et qui cherche l'être mystérieux à qui il la doit : femme, pour baiser la trace de ses pas; ange, pour baiser le bout de ses ailes. Est-ce vous, madame? — Non, malheureusement, ce n'est pas moi. — Mais je cherche encore, madame, un chérubin à la voix douce qui m'a fait entendre une musique divine, et qui m'a rendu la raison après qu'on m'avait rendu la vie. Est-ce vous, madame? — Cette fois, c'est moi. — Eh bien! madame, qui êtes-vous, je vous en conjure, vous qui avez tant de beauté sur le visage, tant de calme dans le regard et tant de charme dans la voix? — Je suis l'amie de celui qui vous a sauvé. — Et qui donc m'a sauvé? — Tristan. — Mais où donc est-il? — Il va venir; mais, avant toutes choses, vous ne songez plus, j'espère bien, à retourner dans votre affreuse prison. — Le puis je, maintenant que j'ai vu tout ce que je vois depuis ce matin, et entendu ce que j'entends depuis une heure? Où avez-vous connu, madame, une âme qui, aux portes du paradis, préférât retourner en enfer? — Pour un mourant d'hier,

7.

vous êtes galant. — Mais comment m'a-t-on amené ici ? — C'est bien simple, et maintenant toute féerie cesse. Nous avons commencé d'abord par séduire votre gardien, et, comme Énée à Cerbère, nous lui avons jeté un gâteau pour qu'il nous laissât passer. — Puis nous vous avons fait prendre un narcotique, et, lorsque vous vous êtes endormi, nous vous avons enlevé, ni plus ni moins que dans un conte des *Mille et une Nuits*, car nous étions bien sûrs qu'endormi dans une tombe, vous ne seriez pas fâché de vous réveiller au soleil. Mais vous ne devez m'être reconnaissant de rien. J'ai chanté ce matin comme je chante tous les jours, et c'est moi, au contraire, qui dois vous remercier d'être indulgent pour moi. Quant à Tristan, qui a cru qu'il fallait environner votre réveil de circonstances merveilleuses pour vous faire croire à un rêve dont vous ne voudriez plus sortir, il a bien voulu me choisir pour actrice, et lui, l'auteur, reste dans la coulisse, attendant le succès ou la chûte de sa pièce.

Henry écoutait ces paroles comme il avait écouté la musique.

— Et tous les jours, reprit-il, je vous entendrai chanter, madame ? — Tous les jours, si vous voulez bien accepter la moitié de cette maison, qui appartient à votre ami. — Mais j'ai donc, pendant mon sommeil, volé la lampe d'Aladin, pour qu'il m'arrive tant d'enchantements ? — Point du tout ; cette vie qui vous paraît si merveilleuse, c'est la vie ordinaire, et elle ne vous semble ainsi que parce que vous vous en êtes éloigné pendant quelque temps ; c'est l'eau pure qu'on trouve si bonne au désert, et dont on ne veut plus boire au retour ; et un jour viendra peut-être où notre vie vous semblera bien monotone. En attendant ce jour, que nous tâcherons de reculer le plus possible, que vous voyiez en moi un ange ou une femme, vous êtes mon hôte, et comme tel, je dois vous faire les honneurs de mon ciel ou de mon palais. — J'aime mieux dire que vous êtes une femme, reprit Henry, — pour avoir le droit de vous approcher, mais je garde ma conviction que vous êtes un ange. — A votre aise ; je crois que maintenant l'auteur peut paraître. N'est-ce pas ?

En effet, Tristan se montra au détour de l'allée, et vint, les bras étendus, vers Henry, qui se jeta sur sa poitrine.

— Il est charmant, votre mort, dit tout bas Henriette à Tristan. Et elle s'éloigna. — Elle est ravissante, mon cher, dit Henry de son côté. — N'est-ce pas ? — Et c'est vous qui... — Chut ! fit Tristan. — Recevez mes félicitations, mon cher. C'est une créature divine.

Le jeune homme sourit, prit le bras d'Henry, et tous deux, attendant le déjeuner, se promenèrent dans le jardin, comme si rien d'étranger ne s'était passé depuis la veille, et comme si depuis longtemps ils eussent fait vie commune.

XIII

Où il sera question de l'incisive qu'on a dérobée à Henry.

Grâces à Henry, chacun dans la villa se trouvait plus heureux. D'abord cette vie à trois, toute nouvelle pour lui, était une distraction pour les deux amants. Si fort qu'on s'aime, il y a des moments où la bouche, sinon le cœur, se fatigue à le répéter, et un troisième personnage n'est pas à dédaigner dans cette circonstance; car sans lui, bien des heures passeraient muettes et silencieuses, après lesquelles les deux amants se feraient de mutuels reproches pour ne pas s'être dit une seule fois un seul mot d'amour pendant si longtemps. Puis Henriette, arrivée à un trop haut degré d'intimité avec Tristan pour que celui-ci fût encore avec elle prévenant et assidu comme aux premiers jours, n'était pas fâchée d'avoir à la portée de sa voix un homme qui, lui devant sa résurrection, l'entourait de ces soins assidus et de ces compliments adorables dont les femmes font si grand cas, malgré leurs airs modestes. En outre, elle faisait des armes avec lui; comme nous le savons, Henry tirait à merveille. Elle montait à cheval avec lui, lorsque Tristan prétextait quelque fatigue ou quelque travail pour rester à la villa, — et elle l'étonnait comme elle avait étonné son amant, et toujours, quoiqu'il montât parfaitement aussi, il s'avouait vaincu par tant de grâces et tant de forces réunies.

Tristan, de son côté, se trouvait plus à son aise. Quand il voulait parler d'autre chose que d'amour, Henry était là, et il s'enfonçait avec lui dans les allées sans se souvenir d'Henriette. Quand, au contraire, il voulait avoir avec sa maîtresse de ces longues causeries d'amoureux auxquelles on revient malgré soi, il s'enfermait avec elle sans s'occuper d'Henry. Quand enfin il voulait penser, c'est-à-dire causer avec lui-même, il restait seul sans s'occuper ni d'Henriette ni d'Henry. De cette façon, la vie était beaucoup moins monotone. Puis, quelqu'un était dans la confidence de son amour avec la jeune femme, quelqu'un pouvait lui dire tous les jours que sa maîtresse était jolie et réveiller l'amour par l'amour-propre.

Quant à Henry, plus il s'était éloigné de l'époque où on l'avait enlevé de son château, plus il considérait cette époque comme un rêve. Il lui semblait que pendant cette portion de sa vie il avait été fou, et en réfléchissant à ces niaiseries du passé dont sa retraite avait fait des douleurs, il ne pouvait s'empêcher de rire, surtout se livrant comme il le faisait à une vie charmante, qui, quoique régulière pour les autres, n'en était pas moins pleine de surprises pour lui. Il était retourné plusieurs fois à Enghera, et il lui semblait maintenant aussi impossible d'y vivre qu'il lui semblait quelques jours auparavant impossible d'en sortir.

Un jour qu'Henriette et Tristan étaient restés à causer tous deux, la conversation tomba sur Henry.

— Comme il s'est vite habitué à cette vie qu'il semblait ne plus vouloir accepter! disait Henriette. — C'est la loi éternelle des contrastes, répondit Tristan. Si, au lieu d'agir comme nous l'avons fait, nous avions essayé de lui donner des conseils, il ne nous eût pas écoutés et se fût encore plus enfoncé dans sa résolution ; tandis qu'en se réveillant ici, il a compris que c'était nous qui étions sages et lui qui était fou. — Il s'est résigné, et je crois que, depuis, la résignation lui a paru douce. Pauvre garçon! il a dû bien souffrir. — De réelles douleurs, non; mais de ces taquineries du hasard qui sont plus terribles quelquefois que les souffrances véritables, et qui ressemblent à des coups d'épingle plus douloureux que des coups d'épée, parce qu'on ne s'y attend pas; qu'on ne les soigne pas parce que la blessure n'est pas large, et dont on meurt un beau jour comme un vieux soldat que j'ai connu, qui avait fait toutes les batailles de l'empire, qui était couvert de cicatrices, de signatures de sabres étrangers et de balles ennemies, et qui est mort d'une piqûre d'aiguille dans le doigt. — Que voulez-vous, nous sommes ainsi faites, nous autres femmes. Nous pardonnerons à un homme de nous tromper, nous ne lui pardonnerons pas d'être ridicule. Aussi, je suppose qu'Henry fasse la cour à une femme, il ne réussira pas. — Pourquoi?

— Parce qu'il a en lui une chose affreuse. — Laquelle? — Vous ne l'avez pas vue? — Non. — Cela se voit pourtant bien quand il rit, il a de fausses dents. — Qu'importe! — Qu'importe? C'est fort laid. Si c'était sur le côté, on lui pardonnerait, mais juste au milieu de la bouche, c'est horrible. Cela ne l'empêche pas d'avoir un cœur excellent et d'être un très-spirituel jeune homme; mais une femme qui ignore ces deux qualités, ou qui même les connaît, les oublie pour ne plus voir que ces deux morceaux d'hippopotame qui remplacent ses deux incisives perdues. — Si vous saviez l'origine de ces deux dents! — Dites-la-moi. — L'histoire en est lugubre. — Vraiment? — Je vous jure. — Vous me dites cela du ton qu'il faut pour me faire croire le contraire. — C'est qu'il est difficile de donner une intonation triste à une chose qui paraît et qui, au fond, est ridicule. — Eh bien! racontez-moi cette aventure. Si elle est pathétique je pleurerai, mais à la condition que si elle est bouffonne, j'aurai le droit de rire. — Vous ne rirez pas d'avance? — Non. — Je vous en prie, Henriette, car je vous assure que je ne sais pas de plus grande douleur que celle que je vais vous raconter. — Je vous écoute.

— Une femme qu'il adorait s'était cassé une dent, cela peut arriver à tout le monde. — Oh! parfaitement, répondit Henriette avec un air de conviction qui parut présager à Tristan l'attention qu'il réclamait. — Henry vint chez elle et la trouva dans les larmes. — Il y avait de quoi. — Sa résolution fut prise à l'instant même; il détermina cette femme à se faire mettre une dent à la place de celle qu'elle avait perdue, il lui donna l'adresse de son dentiste, et la précédant chez lui : Monsieur, lui dit-il, il va venir une dame qui s'est cassé une dent. Vous m'arracherez la pareille et vous la lui remettrez sans lui dire que cette dent vient de moi. — Très-bien. — Vous voyez comme c'était beau! — C'était superbe. — Je continue. — Continuez.

— Au bout de quelques instants on sonne. Le dentiste dit à Henry : C'est elle.

Et mon malheureux ami se réfugie dans un cabinet où il doit supporter l'opération. En effet, le dentiste lui arrache une dent et revient, quand la dame est partie, lui dire que tout a parfaitement réussi.

— Eh bien! — Eh bien! cette femme, ce n'était pas sa maîtresse, c'était une dame qui s'était cassé une dent de son côté et qui venait s'en faire remettre une; si bien que mon ami voulut accomplir le sacrifice jusqu'au bout, et en fut pour deux dents. Voilà l'histoire. — Et, reprit Henriette, vous ne la connaissez pas, cette autre femme? — Du tout. — Que lui a dit le dentiste pour lui faire comprendre cette façon de remettre des dents véritables? — Il lui a dit que c'était un petit Savoyard qui, ne

sachant plus que faire, vendait ses dents, qu'il avait très-belles.
— Ah! mon Dieu! à quelle époque était-ce? — Il y a un an. — C'est bien cela, dit Henriette en se jetant en arrière dans les convulsions d'un rire éblouissant. — Qu'avez-vous? dit Tristan.

La jeune femme essaya de parler, mais cela lui fut impossible; elle riait si fort que Tristan, cédant à l'exemple, se mit à rire malgré lui, tout en murmurant :

— Mais c'est abominable, mais c'est affreux de rire ainsi de ce pauvre garçon. — Que voulez-vous? disait Henriette à travers son rire, c'est si curieux! — Quoi? — Ce qui m'arrive. — Mais que vous arrive-t-il?

Et la réponse devenait impossible, car, chaque fois qu'Henriette ouvrait la bouche pour donner une explication, le rire reprenait le dessus et ne finissait qu'avec les larmes.

— Écoutez, dit-elle enfin en appuyant la main contre sa poitrine; vous n'en direz rien à Henry? — Non. — Eh bien! cette femme, c'était... — Cette femme? — C'était moi.

Le c'était moi se fit jour à travers une gerbe d'éclats de rire.

— Vous? reprit Tristan. — Moi. — Mais comment cela se fait-il? — Ne vous ai-je pas dit qu'en faisant des armes, il m'était arrivé un accident? — Oui. — Eh bien! l'accident, c'était une dent cassée; comme je voulais que personne ne le sût, je suis allée seule chez ce dentiste. — Vraiment? — Et tenez, la voilà cette dent.

Et elle montra à Tristan une véritable perle.

— Et elle tient? — Parfaitement. — Ainsi, vous avez une dent à Henry. — Que je compte bien ne pas lui rendre. — Mais c'est affreux, cela! — Que voulez-vous? je n'y puis rien. Elle est excellente, sa dent.

Et, comme si elle se fût contenue déjà trop longtemps, la jeune femme recommença de rire à croire qu'elle en mourrait.

En ce moment, Henry parut à la porte de la chambre où les deux jeunes gens se trouvaient. Henriette leva la tête, et en l'apercevant ne se posséda plus. Henry crut entendre l'écho du rire de miss Fanny, le jour où il avait une épingle dans ses mollets; il regarda, effaré, autour de lui; mais Henriette se leva et disparut, emportant avec elle son rire, dont les notes perlées allèrent se perdant dans le jardin, jusqu'à ce qu'elles se fussent éteintes tout à fait.

Alors Henry s'approcha de Tristan; mais celui-ci, malgré sa

compassion pour cette mésaventure de son ami, disparut aussi en riant.

— Allons! se dit Henry en s'asseyant pâle et consterné, il paraît que j'étais déjà trop heureux. Si tout le monde se remet à rire, c'est que je vais recommencer à pleurer.

Henry resta longtemps là où il s'était assis, ne comprenant rien à ce qu'il venait de voir, si ce n'est qu'on riait autour de lui et de lui, sans doute. Cette gaieté qui s'était renouvelée tant de fois à son aspect dans le passé, avait joué dans sa vie un si grand et si funeste rôle, que cette joie spontanée des deux seuls êtres avec lesquels il vécût le jeta dans des terreurs étranges, et suffit pour l'assombrir tout à coup. Il y a des moments où l'âme calme et limpide en apparence se trouble au moindre mot, comme l'eau dont une pierre va éveiller la vase sur laquelle elle dort pure et transparente. Ce pauvre Henry était donc là environné de ses souvenirs douloureux, et, voyant déjà l'avenir plus sombre, se repentait de s'être rejeté dans ce monde moqueur quand il n'est pas méchant.

Alors il résolut de ne pas tenter plus longtemps la Providence, il crut comprendre que c'était un avertissement, et que ce rire qui le rendait si malheureux n'était que le présage d'événements plus terribles. Il voulut donc obéir à ce premier avis que daignait lui donner le hasard, et se décida à quitter cette maison et à retourner vivre seul et triste. Il sortit de la chambre où il était, et se rendit dans sa chambre à lui; là, il prit du papier, une plume, et il se mit à écrire à Henriette la lettre dans laquelle il lui faisait ses adieux.

Au commencement de cette histoire, nous avons vu ce que Tristan écrivait à Louise. Eh bien! la lettre d'Henry à Henriette était encore plus désespérée que la première. On sentait mieux l'impossibilité de vivre heureux sous laquelle il se courbait, et qui lui faisait abandonner la villa comme il avait abandonné Londres, Paris et Naples; on comprenait les tortures de ce pauvre cœur né à l'espérance, et mort sans avoir éprouvé une joie réelle, sans avoir ressenti un bonheur d'un instant; et quiconque eût lu cette lettre, dont les causes étaient bouffonnes, eût à la fois pleuré de l'âme et des yeux. Henry écrivait donc, pleurant aussi, et s'arrêtant de temps en temps pour respirer, car il étouffait. Puis il se remettait à écrire. Les mots étaient si doux, qu'on eût dit la lettre d'un frère à une sœur. Il n'accusait ni Henriette ni Tristan de cette nouvelle douleur, qu'ils venaient de lui causer bien innocemment sans doute ; mais il se plaignait que la fatalité les eût faits, eux, les seuls êtres qui lui restassent, les échos de ce rire qui, comme la voix de Dieu au Juif maudit, lui répétait: Marche! Il disait qu'il s'était un peu réchauffé à leur bonheur, qu'il les remerciait d'être entrés dans sa vie, et qu'il leur demandait pardon d'être entré dans la leur ; que jusqu'alors il n'avait été fatal qu'à lui-même ; mais que la destinée, qui ne se lassait pas, allait peut-être le rendre fatal aux autres ; et il demandait d'avance pardon du mal qui pourrait leur arriver dans l'avenir, s'en reconnaissant d'avance la cause, quel qu'il fût.

Jamais lettre ne fut écrite avec une pareille douleur. Il terminait en annonçant son départ, non plus pour le château d'Enghera, où l'on pourrait le venir prendre encore, mais pour tous les pays : il allait marcher devant lui jusqu'à ce que la terre s'ouvrît pour son corps, et le ciel pour son âme. Il demandait à Henriette de ne pas trop rire de lui quand elle se le rappellerait, et de le plaindre quelquefois ; car la plainte d'une femme est une prière pour Dieu.

Puis, quand elle avait été terminée, il avait relu cette lettre, l'avait pliée et s'était levé. Mais au moment où il s'était levé, il avait aperçu Henriette qui, les yeux humides, se tenait derrière lui.

— Que faisiez-vous là, Henry ?

C'était la première fois qu'elle l'appelait de son nom, sans y joindre le mot froid de monsieur.

— J'écrivais, madame. — Et puis-je savoir à qui ? — A vous. — Alors donnez-moi cette lettre.

Et elle s'approcha de la table pour la prendre ; mais Henry mit la main dessus.

— Plus tard, dit-il. — Pourquoi pas maintenant ? — Quand je serai parti. — Vous partez ! fit-elle avec étonnement. — Oui, madame. — Et vous allez ?... — Où Dieu me mènera. — Henry, lui dit-elle en se rapprochant de lui, pardon ! — Pardon, de quoi, madame ? — De cette gaieté d'aujourd'hui qui vous a rendu triste. Si vous saviez comme je m'en repens ! pardonnez-moi.

Et elle prit les mains de Henry, qu'elle pressa dans les siennes

— Donnez-moi cette lettre, fit-elle du ton le plus câlin. — Prenez-la, madame ; mais si vous en riez, n'en riez pas devant moi. — Oh! c'est mal, reprit-elle en laissant tomber une larme de ses yeux comme une perle éclose d'un saphir; c'est bien mal ce que vous me dites là, et c'est à votre tour de me demander pardon, car je n'ai pas encore autant péché que vous, moi! et si je vous ai fait de la peine, vous devez avouer que c'est sans le savoir; tandis que vous, vous m'en faites volontairement. C'est très-mal.

La coquette n'était pas contrariée de changer les rôles, et de se faire fâchée au lieu de rester pénitente. Henry s'approcha et lui dit:

— Pardonnez-moi, madame; mais vous le savez, je blesse tout ce qui m'environne. Je suis maudit! — Allons! dit-elle en décachetant la lettre, venez vous asseoir auprès de moi, et pardonnons-nous tous deux.

Henry s'assit, et Henriette se mit à lire.

De temps en temps elle levait les yeux vers lui avec un soupir, et lui disait:

— Pauvre ami!

Puis elle reprenait sa lecture et s'interrompait pour essuyer une larme, et pressait la main d'Henry, lequel était encore dans une position ridicule : celle d'un homme qu'on plaint. Mais, cette fois, Henriette était trop occupée de montrer qu'elle avait le cœur bon, car nous savons la joie que les femmes éprouvent à plaindre un homme, pour s'apercevoir de cette position. Aussi se rapprochait-elle de lui, et quand elle eut achevé de lire la lettre, elle la plia en disant :

— Tout cela est vrai? — Tout. — Et vous avez déjà tant souffert? — Hélas! madame, et je souffrirai sans doute encore. — Espérez. — Mot oublié, madame. — Sceptique! fit-elle, qui doutez même de l'espérance. Croyez-vous donc que l'avenir doive être triste parce que le passé l'est? Voyons, ajouta-t-elle; car si les femmes aiment à plaindre, elles aiment aussi à consoler. Voyons! nous vous aimerons. Restez avec nous; jamais vous n'aurez de reproches à me faire. Savais-je que, pour une folie dont vous n'étiez ni la cause ni l'objet, vous alliez devenir triste et vous éloigner d'ici? Lorsque Tristan m'a grondée, je suis accourue toute repentante; mais, maintenant, c'est fini, n'est-ce pas? vous m'avez pardonnée? donnez-moi votre bras. Venez avec moi au jardin. Quant à votre lettre, je la garde; je la relirai souvent pour me rendre plus prudente à l'avenir et pour me rappeler le mal que je vous ai fait.

Tout cela avait été dit avec ce ton enfantin et capricieux que savent si bien prendre les femmes quand elles veulent obtenir ce qu'elles demandent, et Henriette avait fini par entraîner Henry avec elle dans le jardin. Mais dans le jardin, la conversation n'avait pas continué, Henriette se contentait, de temps en temps, de serrer presque imperceptiblement le bras de Henry, pour lui dire sans doute :

— Quoique je ne vous parle pas, c'est à vous que je pense. Vous me pardonnez, n'est-ce pas ?

Enfin, elle avait probablement fort à cœur de faire oublier à Henry ses torts de la journée, car, une fois qu'elle eut rejoint Tristan, c'est à peine si elle s'occupa de son amant. Elle avait toujours les yeux fixés mélancoliquement sur son ami, et si celui-ci eût eu la moindre fatuité, il eût cru lire dans ses regards autre chose que de l'amitié.

Aussi, le soir, quand, après une longue promenade faite au jardin, Henry se sépara d'Henriette, il se disait :

— C'est étrange ! Charlotte, qui disait m'aimer, n'a jamais été plus charmante avec moi qu'Henriette, qui ne m'a point dit qu'elle m'aimait.

Et il devenait rêveur.

— Il me semble, se disait Tristan, qu'Henriette avait l'air bien préoccupé aujourd'hui. Que diable pouvait-elle avoir ?

Et il devenait soucieux.

L'amour est une bascule dont les deux extrémités ne peuvent jamais être de niveau, sans quoi l'équilibre serait trouvé et partant le bonheur. Il y en a donc toujours une qui est en bas, et l'autre qui est en haut; — c'est-à-dire qu'il y a toujours un des deux partenaires qui aime plus et l'autre qui aime moins. Mais comme dans tous les jeux du monde l'inaction totale, soit d'esprit, soit de corps, est impossible, ils font tant d'efforts pour changer leur position, que bientôt celui qui est en bas se fait plus léger, celui qui est en haut se fait plus lourd, si bien que l'un prend la place de l'autre, ce qui veut dire que c'est au tour de celui qui aimait moins d'aimer plus, et au tour de celui qui aimait plus d'aimer moins. Dans cette mutation ils ont bien cherché un moment à se trouver tous deux sur la même ligne, mais plus que jamais le niveau est impossible; cela dure ainsi jusqu'à ce que celui qui est en bas parce qu'il est le plus fort, c'est-à-dire parce qu'il aime le moins et tient l'autre en suspens, soit fatigué de sa position et l'abandonne. — Ou il est encore charitable; et alors, en quittant sa place, il se suspend à la poutre pour faire poids, afin que l'autre redescende sans se faire de mal; ou il est sans pitié, et alors il lâche tout, et l'autre tombe, au risque de se tuer.

C'était exactement la position d'Henriette et de Tristan. Celui-ci, en voyant une femme qui semblait l'adorer, avait semblé regretter Louise, et ne pas s'apercevoir du chagrin que ce souvenir faisait à sa maîtresse, jusqu'au moment où Henriette, fatiguée de jouer ce rôle, était, à son tour, devenue plus froide avec son amant, ce qui avait produit l'effet ordinaire en rendant l'amant amoureux. Mais, cette fois, Henriette était la plus forte et gardait l'avantage de la place. Il est vrai de dire qu'elle trichait, et qu'Henry, caché derrière elle, appuyait avec elle sur la bascule, et la faisait pencher de leur côté, mais Tristan ne voyait pas encore Henry.

Tristan ne comprenait rien à ce changement et questionnait Henry qu'il croyait son ami après le service qu'il lui avait rendu. Pauvre Tristan! qui croyait qu'on rend service à un homme quand on met obstacle à sa volonté, et surtout que quand on a rendu service à un homme, cet homme devient votre ami! Dieu donnerait à l'homme deux vies, l'une pour prendre l'expérience et la mesure du monde, l'autre pour profiter de ce qu'il a appris, qu'il est probable que ces deux vies ne suffiraient pas et que la seconde serait encore plus malheureuse que la première.

Si nous avions connu Tristan à cette époque et que nous l'eussions vu questionner Henry, voici ce que nous lui aurions dit :

— Comment! fou que vous êtes, vous avez pour son bonheur empêché un homme d'accomplir une volonté, et, plus fou encore, vous l'avez amené auprès d'une femme que vous n'aimiez guères, il est vrai, mais que vous pouviez aimer un jour, car vous l'aimez maintenant, et vous avez cru que l'on pouvait impunément rendre service à un homme. C'était vraiment bien la peine que des grands hommes passés et des académiciens de votre époque écrivissent des traités sur l'amitié pour vous voir accomplir sérieusement de pareilles bévues! Mais vous êtes un aveugle à cent pieds au-dessus de Bélisaire. Vous ne savez donc pas que la première chose à laquelle votre ami va l'employer pour reconnaître le service que vous lui avez rendu, sera de faire la cour à la femme que vous aimez, et d'user de tous les moyens qu'il aura en son pouvoir pour vous faire le plus de peine possible? Mais en ce moment même où je vous parle, eussions-nous ajouté dans notre franche opinion, si vous pouviez vous glisser dans la chambre où est Henriette, là vous verriez Henry à ses genoux, comme vous y étiez avant de lui rendre service, et lui disant ce que vous lui disiez avant d'avoir fait un ingrat.

Eh bien! à ces raisonnements plus que vraisemblables et à ces conseils salutaires, savez-vous ce que Tristan, s'il avait été franc, vous aurait répondu?

Il vous aurait, d'un air profondément convaincu qu'il allait dire la plus grande vérité du monde, appuyé la main sur l'épaule, et d'une voix railleuse vous eût dit:

— Mon cher, vous êtes fou. Vous venez me dire à moi, Tristan, qu'Henry est l'amant d'Henriette? Mais où avez-vous la tête, mon pauvre ami? vous trompez affreusement vos lecteurs si vous leur racontez de pareilles choses dans vos romans. Mais elle ne peut pas le sentir; mais toutes les fois que je lui parle d'Henry et que je tâche de le lui faire aimer, elle me dit de me taire et le trouve parfaitement ridicule. Mais songez donc, mon cher, que jamais aucune femme n'a pu aimer ce garçon-là, et que ce n'est pas à Henriette, femme d'esprit et de goût, à commencer une pareille réaction et à prouver un semblable paradoxe. Mais songez donc qu'elle connaît la vie de ce pauvre diable mot pour mot, qu'elle sait qu'il a de fausses dents et qu'elle en rit tous les jours; non, non, mon cher, non, ce n'est pas au delà que vient le danger, rassurez-vous pour moi. Henriette serait incapable d'une pareille ingratitude, si Henriette était capable d'une pareille folie.

Et il se fût immédiatement brouillé avec nous, après nous avoir donné cette petite leçon sur le cœur humain.

Quant à nous, nous lui eussions poliment tourné le dos sans vouloir le détromper, en nous disant: Il ne connaît ni les hommes ni les femmes, il est bien heureux!

Mais nous n'étions pas là. Ce n'était donc pas à nous, mais à Henry qu'il s'adressait.

— Voyons, Henry, qu'a donc Henriette? — Je l'ignore, faisait l'ami. — Mais peut-être vous dit-elle des choses qu'elle n'ose me dire à moi? — Non, pas du tout, d'où lui viendrait cette confiance? — De ce que vous êtes des heures entières avec elle. — C'est vrai, mais elle ne me parle pas de vous. — C'est étrange. Elle ne m'aime plus peut-être. — Si fait, toujours autant. — Vous croyez? — J'en suis sûr. — Mais que me conseilleriez-vous dans cette circonstance? — Vous me demandez un conseil ? — Oui. — Un conseil, c'est bien difficile à donner. — Il n'y a qu'une chose plus difficile, c'est de le suivre, parlez toujours.— Eh bien ! à votre place... — A ma place? — Je quitterais la villa. — Que voulez-vous dire ? — Pour quelque temps, pour un mois, quinze jours. Je ferais sentir à Henriette la tristesse de mon absence, et à mon retour je serais reçu avec des cris de joie comme les triomphateurs antiques. — Et vous, que feriez-vous pendant ce temps-là ? — Moi? mais je... Je resterais ici pour ne pas laisser madame de Lindsay seule, je verrais l'impression que lui produirait votre départ, et je vous en ferais part à votre retour. — Vous avez peut-être raison. — Je crois que c'est un bon moyen. Les femmes ont leurs moments de mauvaise humeur, comme le temps a ses moments de pluie et il faut se garantir de l'une et de l'autre, et ne paraître que lorsque la femme est redevenue joyeuse et le ciel bleu. — Eh bien! j'y réfléchirai, et si Henriette continue à être mauvaise pour moi, je suivrai votre conseil.

Je vous laisse à penser ce que Henry se disait à lui-même après une pareille conversation.

Ce pauvre Tristan devenait réellement amoureux d'Henriette. Celle-ci, en devenant froide pour lui, avait pris la route la plus sûre quoique la plus connue. Il se creusait donc la tête, se demandant ce qu'il avait pu faire à sa maîtresse pour qu'elle affectât ainsi de trouver mauvais tout ce qu'il disait. Ce n'était pas une guerre ouverte, mais souvent, dans la conversation, madame de Lindsay, en présence d'Henry, laissait échapper de ces mots blessants, déguisés encore par l'intonation et qui serraient encore le cœur de son amant. Souvent elle ne daignait même pas répondre à ses paroles ; ou, si elle y répondait, c'était pour leur donner une fausse interprétation ; aussi Tristan devenait-il maussade à faire peur, et demandait des consolations à Henry, qui ne lui en donnait pas.

Enfin, un soir qu'il se trouvait seul avec sa maîtresse, il s'approcha d'elle, se mit à ses genoux comme il avait l'habitude de le faire et lui dit :

— Henriette, franchement, qu'avez-vous contre moi? Croyez-vous donc que je ne vous aime plus? Vous ai-je offensée? Au nom du ciel, répondez-moi !—Je n'ai rien contre vous, mon ami, et je vous assure que vous prenez mal des enfantillages qui devraient rester sans effet, étant sans cause. — Vous ne me parlez pas franchement. Vous ne m'aimez plus. — Nous vous trompez, Tristan, je vous aime toujours. — Comme vous me dites cela froidement! et cependant c'est là la première fois que vous me le dites depuis bien longtemps. — Nous ne sommes jamais seuls, puis-je devant un étranger vous dire que je vous aime? vous ne pouvez exiger cela de moi. C'est bien assez que nous ayons fait à M. de Saint-Ile des demi-confidences sans lui faire des confidences entières. Il a des yeux, nous ne pouvons l'empêcher de voir, mais il faut essayer de l'empêcher d'entendre. — Il y a un mois, Henriette, vous ne m'eussiez pas parlé ainsi. — C'est que depuis un mois, il s'est passé bien des choses. — Et quelles choses se sont passées, qui peuvent vous avoir changée de la sorte pour moi? — J'ai réfléchi. — Vous avez réfléchi? — Oui. — Et peut-on savoir quelles sont ces réflexions, qui vous font si méchante et me font si malheureux? — J'ai réfléchi que vous ne m'aimiez pas, que vous en aimiez une autre, et, si vous souffrez maintenant, jugez de ce que j'ai souffert, moi. — Mais ce temps est oublié, Henriette, à quoi bon le rappeler? Je vous aime plus que je n'aimais Louise, plus que je n'aimerai jamais aucune femme. Cette froideur ne peut qu'être affectée. N'est-ce pas, vous m'aimez encore?

Henriette ne répondit pas.

Tristan se leva.

— Allons! se dit-il, je vois bien que je n'ai plus qu'à suivre le conseil que m'a donné Henry. — Et quel est ce conseil? — Celui de partir. — De partir? dit Henriette avec étonnement. — Oui. — Et pourquoi? — Parce que ma présence n'est encore qu'inutile, mais qu'elle pourrait devenir ridicule. — Expliquez-vous. — Je veux dire, madame, que jusqu'à présent cette froideur peut ne venir que de votre volonté, mais qu'un jour elle pourrait avoir une autre cause et qu'elle me serait plus douloureuse. Nous ne devons pas attendre le moment où nous serions, vous plus coupable et moi plus triste encore d'une séparation forcée.

Henriette rougit, mais Tristan ne le vit naturellement pas.

— C'est mal, monsieur, reprit-elle, ce que vous me dites là. Jusqu'ici vous n'avez rien à me reprocher et j'ignore dans quel but vous me dites de pareilles choses. — C'est que je crains toujours, madame, d'être un obstacle à votre bonheur, et c'est pour cela que je voulais partir. — Partir, reprit-elle, vous n'avez plus que ce mot à la bouche; vous savez pourtant bien que vous ne le pouvez pas. — Et pourquoi? demanda Tristan, qui au ton d'Henriette comprenait ce qui allait arriver. — Que deviendrez-vous si vous partez?

Tristan pâlit.

Henriette venait de lui jeter tout son passé comme une insulte à la face. Elle eût peut-être donné la moitié de sa fortune pour reprendre ce mot; mais l'arme était lancée. La blessure était faite profonde et douloureuse.

Tristan, qui ne croyait voir dans cette conversation qu'une querelle d'amoureux, et qui croyait qu'Henriette allait finir par se jeter à son cou, resta stupéfait, anéanti devant cette phrase. Deux larmes venues du cœur mouillèrent ses yeux, et, s'il ne se fût retenu, il eût pleuré comme un enfant. Il ne répondit rien, prit son chapeau et s'approcha de la porte. Henriette, qui comprit qu'elle avait une cruauté à se faire pardonner, se leva et se jeta entre la porte et lui.

— Pardon, Tristan, lui dit-elle. — Oh! je vous pardonne, madame, mais je pars. — Ne partez pas, je vous en conjure! Si vous saviez, il ne faut pas m'en vouloir; j'ai mal aux nerfs, et nous autres femmes, nous ne savons pas comme vous la valeur des mots. Pardonnez-moi, non pas ce que j'ai dit, mais l'interprétation que vous avez donnée à mes paroles; me croyez-vous donc capable de vous faire de la peine volontairement?

Et en disant cela elle lui prenait la main et le ramenait près d'elle. Tristan était comme paralysé; des larmes silencieuses roulaient sur ses joues, et il se laissait conduire, car il n'avait plus la force de vouloir.

— Allons, ami! disait-elle en se faisant repentante et en lui essuyant ses yeux, allons! ne pleurez pas, — vous avez mal compris ce que je voulais dire; — je voulais dire que sans moi, sans quelqu'un qui vous aime, vous seriez malheureux parce que vous avez besoin d'être aimé. Et voilà, méchant! que vous interprétez mal mes paroles. Mais c'est vous qui devriez me demander pardon de me croire capable de dire de pareilles choses, mais ce serait une infamie. Vraiment, et vous ne croyez pas que je puisse faire une infamie, surtout à vous qui m'aimez et que j'aime, ajouta-t-elle tout bas. — Oh! vous ne m'aimez pas! — Eh bien! voilà que vous recommencez et que vous doutez encore. — Si vous m'aviez aimé, vous ne m'eussiez pas dit ce que vous venez de me dire, Henriette. — Mais vous prenez plaisir à me torturer! s'écria Henriette en pleurant à son tour, ces larmes faciles qui sont le privilége des femmes et la pluie des orages d'intérieur; — vous ne voyez donc pas que je suis souffrante depuis plusieurs jours? et au lieu de me soigner et de compatir à ce que je souffre, vous prenez je ne sais quel prétexte pour me chercher querelle, vous me faites pleurer. Vous êtes sans pitié quand vous savez qu'on vous aime; et moi qui vous demandais pardon tout à l'heure, c'est bien à vous, au contraire, à me demander pardon.

Tout cela avait été dit avec une telle conviction, que Tristan demeura persuadé que c'était lui qui avait tort et qu'il se jeta de nouveau aux pieds d'Henriette.

Celle-ci finit par pardonner à son amant l'insulte qu'elle lui avait faite. Ils se redirent tous deux qu'ils s'aimaient comme aux premiers jours, et lorsque Henry entra, ils étaient redevenus les amoureux d'autrefois, — ce qui parut l'étonner et presque le fâcher. La soirée se passa sans secousse, et à peine si quelques mots rappelèrent la scène de la journée, comme ces petits nuages furtifs qui passent emportés par le vent et rappellent l'orage dont ils gardent les restes.

A minuit, Henry se leva et prit congé d'Henriette; Tristan en fit autant.

— Adieu, messieurs, fit la jeune femme, et à demain. Nous verrons demain matin, dit-elle à Tristan et en lui pressant la main, si je dois vous pardonner tout à fait.

Et les deux jeunes gens la quittèrent pour regagner l'autre villa.

Rentré dans sa chambre, Tristan se rappela ce qui avait eu lieu, et comme il n'était que minuit et que la lune était splendide, il préféra songer à la fenêtre, et se demandait tout bas si Henriette lui pardonnerait d'avancer l'heure du pardon. L'autre villa dormait dans la blanche clarté de la lune, et comme le soir du jour où il était arrivé, il voyait les arbres se balancer nonchalamment sous la brise, il y avait de l'amour dans l'air. Tristan, qui avait une clef du jardin d'Henriette s'enhardit peu à peu dans sa résolution d'aller la trouver la nuit même, et pour qu'elle lui pardonnât plus facilement, il voulut lui chanter son air favori sous sa fenêtre.

Il descendit donc à pas mesurés, traversa le jardin, ouvrit la porte, et se disposa à franchir l'intervalle qui séparait les deux murs. Mais il lui sembla voir quelque chose se mouvoir contre la porte dont il avait la clef. En effet, un homme était là, un voleur peut-être. Tristan attendit l'homme, ouvrit la porte doucement et la referma sur lui; Tristan ne fit qu'un bond d'un mur à l'autre, et ouvrit à son tour la porte du jardin d'Henriette, sans faire le moindre bruit; il put alors voir celui qui tournait l'angle de l'allée et que la lune éclairait. C'était Henri de Sainte-Ile.

Tristan avait un battement de cœur affreux. Il vit Henry traverser le jardin, se glisser dans la maison et disparaître après avoir soigneusement fermé la porte du perron.

La première pensée de Tristan fut d'entrer, car il avait aussi la clef de cette porte, et de tuer Henry; mais il préféra avoir des preuves plus positives qu'Henriette le trompait, et il se résolut à attendre.

Tout ce que nous pouvons dire, c'est qu'à trois heures du matin il attendait encore.

Une femme jeune et belle se trouve un jour sur le chemin d'un homme inconnu; il s'agenouille devant elle et lui dit qu'il sera son esclave, qu'elle est l'ange de sa vie, l'étoile de son ciel; enfin, toutes les métaphores de : Je vous aime, aimez-moi. L'étoile descend pour lui sur la terre, l'ange se fait femme, c'est-à-dire pécheresse; elle lui donne les trésors d'amour enfouis dans les mines de son cœur; elle fait rayonner son existence de toutes les vanités, son cœur de toutes les jouissances et de toutes les poésies; elle s'abandonne à lui corps et âme; elle trace un sillon de bonheur dans la vie de cet homme, qui semblait ne devoir jamais se mêler à la sienne. Puis, il arrive qu'à son tour la femme élue veut élire, et qu'après avoir entendu le premier chant de ce poëme qu'on nomme l'amour, elle veut entendre le second, mais chanté par un autre, pour savoir, expérience bien naturelle, si l'autre mettra plus d'harmonie dans sa voix et plus d'expression dans son chant. Alors, se croyant la légitime et unique propriétaire de ses sentiments, elle donne de nouveau ce qu'elle avait déjà donné. Et le premier, qui a trouvé tout naturel qu'elle lui cédât à lui, sans s'inquiéter si quelqu'un en souffrirait, trouve maintenant étrange cette charité qui le fait souffrir.

Il en était ainsi de Tristan; mais pour lui la position était plus que douloureuse, elle était ridicule. Peu de jours auparavant, il avait été forcé de prendre auprès d'Henriette la défense de son ami, dont elle raillait les malheurs; et l'homme qui le trompait, c'était ce même Henry, qui sournoisement lui avait conseillé de partir pour laisser passer, disait-il, la mauvaise humeur d'Henriette, et, en réalité, pour éloigner un rival gênant, sinon dangereux. Cela devenait donc réellement une querelle sérieuse entre les deux hommes. Comme toujours, la raison de la femme était écartée, et Tristan était heureux d'avoir un autre prétexte, bien transparent il est vrai, mais enfin derrière lequel il abritait son amour-propre.

L'heure se passait. Le jour commençait à poindre, et le soleil sortait d'une ligne brumeuse qui s'étendait au-dessus du lac et qui semblait autant continuer l'eau que commencer le ciel. C'était un de ces réveils diaphanes de la nature, comme Bonningthon en a surpris quelques-uns. Tristan attendait toujours.

Tout à coup, il lui sembla entendre un bruit de porte qui s'ouvrait mystérieusement; et, le cœur haletant, il se jeta derrière le massif d'arbres qui lui servait d'abri depuis trois heures et écouta. Il vit alors sortir Henry regardant autour de lui, se retournant après avoir descendu les quelques marches du perron, et envoyant un sourire d'adieu à une fenêtre dont le rideau blanc entr'ouvert laissait voir la tête rose et charmante d'Henriette. Puis le rideau se referma, la tête disparut comme un rêve, et Henry, l'air triomphant, se dirigea vers la porte du jardin.

Tristan, qui, nourri dans le sérail, en connaissait les détours, arriva avant son ami à cette porte, si bien que lorsque Henry fut au moment de la toucher, il le vit pâle et debout qui gardait l'entrée avec des airs menaçants comme le dragon du jardin des Hespérides.

— Vos armes, monsieur? dit Tristan. — Et pourquoi faire? — Pour nous battre. — Oh! que c'est bête! reprit Henry. Monsieur, madame de Lindsay ne vous aime plus; elle m'aime : est-ce une raison pour nous couper la gorge, et cela ne se voit-il pas tous les jours? Écoutez, mon cher ami, si vous vous étiez tué trois fois comme moi, vous sauriez un peu mieux ce que c'est que la vie, vous en tiendriez un peu plus compte, et vous ne la risqueriez pas pour de pareilles billevesées. Si je me bats avec vous, deux choses peuvent arriver : ou je vous tuerai, et je dois dire, sans vous offenser, que c'est la supposition la plus vraisemblable; et alors j'aurai à me repentir toute ma vie de vous avoir tué, vous qui m'avez sauvé, vous à qui je dois les seuls moments de bonheur réels que j'ai eus dans ma vie; car je vous jure que je n'ai jamais été si heureux que depuis que vous m'avez tiré de mon affreux château d'Enghera. Tout semblait me sourire, et la Providence paraissait être décidée enfin à réparer pour moi les erreurs du hasard. Je retrouvais en vous un ami fidèle comme Oreste. Henriette m'aime, je n'en puis douter. Nous pouvions mener une existence charmante à trois. Au contraire, si je vous tue, outre le remords que j'en aurai, il faudra encore que je parte. On m'arrêtera, mon arrestation divulguera des secrets d'intérieur que la justice n'a pas besoin de connaître; puis, en admettant que je ne sois pas arrêté, madame de Lindsay m'en voudra, car je puis assurer qu'à défaut d'amour, elle a une grande amitié pour vous. Ou vous me tuerez, et alors qu'arrivera-t-il? on vous arrêtera, car, quelque amitié qu'Henriette vous porte, elle voudra venger la mort de l'homme qu'elle aime. On instruira votre procès, on découvrira votre véritable nom, on apprendra la mort de Charles, votre fuite mystérieuse, et l'on vous coupera probablement le cou. Croyez-moi donc, mon cher, prenez philosophiquement votre parti. La femme est un être mobile qui change de sentiments comme le caméléon change de couleur, et qui ne mérite pas qu'on se tue pour une de ses nuances. Rentrez donc en vous-même, mon cher Tristan; je serais vraiment désolé qu'il vous arrivât la moindre chose, à vous comme à moi. Je suis heureux pour la première fois de ma vie. Au nom du ciel, ne brisez pas mon bonheur en me forçant de vous tuer ou en me tuant.

Tout cela avait été dit avec un tel sang-froid, que Tristan se frottait les yeux comme un homme qui se réveille et qui croit avoir encore devant lui le rêve invraisemblable de la nuit. Il voulut donc voir jusqu'où Henry pousserait cette plaisanterie; et, les lèvres tremblantes, il lui dit :

Ainsi, monsieur, madame de Lindsay vous aime? — Oui, oui, répondit Henry d'un ton suffisant. — Et vous en avez les preuves?

Henry fit un signe modeste des yeux qui voulait dire : Je les ai.

— Et peut-on savoir depuis combien de temps? — Depuis le lendemain du jour où je vous trouvai tous deux si gais, et où vous me laissâtes si triste. — En effet, ce jour-là nous parlions de vous. — Eh bien, j'aurais pu, moi aussi, vous demander compte de cette hilarité née à mon approche et offensante pour moi, surtout de votre part; vous voyez que je m'en suis abstenu. C'est qu'il y a des circonstances où il faut savoir être ridicule ou malheureux, sans s'en prendre à d'autres qu'au hasard. — Et madame de Lindsay vous a-t-elle, en vous donnant les preuves de son amour, reprit Tristan, dit la cause de cette gaieté étrange qui a été la préface de votre bonheur? — Non. — Je le comprends. — Pourquoi! — C'est que cela eût pu vous être désagréable. — Ce n'est pas cette considération-là qui doit vous retenir, vous; racontez-moi donc la chose, d'autant plus qu'étant de sang-froid, elle ne me fera d'effet qu'autant que je voudrai. — Eh bien, reprit Tristan, le plus ironiquement possible, vos amours passées, si j'ai bonne mémoire, n'ont pas toujours été aussi heureuses que vos amours présentes, et vous y avez laissé des dents. — C'est vrai, dit froidement Henry, dont les joues se colorèrent cependant d'une rougeur presque invisible. Continuez. — Autant que je puis me le rappeler, continua Tristan, vous étiez fort inquiet de votre première dent perdue. — Je l'avoue. — Je puis vous en donner des nouvelles. — Vraiment? — Oui. — Votre récit m'intéresse. — C'est madame de Lindsay qui l'a. — Où? — Dans la bouche. — Ainsi, depuis cette époque elle vit et mange avec ma dent. Mais alors, monsieur, ce serait à moi de vous demander raison, car mes droits sont antérieurs aux vôtres, et à moins que madame de Lindsay n'ait deux dents à vous!

Tristan comprit que sa position devenait de plus en plus ridicule. Depuis le commencement de cette conversation, jamais il n'avait pu amener Henry au ton d'une querelle sérieuse, et, la dernière ressource lui échappant encore, le rouge lui montait au visage.

— Maintenant, monsieur, reprit-il, finissons-en vite.

Henry ne répondit pas; il avait la tête dans sa main, il paraissait réfléchir profondément.

— Monsieur, hurla Tristan, m'entendez-vous? — Figurez-vous, reprit Henry, que j'admirais les péripéties du hasard qui me fait perdre une dent à Paris, et qui me la fait retrouver où? sur les bords du lac Majeur, dans la bouche de qui? d'une femme que vous aimez et qui m'aime. Ma parole d'honneur! c'est trop drôle, et je m'étonne que vous n'en riiez pas comme moi.

Et il se mit à rire aux éclats.

— Monsieur, continua Tristan, vous êtes très-ennuyeux, et je vous assure que, comme il y a longtemps que je m'en suis aperçu, je désirerais me débarrasser de vous promptement. — Vous tenez donc toujours à me tuer? — Toujours. — Eh bien, je suis à vos ordres; mais je vous assure que c'est pour vous être agréable et pour vous remercier de l'histoire intéressante que vous venez de me raconter, car, sur l'honneur, je n'étais pas en train de me battre ce matin. Je parlerai de cela ce soir à Henriette, continua-t-il en passant son bras sous le bras de Tristan; nous en rirons beaucoup.

Tristan s'arrêta et regarda fixement son adversaire, croyant qu'il devenait tout à fait fou. Henry s'arrêta de son côté, mais sans quitter le bras de Tristan, et le regardant de cet air étonné qui voulait dire :

— Pourquoi donc vous arrêtez-vous? — Ah ça! monsieur, dit Tristan, rouge de colère et se croisant les bras, vous moquez-vous de moi, décidément? êtes-vous lâche ou fou? — Mais ni l'un ni l'autre, cher ami; c'est, au contraire, moi qui ne sais pas ce que vous avez ce matin. Jadis vous me sauvez la vie, et aujourd'hui voilà que vous voulez me tuer. Soyez donc conséquent. Ou vous vouliez me tuer, alors vous pouviez me laisser là-haut et vous n'auriez pas eu un meurtre sur la conscience; ou vous vouliez me sauver la vie, et alors, que diable venez-vous me parler de duel et de mort! Pour vous être agréable, je consens à me battre avec vous; mais ce n'est pas une raison pour me maltraiter. Nous arriverons aussi bien sur le terrain en causant tranquillement et bras dessus bras dessous qu'en nous disputant comme des portefaix. N'êtes-vous pas de mon avis? D'ailleurs, cria-t-il, faisant semblant de s'échauffer à son tour, que vous ai-je fait, moi? — Vous le demandez? — Oui, je le demande. Je suis l'amant de madame de Lindsay. Est-ce pas une belle raison de me chercher querelle? Est-ce que vous ne vous doutiez pas que cela arriverait? Comment, imprudent que vous êtes, vous avez une maîtresse du caractère d'Henriette, vous vivez seul avec elle depuis quatre mois, ce qui veut dire que vous l'ennuyez depuis trois mois et demi, vous amenez un ami avec des façons de mélodrame, elle apprend qu'elle a une dent à cet ami, et vous voulez qu'elle lui résiste et que même elle ne vienne pas au-devant de lui; mais, mon cher, vous êtes fou, fou à lier, fou dangereux. Mais sachez donc une chose, c'est que s'il n'y avait plus sur la terre qu'une femme, Apollon et Polyphème, cette femme prendrait d'abord Apollon pour mari ou pour amant, et, au bout de deux mois, tromperait le dieu avec le cyclope. — Monsieur, je trouve vos raisonnements et vos plaisanteries de fort mauvais goût. Madame de Lindsay n'est pas la cause de notre querelle. Je sais, et vous me l'auriez appris, si je ne le savais pas, à quoi m'en tenir sur le compte des femmes. Mais lorsque je vous ai fait part de la froideur d'Henriette pour moi, vous, déjà son amant, vous m'avez conseillé de partir pendant quelque temps et m'avez voulu prendre pour dupe. C'est de ce conseil, que je regarde comme une insulte, que je vous demande raison aujourd'hui. Quant à madame de Lindsay, je la méprise. Avez-vous compris, monsieur? — Oui, parfaitement. — Suivez-moi donc. — Volontiers. Mais vous me permettrez une dernière observation. C'est que vous avez pris pour une insulte ce qui n'était qu'une prévenance de ma part. Je prévoyais bien qu'un jour ou l'autre vous apprendriez mon bonheur, et je craignais que cela ne vous fît de la peine. Enfin, puisque la chose est faite, il faut en subir les conséquences. Je vous suis, mon cher, je vous suis.

Tristan ne se possédait plus; il marchait à grands pas vers l'autre villa. Quant à Henry, qui n'avait jamais été si heureux que depuis trois jours, et qui venait à son tour de mettre un homme dans une position ridicule, il était radieux; il marchait à quelques pas derrière son ancien ami, et ce ne fut qu'à la porte de la maison qu'il le rejoignit.

— Dites donc, mon cher Tristan, demanda-t-il, et des témoins? — Nous nous en passerons, répliqua sèchement Tristan. — Comme vous voudrez. Moi, je n'y tenais pas; c'était pour vous. Et des armes, est-ce que nous nous en passerons aussi?

Le jeune homme ne répondit qu'en reparaissant avec deux épées.

— Oh! les jolies épées! dit Henry en prenant la paire, et bien en main surtout. Elles viennent sans doute du baron de Lindsay? Quel gaillard vous faites! comme vous y allez, vous! Vous habitez la maison du défunt; vous conquérez sa femme; vous vous battez avec ses épées. Il ne vous manque plus que de vous faire enterrer dans sa tombe si je vous tue. — En garde, monsieur. — Une minute, que diable! Laissez-moi respirer encore; on ne sait pas ce qui peut arriver. Vous tenez donc toujours à vous battre? — Toujours. — Mais, mon cher, vous êtes dans un tel état d'exaspération que vous ne pourrez pas tenir votre épée. — Si c'est là seule raison qui vous arrête, vous pouvez vous mettre en garde. — Où nous battrons-nous? — Sur la route; à cette heure, personne ne nous verra ; et d'ailleurs, je ne veux plus reparaître dans cette maison. — Va pour la route.

Les deux champions se dirigèrent vers l'endroit choisi par Tristan.

Henry, comme nous l'avons dit, était de première force aux armes, et il avait encore, dans cette circonstance, sur son adversaire l'avantage du sang-froid. Tristan, en effet, l'œil ardent, les lèvres pâles, les dents serrées, tremblait, non de crainte, mais de colère, tandis qu'Henry, le visage calme, la main gauche sur la poitrine, la main droite ferme, avait une garde à la fois élégante et terrible. Quant à Tristan, en homme qui ne cherche qu'à tuer ou à être tué, il se jeta sur son adversaire de toute sa force: mais Henry éloigna le fer sans autre mouvement qu'une parade simple.

— Si j'avais riposté, lui dit-il, je vous tuais. — C'est bien, monsieur, reprit Tristan. A vous !

Et il se fendit en portant un coup droit; mais Henry avait pris le contre, et d'un coup sec, sans que son épée déviât, il avait désarmé Tristan.

Alors il se baissa, ramassa l'épée de son adversaire et lui donna la sienne en lui disant :

— Si je n'avais pas rompu, vous vous jetiez sur mon épée, et l'on aurait dit que je vous avais tué; il ne faut pas faire de ces imprudences-là.

Tristan écumait; si quelques jours auparavant il avait ri d'Henry, celui-ci se vengeait bien à son tour avec cet infernal sang-froid contre lequel on ne pouvait rien. En effet, on eût dit une statue dont la main, prompte comme la pensée, enveloppait tous les coups de Tristan dans des contre d'une vigueur et d'une rapidité effrayantes. Vingt fois déjà il eût pu le tuer; mais il semblait prendre plaisir à cette colère impuissante et la laissait venir se briser contre son fer. Cela dura ainsi un quart d'heure; au bout de ce temps, Henry dit à Tristan :

— En avez-vous assez? — En garde, monsieur, en garde! reprit Tristan. — C'est que cela devient fatigant. Vous ne me portez que des coups droits, vous vous entêtez, et vous savez pourtant bien que vous ne me toucherez pas. Il n'y a que madame de Lindsay qui puisse me toucher. Et je ne puis pourtant pas passer ma vie à faire des contre de quarte et des contre de tierce. Si vous me permettiez de m'asseoir encore. — A vous, monsieur! à vous! hurlait Tristan, qui ne se connaissait plus et se précipitait avec une fureur croissante sur son adversaire, qui avait toutes les peines du monde à ne pas le tuer. — Voyons, une dernière fois, dit Henry, voulez-vous en finir? Non. Eh bien! adieu, alors!

Et en disant cela, il se fendit. Le pauvre Tristan n'eut pas le temps de parer, et sa chemise s'injecta de sang à l'épaule; il voulut continuer, mais les forces lui manquèrent et il abandonna son épée. Henry n'eut que le temps de se jeter au-devant de lui et de le recevoir dans ses bras; il l'assit alors sur la route, et craignant d'être surpris, il se sauva vers la maison d'Henriette, laissant son adversaire évanoui.

XIV

Le petit homme à perruque à la Jean-Jacques et canne à pomme d'or.

Lorsque Tristan revint à lui, il était seul et assis sur le revers du fossé; le sang avait cessé de couler, car la blessure était légère, et Tristan s'était évanoui bien plutôt par suite des émotions qu'il avait éprouvées qu'à cause de cette égratignure. Cependant il avait la tête affaiblie, et ne voyait les choses écoulées qu'à travers un voile. Le souvenir lui revint peu à peu, il laissa aller ses coudes sur ses genoux, sa tête dans ses mains, et il se demanda ce qu'il allait faire.

Peut-être fût-il resté longtemps à se le demander, car la réponse n'était pas facile, et, comme beaucoup de gens de la mythologie, eût-il fini par être changé en statue ou en fontaine, si, à travers les fentes de ses doigts, il n'avait cru voir passer une ombre qui avait probablement l'intention d'être vue, car elle repassait sans cesse d'un pas mesuré comme le pas du spectre d'Hamlet. Cependant Tristan ne quitta pas ses coudes de dessus ses genoux ni la tête de dessus ses mains, et il lui sembla même que l'ombre avait disparu; mais c'était une erreur : elle avait tout bonnement décrit une ligne circulaire au lieu de reprendre sa ligne droite, avait tourné autour de Tristan, et, comme Alexandre devant Diogène, était de nouveau venue se poser entre le soleil et lui. Cette fois, il parut évident au songeur que l'ombre voulait qu'on lui parlât ou parler elle-même, car elle devint complétement immobile et masqua tout à fait

Phœbus, lequel sortait tranquillement de son lit de nuages. Tristan ne voulut pas s'opposer plus longtemps au désir de cette ombre. Il leva donc la tête et vit.

Figurez-vous un petit monsieur couronné d'une cinquantaine d'années, vêtu comme les oncles d'opéra comique et dissimulant sous son gilet long, à poches, un ventre indiscret. Joignez à cela des yeux surmontés de sourcils de couleur indécise, et surmontés eux-mêmes, après une courte interruption, de peau rose quoique déjà ridée, de cheveux coquettement poudrés et se terminant enfin par une queue qui, remuante comme celle des chiens, ne tarderait pas à tourner en trompette pour peu qu'elle préférât un jour le mouvement perpendiculaire au mouvement horizontal. Les yeux étaient d'un gris dont nous ne dirons rien; seulement, ils étaient piqués d'un point brillant d'intelligence et de politesse. Le nez était irrégulier, et, quoique fin, il séparait deux joues grassouillettes agréablement teintées de ce vermillon rose qui prouve la régularité des repas, le calme de la conscience et l'entente de la cave. Quant à la bouche, elle devait, dans l'inaction, être assez indifférente, mais, en ce moment, elle dessinait un sourire complaisant et laissait voir de petites dents blanches de l'émail le plus parfait. Il est bien entendu que l'ombre dont nous avons déjà décrit la partie nord ne se démentait pas dans la partie sud. Elle tenait au bras Est une longue canne, au bras Ouest un chapeau à trois cornes. Les bas étaient blancs, chinés bleu; les souliers à larges boucles d'argent, le gilet, la culotte et l'habit tabac d'Espagne recouvraient enfin un corps courbé par politesse comme une parenthèse. Somme toute, c'était une ombre fort coquette que cette ombre-là : elle avait le menton parfaitement rasé, et joignant avec une harmonie de ton charmante le bleu de la barbe au vermillon de la joue; un fin jabot retombait sur le gilet, de fines manchettes sur les mains et de larges breloques sur la culotte. Le costume était complet et la physionomie achevait le costume.

En un instant, Tristan vit ce que nous avons essayé de détailler, et, ne comprenant rien à l'attitude officieuse de ce monsieur, il se leva, salua et resta debout, la bouche entr'ouverte de l'air d'un homme qui demande ce qu'on lui veut.

— C'est bien cela, murmura l'ombre, le regard vif, les cheveux noirs, les dents blanches, la taille bien prise. — Monsieur, dit Tristan, vous paraissez désirer quelque chose; est-ce moi qui suis appelé à vous donner ce que vous désirez? — Et la voix harmonieuse du petit monsieur continua de murmurer avec un sentiment complet de satisfaction.

Puis, tout haut, et du ton le plus élégamment poli :

— Asseyez-vous donc, monsieur, je vous en prie.

Tristan salua et se rassit sur le revers de la route.

— Monsieur, reprit l'ombre en faisant passer son chapeau de la main Ouest à la main Est, afin d'avoir les gestes plus libres, monsieur. — Pardonnez-moi si je vous interromps, dit Tristan, mais je tiens à ce que vous vous couvriez, monsieur, les matinées sont fraîches, et vous pourriez prendre mal.

L'inconnu salua, se couvrit, et, s'appuyant sur sa canne, reprit d'un ton câlin :

— Monsieur, je dois vous paraître bien indiscret, car je viens me mêler de choses qui ne me regardent pas. Mais je suis passé voici quelques instants sur cette route, et je vous ai vu plongé dans des réflexions qui avaient tout l'air d'être tristes, de sorte que je suis descendu de ma voiture qui m'attend là-bas, pour vous demander si je pouvais vous être bon à quelque chose et pour vous prier de faire état de moi.

On voit qu'outre le costume, l'homme aux bas chinés avait conservé certaines expressions d'une autre époque.

Tristan fit un mouvement.

— Je comprends, monsieur, reprit l'interlocuteur, que ma démarche vous surprenne et vous paraisse peut-être inconvenante, mais je ne sais pas si vous vous en êtes aperçu, vous avez du sang à l'épaule. Je craignais donc que vous ne fussiez blessé, et votre immobilité confirmant encore mes soupçons, je me suis approché pour vous porter secours. — En effet, monsieur, reprit Tristan, j'ai reçu un coup d'épée à l'épaule, mais sans aucune gravité, je ne vous en suis pas moins reconnaissant de cette sollicitude qui vous a fait vous inquiéter ainsi d'un inconnu. — C'est mon caractère, monsieur c'est mon caractère. Nous sommes tous ici-bas pour nous entr'aider, et je suis sûr que si nous avions été, vous en chaise de poste, moi blessé sur la route, vous seriez comme moi descendu pour m'offrir vos services.

Tristan s'inclina.

— Quoique, reprit le petit vieillard, je n'hésite pas à dire que je suis d'un temps où l'on était meilleur, les hommes étaient plus francs, et l'on se fait plus égoïste, eh bien ! je crois que les hommes ont raison, monsieur, je crois qu'ils ont raison. L'égoïsme est la base du monde. Supposez, en effet, que lorsqu'un bateau se brise en mer et qu'un ou deux hommes se noient, supposez que les cinq cents individus qui sont témoins de cet accident, par dévouement se jettent à l'eau et qu'ils périssent aussi. Le lendemain, au lieu d'une famille il y en aura cinq cents dans la désolation, et le monde, comme vous voyez, finirait vite s'il cessait tout à coup d'être égoïste. — C'est juste, monsieur, c'est juste, disait Tristan, tout en se demandant si c'était pour faire de la philosophie que ce monsieur était venu l'interrompre dans ses méditations. — Pour en revenir à vous, reprit l'inconnu, car je me suis laissé aller à une digression de circonstance, je vous le répète, monsieur, puis-je vous être bon à quelque chose? Si vous avez besoin d'un ami ou tout au moins d'un aide, je suis à vos ordres. Si vous avez quelque peine, et vous paraissez en avoir, contez-la moi, et vous trouverez de sincères sympathies. Sont-ce des chagrins de cœur ou des chagrins de poche? ajouta le vieillard en souriant. — Les deux, hélas! Oh! les femmes! les femmes! — Que vous avez raison, monsieur, et que votre exclamation est douce à mon cœur! Vous l'aimiez donc beaucoup? — Si je l'aimais! — Et elle vous trompa, fit l'homme aux bas chinés en passant sa canne sous son bras, en croisant les mains et en inclinant la tête en signe de commisération. — Avec un homme à qui j'avais sauvé la vie. — Et qui vient de vous donner un coup d'épée? — Justement, monsieur. Mais qui vous a dit…? — Personne. Je devine; le monde est toujours le même, jeune homme; de sorte que, lorsque je me suis approché… — Je méditais et me plongeais dans de sombres pensées; car, tel que vous me voyez, monsieur, je ne sais où aller; tout ce que je possède est chez cette femme, et j'aime mieux mourir que de la voir. — Vous viviez donc ensemble? — Oui, monsieur; c'était même l'existence la plus douce qu'on pût rêver. Le matin nous montions à cheval, nous faisions des armes (car elle tirait comme Saint-Georges, cette femme), nous nous promenions sur le lac. — Mais vous ne pouviez pas toujours faire des armes, toujours monter à cheval, toujours vous promener en bateau, et vous étiez tous deux, j'en suis sûr, gens trop distingués pour ne pas vous occuper de temps en temps de ces choses qui réjouissent l'âme sans fatiguer le corps? — Oui, monsieur, nous avions nos longues causeries, d'abord; puis, moi qui ai fait un peu de tout, je peignais pendant qu'elle se mettait au piano, et quelquefois je chantais avec elle. — Ah! fit le vieillard en souriant, vous chantiez. — Nous chantions, répondit Tristan, qui crut que l'ombre allait, comme la fourmi à la cigale, lui dire : Eh bien! dansez maintenant. — Et que chantiez-vous? — Du Rossini. — Du Rossini? dit le petit homme, dont l'œil étincela. — Oui, monsieur. — Et vous trouviez cela beau? — Splendide. — Et quand on pense, monsieur, qu'il y a des gens!... — Oui, monsieur, il y en a. Or, vous comprenez que, quand vous vous êtes approché de moi, c'était le souvenir de ce bonheur perdu qui me rendait triste, c'était l'impuissance où je suis qui me rendait malheureux, et je me demandais s'il ne valait pas mieux me donner la mort que de l'attendre. — Mourir, vous, jeune homme? allons donc! vous êtes fou. — Mais, monsieur, franchement, que voulez-vous que je fasse? Si je vous racontais d'autres malheurs qui ont précédé celui-ci, vous comprendriez mon découragement; mais, à voir la progression des événements qui me poursuivent, c'est à douter de Dieu, et je suis réellement au désespoir.

Et Tristan, comme si l'inconnu n'eût plus été là, retomba la tête dans ses mains. Le vieillard, tout souriant, s'assit alors auprès de lui, lui frappa légèrement sur l'épaule et lui dit :

— Ne pourriez-vous pas me chanter quelque chose ?

Tristan leva la tête comme s'il eût été interpellé par un fou. Mais cette demande avait été faite avec une si exquise politesse, la figure du questionneur était si sérieuse, que Tristan ne put s'empêcher de sourire en lui disant :

— Vous chanter quelque chose? — Oui, fit le vieillard avec un signe de tête. — Ici? — Ici. — Sur la route? — Sur la route. — Mais, monsieur, c'est une plaisanterie. — Du tout ; ne m'avez-vous pas dit tout à l'heure que vous chantiez avec votre...... amie. — C'est vrai. — Du Rossini? — C'est vrai. — Eh bien, cher jeune homme, je vous demande comme un signalé service, de chanter du Rossini, le morceau que vous voudrez. — — Ainsi, c'est sérieux? — Très-sérieux, continua l'homme aux bas chinés. — Vous le voulez absolument? — Je vous en supplie. — Allons, se dit Tristan, il paraît qu'il y a des jours où il faut être ridicule jusqu'au bout. Je suis à vos ordres, monsieur. C'est bien le moins que je puisse faire pour un homme qui a pris tant d'intérêt à moi; seulement vous comprendrez une chose. — Laquelle? — La difficulté qu'il y a à chanter ainsi en plein air, à l'improviste et sans accompagnement. — N'est-ce que cela? — Oui.

A ce mot l'inconnu se leva, posa soigneusement sa canne

sur la route, et se dirigea en trottinant du côté de sa voiture.
— Qu'allez-vous faire? dit Tristan. — Dans une minute je suis à vous.

Et notre héros tout en se disant : Quel peut être cet original? le vit ouvrir la portière de sa voiture, en tirer une boîte, refermer la portière avec soin et revenir toujours en trottinant.

— Voici la chose, dit-il avec une intonation légèrement essoufflée. — Quelle chose? dit Tristan. — Le piano.

Et ce disant, l'inconnu ouvrait la boîte, et montrait en effet au jeune homme un piano formé de deux octaves, grand comme une boîte de pistolets et qu'on se met sur les genoux. Puis il s'assit, posa l'instrument comme nous venons de dire, et faisant courir rapidement ses mains sur les touches d'ivoire, il préluda.

— Je vous attends. — Et moi, je rêve. Vous y tenez donc toujours? — Plus que jamais. — Commençons alors. Prenons-*Oh! Mathilde!*... si vous voulez. — Va pour *Oh! Mathilde!*

Tristan alors se leva et commença ce morceau, l'écueil des ténors. L'inconnu, tout en l'accompagnant, l'écoutait comme si de chaque note eût dépendu sa vie. Tristan chanta ce morceau à merveille, et quand il eut fini, le petit vieillard déposa sa miniature de piano, et avec de véritable larmes aux yeux, se jeta au cou du chanteur, l'embrassa et lui dit :

— Jeune homme, notre fortune est faite!

Et après avoir refermé son instrument, il le prit d'une main, le jeune homme et sa canne de l'autre, trottina vers sa voiture, y fit asseoir son compagnon et cria au postillon :

— Route de Milan, et les guides doubles.

XV

A Milan.

— Maintenant, monsieur, dit Tristan à l'inconnu lorsqu'il eut commodément pris place auprès de lui, je veux bien me laisser conduire comme un aveugle, mais cependant je tiendrais à avoir quelques indications sur ce que vous comptez faire de moi, ne fût-ce que pour passer le temps. Permettez-moi donc de vous demander où nous allons d'abord. — A Milan. N'avez-vous pas entendu que j'ai dit au postillon : Route de Milan? — Oui, mais j'ignorais si nous devions nous y arrêter. — Nous nous y arrêtons. — Et qu'y ferons-nous? ou plutôt, comme vos affaires ne me regardent pas, qu'y ferai-je? — Jeune homme, répondit le vieillard avec un regard plein de sollicitude, vous n'avez aucune répugnance pour le théâtre? — Vu de la salle ou de la scène? — Vu de la scène. — C'est selon quel théâtre. — Un théâtre d'opéra, par exemple. — Ah! je commence à comprendre. — Alors il est inutile que je continue. — Au contraire, tout ceci est plein d'intérêt pour moi. — Eh bien! mon cher compagnon, j'étais à la recherche d'un ténor pour le théâtre de Milan; je ne sais pas si vous l'avez entendu dire, mais le ténor est une des choses les plus difficiles à trouver; je dis chose, parce que je fais abstraction de l'homme et ne veux parler que de la voix. Car pour des hommes s'intitulant ténors, il n'est pas rare d'en rencontrer, et il s'en présente même plus qu'on n'en cherche. J'étais donc depuis longtemps en route, allant de théâtre en théâtre et ne trouvant jamais. Les uns avaient plus de prétentions que de talent; d'autres, que j'aurais pu prendre faute de mieux, mettaient comme condition de leur engagement l'engagement de quelque chanteuse d'une vertu équivoque et d'une voix semblable à leur vertu. Car, il faut que je l'avoue pour ne pas vous prendre en traître, et c'est probablement à cause de cela qu'ils sont payés si cher, les tentations de saint Antoine ne sont rien à côté de celles que subit et auxquelles le plus souvent succombe un ténor joli garçon. Il faut que vous connaissiez bien la position que vous allez avoir. Sachez que dans la salle, chaque main de femme qui vous applaudira sera l'écho d'un cœur prêt à vous aimer. Mais, méfiez-vous de ces amours-là, jeune homme! caprices de grandes dames désœuvrées, qui tuent avec un sourire et voient mourir sans un regret; sachez une chose, c'est que plus la main est blanche, plus la bouche est gracieuse, plus les habitudes sont aristocratiques, plus aussi le cœur est faux. Figurez-vous, mon jeune ami, qu'il y a deux ans, j'avais trouvé à Naples un ténor étourdissant, une moustache fine, une tournure élégante, une voix comme la vôtre. C'était bien le plus joli ténor qu'on pût rêver; je l'avais ramené comme je vous ramène, en lui faisant de la morale sur les femmes, comme je vous en fais. Tant qu'il ne parut pas sur la scène, tout alla assez bien, je le nourrissais comme je vous nourrirai. — Pardon, reprit Tristan, vous comptez donc me nourrir? — Si je compte vous nourrir, jeune homme! s'écria l'impresario; voulez-vous donc que j'abandonne un diamant comme le vôtre aux caprices des gargotiers de Milan, pour qu'ils vous le ternissent, et qu'au bout de trois mois, vous me fassiez des *ut* éraillés? Non, non, je vous nourrirai moi-même, à ma table, et soyez tranquille, vous serez bien nourri. — Comme vous voudrez, cher maître; et si vous n'avez que de ces exigences-là, vous pouvez être sûr que je m'y conformerai. Continuez. — Je le nourrissais donc, reprit l'homme aux bas chinés, et il devenait gras, et il filait des sons si fins, que je lui disais quelquefois : Vous aspirez de l'air et vous respirez des perles. Enfin j'annonçai les débuts. Jusque-là, je l'avais tenu caché le plus possible, je lui avais fait pour sa conduite les plus sages recommandations; pour le chant je n'avais rien à lui apprendre. Cependant, le bruit s'était répandu que j'avais trouvé ce trésor, et le jour où je le montrai au public la salle était comble. Si vous saviez, mon cher jeune homme, l'influence de l'homme de théâtre sur la femme, qui ne voit que le beau côté des coulisses! Elle rêve alors un monde d'enchantements, qui lui paraît d'autant plus beau que jamais elle n'y pourra entrer, et elle se passionne tout à coup pour un de ces hommes dont la voix exprime si bien l'amour, sans s'apercevoir que c'est un rôle que cet homme joue, et non la propre expression de son cœur qu'il rend. Enfin, le jour des débuts de mon ténor, la salle étincelait de lumières, de pierreries et de fleurs; on eût dit un paradis; les galeries semblaient des guirlandes de femmes, et la salle craquait sous les applaudissements; c'était une fureur, une frénésie; on lui jetait des fleurs à l'enterrer dessous; cela dura ainsi quinze jours à peu près; au bout de ce temps il entra un matin chez moi, et me dit : — Mon cher maître, qui est-ce qu'une madame S...? Et il me nomma un des plus grands noms de Milan. — C'est, lui dis-je, une adorable comtesse, riche à épouser Crésus, belle à faire pécher un saint, une de nos abonnées les plus assidues. — Merci, me dit-il, c'est que j'ai un rendez-vous ce soir avec elle.

Je ne pus retenir un cri. Je voyais déjà entrer mon ténor dans cette route fatale dont je lui avais topographié les écueils et signalé les dangers; mais rien ne put l'arrêter et il alla à son rendez-vous. Quelques jours après, il vint encore me trouver et me dit :

— Connaissez-vous un monsieur L...? — Oui, lui dis-je. — Quel homme est-ce? — C'est un de nos plus élégants dilettanti, un des plus charmants jeunes gens de la ville, un de nos abonnés. — C'est, me répondit mon ténor, que je lui ai donné un soufflet hier et que je me bats avec lui demain.

Cette fois je faillis m'évanouir. Tant qu'il n'avait été question que d'amour, je pouvais encore espérer, mais du moment que les épées s'en mêlaient, je tremblais pour mon ténor; d'ailleurs, un ténor n'a pas le droit de se battre; c'est sur lui que repose le théâtre, et c'est le capital de l'administration. Sa voix est en actions, et, s'il se fait tuer, il vole les actionnaires. Je lui fis, après la première émotion, toutes ces observations-là : j'ajoutai que nous montions un opéra nouveau; que j'avais déjà fait de grands frais de costumes et de décors; que le succès dépendait de lui, et que, s'il allait se faire tuer avant la représentation, j'étais ruiné, et que je n'avais plus qu'à aller voir s'il restait encore assez d'eau dans quelque fleuve d'Italie pour me noyer. Rien ne put le fléchir, monsieur, ni mes menaces, ni mes prières, ni mes larmes. Je ne dormis pas un instant de toute la nuit qui précéda le duel; à six heures du matin, j'étais chez lui et j'attendais son retour. Il revint, monsieur, après avoir donné deux coups d'épée à son adversaire : jugez de ma joie. Le bruit de ce duel se répandit dans la ville, et quand mon ténor reparut, on ne l'accueillit plus comme un homme, mais comme un dieu. A compter de ce moment il était perdu, je le compris et j'augmentai le prix des places; les avant-scènes étaient aux enchères : tantôt c'était madame la comtesse D..., madame la marquise V..., madame la baronne C.... Je voyais mon ténor qui dépérissait d'une manière effrayante; je redoublais de soins; mais, hélas!... la morale et le bordeaux n'y pouvaient déjà plus rien. Sa voix s'affaiblissait de plus en plus. Les femmes qui l'avaient le plus aimé, ne trouvant plus sa voix aussi belle, désertaient le théâtre; nous faisions huit cents francs aux plus fortes recettes. Enfin le désespoir le prit, et un beau jour, après une longue et douloureuse maladie, il mourut dans mes bras, monsieur; de sorte que depuis ce temps j'étais à la recherche d'un ténor qui eût l'*ut* de poitrine et la haine des femmes, et comme vous possédez ces deux qualités, vous ferez notre fortune à tous deux. — A merveille, mon cher maître, reprit Tristan; pour l'*ut* de poitrine, j'aurai encore besoin de quelques études; quant à la haine des femmes, vous pouvez être tranquille. — Oh! jeune homme, que vous me rendez heureux! continua l'imprésario. Cette dernière qualité est la moitié de votre succès. Vous êtes joli garçon, les occasions ne vous manqueront pas, et vous n'aurez pas besoin de les chercher, sachez leur résister; j'ai été jeune et joli garçon aussi, moi, profitez de mon expérience. Je ne dis pas qu'il vous faille vivre comme un ermite, non, il faut même qu'un artiste, pour pouvoir peindre les passions, les ait éprouvées un peu; mais ménagez votre diamant, c'est tout ce que je vous demande. D'ailleurs, je prendrai soin de vous. Non-seulement vous mangerez, mais vous demeurerez avec moi; j'ai à vous donner dans ma maison un appartement bien recueilli, bien mystérieux, bien fait pour l'étude, éloigné de tout bruit, c'est-à-dire de toute tentation. Vous travaillerez là avant vos débuts, pendant un mois encore; vous suivrez nos représentations pour vous familiariser avec la scène, dont vous n'avez pas naturellement l'habitude. — Un mois me suffira? demanda Tristan. — Oh! certainement, reprit l'impresario; pour le ténor l'habitude de la scène est bien peu de chose. Je vous apprendrai trois ou quatre gestes que vous classerez par numéro et que vous ferez l'un après l'autre; c'est tout ce qu'il vous faudra : le public, attentif à la voix, ne fait aucune attention au jeu. Chantez, chantez bien, voilà le principal, ne vous occupez pas du reste. Vous savez l'italien ? — Parfaitement. — Vous vous nommez? — Tristan. — A merveille; il ne nous reste plus maintenant qu'à régler les conditions de notre engagement. — Pourvu que j'aie de quoi vivre, c'est tout ce que je demande. — Mettons mille francs par mois, fit le petit vieillard; mais, ajouta-t-il en souriant, vous me jurez que vous n'êtes plus amoureux. — Je vous le jure. — J'ai bien envie de mettre aussi comme condition, dans notre traité, que vous ne le serez jamais. — Vous le pouvez. — Oh! jeune homme, gardez ces bonnes résolutions; je vous aimerai, moi, comme un père si vous consentez à ne pas être amoureux. J'aimerais mieux voir mon ténor mort qu'amoureux. — Ce qui est exactement la même chose, d'après ce que vous m'avez raconté tout à l'heure. — Oui; mais vous comprenez facilement une chose, c'est qu'une fois pris d'un bel amour pour n'importe qui, vous manqueriez les répétitions, vous seriez triste, vous chanteriez mal, vous vous occuperiez de vos amours d'avant-scène au lieu de suivre votre rôle, et vous ruineriez le théâtre. — Soyez tranquille, mon cher maître, je vous renouvelle mon repentir du passé et mes promesses de l'avenir.

La conversation continua ainsi, pleine de recommandations de la part de l'impresario, pleine d'assentiment de la part de Tristan. Les deux voyageurs, arrivés à Arona, changèrent de chevaux.

Un homme de la douane s'approcha d'eux.

— Vous allez voir, dit l'impresario. — Vous n'avez rien de sujet à la douane, messieurs ? dit l'homme.

Et tout en faisant cette question, il s'approchait des malles attachées derrière la voiture.

— Non, fit le vieillard. — Votre parole d'honneur, reprit le douanier en portant la main sur les courroies. — Ma parole d'honneur, continua le compagnon de Tristan en faisant glisser un écu dans la main du douanier. — Je vous crois, Excellence, répondit celui-ci en saluant, et il disparut. — Mais je croyais, dit Tristan, que comme ici l'on exporte et que l'exportation est la richesse d'un pays, on ne visitait pas les voyageurs. — C'est juste; mais les douaniers, qui se sont aperçus que cela rapportait plus, sinon à la douane, du moins aux employés, de visiter les malles, ont établi cet octroi; malheur à vous si vous ne jurez pas comme je l'ai fait! ils vous mettront toutes vos hardes dehors sans en excepter une épingle.

Les deux voyageurs reprirent leur route et arrivèrent à Sesto-Calende.

— Ici ce n'est plus comme à Arona, dit l'impresario. — Ah! vraiment; ils sont sévères. — D'une sévérité hors de prix; et non-seulement ils fouillent les malles, mais encore ils demandent les passe-ports. — Ah! diable! — Qu'avez-vous donc? — J'ai que je n'ai pas de passe-port, mon cher directeur, et que s'ils sont très-sévères, vos douaniers de Sesto-Calende, le théâtre de Milan est bien près de ne pas me connaître. — J'ai prévu le cas. — Vraiment? — Oui. — Comment ferez-vous? — J'ai un passe-port sur lequel vous êtes porté. — Moi? — Vous comme les autres. — Je ne comprends pas. — Quand je voyage, ce n'est que pour trouver un ténor, vous le savez. — Oui. Eh bien? — Eh bien! je fais mettre sur mon passe-port: Voyageant avec son ténor. — Je comprends. — Ils regardent le ténor comme une chose à moi, comme un accessoire indispensable de mon voyage; et comme les douaniers sont bêtes, sans quoi ils ne seraient pas douaniers, ils me laissent passer sans rien dire. — Savez-vous que c'est très-ingénieux cela, et qu'on dirait que vous m'avez prévu? — Pas plus vous que les autres; un ténor qu'on cherche, on ne sait jamais dans quelle position on va le trouver si on le trouve. Il peut s'être sauvé d'un autre théâtre, et en l'emmenant je ne fais jamais que combattre la concurrence. Il peut être poursuivi pour dettes, cela s'est vu, et en le prenant avec moi je ne fais jamais que lui rendre service et dépister des créanciers, deux bonnes actions qui me seront comptées plus tard en paradis ; il peut enfin être dans votre position, et alors je lui rends à lui et à moi un double service qui me sera payé tout de suite par mes abonnés. — C'est plein de sens.

Ils quittèrent leur voiture. Les douaniers fouillèrent, on lut le passe-port.

— Si vous voulez, dit le directeur, nous allons déjeuner ici.

— Volontiers, dit Tristan.

Ils entrèrent dans une auberge de Sesto-Calende. Dieu vous garde de ces auberges-là !

Quand il fut bien démontré à Tristan qu'il ne pouvait, si courageux qu'il fût, s'introduire dans le corps ce qu'on venait de lui servir, il poussa un soupir, leva les yeux, et vit son compagnon, dont la bouteille et l'assiette étaient intactes, qui le regardait en souriant. — Eh bien ? lui dit celui-ci. — Eh bien ! c'est exécrable. — Allons, remontons en voiture.

Et quand ils furent réintégrés dans leur chaise de poste, le petit vieillard ouvrit une boîte, en tira deux verres et un carafon renfermant une liqueur semblable à du rubis en fusion. Il passa un des deux verres à Tristan, l'emplit autant que les secousses de la voiture le lui permettaient, et en prit un. Tristan fit de même ; un sourire de satisfaction et de bien-être, accompagné d'un regard de reconnaissance, illumina la figure du nouveau ténor, qui, après avoir fait claper sa langue contre son palais, rendit le contenant de cette liqueur bienheureuse à celui qui la lui avait donnée, lequel resserra soigneusement les deux verres et le carafon dans la boîte, remit la boîte à sa place, et se rejeta dans le fond de la voiture. — Vous avez mal déjeuné, dit-il à Tristan. — Horriblement. — Hé bien ! on mange partout ainsi dans notre belle Italie. — Hélas ! — Excepté chez moi, fit l'impresario ; faites-moi une gamme.

Tristan essaya, mais arrivé à l'*ut*, sa voix s'y refusa. Il pâlit.

— Vous voyez, mon cher ami, dit le vieillard, vous voyez ; trois mois de cette nourriture-là, et votre diamant deviendrait du strass ; vous voyez, l'*ut* ne veut pas sortir, c'est la côtelette qui fait cela ; promettez-moi de vous nourrir comme je l'entendrai, ou je ne réponds de rien. — Je vous le promets, je viens de faire une expérience qui vous garantit ma promesse.

Après avoir fait neuf lieues en six heures, ils arrivèrent à Milan où la formalité du passe-port se renouvela, après quoi ils entrèrent dans la ville. L'impresario conduisit son compagnon dans une maison attenant au théâtre, lui fit monter deux étages, le fit pénétrer dans un appartement plus confortable que luxueux, orné des portraits des grands chanteurs que l'Italie a donnés à la France, et, pendant qu'on débarrassait la voiture, le directeur dit à Tristan :

— Je ne vous ai pas donné le temps de vous retourner, vous devez avoir besoin de beaucoup de choses ; prenez toujours ces vingt-cinq louis, et avant le dîner allez avec mon vieux domestique, qui connaît naturellement mieux la ville que vous, faire emplette de ce qu'il vous faut. Ces cinq cents francs sont la moitié de votre premier mois, qui court de ce matin.

Tristan serra la main de l'impresario en signe de reconnaissance et sortit en bénissant la Providence et en s'étonnant de ce hasard qui, au moment où sa fuite de chez Henriette le mettait dans une position si embarrassante, lui avait fait rencontrer un sauveur, lui offrant, outre un présent plus que confortable, un avenir brillant et glorieux, hasard dont le lecteur pourrait s'étonner autant que le héros si l'on devait dans ce monde plein de bizarres événements et de paradoxales aventures s'étonner de quelque chose ; d'ailleurs cette histoire, si invraisemblable qu'elle paraisse être, n'en est pas moins authentique et a le double avantage de nous avoir été dite par des gens dignes de foi et d'être racontée par nous qui, comme le lecteur le pense, n'avons pas encore menti.

Tristan, quoique étonné, n'en continua pas moins la recherche des marchands qui lui étaient nécessaires, et fit même taire son étonnement pour examiner cette nouvelle ville, que, d'après les résolutions de l'impresario, il était destiné à habiter et à éblouir.

Si, au lieu de faire ou plutôt de raconter une histoire, nous écrivions un voyage, nous nous étendrions sur cette ville qui est peuplée de soldats autrichiens, lesquels ont des pantalons bleus trop étroits et des bonnets à poils trop larges, si bien que quand ils se sauvent, ce qui peut arriver même à des Autrichiens, et qu'ils sont forcés de sauter un fossé sur leur route, ils perdent leurs bonnets et crèvent leurs pantalons, ce qui doit être aussi gênant pour le soldat que coûteux pour le gouvernement qui a eu l'heureuse idée de vêtir ainsi son armée et de s'obstiner à lui conserver ce costume, malgré les nombreuses preuves qu'il a eues de son incommodité. On assure même que ces malheureux soldats ont perdu bien des batailles à cause de leur coiffure ; — car lorsque l'ennemi fuyait et que les Autrichiens se mettaient à sa poursuite, à chaque instant il y en avait qui laissaient tomber leur bonnet, et comme s'ils ne rentraient pas coiffés ils étaient sûrs de recevoir de leurs supérieurs une volée de coups de canne, ils revenaient sur leurs pas ramasser leur bonnet, ce qui mettait de la confusion dans les rangs et ce qui faisait gagner du terrain à l'ennemi. Or, lorsqu'ils rentraient au camp poursuivis à leur tour, on n'avait rien à leur dire. Ils avaient perdu la bataille, c'est vrai, mais ils n'avaient pas perdu leur bonnet. Ce qui prouve que ce gouvernement est plus économe qu'ambitieux.

Et voilà pourquoi les Autrichiens ont remporté si peu de victoires.

Ces soldats sont si bien dressés, qu'on en a vu, poursuivis par l'ennemi, perdre leur bonnet, et, malgré le feu, revenir pour ravir cette importante capture aux vainqueurs; mais ceux-là étaient bien récompensés, ils perdaient la victoire d'abord, leur bonnet qu'ils n'avaient pas le temps de ramasser, et la vie.

Nous parlerions bien encore de ce fameux dôme qui a des clochers rangés comme un jeu de quilles, et des saintes dans des attitudes de bergères, ce qui fait de cette église le monument le plus baroque qu'ait jamais pu rêver la série de siècles qui lui ont donné le jour.

Mais, poursuivi par notre sujet, qui, comme l'ange au Juif nous dit : Marche ! nous nous contenterons de signaler ces deux excentricités à la curiosité de nos lecteurs qui peuvent se faire voyageurs demain, et qui nous reprocheraient cette lacune.

Tristan, après avoir fait les mêmes observations que nous et avoir de plus remarqué que si les Autrichiens ont des bonnets à poils qui ne tiennent pas assez, les Milanaises ont des voiles noirs qui leur couvrent la figure et qui tiennent trop, rentra à sa nouvelle demeure où il trouva l'impresario qui l'attendait devant la table servie.

XVI

La Prima-Donna.

Après le dîner, Tristan fut conduit à son nouvel appartement. Tristan était fort triste, et c'était chose bien naturelle. Quand on arrive dans un pays étranger, quand on voit, inconnu et ignoré de tous, passer sinon heureuse du moins active la vie des autres, quand on sent que tous ces êtres qui se meuvent autour de soi, si l'on venait à souffrir, ne donneraient ni une de ces consolations ni un de ces soins du cœur que vous retrouvez dans votre passé, lorsque vous vous rappelez votre mère, quand vous rentrez seul dans une chambre vide où personne ne vous attend et qui ne peut vous donner aucune joie, n'ayant reçu aucune de vos impressions, vous éprouvez un sentiment de tristesse dont vous ne pouvez vous défendre. Dans ces moments-là vous aimeriez tout le monde, vous voudriez avoir près de vous même la moins aimée des femmes que vous aimiez autrefois afin de rattacher votre cœur à quelque chose. Vous vous souvenez de toutes ces parcelles de plaisir que vous avez semées dans votre vie, et dont à cette heure triste vous feriez un bonheur. Vous voyez dans un horizon brumeux passer avec leurs habitudes les amis d'autrefois, vous regrettez le plus indifférent, et vous en cherchez un à défaut de parents à qui vous puissiez envoyer un peu de votre tristesse et demander un peu de la gaieté qu'il doit avoir si rien n'est changé dans sa vie ; et quand vous n'en trouvez pas qui en recevant votre lettre n'en rirait, vous retombez sur votre chaise encore plus triste qu'auparavant, et vous regardez brûler votre bougie.

Tristan en était là ; un instant il eut la pensée d'écrire à Louise. Mais puisque la lettre de madame de Lindsay ne l'avait pas trouvée, la sienne ne la trouverait pas davantage. Il n'en prit pas moins la plume et commença trois ou quatre lettres ; mais, soit qu'il n'aimât plus sa femme comme autrefois, soit qu'il comprît qu'il était un peu trop tard pour se souvenir d'elle, les mots ne venaient pas et les lettres restèrent inachevées. Il les prit, les froissa et les jeta dans la cheminée, où elles allèrent rejoindre d'autres papiers, les uns froissés, les autres déchirés tout à fait. Il regarda longtemps ces feuilles éparses dont peut-être chacune avait apporté une émotion de celui qui les avait écrites à celui qui les avait lues, enfin il se baissa pour ramasser ces morceaux de papier, mais si adroit qu'il fût, quelque attention qu'il mît à rejoindre les déchirures et à lier les mots, il n'arriva qu'à lire des choses fort insignifiantes, et n'apprit pas même un nom.

Cependant le temps s'était passé, une heure venait de sonner dans la nuit sans éveiller un bruit terrestre, et s'était perdue sous le ciel bleu dont à travers les jalousies et malgré quelques nuages, Tristan voyait briller les pures et calmes clartés. Il se mit donc au lit, rêva encore quelque temps, puis éteignit sa bougie et s'endormit. Le lendemain, quand il se réveilla, les idées tristes s'étaient enfuies avec les étoiles. Le soleil perçait les rideaux de ses mille vrilles d'or. Tristan se leva, ouvrit sa fenêtre à l'air du matin : tout à l'extérieur était joyeux; la ville, de son côté, s'éveillait avec ces cris si accentués du midi, et les gens qui passaient, même les Autrichiens, avaient cet air de fête que donnent le ciel bleu, le pavé sec et le temps chaud.

Un instant Tristan avait perdu l'idée de ce qui s'était passé la veille, et avait cru comme d'habitude se réveiller dans la maison de madame de Lindsay; mais n'ayant pas trouvé toutes ces choses auxquelles le réveil s'habitue si facilement et sur lesquelles en s'ouvrant les yeux se posent, les souvenirs étaient vite revenus; il avait alors passé sa main sur son front pour en éloigner la dernière pensée triste, comme au matin une seule bouffée de vent enlève les dernières traces de l'orage de la veille, et il s'était mis à parcourir son nouvel appartement pour voir si le jour lui conservait la même physionomie que le soir.

Partout des rayons de soleil filtraient par les rideaux entr'ouverts et semblaient apporter sur leurs lignes dorées quelques notes des chansons matinales que les oiseaux semaient sous les fenêtres; à cette harmonie du dehors se joignait au dedans certain parfum de femme répandu dans les moindres parties de cet appartement. Plus Tristan examinait, plus il reconnaissait dans cet arrangement des meubles, dans cette simple coquetterie des tentures la main de la femme et de la femme de goût; il était évident pour tout homme intelligent qui entrait dans ce boudoir qu'il ne devait pas être désert depuis longtemps de son hôtesse, un homme n'eût pas eu le talent de faire disposer ainsi les rideaux et de pratiquer ce demi-jour étoilé de soleil, imbibé de fraîcheur, qui ne peut se jouer que sur des robes de mousseline et des cheveux en bandeaux; quant à nous, nous dirions en entrant dans un appartement inhabité depuis la veille s'il était habité par un homme ou par une femme; si elle était jeune ou vieille, laide ou jolie, sentimentale ou folle. Nous devinerions aux tentures si elle était brune ou blonde, et nous ne serions pas étonné en passant devant les glaces d'y voir refléter son image pour détailler encore son portrait. La femme a pour elle cela de charmant, c'est que partout où elle habite elle laisse comme les fleurs un sillage embaumé, c'est que lorsqu'on entre dans un appartement vide, mais chaud encore de la vie d'une femme qu'on ne connaissait pas, qui est partie et qu'on ne verra peut-être jamais, on cherche cette femme comme si on l'avait connue, on la regrette comme si on l'avait aimée. On demande aux meubles, aux murs, de redire les impressions qu'ils ont vues, de trahir les secrets qu'ils gardent, et, si le hasard fait que cette femme revienne, qu'on la voie, qu'on apprenne un peu de son passé, on classe sa vie, on reconnaît les endroits où elle a été heureuse, ceux où elle a souffert, et, quand on la rencontre on est prêt à marcher à elle et à lui parler comme à une maîtresse ou à une sœur.

Tristan, à qui comme à nous les réflexions étaient venues, s'était approché du piano et l'avait ouvert; il avait d'abord laissé courir une seule main sur les touches, puis les deux, puis la voix s'en était mêlée, si bien qu'il venait d'achever avec enthousiasme un des plus beaux morceaux de *Guillaume Tell*, lorsqu'il entendit derrière lui une voix qui lui disait :

— Encore, jeune homme, encore.

Il se retourna et vit l'impresario qui avait remplacé son habit tabac d'Espagne par une robe de chambre à ramages, comme en portaient nos bonnes grand'mères dont nous rêvons dans nos nuits heureuses, et qui l'écoutait tout en prenant et en savourant une prise de tabac, afin de pouvoir, comme un sybarite qu'il était, charmer à la fois l'ouïe et l'odorat. La perruque elle-même, poudrée soigneusement comme la veille, paraissait éprouver un certain sentiment de bien-être, car la queue, mue sans doute par la voix du ténor, comme les pierres par les accords d'Amphion, avait un petit mouvement qui, quoique irrégulier, ne manquait pas de charme.

Tristan sourit en reconnaissant son directeur, dont la mise du matin n'était pas en arrière de celle du voyage, et lui dit :

— Comment, mon cher maître, vous m'écoutiez? — Eh! vraiment oui, reprit le petit vieillard avec un regard de joie, et vous me ravissiez, jeune homme. Vous êtes appelé à un bien bel avenir, croyez-moi. — Et il y a longtemps que vous êtes là?
— Dès que je vous ai entendu vous mettre au piano, je suis monté, j'ai ouvert tout doucement la porte pour ne pas vous déranger, car je sais que les meilleures études sont les études solitaires, parce que l'on ne craint pas d'offenser le goût de ceux qui vous écoutent, et qu'on se laisse aller à toute sa verve et à

tout son enthousiasme ; c'est dans ces moments-là qu'on risque ces notes sublimes, qui feraient la fortune d'un directeur si on pouvait les retrouver à la scène. — Nous tâcherons, mon cher directeur, de les trouver une fois et de les garder toujours. — Tâchez, mon cher ami, tâchez. Maintenant que dites-vous de notre ville? — Je la trouve superbe. — Et de votre appartement? — Il est adorable, c'est un vrai nid de femme.

Le directeur gamma un petit rire charmant, dont il accompagna la fin d'une nouvelle prise de tabac.

— Ce qui me fait rire, reprit-il, c'est de voir qu'elle a emporté d'ici tout ce qu'elle a pu, la friponne, et qu'elle n'a rien laissé sur les cheminées. — J'avais bien deviné que ce devait être une femme. — Et charmante encore, vous la verrez. — Est-ce qu'elle fait des pèlerinages à ses anciens appartements? — Non, mais elle en fait au théâtre. — C'est une de vos abonnées ? — Du tout, c'est une de vos camarades. Notre première chanteuse, qui a beaucoup de talent. — Et pourquoi a-t-elle quitté cet appartement? — Parce qu'elle a, comme Danaé, trouvé un Jupiter; seulement le sien est anglais, lequel Dieu fait pleuvoir de l'or pour elle ; et elle a déserté cet appartement pour un plus grand, en emportant, comme vous voyez, tout ce qui était candélabres, chinoiseries et dentelles. Moi, j'ai acheté ce qui restait, bien convaincu que je ne tarderais pas à avoir quelqu'un à mettre dedans, et heureusement ce quelqu'un c'est vous. Voulez-vous déjeuner ? — Avec plaisir. — Descendons alors. Je vous ai fait préparer des mets dont votre estomac et votre voix se trouveront bien. — Que vous êtes bon ! — Après le déjeuner nous monterons un instant au théâtre, à l'heure de la répétition, pour faire connaissance avec vos nouveaux camarades. Ceci est une chose sérieuse, mon cher ami, continua le directeur en descendant l'escalier et en entrant chez lui suivi de Tristan ; ceci est une chose très-sérieuse; vous ne vous doutez pas de ce qu'est la vie de théâtre, et je vous donnerai quelques indications pour que vous ne vous fassiez pas haïr tout à coup des gens avec qui vous allez être forcé de vivre. D'abord mettons-nous à table, c'est le plus important.

Ils s'assirent, et le directeur, tout en servant son ténor, continua :

— Il faut, premièrement, que vous sachiez que tous ces messieurs que vous allez voir, ne pouvant pas être vos rivaux (vous avez trop de talent pour cela), sont prêts, par la même raison, à devenir vos ennemis. Vous êtes d'une nature trop distinguée pour vous faire vite à certaines habitudes de coulisses, et ce n'est qu'à force de succès que vous établirez votre supériorité sur eux, au dedans comme au dehors du théâtre.

Vous allez voir celui que vous remplacez, pauvre garçon qui n'a jamais eu de voix, mais qui croit en avoir. C'est une consolation, et vous la lui laisserez. Moi-même, je ne paraîtrai pas aussi enthousiasmé de vous que je le suis réellement. Il ne faut pas tout de suite avoir l'air de prendre toute la place, ils seront bien forcés, aux répétitions, de reconnaître votre talent, et vos débuts feront le reste. Il va partir pour la France, et il serait même déjà parti depuis longtemps si certaine grande dame qui s'intéresse fort à lui n'avait fait dire au gouvernement, qui tenait à son extradition pour je ne sais plus quelle affaire, que s'il partait, elle partirait aussi; or, comme cette grande dame, une des artères de la ville, eût emporté plusieurs millions qu'elle sème ici, le gouvernement a bien voulu ne voir dans cette menace qu'une demande, et il a consenti à ce que le ténor restât. Pendant quelque temps, grâces à cette aventure, nous avons fait de l'argent; mais peu à peu la curiosité s'est éteinte, et les recettes ont imité la curiosité.

Quant à notre première chanteuse Léa, celle dont vous occupez l'appartement, soyez avec elle comme avec toutes les femmes. C'est la meilleure camarade et la plus folle enfant que je connaisse. Elle a un talent véritable, elle est musicienne jusqu'au bout des doigts, je crois réellement qu'elle est la filleule de quelque fée et qu'elle chanta avant de parler.

On lui met une partition sous les yeux le soir, et le surlendemain elle la chante comme après quatre mois d'études. C'est, en outre, une jolie fille, splendidement aimée, c'est donc sur vous deux, une fois mon autre ténor parti, que retombe le poids du théâtre, et c'est de vous deux que j'attends le succès. Mais pour le succès et le succès complet, vous débutant, il faut avant d'être bien avec le public, qui ne vous connaît pas, être au mieux avec vos camarades.

Nous avons notre basse, un gaillard de six pieds avec des épaules comme Atlas, qui se meurt de la poitrine; à celui-là vous remettrez votre carte aujourd'hui, après lui avoir été présenté, pour qu'il se croie une puissance, et aux répétitions, vous lui parlerez de sa force pour qu'il se croie bien portant; de cette façon-là, vous êtes sûr d'être toujours son ami et de trouver en lui un soutien jusqu'à ce qu'il nous quitte.

Notre baryton ne manque pas d'un certain talent, mais le ténor le rend maussade. Il vous faudra de temps en temps, pour rester bien avec lui, lui demander des conseils, en vous arrangeant de manière qu'il ne vous donne que les conseils que vous vous donneriez à vous-même; vous avez assez d'esprit pour cela. En vous les voyant suivre, il croira à son importance et vous sera reconnaissant. Il a des amis qui deviendront les vôtres, et, comme chacun de ces amis a deux mains, quand arrivera le grand jour, ils ne seront pas à mépriser.

Les autres, je vous les abandonne.

Tristan fut présenté à ses camarades sous le nom de Fabiano, l'impresario ayant cru bon, comme nous l'avons dit, de lui faire prendre un nom italien. Tristan suivit les conseils du directeur. Le ténor lui avait fait un salut presque impoli, le croyant digne; Léa lui avait fait le sourire le plus charmant; les deux autres s'étaient inclinés d'assez bonne façon; et le soir, après avoir mis sa carte chez les sommités, Tristan s'était rendu au théâtre.

On jouait la *Lucia*, et Tristan venait juger les autres pour apprendre à se juger lui-même et à faire mieux qu'il ne voyait faire. Le ténor qu'il remplaçait était, comme l'avait dit le directeur, fort usé. Aussi parlait-on pour lui d'un engagement à Paris, la cité reine où tout se renouvelle, la ville alchimiste qui, de temps en temps, trouve moyen de faire de l'or avec de la cendre. Tristan, le coude appuyé sur sa stalle, la tête dans sa main, écoutait avec ravissement une voix aux intonations flexibles et voluptueuses qu'on appelait Léa. Aussi, lorsque la toile fut tombée, il courut aux coulisses, et, quand la jeune femme descendit de sa loge, quelques minutes avant d'entrer en scène, il s'approcha d'elle, et, s'inclinant comme devant une reine, il lui demanda le secret de ces élans sublimes et de cette merveilleuse langue du cœur qui fait tressaillir toute une salle d'enthousiasme ou de crainte, selon que l'actrice le veut.

— Oh! mon Dieu, lui répondit-elle avec cette même voix douce et ce regard charmant, vous serez bien vite fait, monsieur, à cette vie qui vous donne des surprises : cette existence de théâtre si pleine d'illusions, vue de la salle, si réellement prosaïque vue d'ici, vous frappe parce que vous faites encore partie de ce public qui bat des mains et crie bravo à des acteurs qu'il croit sans cesse occupés de leurs rôles, et prend pour de l'inspiration ce qui n'est que de l'habitude. Je ne vous en remercie pas moins des compliments que vous venez de me faire, mais, je vous l'avoue, ce n'est que du métier; et, lorsque tout à l'heure je vais rentrer en scène, je ferai par la force de l'habitude autant d'effet que si j'avais passé l'entr'acte avec les impressions du dernier acte. Autrefois, quand j'ai débuté, je m'identifiais tellement avec mes rôles, que la vie des personnages que je jouais devenait réellement la mienne; je pleurais, dans les moments pathétiques de véritables larmes. Je me passionnais à un tel point, que lorsque je sortais de scène, j'avais des attaques de nerfs et j'étais malade. Les sanglots voilaient ma voix, la passion emportait mes gestes, et, depuis que j'ai pris l'habitude de mes rôles et que je sais jusqu'à quel point d'amour, de larmes ou de douleur, le public veut qu'on aille, je ménage mes effets, on m'applaudit davantage, je ne suis pas fatiguée, et je vais tranquillement souper après le spectacle; mais pardon, ajouta-t-elle, il faut que je vous quitte pour faire mon entrée. Et en un instant, l'actrice devint Lucia.

Tristan disparut et alla reprendre sa place. Malgré ce que Léa venait de lui dire, il avait toujours la même illusion et lui trouvait le même charme. Il revint le lui dire, et elle lui répondit en souriant :

— Admirez, puisque vous le voulez absolument, mais ne me dites rien le jour où je vous aurai tout à fait désillusionné.

Jusqu'à la fin de la représentation il resta dans la coulisse, et lorsque la dernière note eut fait tomber le rideau, il vit Léa disparaître en courant comme une gazelle à travers les décors et les machinistes, et en lui envoyant un sourire de la bouche et du regard.

Il rentra chez lui, et involontairement il se mit à jouer sur le piano les morceaux qu'il venait d'entendre et qui l'avaient le plus frappé; il s'endormit en pensant à celle qui les avait chantés, et, par amour de l'art sans doute, attendit avec impatience une nouvelle représentation.

Il n'en manquait pas une; il étudiait cette femme, ambitionnant cette voix flexible et vigoureuse à la fois, avec laquelle il commençait à se familiariser, mais qui le faisait tressaillir cependant d'émotions inattendues. Henriette aussi avait une jolie voix; et, comme nous l'avons vu, Tristan était resté des heures entières à l'écouter; mais c'était dans un salon que chantait Henriette, mais c'étaient des parties qui n'avaient d'autre accompagnement que le piano, tandis que Léa, c'était un rôle suivi qu'elle jouait avec toutes les phases de passion et d'amour que le poëte verse dans le cœur de la femme qu'il met en scène ; Léa avait en outre le prestige des applaudissements, du bruit, des lumières, prestige qui éblouit un pauvre cœur dont le propriétaire a eu, comme Tristan, la malheureuse idée de jurer qu'il n'aimerait plus.

Il venait donc tous les soirs, et lui-même faisait de rapides progrès. Son directeur le nourrissait des choses les plus délicates et des vins les plus exquis, et joignait à cette nourriture du corps les conseils les plus salutaires sur l'amour et les recommandations les plus touchantes contre les femmes. Tristan continuait à jurer, ce qui n'empêchait pas qu'il avait comme un serrement de cœur lorsqu'il voyait Léa échanger avec le Jupiter anglais, assis tout seul aux avant-scènes, un de ces regards qui échappent au public, mais qui n'échappent pas aux habitués des coulisses.

Or, disons-le en passant, il y a regard et regard.

Toute actrice, quand elle est jeune et belle, c'est-à-dire si elle a ce double capital qui, bien administré, doit produire cent mille francs par an, en règle générale, a dans la salle trois amants. Le premier, c'est celui pour lequel elle ruinerait les deux autres ; c'est l'amant inflexible, inexorable, éternel ; c'est le seul qui lui donne des émotions réelles ; c'est celui pour lequel elle se lève à dix heures, dîne à trois, se couche à minuit ; c'est celui qui, si elle n'est pas jolie, murmure ; si elle se trompe, gronde ; si elle chante faux, siffle ; et c'est cependant celui pour lequel, lorsqu'il veut bien applaudir, elle garde, surtout dans les théâtres italiens, sa révérence la plus gracieuse et son regard le plus reconnaissant. Cet amant-là, c'est le public.

Le second, dont le nom varie souvent, mais dont l'espèce ne change jamais, est un jeune homme élégant parce qu'il est endetté, endetté parce qu'il est élégant ; il a la figure insignifiante, l'esprit comme la figure, le cœur comme l'esprit. C'est le descendant des raffinés de Charles IX, des petits-maîtres de Louis XIII, des roués de la Régence ; seulement, ceux auxquels il succède étaient nobles, et il est quelquefois assez roturier, ce qui ne l'empêche pas de surmonter le panneau de sa voiture d'une couronne de comte ou de baron ; ils étaient riches, et il est pauvre, ce qui ne l'empêche pas d'être ruiné ; ils avaient de l'esprit, et il n'a que du jargon, ce qui ne l'empêche pas d'être, faute de mieux, cité comme un homme spirituel dans les boudoirs de la rue Vivienne, à défaut des salons du faubourg Saint-Germain, où il ne va jamais. Celui-là, c'est ce qu'on appelle l'amant de cœur, c'est celui qui compromet l'actrice en disant partout qu'il est son amant et qu'elle ne lui coûte rien, ce qui fait qu'au bout d'un an il a donné pour elle vingt mille francs qu'on lui a prêtés sur un héritage à venir ou qu'il a gagnés avec des cartes quelconques. Le jour où sa maîtresse joue, il arrive au théâtre sur les neuf heures, avec l'air fatigué et relevant le bout d'une moustache qu'il aura un jour. Il est long à s'asseoir à sa stalle, il laisse au public, qui ne s'occupe pas de lui, le temps de le remarquer; il fait de la main un salut à quelques-uns de ses amis, va causer à la loge de quelques femmes de mœurs légères, afin de passer pour un Lovelace, dit tout haut qu'il a joué et perdu, pour faire croire qu'il a de l'argent à perdre, et finit par s'asseoir quand le rideau est levé. A celui-là un regard presque imperceptible qui glisse entre les paupières comme un rayon de soleil, et auquel il répond par un sourire qu'il s'efforce de laisser voir à ses voisins, pour que ceux-ci devinent son intimité avec l'actrice.

Le troisième a ordinairement les qualités qui manquent au second, le titre et la fortune. C'est un homme de quarante à quarante-cinq ans, étranger presque toujours et marié le plus souvent; autrefois c'était un Anglais, maintenant c'est un Russe. La Russie y perd ses fortunes, mais elle se civilisera, c'est un progrès. Celui-là a pour lui le droit; il est traité comme un mari, détesté comme un tyran, flatté comme un créancier. Au bout de l'année, quand il fait ses comptes lui-même, il voit qu'il a dépensé cent cinquante mille francs. Si on les fait pour lui, c'est cinquante mille francs de plus que cela lui coûte. C'est cher, et cependant c'est de l'argent parfaitement placé. En effet, celui, prince ou banquier étranger, qui s'est fait cette heureuse position d'amant en titre est ordinairement parfaitement inconnu dans le pays où il se la fait, et où il resterait ignoré toute sa vie sans cette coûteuse résolution. Aussi voyez comme il savoure l'intérêt de son capital; il passe dans la rue, gonflé de sa nullité, fier comme un empereur, bien sûr d'entendre les habitués des théâtres dire en le voyant :

— C'est l'amant de mademoiselle... une telle.

Plus le nom de la femme est célèbre, plus l'admiration est grande. Il entend ce murmure qu'il laisse derrière lui sans paraître s'en apercevoir; et si vous pouviez mettre la main sur son cœur, vous verriez qu'il bat comme celui d'un poète le lendemain d'un succès, ou d'un général le lendemain d'une victoire. Son nom devient inséparable de celui de l'actrice, et il fait les plus grands sacrifices pour conserver ce mariage des deux noms, sachant bien que le jour où le divorce aurait lieu il perdrait toute sa célébrité, et n'aurait même plus, comme Alcibiade, la ressource de couper la queue à son chien pour faire parler de lui. L'influence du nom de l'actrice est telle, que la famille, la femme et les enfants de l'amant en titre en profitent. Quand la femme de ce monsieur passe aux Champs-Élysées dans sa voiture, on se retourne et l'on dit :

— Voilà madame... — Qui est-ce madame...? dit quelqu'un qui n'est pas au courant des affaires de coulisses. — C'est la femme de... l'amant de... — Ah! vraiment! dit alors l'ignorant; et il considère la voiture avec un véritable intérêt.

Et si la pauvre femme est passable, on la trouve jolie; si elle est jolie, on la trouve charmante.

Il a encore pour lui la réputation de grand seigneur qu'il se fait chez son bijoutier en disant, quand il amène l'heureuse idole choisir quelques bijoux nouveaux : Il n'y a rien de trop beau pour madame, ni de trop cher pour moi.

Le soir, il vient au théâtre et, du devant de sa loge, voit briller les diamants qu'il vient d'envoyer à l'actrice au moment où elle allait entrer en scène; elle le remercie alors, par-dessus la rampe d'un regard clair et parfaitement adressé à sa lorgnette, qu'il tient constamment braquée. Il se redresse alors comme un paon et n'a plus rien à dire : il est payé.

Cela dure ainsi jusqu'à ce qu'il arrive enfin un jour où il s'aperçoit qu'à force de ne plus compter son revenu, il a, à peu près mangé son capital. Ce jour-là il devient plus triste, et, sentant approcher la fin de son bonheur, il devient plus amoureux. Il faut enfin annoncer cette fatale nouvelle et se retirer en s'avouant vaincu. La femme, qui l'aime beaucoup, y consent volontiers. On en parle pendant deux heures au club, et le lendemain vingt-quatre heures ont passé sur cet événement, car c'en est un, et il est aussi vite oublié qu'une révolution. Tous ces détails que nous venons de donner s'appliquent, nous l'avouons, spécialement à Paris; mais ils ont aussi leurs échos dans toutes les villes où il y a de grands théâtres, de grandes fortunes et de jolies actrices. Le cadre est plus petit; mais le tableau est le même. Ainsi Léa suivait parfaitement la route de ses contemporaines; seulement elle avait l'avantage d'un talent réel et dans le fond d'un cœur excellent dans toutes ses conséquences et toutes ses habitudes. Elle se disait que le public ne lui saurait aucun gré d'une vertu farouche, et que, quand il a payé sa place pour entendre une belle voix, peu lui importe que la Lucia ou la Mathilde de la scène soit une Jeanne d'Arc ou une Messaline au dehors. Du reste, elle n'emplissait pas Milan du bruit de ses amours. C'était, il est vrai, une folle enfant semant l'or comme une seconde source du Pactole; mais cet or filtrait entre de si jolis doigts, d'un modèle si pur et d'une couleur si transparente, qu'il était facile de comprendre qu'on se ruinât à voir tomber des pièces d'or de ces mains dans les mains des autres. Puis les bras, modelés sur ceux de l'antique Junon, étaient d'une blancheur si opulente, que, ne fût-ce que comme contraste, on voulait voir briller dessus des diamants de la plus belle eau; et, ce que la main ne pouvait prendre, on le donnait au bras. Ce n'était pas tout : une femme avec des pieds aussi mignons ne pouvait marcher; il lui fallait donc une voiture, et des plus élégantes, emportée par des chevaux dignes de leur maîtresse sur les larges dalles de Milan, pavée comme les portiques des temples anciens. Puis, comme il pouvait prendre fantaisie à la prima donna de descendre de voiture, c'eût été un meurtre, plus qu'un meurtre, un sacrilége, que d'entourer sa taille d'un autre tissu que ceux de Malines, d'Angleterre ou d'Alençon, qui, sous leur travail transparent, devaient laisser voir une taille capable de faire mourir tous les Milanais d'amour et toutes les Milanaises de jalousie.

Quant au temple, c'était bien le moins qu'il fût digne de la déesse qui l'habitait. Aussi était-ce un pèlerinage continuel. Les pèlerins apportaient leurs ex-voto avec une ferveur sans exemple. Et les uns s'en revenaient guéris, les autres consolés. La déesse recevait avec un si charmant sourire et une si adorable charité, qu'on venait sans crainte demander au cœur le baume qu'on devait mettre sur la blessure faite par les yeux. Elle ne déifiait pas tout le monde, tant s'en faut; mais au moins on avait avec elle deux ou trois heures de cette bonne et franche causerie qui fait oublier bien des choses; et si l'on n'obtenait rien dans le présent, elle tâchait de faire espérer dans l'avenir. Malheureusement les oracles de la déesse étaient, comme ceux de Delphes, d'un sens double, et il arrivait presque toujours qu'on croyait le contraire de ce qu'elle avait promis, et par conséquent qu'il arrivait le contraire de ce qu'on avait cru.

En outre, elle avait une réputation d'esprit et même de bon ton. Les plus jolis mots qui couraient dans la ville étaient toujours signés d'elle. Les plus jolies toilettes, c'était elle qui les portait la première, et les femmes de meilleur goût, sans vouloir même se l'avouer, se guidaient sur la chanteuse Léa. Nous avons vu qu'elle avait, peu avant l'arrivée de Tristan, déserté l'appartement voisin de celui de l'impresario, et qu'un peu plus loin elle était, la charmante fauvette, allée se bâtir un autre nid. Cet appartement avait fait sensation dans la ville. C'est que Léa était une artiste dont le talent ne s'appliquait pas seulement à la musique. Elle faisait de tous les arts une seule et même société qu'elle comprenait avec la même intelligence. Toute coquette qu'elle était et qu'elle avait le droit d'être, elle préférait un beau tableau à un beau bijou, de sorte qu'il y avait chez elle certain boudoir dont plus d'un grand seigneur eût envié le pareil. C'était un petit paradis composé d'élus, tels que Raphaël, Titien, Rubens et Murillo, et lorsque, assise dans la demi-teinte, tournant le dos au jour masqué le plus possible par les grands rideaux de Damas, Léa trônait au milieu de ses courtisans couchés à ses pieds sur des coussins, elle avait l'air d'une véritable reine ; chacun de ses mots faisait sentence, car chacun de ses mots partait de l'esprit ou du cœur, et jamais elle ne s'abandonnait aux phrases banales dont les jolies femmes n'ont malheureusement que trop l'exploitation. Jamais une action sainte ou bonne n'était ridiculisée par elle, et sans critiquer son genre de vie, jamais elle n'entendait qu'on raillât celui des autres. Elle faisait ses aumônes aussi. Seulement elle les faisait plus grandes et plus riches que qui que ce fût. Tous les ans elle donnait une représentation au bénéfice des pauvres, et le lendemain les pauvres recevaient d'elle et par elle cinq ou six mille francs ; car ce jour-là Léa se surpassait et la salle était comble du parterre au cintre.

Quand on venait la complimenter le lendemain et qu'on lui disait :

— Vous avez fait hier un acte de charité, elle répondait : — Vous vous trompez, c'est un acte de contrition.

Tristan, comme nous l'avons dit, allait tous les soirs au théâtre, et peu à peu c'était devenu plus qu'une habitude, c'était un besoin. Il passait dans les coulisses, et, comme s'il eût deviné dans la chanteuse une nature plus distinguée qu'on n'a coutume d'en trouver au théâtre, il la traitait comme une duchesse et, sans lui faire positivement sa cour, il éprouvait un tel plaisir à causer avec elle, que, lorsqu'elle sortait de scène, elle était sûre de le trouver accoudé contre un portant, l'enveloppant de son regard, l'accueillant avec un sourire, et lui disant en lui prenant la main :

— Toujours la même.

Quand Léa n'avait pas à changer de costume, elle restait pendant tout l'entr'acte à causer avec Tristan et, sentant en lui un caractère sympathique au sien, elle se laissait aller en sa présence aux élans de son cœur, tantôt joie, tantôt tristesse. Tristan, de son côté, lui demandait des conseils, et elle lui en donnait de bons, car notre héros continuait ses études, l'époque de ses débuts s'approchant de plus en plus. Quant à Henriette, il n'en était plus question que comme d'un souvenir. Et Tristan, qui commençait à comprendre qu'il avait eu tort de croire à tout ce qu'elle lui avait dit et de faire tout ce qu'elle lui avait fait faire, attendait impatiemment le moment où il allait gagner de l'argent pour acquitter la dette qu'il avait contractée vis-à-vis d'elle. A la façon dont Henriette s'était conduite avec lui, l'hospitalité qu'il en avait reçue n'était qu'un prêt, et pourvu qu'il fît pour une autre, puisqu'il ne pouvait rien faire pour elle, ce qu'elle avait fait pour lui, il serait quitte envers son ancienne maîtresse.

Comme on le pense bien, Tristan, après sa rupture avec madame de Lindsay, n'avait pas été sans faire la comparaison entre elle et Louise, qui l'aimait si saintement, de sorte que, se représentant tout ce qu'il y avait d'affreux dans sa conduite avec sa femme, il s'était réellement repenti de s'être laissé aller à la tentation, et comptant sur la Providence, qui semblait ne pas vouloir l'abandonner, il avait écrit à Louise, espérant que la Providence viendrait au secours de la poste et porterait cette lettre à sa femme, quoiqu'il lui fût bien certifié qu'elle ne demeurait plus rue Saint-Jacques, et quoiqu'il ne se doutât pas de l'endroit où elle pouvait être.

Tristan avait impatiemment attendu la réponse, mais la réponse n'arrivait pas. Le cœur de l'homme est si faible qu'il a toujours besoin de consolation, et la Providence, qui n'avait peut-être pas su l'adresse de Louise, avait fait une compensation à Tristan en lui faisant connaître Léa.

Or, Tristan désirait sincèrement que Louise fût auprès de lui ; mais, par un sentiment indéfinissable d'étude et de curiosité sans doute, il eût voulu qu'elle n'arrivât pas tout de suite, et lui laissât le temps et la liberté de faire plus ample connaissance avec la chanteuse. Si on lui eût écrit : Votre femme est à Paris et ne peut vous rejoindre, six jours après il eût été dans les bras de Louise, sans regret, sans arrière-pensée ; mais aucune réponse ne venait. Quoi qu'il fît, il ne pouvait apprendre où elle était, et tout naturellement, et tout en regrettant sans doute d'être forcé de se consoler de cette façon, il se consolait par la conversation de Léa, attendant le jour de l'intimité presque aussi impatiemment qu'il avait attendu la réponse de sa lettre.

Ce jour arrivait, car un soir Léa lui dit : J'ai quelques personnes, des amis chez moi dans deux jours. Voulez-vous être des nôtres ?

— Je vous remercie mille fois, mais, je vous l'avoue, ma position d'acteur me défend de voir maintenant le monde que je voyais autrefois, surtout inconnu comme je le suis encore ; je craindrais d'être déplacé parmi les personnes qui seront là. On pourrait s'étonner de ma présence, et je ne voudrais pas que vous eussiez à vous repentir de m'avoir invité. — C'est mal, monsieur, ce que vous me dites là. Depuis un mois que je vous connais, que je vous vois tous les jours, j'ai été à même de vous apprécier, et je ne vous aurais pas demandé de me faire l'honneur de venir chez moi si je n'avais été sûre que les personnes avec qui vous vous trouverez seront heureuses de vous connaître et de vous entendre.

Léa eût bien voulu reprendre ce dernier mot, car Tristan lui répondit en rougissant :

— C'est autre chose, madame, j'irai chanter chez vous. — Vous êtes méchant, reprit-elle, ou vous me comprenez mal. Quand vous êtes chez moi, vous êtes mon ami, et si l'on vous prie de chanter, c'est qu'il reste aux gens qui se trouvent là, si blasés qu'ils paraissent être, une corde intérieure accessible aux choses poétiques. C'est mal, mon ami, et pour votre punition, je vous défends de sortir des coulisses avant que j'aie fini cet acte ; entendez-vous ?

Et elle le quitta pour entrer en scène.

Quand elle rentra dans les coulisses à la fin de la pièce et au milieu des bravos furieux de la foule, elle vint droit à Tristan, qui, fasciné, écoutait encore et elle lui dit :

— Eh bien! viendrez-vous? — Comptez sur moi.

Tristan descendit du théâtre et alla s'accouder dans un endroit obscur de la rue, d'où il pouvait voir sortir les acteurs. Il les vit tous passer les uns après les autres; Léa seule n'était pas sortie; il se rapprocha de la porte devant laquelle une voiture découverte attendait. Le spectateur si connu de l'avant-scène se promenait de long en large.

Léa parut à son tour et monta dans la calèche.

— Où allons-nous? dit le vieux monsieur en prenant place auprès d'elle. — Chez moi, fit elle d'un ton soucieux. Je suis horriblement fatiguée ce soir.

Tristan prit une rue détournée, courut comme un fou et arriva avant la voiture à la porte de la belle chanteuse; il était temps, on entendait déjà les chevaux; la calèche s'arrêta, Léa seule en descendit; et refermant elle-même la portière :

— A demain, dit-elle à son compagnon.

Et elle disparut.

Tristan mit la main sur son cœur qui battait violemment; un sourire de joie passa sur ses lèvres, et après avoir maintes fois regardé la maison, il regagna la sienne.

Quand la calèche fut tout à fait éloignée, une autre ombre se détacha du mur et vint en souriant frapper à la porte par où Léa était entrée.

Heureusement pour sa nuit, Tristan était parti et n'avait pas vu cette ombre.

Quand l'ombre s'en alla le lendemain, elle dit à Rosetta, la femme de chambre :

— Vous êtes toujours la confidente de votre maîtresse? — Toujours, monsieur le baron. — Vous me protégez toujours, Rosetta, continua-t-il en laissant tomber dans la main de la jeune fille quelques pièces d'or. — Toujours, monsieur le baron. — Savez-vous ce qu'elle avait hier au soir? — Je l'ignore. — Vient-il ici quelqu'un que vous n'ayez jamais vu? — Personne. — Très-bien. Tâchez de savoir ce qu'elle a contre moi, et venez demain matin me dire la vérité quelle qu'elle soit. — Oui, monsieur le baron. — Je compte sur vous. — Monsieur le baron peut y compter.

En ce moment on entendit Léa qui sonnait.

— Adieu, Rosetta. — Adieu, monsieur le baron, dit la jeune fille en courant vers la chambre à coucher de sa maîtresse. — Que faisais-tu là? dit Léa à sa femme de chambre. — Je causais.

— Et avec qui? — Avec M. Edward. — Et que te disait-il? — Il me demandait pourquoi madame l'avait mal reçu. — Et tu lui as dit... — Que je l'ignorais. — Alors? — Alors il m'a donné dix louis pour l'apprendre ce soir et venir le lui dire demain. — Et tu iras? — Si madame le permet. — Et que lui diras-tu? — Que madame l'aime toujours. — Tu mentiras. — Je le sais bien, mais comme le mensonge rapporte plus que la vérité, j'aime mieux mentir. — Déshabille-moi, Rosetta. — Je suis aux ordres de madame. — Ah! ma pauvre Rosetta! fit Léa avec un soupir. — Qui fait ainsi soupirer madame? serait-ce déjà le regret de ne plus aimer M. le baron, ou la crainte de ne pas être aimée d'un autre? ce qui me paraît impossible. — Non, c'est la crainte d'aimer. — Sérieusement? — Sérieusement. — Alors je comprends que madame soit triste; si pareil malheur m'arrivait, je crois que je me jetterais à l'eau. — Est-ce un conseil que tu me donnes? — Non, madame, c'est tout simplement une réflexion que je fais; d'ailleurs madame est séparée de moi par une trop grande distance pour que nos impressions soient les mêmes. Et il est jeune? — Oui. — Beau? — Oui. — Brun? Oui. — Riche? — Non. — Ah! diable! — Cela te contrarie? — Un peu. — Sois tranquille, il le sera assez pour acheter ton silence, fit Léa en riant. — Ce n'est pas le silence qui est cher, c'est l'indiscrétion. Ainsi quand M. Edward voulait que je me tusse, il me donnait de temps à autre quatre ou cinq louis, et maintenant qu'il veut que je parle, il attaque par dix. En admettant la progression, cela promet de devenir assez bien plus tard. — J'espère bien que tu te tairas. — Il faut que madame me croie bien sotte, bien ingrate ou bien avare pour me faire une pareille recommandation. — C'est que je tiens à ce qu'Edward ignore... — Madame compte donc le revoir? — Certainement, comme un ami. — Alors pourquoi tant de ménagements? — Parce que ce pauvre garçon m'aime et que dans un moment de colère... — Il pourrait, interrompit Rosetta, se battre avec celui que vous aimez et le tuer. — Justement — Je vois que madame entend la charité. Cependant si j'étais à la place de madame, j'agirais autrement. — Et que ferais-tu? — Je laisserais aller les choses. — Et qu'en résulterait-il? — Il en résulterait un duel, c'est-à-dire une nouvelle gloire pour madame. — Mais si l'autre tue Edward? — Eh bien! madame sera débarrassée du passé qui la gêne. — Mais si Edward tue l'autre? — Madame s'épargnera un grand amour; c'est-à-dire de grandes douleurs, et sera bien forcée de se consoler puisqu'il n'y aura plus de remède, et elle sera débarrassée de l'avenir qui l'attriste. — Il y a une chose que tu oublies. — Laquelle ? — C'est qu'ils peuvent se tuer tous les deux. — Ah! cela, c'est un bonheur qui n'arrive jamais, et il ne faut même pas y penser. — Allons! dit Léa en riant, je vois qu'Edward a bien fait de te charger de ses intérêts. — Mais enfin que lui dirai-je? — Cherche. — Il faut lui dire des choses qu'il puisse croire, il faut lui en donner pour son argent. — C'est bien le moins. — Je lui dirai que madame l'aime toujours. — Si tu veux. — Et qu'elle l'attend le soir comme d'habitude. — Non, et même je te défends de lui ouvrir s'il vient. — Il a la clef. — C'est ce qui te trompe, la voilà. — Si je la volais à madame pour la lui porter? — Malheureusement j'en ai besoin. — Allons! je vois que tout est fini pour mon protégé. — Hélas! oui, ma pauvre Rosetta. — Il compte sur une espérance, le pauvre garçon; il faudra qu'il se contente de consolations. — Est-ce que tu te charges de les lui donner? — Madame sait que j'ai assez bon cœur pour cela. Madame veut-elle me permettre une question? — Parle. — Celui que madame aime, est-ce un de nos courtisans? — Non. — Tant mieux. Dans tous ceux que nous recevons il n'y en a pas un qui me paraisse digne de l'amour de madame. Ainsi je ne le connais pas? — Non. — Je ne l'ai jamais vu? — Non. — Je ne sais pas si madame s'en doute, mais je suis bien intriguée. — Tu ne le seras pas longtemps, tu le verras après-demain. — A la soirée que donne madame? — Comme tu le dis. — Il n'est pas riche, il a donc un beau nom pour que madame le reçoive? — Il s'appelle Fabiano. — Fabiano tout court... et c'est... — C'est un acteur.

Rosetta recula stupéfaite.

— Fi! dit-elle, un acteur! un homme de théâtre! — Ne suis-je pas une femme de théâtre, moi? — Oui, mais pour la femme, le théâtre est un temple, et il n'en est pas de même pour l'homme. — Vous avez des préjugés aristocratiques, mademoiselle Rosetta. — C'est depuis que j'ai l'honneur d'être au service de madame. — Vous disiez donc... — Que je craignais que madame ne se mésalliât, ne fît une tache à son blason, ne s'encanaillât enfin. — Tu sauras, ma chère Rosetta, que je chasserai de chez moi ceux ou celles qui ne traiteront pas Fabiano comme un prince. Tu comprends? — Madame s'explique trop clairement pour que je ne la comprenne pas. Madame me pardonne ce que j'ai dit? — Oui. — Madame sera contente de moi. Seulement, comme je voyais madame fort éprise de M. Fabiano, je craignais pour elle un double danger. C'est bien assez d'avoir à combattre son cœur sans avoir à combattre les préjugés. Et cet heureux inconnu... — Ignore encore son bonheur. — Serait-il comme les sourds et les aveugles dont parle l'Écriture? — Tu sais que je suis Juive et que je ne crois pas à l'Évangile.

Pendant toute cette conversation, Rosetta avait déshabillé sa maîtresse, avait dénoué ses longs cheveux noirs qu'elle avait rassemblés pour la nuit; et, la toilette finie, elle s'apprêta à se retirer.

— Que madame rêve de l'avenir, dit-elle en s'éloignant. — Et toi, garde-toi d'en parler, fit Léa.

XVII

La soirée eut lieu.

Tristan rentra chez lui assez satisfait. Il avait gagné cent cinquante louis à des gens qui avaient fait fi de lui en le voyant entrer, et il avait la presque certitude d'être aimé de Léa. En outre, il avait produit une impression qu'il ne s'attendait pas à produire. Il s'était toujours montré supérieur à ceux avec qui il avait causé, et personne n'avait et n'aurait pu soutenir comme lui une des mille questions d'art que dans le cours de la conversation il avait parfaitement résolues; puis, quand il avait chanté, il avait surpris certains regards, dont il pouvait, une fois seul, tirer vanité, qu'avait dû voir Léa, et sur lesquels il pouvait spéculer en faveur de son amour pour l'actrice. Enfin c'était un homme heureux lorsqu'il rentra chez lui, et sa satisfaction fut complète lorsque, après être passé deux ou trois fois devant sa glace, il reconnut sans partialité que parmi ceux avec qui il venait de se trouver il y en avait peu qui le valussent.

Il se coucha donc au milieu des réflexions les plus douces, dormit avec les rêves les plus charmants, et se réveilla vers trois heures avec un appétit féroce.

Il s'habilla à la hâte et descendit chez l'impresario pour dîner. Celui-ci l'accueillit avec un sourire aussi flatteur qu'amical et lui dit :

— Eh bien! mon conquérant, avez-vous bien dormi? — Parfaitement. — N'est-ce pas que les bravos bercent bien le sommeil, et que ce vous sera une douce chose que d'être bercé ainsi tous les soirs? — Oui, mon cher maître. Vous avez donc été content de moi hier soir? — Content?..... enthousiasmé. Vous avez été magnifique. Vous m'avez rappelé mon ténor mort d'amour; prenez garde. — A quoi? — J'ai surpris hier certains regards. — Qui pourraient un jour ou l'autre me rendre heureux. — Non, qui pourraient un jour vous faire perdre votre voix. — Et de quels yeux partaient-ils? — Vous ne le savez pas? — Du tout. — Alors il y a encore du remède, je ne vous le dirai pas. — Vous avez tort, car, au lieu de ne croire qu'à un seul, je croirai à tous et le danger deviendra plus grand. — Eh bien! ils partaient de deux yeux noirs. — Ah! vraiment? qui s'appellent? — Qui s'appellent Léa. — Je les connaissais. — Les yeux? — Et les regards aussi. — Faites bien attention, jeune homme; c'est une Circé notre prima donna, sans compter qu'elle est bien défendue. — Par qui? — Par un jeune homme qui est fort amoureux d'elle, et par un homme assez mûr qui ne l'est pas moins. — Après? — Après, vous vous ferez deux affaires. — On blessera le jeune et l'on tuera le mûr. — Avec cela que vous me paraissez avoir des rapports agréables avec l'épée. — Je ne m'en plains pas, puisque c'est à elle que je dois de vous avoir connu. — C'est vrai. Cependant vous aviez une triste mine ce jour-là. — Dame! je me demandais s'il ne valait pas mieux m'achever tout de suite. — Et vous trouvez-vous heureux maintenant? — Très-heureux. — Et à qui devez-vous ce bonheur? — A vous, sans contredit. — Alors, il faut m'en récompenser. — En quoi faisant? — En ne devenant pas amoureux de ma première chanteuse. — Si je le suis, ce sera de votre faute. — Comment? — Vous m'avez donné son appartement, si bien que je rêvais d'elle avant de la connaître. — Et maintenant que vous la connaissez? — J'en rêve un peu plus. — Jeune homme, vous me ferez mourir de chagrin. — Et vous, vous me ferez mourir de sagesse. Je vous ai déjà abandonné mon estomac, mais je vous préviens que je garde mon cœur. — Mais cet amour vous fera perdre la voix. — Danger que vous redoutez le plus. — Je ne le nie pas; il peut vous faire perdre votre âme. — Oh! cela regarde un autre directeur que vous. Vous empiétez, mon cher maître, et voilà que vous prêchez. — Enfin promettez-moi. — Je ne vous promets rien, si ce n'est d'être toujours exact à mes répétitions, de vous faire des *ut* à démolir la salle, et de vous aimer comme vous méritez qu'on vous aime. Là-dessus je vous quitte, et vais m'habiller pour m'assurer que vos Autrichiens sont toujours aussi laids et vos Milanaises aussi jolies.

Et Tristan, après avoir jeté sa serviette sur sa chaise, disparut.

L'impresario resté seul alla ouvrir une armoire, en tira une bouteille, versa dans un verre une liqueur semblable à de la topaze en fusion. Il jeta sur ce verre un regard d'amour et le vida d'un trait. Puis il reboucha la bouteille, referma l'armoire et se rassit dans une béate pose, ce qui prouvait qu'à moins qu'il ne bût pour les oublier, les amours de Fabiano ne l'empêchaient pas de boire.

Quant à ce dernier, il s'habilla effectivement et s'en alla promener par la ville. Or, soit hasard, soit préméditation, il passa cinq ou six fois devant la maison de Léa, qui jouait le soir et qu'il espérait sans doute voir sortir. Elle sortit en effet, mais celui que l'impresario avait désigné sous le titre d'homme assez mûr l'accompagnait. Il la suivit de loin, la vit entrer au théâtre toute seule, et entra à son tour; si bien que lorsqu'elle descendit de sa loge sur la scène, elle le trouva qui venait au-devant d'elle.

— Bonjour, lui dit-elle. Je chanterai bien mal aujourd'hui. — C'est impossible. — Voilà que vous me flattez, j'aurais cependant plus besoin de consolations que de flatteries. — S'il ne faut pour vous consoler qu'un... ami sincère et dévoué, dit le jeune homme, vous n'avez pas besoin d'aller plus loin. Qu'avez-vous donc? — J'ai, répondit Léa, que je croyais être débarrassée à tout jamais de l'amour d'un homme que je n'aime pas et que je viens de m'apercevoir du contraire. — Vous vous plaignez d'être aimée? — Certainement... — L'amour d'un homme n'est cependant jamais un malheur pour une femme. — Si, quand cette femme est aimée d'un homme qu'elle n'aime pas, et n'est pas aimée de l'homme qu'elle aime. — Vous aimez donc quelqu'un? — Peut-être. — Et depuis quand? — Depuis que j'ai renvoyé celui dont je vous parle. — Et depuis quand l'avez-vous renvoyé? — Depuis que j'en aime un autre, dit Léa sans pouvoir s'empêcher de rire et évitant de cette façon de préciser une date. — Et cependant vous n'êtes pas sortie seule de chez vous. — Vous m'avez donc vu sortir de chez moi? — Oui. — Vous passiez? — Non, j'attendais. — Quoi? — Que vous sortissiez? — Et pourquoi cela? — Parce que, comme je ne connais pas de plus grand bonheur que de vous voir, je me donne ce bonheur le plus souvent que je puis. Vous voyez que je brave l'antipathie que vous avez pour les gens qui vous aiment.

Léa ne répondit rien, mais baissa la tête en souriant.

— Ainsi vous ne voulez pas me conter vos chagrins? reprit Fabiano. — Non, je puis seulement vous dire que je ne mène pas une existence heureuse. — Exigeante! vous étiez hier au milieu des hommes les plus élégants, des femmes les plus jolies de Milan; vous étiez à la fois la plus belle et la plus enviée, et voilà que vous vous plaignez aujourd'hui. — C'est justement cela qui me rend triste. C'est que les soirées se suivent et ne se ressemblent pas. — Que voulez-vous? — Je voudrais, quand je rentre, ne pas être seule et maussade comme je le suis après le spectacle. Croyez-vous donc que ce soit amusant à mon âge de vivre comme je vis? — Tout le monde a sa part des ennuis dont vous vous plaignez. Pensez-vous aussi que je trouve drôle de rentrer chez moi seul comme je le fais depuis que je suis à Milan? Et cependant je ne me plains pas, car je m'arrange toujours de façon à voir, soit dans la journée, soit le soir, assez les gens que j'aime pour rêver d'eux en dormant, et c'est déjà un bonheur de rêver des gens qu'on aime. Encore vous, vous n'êtes pas seule; je ne vous vois jamais rentrer qu'accompagnée. — Mauvais plaisant! fit Léa; vous devriez savoir que c'est une raison de plus pour que je m'ennuie. — Comment voulez-vous que je le sache? — Vous auriez dû le deviner alors.

Un sourire de satisfaction passa sur les lèvres du ténor, mais Léa ne le vit pas.

— Il y a une chose étrange, dit Tristan en prenant les mains de la jeune femme; c'est que je vous aime et que vous m'aimez peut-être, qui sait? et qu'au lieu de nous le dire franchement, nous prenons ou du moins je prends une foule de détours et je dis une série de phrases qui ne signifient pas autre chose que : Je vous aime! Nous perdons un temps bien précieux et que nous regretterons quand tous deux nous arriverons à l'âge où c'est un malheur d'aimer et une folie de le dire. — Eh bien! voilà justement où en est celui qui me reconduit chaque soir; il a le malheur de m'aimer et j'ai celui de me l'entendre dire. — Est-ce de celui-là que vous me parliez toute à l'heure?

Léa fit signe de la tête que non, Tristan fit un autre signe qui voulait dire : Ah! alors je comprends votre tristesse. Léa poussa un soupir, Tristan aussi, ce qui faisait deux faux soupirs.

— Écoutez, dit le ténor, il me vient une idée. — Laquelle?

dites vite, on va commencer. — J'ai aussi à me venger de quelqu'un. — De qui? — De notre directeur. — Pourquoi? — Vous savez qu'il me nourrit fort mal? — Oui. — Eh bien, vengeons-nous tous les deux, vous de votre tristesse et de votre solitude, moi de ma nourriture; soupons ce soir ensemble. — C'est une idée; il n'y a qu'un malheur. — Lequel? — C'est que, malgré sa savante combinaison, elle est impraticable. — Pourquoi? — Parce que justement ce soir je n'ai pas de solitude. — Ah! diable! il y a un moyen. — Vraiment? — Vous abandonnez-vous à moi? — Corps et âme. — Je retiens le mot. — Qu'allez-vous faire? — Si vous êtes malade, vous serez seule? — Oui. — Dans dix minutes vous serez malade. — Il ne me croira pas, il dit toujours que je ne suis malade que pour lui. — Vous serez malade pour tout le monde. — Qu'allez-vous faire? — Vous allez voir. Mettez la main sur votre front; très-bien, attendez-moi.

Et Fabiano disparut.

Il alla trouver le régisseur.

— Faites une annonce, lui dit-il. — Quelle annonce? — Dites au public que mademoiselle Léa vient de se trouver subitement indisposée et réclame l'indulgence. — Serait-elle sérieusement malade? — Non, mais elle est enrouée; allez vite.

Tristan revint auprès de Léa.

— C'est fait, lui dit-il. — Je suis malade? — Oui, on va faire une annonce. — Oh! la bonne plaisanterie! — Il sera bien forcé de le croire. — Je vais essayer de chanter faux. — C'est inutile, vous ne pourrez pas.

On fit l'annonce. Léa entra en scène; le public applaudit comme toujours en la voyant entrer, ce qui semblait vouloir dire :

— On nous a annoncé que vous êtes malade, nous applaudissons pour vous faire voir que nous en sommes enchantés.

Elle chanta mieux que de coutume, et fut couverte de fleurs à la fin du premier acte. Elle envoya Rosetta faire tout préparer chez elle pour la vengeance, c'est-à-dire pour le souper.

— Écoutez, dit Léa à Tristan, voici ce qui va arriver : il va me reconduire, montera et ne s'en ira que lorsque je serai couchée. — Et s'il ne s'en va pas? — Il s'en ira; d'ailleurs vous ne monterez que lorsque vous verrez la seconde fenêtre à droite toute ouverte. — Mais si elle ne s'ouvre qu'à six heures du matin? — Elle s'ouvrira avant cette heure-là, soyez tranquille. Vous monterez et vous frapperez doucement. Rosetta vous ouvrira. J'aurai envoyé coucher les autres domestiques. — Très-bien. C'est dit? — C'est dit.

Après le spectacle, Tristan monta chez lui, mit de l'or dans sa poche par précaution et redescendit. Mais au moment où il mettait le pied sur la première marche, il entendit quelqu'un qui descendait furtivement avec l'intention bien marquée de ne pas être entendu. Il se pencha alors, et reconnut l'impresario dans l'un de ses costumes les plus galants. Il le laissa sortir, et quelques instants après, sortit à son tour, et, comme il y avait des chances pour qu'à cette heure-là la fenêtre télégraphique ne fût pas encore ouverte, il résolut d'occuper le temps à suivre son digne directeur pour apprendre où il allait ainsi nuitamment.

Il le suivit donc à la fois du pas et des yeux à une certaine distance, le voyant trottiner le long des murs et rechercher l'ombre.

— Où diable peut-il aller à cette heure-ci? se disait Fabiano; il n'y a que les voleurs, les somnambules, les amoureux et les chats qui sortent à minuit, et je ne lui connais, je dois le dire, aucun de ces défauts; où diable peut-il aller? il n'a plus le prétexte des ténors, maintenant qu'il m'a trouvé. Suivons-le donc.

Et en effet Tristan suivait toujours le petit vieillard qui trottinait contre les murs.

L'impresario traversa ainsi deux rues, puis en prit une troisième tout à fait inconnue à notre ami. Arrivé dans celle-là, il allongea le pas et passa du trot à un petit galop charmant. Bientôt il s'arrêta devant une maison qui n'avait qu'un étage, lequel n'avait pas ses fenêtres à plus de huit ou neuf pieds du sol et ne devait contenir que trois ou quatre pièces au plus. La maison était surmontée d'un toit à grenier et avait pignon sur rue comme les maisons du nord.

Le petit vieillard frappa deux coups à la porte, une jeune fille parut à la fenêtre et dit d'une voix douce :

— C'est toi, chéri? — Oui, mon ange, répondit l'impresario avec l'intonation la plus tendre. — Je vais t'ouvrir; attends.

La lumière disparut de la fenêtre et ne reparut que lorsque la jeune fille ouvrit la porte.

— Ah! très bien, mon cher maître, se dit Tristan, je vois que c'est là que vous venez acheter le soir la morale que vous me faites le matin.

Et, enchanté d'avoir surpris ce petit secret, il se dirigea vers la maison de Léa. La fenêtre était ouverte, et il se disposa à entrer; mais il ne vit pas non plus, lui, une ombre qui le guettait comme il avait guetté l'impresario.

Il monta comme le lui avait dit la chanteuse, frappa tout doucement à la porte, et Rosetta vint ouvrir.

La table était servie, et Léa toute joyeuse dans le plus ravissant négligé qu'on pût voir.

Rosetta avait ouvert les fenêtres et se promenait sur la terrasse; tout à coup elle rentra et dit à sa maîtresse :

— Madame a-t-elle quelquefois douté qu'on l'aimât? — Oui, mais, continua la chanteuse en regardant Tristan, je n'en doute plus. — C'est que si madame en avait encore douté, j'aurais pu lui donner la preuve du contraire. — Et où est-elle cette preuve? — Elle est dans la rue, où elle se promène devant la maison de madame depuis deux heures. — Edward! fit Léa. — Justement, madame. — Eh bien! ma chère Rosetta, tu te trompes dans tes suppositions; s'il se promène là, ce n'est pas qu'il m'aime, c'est qu'il déteste monsieur. — Et s'il le déteste, il l'attend. Ah! alors, si j'avais un conseil prudent à donner à monsieur, ce serait de demander l'hospitalité à madame, sans quoi il y a pour lui danger de vie, *pericolo de vita*, comme disent les Italiens.

Le lendemain, quand Fabiano sortit, Rosetta vint à lui en souriant et lui dit :

— Quand vous reviendrez, je n'y serai peut-être pas toujours, prenez donc cette clef.

Et elle lui remit la clef rendue par Edward.

— Et toi, mon enfant, dit Tristan, prends ces vingt-cinq louis, dix pour ton conseil, dix pour ta clef et cinq pour faire un compte rond. — Allons! se dit la femme de chambre en refermant la porte, décidément madame disait vrai : les acteurs valent mieux que leur réputation.

XVIII

Tristan était venu au-devant des idées de Léa en lui disant qu'il n'avait aucune position à offrir à la femme qu'il aimerait, car peut-être avait-il déjà compris ou pressenti tout au moins la proposition que lui ferait sa maîtresse. Mais les femmes dont la grande prétention que nous avons déjà signalée est d'être supérieures aux hommes, sont heureuses de leur faire un sacrifice, parce que ce sacrifice, tout en leur étant agréable, sans quoi elles ne l'accompliraient pas, leur assure une supériorité sur celui à qui elles le font. D'ailleurs, il y a peu de femmes dans la position de Léa à qui, en s'éprenant tout à coup, comme cela leur arrive souvent, d'un homme sans fortune, il ne soit venu la pensée d'abandonner pour cet homme les opulentes affections des autres, sûres, du reste, que le jour où elles ne penseront plus de même et où elles voudront reprendre leur ancienne existence, leurs actions auront monté au lieu de descendre.

— A quoi pensez-vous? dit tout à coup Léa à Tristan, qui, la tête appuyée sur les genoux de la jeune femme, semblait plongé dans les plus profondes réflexions. — Je pensais, répliqua le ténor, que si Dieu a fait plusieurs genres de bonheur, moi, je n'en connais qu'un. — Et lequel? — Celui de rester toujours comme je suis, avec de pareilles mains dans les miennes, un pareil oreiller pour ma tête et un pareil écho pour mon cœur. — Flatteur! il n'y a pas moyen de vous prendre en défaut. — C'est que je pense à vous toujours, et qu'il m'est facile de dire ce que je pense. — Oui, ce serait un bonheur aussi grand pour moi que pour vous, et je rêvais aux moyens de vous donner ce bonheur. — Ne l'avons-nous pas? — Pas tout entier, du moins. Vous seriez donc heureux de vivre ainsi? — Vous le demandez? — Et vous ne regretteriez rien? — Non, si ce n'est d'avoir commencé trop tard. — Et vous ne demanderiez rien? — Que de continuer toujours. — Eh bien! mon ami, je veux que ce bonheur soit le vôtre. La vie est si courte et par moment si triste, que c'est bien le moins, quand on en trouve l'occasion, de faire le bonheur de ceux qu'on aime, et je vous aime, le croyez-vous? — Je crois tout ce que me dit votre bouche et tout ce que me promettent vos yeux. — Eh bien! nous vivrons nous deux, rien que nous deux. — Que voulez-vous dire? — Je veux dire, ami, que jusqu'à présent je me suis trompée sur le véritable bonheur de ce monde, que je l'ai fait consister dans un luxe vain qui me pèse, me venant de gens que je n'aime pas, que j'ai assez de mon talent pour vivre, que je veux maintenant donner mon cœur et non le vendre, que depuis quelques jours seulement je sais ce que c'est que d'aimer, et que je ne connais pas de plus grande joie que d'appartenir seule et tout entière à l'homme qu'on aime, et que je t'aime, mon Tristan; voilà ce que je dis ; si tu veux, nous nous ferons une existence heureuse, nous vivrons ensemble, toujours ensemble, l'un pour l'autre, sans autre pensée, sans autre occupation, sans autre besoin que notre amour. Oh! tu ne me connais pas encore, tu me juges par mon passé, mais tu verras l'avenir! toute à toi, à toi seul ; j'irai vivre avec toi, je déserterai ce luxe et cette vie qui m'obsèdent, je serai fière de ta gloire, toi de la mienne, ton amour saint et grand rachètera mon passé ; ce sera ma conversion, et, Dieu, me voyant tant aimée et si aimante, me pardonnera mes fautes. Eh bien! qu'as-tu? tu souris. — Oui, je souris, répondit Tristan, et c'est votre confiance en vous-même qui me fait sourire. Oui, dans ce moment, vous pensez tout ce que vous dites ; vous feriez tout ce que vous promettez, car, rien ne vous force à le faire ; mais à quoi bon? tôt ou tard vous vous apercevriez que vous avez eu tort d'agir ainsi, et peut-être vous, qui m'aimez, maintenant en viendriez-vous à me haïr un jour. Moi-même je serais malheureux, je regretterais sans cesse pour vous ce luxe au sein duquel je vous aurais prise et auquel je ne pourrais vous rendre. Peut-être viendrait-il une heure où vous me reprocheriez le sacrifice que vous m'auriez fait, et croyez-vous que des années de bonheur compenseraient pour moi ce reproche? Puis, je ne suis pas seul sur la terre, vous pouvez un jour, en voyant un autre homme, vous apercevoir du même coup que vous ne m'aimiez pas et que vous l'aimez ; alors, ou vous me resterez fidèle, et ce sera plus qu'un sacrifice, ce sera comme un châtiment que vous vous imposerez ; ou vous me tromperez, et, à partir de cet instant, je vous deviendrais odieux parce que je serais cause d'un remords. Non, ma chère enfant, réfléchissez ; gardons tous deux notre liberté ; descendez dans le fond de votre cœur, et vous verrez que j'ai raison de vous parler ainsi. — Peut-être avez-vous raison, reprit Léa avec un soupir, mais si vous m'aimiez réellement, vous ne raisonneriez pas. — Et c'est justement parce que je vous aime que je raisonne ainsi. Croyez-vous donc qu'il ne me serait pas plus doux à moi de vivre sans qu'un autre eût le droit de rien déranger à ma vie? mais, quoique jeune, j'ai déjà assez vécu dans le malheur pour savoir ce qu'il y a de bon dans les positions que le hasard me fait et pour rejeter ce qui me semble mauvais ; continuez donc, ma chère Léa, de vivre comme vous avez toujours vécu ; aimez-moi un peu, car je ne sais rien maintenant qui puisse me rendre plus heureux que votre amour, et, dans un mois, dans quinze jours même, vous me remercierez du conseil que je vous donne. — Votre volonté soit faite, dit Léa.

Puis le silence se fit. Après quelques instants de cette solitude des deux pensées, Rosetta entra en disant :

— Madame, c'est monsieur. — Dis un mot, ami, fit la jeune femme, et je ne le reçois pas. — Fais-le entrer, dit le ténor. — Fais entrer, répondit la chanteuse à la femme de chambre.

Le spectateur de l'avant-scène parut.

Léa présenta les deux hommes l'un à l'autre.

— Mon cher prince, dit-elle, permettez-moi de vous présenter le seigneur Fabiano, notre premier ténor, dont vous apprécierez bientôt l'admirable talent.

Fabiano s'inclina. Le prince en fit autant.

— Maintenant, mon cher camarade, fit Léa comme si elle eût continué une conversation commencée avant l'arrivée du prince, vous pouvez dire à notre impresario que s'il n'attend plus que moi pour vos débuts, il peut les annoncer quand il voudra; je suis prête.

Tristan prit alors congé de la jeune femme, qui l'accompagna jusqu'à la porte.

— Vous le voulez toujours? lui dit-elle. — C'est pour votre bonheur. — A ce soir, alors, fit-elle d'un air résigné. — Mais si vous n'êtes pas seule ? — Je serai seule. — Mais s'il n'est pas parti ? — Il sera parti. — Mais s'il revient ? — Il ne reviendra pas, puisqu'il est venu. Ceci est prévu par le Code à l'article : NON BIS IN IDEM.

XIX

Solo de Perroquet.

Or, notre héros devenait tout tranquillement un des hommes le plus heureux de la création; son existence n'était plus encadrée dans un carré sombre aux angles desquels il se heurtait incessamment, mais s'épanouissait au milieu d'un cercle de fleurs, par-dessus lesquelles il ne pouvait voir qu'un horizon bleu et or. Comme un pacha, il s'endormait tous les soirs au milieu d'un sérail de douces pensées, qui toutes venaient avec un éventail parfumé de gloire ou d'amour chasser de son front les tristes réflexions qui auraient pu venir s'y asseoir, comme les odalisques écartent du sublime visage du sultan les mouches irrévérencieuses qui pourraient venir s'y poser. Voilà à quelles poétiques idées s'abandonnait notre héros dans ces heures d'enivrement solitaire et de vanité avec soi-même, où il réfléchissait qu'il avait la plus jolie maîtresse de Milan, dont il était un des plus jolis garçons; qu'il allait débuter et se faire un nom, et qu'il avait enfin l'oubli du passé et l'espérance de l'avenir, ce double pilier de la foi.

On a pu voir que Tristan n'était pas un fou quand il refusa l'offre bien tentante cependant que lui faisait Léa; il avait compris, par le récit qu'il venait d'entendre, que c'était une de ces femmes dont il ne fallait pas accepter les élans, qu'elle pouvait, une fois la première exaltation passée, regarder comme des folies, et dont il faudrait lui être reconnaissant comme d'un sacrifice. D'abord il avait cru à une nature essentiellement poétique et tout à fait exceptionnelle; mais en lui entendant raconter sa vie, à certains mots, à certains indices, il avait reconnu ce caractère de femme toujours le même, peut-être un peu moins vénal et un peu moins corrompu que celui de ses camarades, mais à peu près aussi léger. Il avait alors examiné, au télescope de sa raison, cet amour qui illuminait son ciel, et il avait vu que ce n'était pas une étoile, mais un de ces météores fugitifs, espèce de feux follets célestes qui au moindre vent pouvaient disparaître, et il n'avait pas voulu se bâtir une réalité de tourments sur cette incertitude de bonheur.

Cependant la chanteuse avait si naïvement raconté sa vie, avait si bien avoué ses erreurs et ses défauts, si peu exalté ses qualités, qu'il était évident qu'on pouvait faire de cette femme non-seulement une maîtresse agréable, mais encore une amie charmante. C'était tout ce que voulait Tristan, chez qui l'amour de Léa avait réveillé toutes les cordes de la vanité et qui se disait : Puisqu'elle m'aime bien, une autre peut m'aimer, comme elle peut en aimer un autre. Puisque je l'aime sans folie, je pourrais en aimer une seconde avec passion; il est donc prudent de garder notre liberté et surtout ma liberté.

Ce n'était pas trop mal raisonné pour un amoureux de quelques jours.

C'est qu'aussi cet amoureux était un de ces sybarites qui, pour leurs maîtresses, du moins, ne comprennent l'amour que dans la soie et le cachemire, et pour qui les voluptés extérieures de la fortune et du bien-être semblent une des premières conditions. S'il eût accepté ce que la jeune femme lui proposait, à peine si leurs appointements réunis eussent pu suffire à la moitié du luxe qu'elle avait. Elle en eût courageusement pris son parti, en se disant qu'elle faisait un sacrifice à l'homme qu'elle aimait ; ce que la femme aime tant à se dire qu'elle se le répète toujours, même quand c'est faux, sans doute pour n'en pas perdre l'habitude, et comme ceux qui n'ont pas de mémoire à qui l'on donne une commission à faire, et qui répètent l'adresse et le numéro tout le long du chemin. Du reste, les femmes ont cela de charmant, que quand elles vous font une offre comme celle que Léa faisait à Tristan, elles la font sérieusement et croient ce qu'elles disent, ce qui prouve une certaine naïveté primitive dont il reste encore quelques parcelles dans le cœur, comme dans un flacon d'eau-de-vie de Dantzik vidé, où il ne reste plus de liqueur, mais où il y a encore de l'or. Vous pouvez être à peu près sûrs que ce qu'une femme vous propose ainsi dans un élan d'amour, elle le propose sérieusement ; que les regards humides et les baisers qui accompagnent la proposition sont sincères ; que si vous refusez, elle sera aussi triste qu'heureuse si vous acceptez. Eh bien ! si au lieu de faire de l'amour un plaisir, vous voulez en faire une étude, dites-lui : J'accepte. Vous avez, si cette femme vous aime peu, deux mois au plus à vivre en parfaite intelligence avec elle. Si elle vous aime réellement, vous avez un mois pour vous brûler la cervelle.

Mais, me direz-vous, tout cela ce n'est pas de l'amour ; un homme sage ne donne pas ainsi son cœur à la première femme venue. Le cœur est une sainte chose, qu'on ne laisse pas comme une marchandise vénale passer de mains en mains dans les coulisses et les boudoirs, et l'amour enfermé dans le cœur est aussi pur que la sainte hostie enfermée dans le tabernacle ; et depuis quand avez-vous vu le prêtre prostituer l'hostie ?

A ceux-là nous répondrons que pour certaines gens il y a deux façons d'envisager l'hostie, et que les uns ne voient qu'un pain à cacheter là où les autres voient une croyance. Pour que le pain à cacheter devienne croyance, il faut qu'un sacrement l'ait sanctifié, et qu'une pensée divine, dont le prêtre a le mot, se soit mêlée à la grossière farine ; à ceux-là nous répondrons qu'il y a deux façons d'envisager le cœur, que si c'est pour les uns, pour la minorité, un tabernacle d'amours saintes et de pensées précieuses, ce n'est pour les autres, pour la majorité, que l'écho de passions physiques et de jouissances charnelles, et qu'ils ne s'aperçoivent qu'ils ont un cœur que lorsqu'à une table de jeu ou près d'une femme, ils éprouvent une telle émotion, qu'ils sont forcés de mettre leur main sur leur poitrine pour comprimer cette partie du corps où le sang reflue. Nous ajouterons que le sage n'est pas amoureux, sans quoi il ne serait pas sage, et que ce qui constitue la sagesse, c'est de ne pas avoir les défauts des fous; que l'amour est un défaut, et la preuve, c'est qu'on en est presque toujours immédiatement puni : que l'amoureux n'est pas sage, sans quoi il ne serait pas amoureux, car l'amour, défaut ou bonheur, vice ou vertu, rêve céleste ou corps matériel, gonfle tellement le cœur qu'il n'y trouve plus assez de place et qu'il est forcé d'habiter le cerveau, siége ordinaire de la sagesse.

Nous disons enfin que si chaste et si sévère que soit un homme, il ne peut répondre qu'un jour il ne deviendra pas fou d'une femme perdue ; qu'il ne la suivra pas comme une ombre suit le corps, et qu'il suffira, pour en arriver à cette métamorphose, qu'elle lui dise un jour : Je t'aime, et le lendemain : Je ne t'aime pas; et que si c'est son bon plaisir à cette femme méprisée de tous, elle fera de ce sage un athée, et de ce corps un cadavre.

Mais, diront encore les hommes graves et avec un ton méprisant : Ces sortes de femmes-là nous ne les voyons pas, et si nous les rencontrons, nous changeons de route.

Les gros barils de poudre bien fermés ne voient pas non plus les toutes petites étincelles; je voudrais bien savoir si c'est la toute petite étincelle qui a peur du baril de poudre.

La conclusion naturelle de toutes ces digressions, c'est que tout homme a reçu de la nature la même somme d'amour ; qu'il est libre comme le riche héritier de tout dépenser en une fois et de tout risquer sur un mot. Celui-là, s'il perd, s'en va sombre, pâle et désolé; car après le vent d'hiver qui a fait tomber les feuilles de ses illusions, il ne peut plus espérer de souffle de printemps qui les fasse reparaître ; car, si chaud que soit le soleil pour les autres, il ne pourra rien pour lui : l'arbre est mort.

Mais il est libre aussi de dépenser cet amour en plusieurs fois, et au lieu de jeter d'un seul coup cette pièce d'or, de n'en donner que peu à peu la monnaie. Celui-là a, après tout, les mêmes illusions que l'autre, et n'a pas les mêmes tourments Chaque printemps a de nouvelles feuilles pour lui, et s'il y a des branches mortes, elles sont tellement cachées par les autres qu'on ne peut pas les voir et qu'il ne les voit pas lui-même.

Puis, si le sage que nous ne connaissons pas, et dont nous avons déjà prévu les objections tout à l'heure, veut nous en faire encore d'autres, nous lui dirons :

Sur cent individus, il y en a quatre-vingt-dix bien portants qu'on appelle pour cela des fous, et dix malades, qui se font appeler des sages. C'est à ceux-ci qui ne mangent pas, faute d'estomacs, à laisser chanter et rire ceux qui mangent et à ne pas critiquer les mets dont ils s'abstiennent, non parce qu'ils sont mauvais, mais parce qu'ils leur font mal.

Or, Tristan avait un excellent estomac dans toute l'acception du mot, et nous avons vu que c'était à son estomac tout d'abord qu'il avait pensé quand il avait surpris les nocturnes et mystérieuses visites de l'impresario. Puis il avait cette monnaie d'amour qui lui faisait accepter auprès de Léa cette position d'amant de cœur dont nous avons parlé autrefois. Cependant il avait aimé beaucoup sa femme; mais c'était plutôt une affection des âmes, une union des sympathies, que ce n'était une passion des sens. Cette affection pouvait donc s'éteindre, si toutefois elle s'était éteinte, sans couvrir le cœur de cendres et sans désillusionner l'homme. Les amours qu'il avait eues depuis qu'il était séparé de Louise lui rappelaient les amours de jeune homme, voilà tout.

Tout fleuve, et surtout celui de la vie, n'est agréable à descendre qu'à deux. Quand on est seul, la rêverie devient tristesse, les îlots semblent des écueils. On craint toujours que le vent ne vous brise comme Lapeyrouse, ou ne vous isole comme Robinson. Quand on est deux, on abandonne les rames, car on a des mains à presser; on oublie les étoiles, car on a des yeux à voir : et quelque temps qu'il fasse, on est sûr que n'importe où le vent poussera la barque, il y aura toujours assez de feuilles pour faire un lit et assez de place pour parler d'amour.

Tristan était une de ces natures que la solitude et l'isolement eussent tuées; il lui fallait toujours quelqu'un auprès de lui pour renouveler ses impressions. La fatalité lui avait repris Louise, que la Providence lui avait donnée. Aussi, peu lui importait le genre de compagne qu'il avait maintenant, pourvu qu'il en eût une, et il s'en remettait complètement au hasard de les lui choisir. Quelque temps auparavant, c'était Henriette, qu'à cette heure il avait oubliée, ou pour laquelle du moins il n'avait plus de rancune; ce qui, en amour, est un commencement d'oubli : maintenant c'était Léa, et il faut avouer, qu'à moins d'être malade ou misanthrope, il n'avait pas beaucoup à se plaindre du sort que le hasard lui faisait.

En outre, il avait encore une satisfaction : c'était, en étant l'amant de Léa, de se venger de Henry, qui avait voulu se tuer pour elle, et d'avoir appris le premier l'amour de madame de Lindsay.

Pour un homme qui s'était dit : Je veux voir passer le roman de ma vie et en regarder chaque jour comme un chapitre, il devait être assez content, et les événements se succédaient avec assez de rapidité; mais ce n'était encore rien à côté de ceux que l'avenir lui gardait.

En attendant, il était parfaitement heureux.

Grâce à la rencontre bienheureuse de l'impresario et à son engagement au théâtre de Milan, il était sûr de ne pas mourir de faim.

Grâce à sa liaison avec Léa, il était sûr de ne pas mourir comme Werther ; il est vrai qu'il pouvait mourir d'amour comme Raphaël. Les extrêmes se touchent.

Quant à Léa, en y réfléchissant bien, elle avait fini par s'avouer que Tristan avait raison ; et, comme c'était une fille d'esprit que Léa, elle n'avait pas gardé rancune à son nouvel amant de ce qu'il avait autorisé l'ancien, et elle avait parfaitement concilié ces deux amours : l'un de cœur, l'autre de poche. Du reste, on peut parfaitement s'en rapporter aux femmes pour ces choses-là. Il n'y a pas de voleur, il n'y a pas de machiniste qui sache ouvrir ou fermer une porte, tirer un rideau, faire de l'ordre dans une chambre complétement sens dessus dessous, comme ces charmantes créatures brunes et blondes dont les yeux cachent l'âme et dont la bouche dément les yeux.

Il faut dire aussi que le prince était discret, comme il convient à un homme de son âge de l'être. Il ne fallait lui dire qu'un mot pour le faire partir, et il fallait lui en dire quatre pour le faire rester. Or, comme Léa était d'une indolence de créole, elle ne lui disait jamais qu'un mot quand il était chez elle, et que deux lorsqu'il était dehors.

C'eût donc été un crime, nous dirons même plus, une impolitesse d'éloigner tout à fait de la maison un homme aussi bien élevé, dont la présence avait si peu d'inconvénients, et dont la disparition eût laissé tant de vide.

Qu'on éloignât Édouard, c'était tout simple. Édouard était devenu une superfluité, et Léa aimait trop Tristan ou n'était pas assez riche de cœur pour se permettre un pareil luxe. En ce moment le cœur de Léa tournait au Tristan fixe ; il fallait se taire, en prendre son parti et attendre que le vent changeât.

C'est ce qu'Édouard fit, et il fit bien ; mais il n'avait pas pris cette sage résolution, sans essayer de tous les moyens. Un des premiers qui s'étaient présentés à son esprit, et qui prouvaient en faveur de la confiance du jeune homme, avait été de conserver la protection de Rosetta. Tout ce que la femme de chambre avait pu faire pour lui, avait été de lui donner ces douloureux renseignements de la nouvelle passion de sa maîtresse ; et, quand le baron avait voulu entamer le chapitre des séductions et demander cette clef du bienheureux paradis, dont Tristan était devenu le saint Pierre, le cœur de la jeune fille s'était changé en granit, elle était devenue inflexible comme les Parques, et avait tranché le fil des espérances du jeune homme en lui fermant impitoyablement la porte au nez.

Du reste, le bruit de cette liaison s'était répandu et faisait le plus grand bien à notre héros ; c'était à Édouard qu'il le devait, car lui n'en avait rien dit à personne. Les amants qu'on supplante ne servent qu'à cela. Les amis d'Édouard s'étaient bien aperçu de la rupture survenue entre le baron et la chanteuse, et ils lui avaient fait leurs compliments de condoléance, auxquels il avait répondu d'un ton dégagé :

— C'est moi qui ai rompu ; que voulez-vous ? elle est prise de belle passion pour un Tristan quelconque, pour un ténor ; on ne peut plus la voir, elle s'encanaille horriblement.

Et il avait d'un air indifférent lorgné une autre femme, et quand la chanteuse était entrée en scène, son cœur avait battu ; le soir, il avait suivi sa voiture, il avait rôdé sous ses fenêtres, et il était rentré en s'arrachant les cheveux de rage.

Mais, quoi qu'en eût dit Édouard, Tristan paraissait à tous ceux qui n'avaient pas de raison de le haïr, et au baron lui-même, qui ne voulait pas se l'avouer, un homme aussi élégant que qui que ce fût ; depuis que sa liaison avec l'actrice était connue, son arrivée à l'orchestre faisait une certaine sensation ; il était toujours mis de la façon la plus distinguée ; ses yeux étaient toujours aussi beaux, ses dents aussi blanches, et il ne tachait pas le moins du monde le cercle de gens comme il faut au milieu desquels il se trouvait. Si l'avis des hommes était que Tristan avait du bonlieur, l'avis des femmes était que Léa avait du goût, et plus d'une eût consenti à remplacer la chanteuse.

Fabiano attendait toujours l'époque de ses débuts, que retardait autant que possible le ténor qui allait partir; quant à l'impresario, comme les recettes étaient toujours les mêmes grâce à Léa, il ne pressait pas trop les choses, il aimait mieux que Tristan ne parût que parfaitement sûr de lui.

Quant à notre héros, il déjeunait tous les matins chez l'impresario.

Deux heures après avait lieu la répétition, où il voyait Léa, puis il allait s'habiller, et le chanteur se faisait dandy; il dînait, et venait au théâtre; après le théâtre il allait se promener une heure; au bout de cette heure il passait devant la maison de Léa. Si la fenêtre du milieu était ouverte, il pouvait monter tout de suite; si elle était entr'ouverte seulement, il devait attendre jusqu'à ce qu'il vît sortir un personnage bien connu; si elle était tout à fait fermée, il pouvait aussitôt rentrer chez lui et substituer le rêve à la réalité.

Disons bien vite à l'honneur de la chanteuse que depuis que Tristan la connaissait, la fenêtre avait presque toujours été ouverte, rarement entr'ouverte et n'avait été fermée qu'une seule fois.

Il faut dire aussi à l'honneur du chanteur que ce soir-là il était doucement rentré chez lui en se disant : C'est trop juste.

Ce qui prouve que, somme toute, Fabiano n'était amoureux de sa maîtresse que juste ce qu'il fallait pour pouvoir devenir amoureux d'une autre.

Il y avait à peu près un an et demi que Tristan avait quitté Paris, lorsqu'un matin l'impresario lui dit :

— Mon cher ami, préparez-vous, vous débuterez définitivement dans huit jours.

Les huit jours se passèrent en études; Tristan était inquiet, comme on le pense, et dès qu'il était fatigué de chanter, il ne pouvait tenir en place et se rendait chez Léa ou allait se promener.

Le jour attendu arriva.

Ce jour, le ténor le passa tout entier ou du moins jusqu'à six heures du soir chez Léa, c'était à huit qu'il devait entrer en scène, il quitta donc sa maîtresse pour rentrer s'habiller.

Comme il revenait fort préoccupé de ses débuts et pressé par l'heure, il entendit, à une fenêtre d'une des rues avoisinant celle de la chanteuse, un perroquet qui chantait : *Oui, l'or est une chimère.*

C'était bien la voix de son perroquet, ou, si ce n'était pas elle, il y avait une bien étrange ressemblance entre les deux animaux.

La foudre fût tombée devant notre héros, qu'il n'eût pas été plus étonné.

Il regarda l'heure, il calcula qu'il pouvait voler cinq minutes encore, il entra dans la maison ; une domestique était sur le seuil.

— Madame, lui dit-il, vous avez un perroquet dans la maison ? — Oui, monsieur. — A qui appartient-il ? — A un étranger. — Qui se nomme ? — Je l'ignore. Il est arrivé depuis deux jours avec sa femme, et je ne le connais que parce qu'il est le voisin de ma maîtresse. — Louise aura vendu le pauvre Jacquot, pensa Tristan. Pauvre Louise ! Et il chante toujours : L'or est une chimère, ce perroquet ? reprit Tristan tout haut en s'adressant à la domestique, qui s'étonnait fort de toutes ces questions sur un animal. — Oui, monsieur, c'est même assez désagréable. — Son maître est sorti ? — Oui, monsieur. — Merci, madame, je reviendrai demain. — C'est étrange, pensait notre ténor, retrouver ce perroquet ici. Il n'y a que lui qui chante ce vers de M. Scribe avec cette netteté, et la musique de Meyerbeer avec cette grâce. Ce monsieur consentira sans doute à me le vendre, et en apprenant où et comment il l'a acheté, j'apprendrai peut-être où est ma femme.

Nous devons dire que Tristan avait complétement oublié qu'il débutait, quand il se heurta contre l'impresario, qui, inquiet de ne pas le voir arriver, l'avait attendu devant sa maison, et, l'ayant aperçu, avait été au-devant de lui et l'avait rappelé à la réalité.

— D'où diable venez-vous donc, mon cher ? lui dit-il ; vous vous serez enrhumé, j'en suis sûr. — Comment s'appelle la deuxième rue à gauche ? — Je vous le dirai demain. — C'est que c'est bien important pour moi. — Au nom du ciel, allez vous habiller, mon ami, nous parlerons d'autre chose un autre jour.

Tristan disparut dans la profondeur de la maison, entra dans sa loge, où il s'assit rêveur, et où il fût resté à rêver jusqu'à minuit si l'impresario ne l'y eût poursuivi et ne l'eût fait habiller.

Il était temps.

XX

Tout le monde connaît *Othello*, la sublime création du sublime poëte anglais. Les seuls qui ne le connaissent pas sont ceux qui ont lu l'*Othello* de Ducis.

C'était par l'*Otello* de Rossini que Tristan avait voulu débuter.

Le poëme italien ne vaut naturellement pas mieux que notre tragédie française; mais l'auteur avait un appui, le musicien; et les vers ont une excuse, la musique. Pourvu que les vers disent tant bien que mal que Desdemone est innocente, que Iago est un traître et qu'Othello est jaloux, c'est tout ce qu'il faut. La poésie renferme sa propre musique comme la musique renferme sa propre poésie. Dix beaux vers font autant rêver qu'un beau morceau, et nous défions le plus grand poëte de rien ajouter à la dernière pensée de Weber, ni le plus grand musicien de rien ajouter aux derniers vers de Gilbert.

Cependant l'opéra, lui, a besoin de paroles comme les tableaux ont besoin d'explications; il faut quelque chose qui guide la pensée du compositeur d'abord et l'intérêt du spectateur ensuite : comme dans les grandes forêts où l'on va chercher l'air, les arbres, le soleil et l'ombre, il faut un petit sentier, si mauvais qu'il soit, qui conduise d'un horizon à l'autre et avec lequel on soit sûr d'arriver où l'on va.

Puis, de quelque nature que soit l'opéra, quelque origine qu'il ait, qu'il rappelle une de ces grandes figures des poëtes d'autrefois, un de ces types passés en habitude comme Othello, Desdemone, Hamlet ou Ophélie, il ne se conforme qu'à la pensée fondamentale de l'œuvre et il conserve les exigences de sa spécialité pour le détail; il lui faut ses chœurs, ses cavatines, ses duos, ses trios, ses quatuors, et il court à travers l'œuvre du poëte ravageant tout, comme un enfant qui, pour faire un bouquet dans un jardin, écrase plus de fleurs qu'il n'en cueille.

Il n'en est pas moins certain que si dans une autre langue et dans un autre art l'Othello de Shakspeare a un frère légitime, c'est évidemment l'Othello de Rossini.

La toile se leva donc au milieu du plus grand silence; après le chœur, Desdemone chanta sa cavatine où elle pleure l'absence de son époux, puis elle pleure encore la même chose avec sa suivante, ce qui fait un ravissant duo auquel n'avait certes pas songé le poëte anglais.

Survient le père avec Rodrigo, lequel père annonce à sa fille qu'elle doit épouser ce dernier ; alors le trio éclate où chacun se lamente, ce qui fait que comme depuis le commencement Desdémone s'est lamentée seule, puis avec sa suivante, puis avec son père et Rodrigo, l'opéra ne s'annonce pas comme devant être d'une gaieté folle.

C'est au milieu de ce trio qu'Othello paraît au fond du théâtre sur une espèce de terrasse, et visible seulement des spectateurs.

Ce fut donc la première entrée de Tristan.

Tous les yeux se fixèrent sur lui dans une muette attente ; aussi fut-ce avec une grande émotion qu'il entama sa cavatine martiale.

Peu à peu sa voix se dégagea de l'émotion qui l'embarrassait et elle s'éleva si pure qu'au silence glacial qui avait accueilli l'entrée de l'acteur, succéda un murmure d'unanime approbation qui courba les têtes les unes vers les autres comme ces brises parfumées d'été qui passent sur les champs de blé et courbent les épis. A compter de ce moment, et en entendant cette petite rumeur admirative, Tristan comprit que la salle était à lui, que la première impression avait été favorable, qu'en continuant ainsi le succès était sûr, et il reprit courage.

Il était donc tout à fait ranimé et maître de lui pour le duo qu'il avait à chanter avec Iago quand celui-ci commence à lui faire soupçonner Desdemone. La dernière note n'était pas éteinte, que la salle se souleva d'un élan spontané et que toutes les mains battirent.

Tristan s'inclina selon l'habitude italienne, et rentra dans les coulisses, où il trouva l'impresario qui lui sauta au cou. Le digne homme avait fait ses calculs, et si la représentation continuait et s'achevait comme elle avait commencé, il comptait faire sa fortune.

Après le grand chœur du Doge, du père et de Desdemone, Othello étant rentré, énumérant ses batailles, relevant ses victoires, et demandant la récompense de tout ce qu'il avait fait : c'est-à-dire la main de Desdemone.

Puis, après le morceau d'ensemble où chacun avait continué de peindre son désespoir, la toile était tombée au milieu des bravos de toute la salle.

Ce fut alors, pendant l'entr'acte, que les commentaires se firent, et que l'histoire de notre ami commença de circuler de bouche en bouche et plus invraisemblable que jamais ; ce n'était plus un homme, c'était un héros, et les aventures grandissaient de toute la hauteur de son talent. Le pauvre ténor eût pu entendre raconter tout ce qu'on disait dans la salle sans se douter qu'on parlât de lui.

Comme l'avait prévu l'impresario, le grand succès venait des femmes ; elles étaient dans le ravissement : malgré la teinte sombre qui couvrait le visage du ténor, elles l'avaient trouvé charmant. Aussi, quand après le premier acte il avait été rappelé et avait reparu, il avait failli succomber sous son triomphe, comme Tarpéia sous les boucliers.

Avant le commencement du premier acte, elles ne s'étaient que bien faiblement occupées de lui. Comme la salle renfermait tout ce que Milan possédait de femmes élégantes, les critiques et les compliments avaient eu beau jeu ; on avait vu dans l'ombre des loges éclore l'une après l'autre toutes ces fleurs d'aristocratie, qui, toutes rassemblées, formaient une guirlande de femmes dont les parures, les sourires et les diamants, étaient d'un effet magique. Il avait donc fallu d'abord voir, apprécier, critiquer ces parures, ces sourires et ces diamants ; puis, d'ailleurs, le ténor n'avait pas encore paru : on allait l'entendre, et au moment où la curiosité, excitée, depuis huit jours et plus, allait être satisfaite, au lieu de s'augmenter et de s'user toute seule, elle se ralentissait, et il n'y avait plus besoin de supposer, puisque la certitude allait se montrer avec le lever du rideau.

Cependant, pour ceux et surtout pour celles qui avaient vu Tristan au théâtre avant ses débuts, il était curieux de s'avouer comment l'élégant jeune homme de l'orchestre allait porter le sombre costume du Maure. Les acteurs en général et les ténors en particulier, nous en exceptons un cependant, ont le tort de s'habiller fort mal : ils croient et il est tout naturel qu'ils croient ainsi qu'on ne leur demande qu'une belle voix, et que pourvu que le costume soit riche, peu importe qu'il soit vrai. Ils se trompent. Les arts ne sont pas des rivaux, mais des amis qui ont besoin les uns des autres ; il faut que la poésie ait l'harmonie musicale et que la musique ait le charme poétique. Eh bien, quand l'acteur qui réunit déjà ces deux qualités y joint encore celle de la peinture, et montre bien d'un seul coup, en arrivant en scène et sans avoir dit un mot, sans avoir donné une note, le personnage qu'il représente, tel que l'histoire le dépeint et tel que le spectateur le rêve, l'acteur a un double mérite et doit avoir un double succès.

Aussi, lorsqu'au premier acte Tristan parut avec un costume historique semblable à un Othello de Delacroix détaché de sa toile, et animé par le souffle du peintre, tout le monde, malgré le mauvais goût italien, fut prévenu en sa faveur. Un autre eût peut-être eu un costume plus séduisant, mais moins vrai; un autre eût peut-être été plus acteur, mais moins artiste : et l'on sut gré au ténor d'avoir su faire ce que personne n'avait fait, comme on avait su gré à Talma de jouer Cinna en Romain du temps d'Auguste, et non plus en seigneur du temps de Louis XIV.

La salle était comble, à l'exception d'une première loge de face qui, restée vide, ressemblait assez à une dent tombée du milieu d'une jolie bouche. Chacun attendait avec impatience le second acte. Ce qui se passait dans les coulisses était en rapport avec ce qui se passait dans la salle. Fabiano, retiré dans sa loge, écoutait les compliments et n'écoutait pas les conseils que l'impresario venait lui donner : celui-ci courait partout avec la mine joyeuse et les yeux brillants, et semblait dire : Je ne m'étais pas trompé ! Il était triomphant. Des coulisses il passa dans les corridors, des corridors dans la salle, et il recueillait partout les compliments dus au ténor, et dont il n'était que le facteur. On eût dit, tant il était heureux, qu'il était pour quelque chose dans le triomphe de Tristan. Une fois rassuré sur le compte de son protégé, après ne l'avoir pas quitté des yeux dans les coulisses, il voulut jouir de l'effet comme spectateur, et au moment où l'on annonçait le second acte et où chacun regagnait sa place, il descendit furtivement, et voyant que personne ne le regardait, il alla frapper à une loge que lui ouvrit une main charmante. Il referma la porte, baisa courtoisement la main qui l'avait ouverte, et s'assit dans l'ombre.

Le second acte commença.

Othello rentra en scène et fut salué d'un branle-bas général d'applaudissements; on ne voyait que des petites mains blanches qui frappaient les unes contre les autres.

On attendait la fameuse scène du défi.

Au moment où Fabiano allait la commencer, et où tout le monde dans les coulisses et dans la salle murmurait déjà les mêmes paroles, la loge restée vide s'ouvrit; involontairement

Tristan porta les yeux sur cette loge qui troublait tout à coup le silence universel, resta les regards fixés sur la femme qui s'asseyait, porta la main à son front comme s'il eût craint de devenir fou, fit ce qu'on appelle le plus magnifique *couac* qu'un ténor puisse faire, et s'écriant : C'est elle! c'est elle! se sauva de scène comme si c'était la chose la plus ordinaire du monde.

Qu'on juge de l'ébahissement des spectateurs, de la position de Rodrigo, de la colère de l'impresario et du fou rire de tous.

La fuite de Tristan avait été si rapide, si vigoureuse même, que personne n'avait songé à l'arrêter, il traversa les coulisses et se dirigea vers la porte qui donnait dans les corridors de la salle; au moment où il allait l'ouvrir de son côté, l'impresario l'ouvrait du sien; les deux hommes se trouvèrent face à face.

Figurez-vous la statue de la Folie et celle de la Terreur se heurtant toutes deux; jamais même sur les tombeaux de marbre, même dans les ballades de fantômes, même dans les rêves de revenants, on n'avait pu voir figure plus pâle et plus consternée que celle du vieillard; ce malheureux était passé d'une satisfaction si parfaite à une frayeur si inattendue, que son visage était complétement décomposé; ses joues étaient creuses et pâles, sa bouche était entr'ouverte, séchée et brûlante de fièvre comme le désert sous le simoûn, ses jambes tremblaient, et l'on eût dit qu'à chaque instant il allait s'évanouir.

— Où allez-vous? s'écria-t-il de tous les efforts du peu de voix qui lui restait, en refermant la porte et en se posant devant Tristan comme saint André sur sa croix, les bras et les jambes étendus? — Laissez-moi passer, hurla Fabiano. — Où allez-vous? répliqua le vieillard. — Il faut que je la voie! — Qui? — Il faut que je lui parle! — A qui? — A ma femme! — A votre femme? — Oui. — Mais vous êtes fou. — Pas le moins du monde. — Mais votre femme n'est pas ici. — Je l'ai vue. — Où? — Dans une loge de face.

Et le malheureux Tristan passait la main sur son front ruisselant de sueur. Quant à l'impresario, ses forces étaient épuisées, et il tremblait comme ces lueurs phosphoriques qu'on frotte du doigt contre un mur.

Vous vous êtes trompé, reprit-il. — Non, le perroquet que j'ai entendu... — Quel perroquet? — Le sien. — Où? — Dans la deuxième rue à gauche. — Vous perdez votre avenir. — Qu'est-ce que cela me fait? — Vous me ruinez.

Et Tristan s'avança pour conquérir la porte.

— Écoutez, dit l'imprésario avec un reste d'espoir et en étendant les bras, voulez-vous une chose? — Laquelle? — Voulez-vous que j'aille lui parler, à votre femme? — Du tout, je veux lui parler moi-même. — Elle viendra dans votre loge; je m'y engage, mais continuez votre rôle. — Je n'ai plus de voix. — On fera une annonce. — Allez-vous-en au diable. — Vous ne passerez pas. — C'est ce que nous allons voir. — Vous me tuerez, alors. — Eh bien! je vous tuerai.

Ce mot fit réfléchir le vieillard.

— Rien ne peut vous retenir? — Rien. — Vous me ruinez volontairement. — Je veux parler à ma femme, voilà tout. — C'est une infamie, ce que vous me faites là. — C'est possible. — Mais vous êtes en Othello! malheureux!

Fabiano, perdant patience, étendit la main vers la porte.

— Passez, dit le vieillard en se retirant; et en emportant la clef après avoir fermé la porte à double tour, sans que le ténor s'en fût aperçu, il se sauva à toutes jambes, le laissant se briser les mains à tourner le bouton.

L'imprésario arriva sur le théâtre. A peine s'il avait la force de se soutenir. On juge de ce qui s'y passait.

— Qu'y a-t-il? lui dit-on de toutes parts. — C'est un assassin, disait-il. — Où est-il passé? — Je l'ignore. — Que faut-il faire? — Faites une annonce. — Que faut-il dire? — Qu'il est atteint d'un accès de folie. — Voilà tout? — Dites qu'on espère le sauver, cela leur fera espérer de le revoir.

Et pendant qu'on relevait le rideau et qu'on faisait l'annonce, le pauvre bonhomme rentrait dans son cabinet, se laissait tomber sur une chaise, et, la tête dans ses mains, pleurait cet épouvantable malheur qui le ruinait d'un coup.

Quant à Tristan, après s'être suffisamment meurtri les mains contre la porte, il était remonté dans sa loge, s'était déshabillé à la hâte, avait remis son costume de ville. Les machinistes l'avaient vu passer comme une ombre, comme Wilhem dans *Lénor*, puis, présumant qu'il aurait besoin d'argent dans sa fuite, le ténor avait regagné sa maison, qui, comme on se le rappelle, était contiguë au théâtre, était remonté chez lui, avait mis tout ce qu'il possédait d'or dans sa poche, c'est-à-dire deux mille cinq cents francs à peu près, restant de ce qu'il avait gagné à Édouard et de ses trois mois d'appointement payés d'avance, et il avait voulu sortir pour retrouver sa femme à la sortie du théâtre; mais au moment où il tenait la porte, il avait entendu du bruit dans l'escalier, des pas qui se rapprochaient, il avait supposé qu'on venait l'arrêter, il était rentré chez lui.

Il avait alors pensé à se sauver par la fenêtre, et s'en était approché. La distance qui le séparait du sol, qu'il distinguait à peine, lui avait paru ridicule à sauter, et il avait un moment renoncé à ce moyen ; mais aux premiers coups qu'on avait frappés à sa porte, il y était revenu. Il lui avait alors semblé qu'un grand arbre du jardin qu'il avait devant lui étendait assez une de ses branches de son côté pour qu'avec un peu d'élan il pût la saisir au vol et descendre jusqu'à terre. Les coups avaient redoublé à sa porte ; il avait alors jeté son chapeau et son manteau dans le jardin, était monté sur le rebord de la fenêtre, s'était élancé, avait heureusement saisi une branche qui, en ployant un moment, lui avait donné de graves inquiétudes, puis de branche en branche, tout en se déchirant un peu les mains, il était arrivé au tronc de l'arbre, qu'il avait saisi à bras le corps comme Pylade eût saisi Oreste, et il avait triomphalement touché la terre ferme.

Il avait alors ramassé son chapeau et son manteau, et avait songé au moyen de quitter le jardin. Seulement, cette fois, il ne fallait plus descendre mais monter, et ce n'était plus d'une fenêtre qu'il fallait sauter dans le jardin, mais bien grimper du jardin sur un mur.

Comme il cherchait un endroit d'où cette ascension lui fût plus commode, il entendit des voix. Il porta les yeux vers les fenêtres et les vit illuminées. Il se jeta alors derrière un taillis ; et il regarda plusieurs ombres qui passaient derrière les vitres. On avait enfoncé la porte et on le cherchait. Il avait donc bien fait de fuir, d'autant plus qu'à part quelques égratignures, il ne s'était fait aucun mal, et qu'à moins qu'on ne vînt le chercher dans le jardin, il avait encore l'espérance de se sauver.

Il vit les lumières qui se rapprochaient des fenêtres. Les ombres, en les voyant ouvertes, s'y mirent en levant leurs lumières au-dessus de leurs têtes pour éclairer le jardin. Il entendit alors distinctement l'impresario qui disait :

— Il doit être là, allons l'y chercher.

Cela donna à penser à notre héros. La première idée qui lui vint fut de gravir le mur et de sauter dans la rue. Il trouva un monticule qui lui aidait à cette manœuvre ; et il allait probablement la mettre à exécution, lorsqu'il entendit les mêmes voix dans la rue, et qu'il supposa avec raison qu'il devait y avoir des gardiens de chaque côté, et qu'au bout de dix pas il serait pris.

Il se mit donc à parcourir le jardin, demandant son salut partout; lorsqu'il se retrouva devant le grand arbre qui lui avait déjà rendu un service si remarquable, il pensa alors à s'y cacher. Mais, comme le sang-froid lui revenait sensiblement, il prit son mouchoir, l'alla jeter au pied du mur, puis il revint et commença de monter à l'arbre qu'il venait de descendre.

L'arbre était touffu, la nuit était sombre, la retraite était donc bonne.

Ceux qui cherchaient Tristan entrèrent par la petite porte du jardin, et il les vit approcher avec ce battement de cœur du voyageur caché dans un arbre qui voit venir un ours.

Ils cherchèrent partout, excepté naturellement où il était, et ce fut ce bon impresario qui, en rôdant du côté du mur, trouva le mouchoir que Tristan avait jeté avec intention.

— Il s'est sauvé, messieurs, s'écria le vieillard. — Par où? dirent les autres en se rapprochant. — Par ici. — Comment le savez-vous? — Voilà son mouchoir qu'il a perdu, en escaladant le mur sans doute. — C'est juste. Alors il est inutile de chercher ici. — Je sais où je vais le trouver, moi, fit le vieillard. — Vous croyez? — J'en suis sûr. — Faut-il vous accompagner? — C'est inutile. — Bon, pensa Tristan, la ruse réussit; il va me chercher chez Léa.

Ce ne fut pas sans une certaine satisfaction que le ténor vit son directeur s'éloigner et refermer la porte du jardin. Cependant, il ne quitta pas tout de suite son arbre; il s'assura qu'on ne rentrait pas chez lui, et qu'il ne serait pas vu; au bout d'un quart d'heure il descendit, traversa le jardin sur le bout des pieds, et gagna le mur, qu'il gravit à l'aide des pieds et des mains; mais, arrivé au sommet, une nouvelle difficulté se présenta: le mur, qui n'avait que cinq ou six pieds du côté du jardin, en avait douze ou quinze du côté de la rue; et en sautant d'une pareille hauteur, Tristan risquait de se casser les jambes et de se faire prendre comme un renard au piége.

La position était critique; il mesura de nouveau la distance qui le séparait du sol, s'assura qu'elle était respectable, et se rassit tranquillement sur son mur en se cachant le plus possible et en se disant:

— Attendons que quelqu'un passe.

Tristan allait réfléchir à ce qui lui arrivait, quand il entendit des pas; il regarda du côté où ils semblaient venir, et aperçut un monsieur gros et gras qui rentrait tranquillement chez lui en longeant tranquillement les maisons.

Fabiano s'apprêta, attendit que le passant passât sous lui; et, au moment où l'on eût pu tirer une ligne perpendiculaire des pieds du ténor à la tête du promeneur, notre héros s'élança sur le pauvre homme, lui tomba adroitement, nous devons le dire, les deux mains sur les épaules, ce qui lui abrégea de moitié la route qu'il avait à franchir, et ce qui lui donnait de l'élan comme un tremplin; de là, il sauta à terre et se sauva en criant : Merci !

Le brave monsieur roula par terre, comme c'était son droit, ne sachant d'où lui tombait cet homme; s'assura qu'il n'avait rien de cassé, et au lieu de faire du bruit et d'ameuter du monde, il se releva, épousseta la poussière qui couvrait ses habits, et reprit tranquillement son chemin.

Ce qui prouve qu'il y a des sages dans tous les pays, et que Tristan était tombé sur un sage.

XXI

— Ainsi, se disait Tristan, ma femme est ici; mais quel est ce vieux monsieur?

Et tout en répétant éternellement cette phrase, il courait du côté de la maison de Léa.

Vous croyez peut-être qu'il allait chez sa maîtresse pour la voir? Du tout, il se rendait chez Léa parce qu'il ne savait où aller et qu'il fallait qu'il attendît le lendemain quelque part.

En effet, le lendemain, c'était le mot de l'énigme : c'était la vérité, c'était le perroquet.

Il arriva chez Léa, tout en regardant s'il n'était pas suivi.

La chanteuse l'attendait.

Tristan avait la figure bouleversée.

— D'où diable sortez-vous? fit la jeune femme, qui ne pouvait s'empêcher de sourire à la vue de la consternation de son amant. — Je sors d'un arbre et d'un mur. — Qu'est-ce qui vous a pris ce soir? — Si vous saviez! — Asseyez-vous et racontez-moi, je saurai. — D'abord, il faut défendre votre porte. — Pourquoi? à pareille heure, qui voulez-vous qui vienne? — L'impresario, qui me cherche. — Je le recevrai bien au contraire. — Vous comptez donc me livrer comme Joseph? — Non, mais vous cacher dans un endroit d'où vous entendrez tout, comme Néron. — Très-bien, figurez-vous... — D'abord, pourquoi avez-vous crié : C'est elle! c'est elle? — Parce que c'était elle, en effet. — Qui, elle? — Vous ne devinez pas? — Non. — Ma femme. — Votre femme? — Et c'est en voyant votre femme que vous avez perdu la tête? — Oui. — Et c'est à moi que vous venez conter cela; je vous trouve bien amusant. — Léa, êtes-vous mon amie? — Oui. — Eh bien! écoutez-moi, et vous jugerez après. — J'écoute. — Figurez-vous...

En ce moment on sonna.

— Le voilà! s'écria Tristan, où me cacher? — Dans la ruelle de mon lit. — Ne le gardez pas longtemps. — Soyez tranquille.

Léa se mit à la fenêtre.

Rosetta vint annoncer l'imprésario.

— Faites entrer, dit la chanteuse.

Et elle referma la fenêtre.

Le petit vieillard entra, sondant les murs, fouillant les meubles, creusant l'alcôve, du regard bien entendu.

— Eh bien? fut le seul mot qu'il dit à Léa en croisant les bras sur son ventre, et en regardant la chanteuse d'un œil humide. — Oui, fit-elle du même ton, mais avec une majestueuse envie de rire. — Vous avez vu ce qui s'est passé? — Oui. — Qu'est-ce que vous en dites? — Ce que vous en dites vous-même.

L'imprésario se laissa tomber sur une chaise.

— Me voilà ruiné. — Merci du mot, reprit Léa.

Le vieillard lui tendit la main.

— Vous ne pouvez pas jouer Othello et Desdémone à la fois. — C'est juste. — Il m'assassine. Que faire? — Faites relâche. — Joli moyen! — C'est le seul. Vous le retrouverez peut-être. — Où? — Il reviendra. — Jamais. — Qui sait?

L'imprésario, à ce mot, qui dans la bouche de Léa pouvait avoir un sens heureux, se leva, s'approcha d'elle, lui prit les deux mains dans les siennes, s'agenouilla à moitié et lui dit :

— Où est-il? — Je l'ignore. — C'est impossible. — Je vous assure. — Il est ici. — Ici? — Oui. — Cherchez; si vous le trouvez, je joue un an pour rien; mais si vous ne le trouvez pas, vous me doublez mes appointements.

L'imprésario se rassit. C'était répondre.

— Mais vous lui avez parlé? reprit Léa. — Oui. — Que vous a-t-il dit? — Qu'il voulait revoir sa femme. — Il l'aime donc bien? fit Léa avec intention. — Il en est fou; c'est pourquoi, ma chère enfant, ce serait une duperie de votre part de cacher une minute un homme qui me ruine et qui vous trompe. — Vous avez raison; il a besoin d'être puni. Voulez-vous souper avec moi? fit Léa, qui n'était pas fâchée de punir tout de suite son amant et qui avait dit cette dernière phrase en adressant un regard à l'alcôve.

Tristan étouffait.

— Non, merci, reprit l'impresario; je m'en vais.

Tristan respira.

L'impresario revint sur ses pas.

— Vous m'affirmez qu'il n'est pas ici, ma petite Léa? — Je vous l'affirme. — Vraiment? — Vraiment. — Eh bien! savez-vous ce que je ferai? — Dites. — Il m'a dit qu'il avait entendu chanter un perroquet dans la deuxième rue à gauche du théâtre. — Eh bien? — Ce perroquet, c'est à sa femme. — Eh bien? — Eh bien, demain j'irai dans la deuxième rue à gauche, et j'entrerai dans la maison où il y aura un perroquet. — Après? — Après, je demanderai à parler à la maîtresse du perroquet, et je retrouverai mon ténor. — Comment? — Du moment où il n'est pas ici, il ne peut être que chez sa femme. — C'est juste. Je suis flattée que vous soyez venu chez moi avant d'aller chez elle. — Elle me le rendra; on fera une annonce, et l'on tâchera de tout réparer. — Ainsi vous comptez le trouver là? — J'en suis presque sûr maintenant. — Allez, mon cher maître, et venez demain me rendre la réponse. — À trois heures je serai ici. Adieu, mon enfant. — Adieu. Rosetta, reconduisez monsieur, fit Léa en appelant sa femme de chambre.

Et quand l'impresario fut sorti, la chanteuse rentra dans sa chambre à coucher.

Tristan était debout, les bras croisés, le dos appuyé contre le mur.

— Vous avez entendu? fit la chanteuse. — Oui, reprit le ténor. — Vous aimez votre femme?

Tristan ne répondit pas.

— Et vous venez me demander l'hospitalité à moi; c'est de la confiance, ou je ne m'y connais pas. — Ma chère Léa, fit Tristan en s'approchant de sa maîtresse. — Ma pauvre Léa, vous devriez dire. Je vous pardonne, allez. Avez-vous faim? — Non, fit Tristan d'un air distrait. — Voulez-vous souper? — Je veux bien. — Vos idées ont de la suite.

Léa sonna.

— Rosetta, sers-nous, dit-elle.

Tristan était rêveur.

— Comme c'est intéressant, un homme qui soupe avec sa maîtresse après avoir retrouvé sa femme! Vous auriez dû garder votre costume d'Othello, mon cher, il irait mieux à votre figure et à la circonstance que celui que vous avez. — Pardonnez-moi, l'étonnement... — L'émotion, vous voulez dire. — Pouvez-vous croire? — Comment! c'est trop naturel, une femme qui vous aimait tant, qu'elle vient vous voir jouer Othello, accompagnée d'un monsieur; c'est son père, sans doute? — Non. — C'est son frère, alors? — Non. — Qui est-ce, alors? — Je n'en sais rien. — Vraiment, c'est curieux.

Tout cela était dit de ce ton ironique qui cache une colère ou tout au moins une rancune.

— Allons, asseyez-vous, mon hôte, nous sommes servis.

Tristan sourit machinalement.

Les dernières paroles de la chanteuse à propos du compagnon inconnu de Louise occupaient tout son esprit.

— Allons, voyons, ne soyez pas triste, vous la verrez demain, cette pauvre enfant, modèle des épouses.

La vue de sa femme si inattendue avait tellement bouleversé le pauvre garçon, qu'il était tout bonnement stupide et ne trouvait pas un mot à répondre à sa maîtresse.

Quand le souper fut fini, Léa se leva et lui dit :

— Maintenant, mon hôte, mon ami, votre chambre est prête; bonsoir. — Que voulez-vous dire? — Je veux dire que vous devez avoir besoin de repos ou tout au moins de solitude, pour réfléchir aux graves événements de cette soirée. Voici votre chambre, continua-t-elle en traversant le salon et en lui montrant une seconde chambre à coucher, avec un escalier particulier, de sorte que vous pourrez sortir d'aussi bonne heure que vous voudrez; et maintenant, bonne nuit.

Tristan était confondu, il s'approcha de Léa et voulut lui prendre la main.

— Merci de votre reconnaissance, mon cher Fabiano, car c'est sans doute de cela que vous voulez me parler; mais vous ne me devez rien, vous m'avez donné une leçon qui paye bien l'hospitalité que je vous donne, et si l'un de nous deux doit à l'autre, c'est moi.

Et avec un salut charmant d'impolitesse et de dédain, Léa rentra dans sa chambre, accompagnée de Rosetta, et laissant Tristan ébahi comme le corbeau à qui le renard vient de prendre son fromage.

Tristan s'assit sur son lit en se disant :
— Quel peut être ce vieux monsieur ?

XXII

Louise reparaît.

L'impresario n'avait pas dormi.

A peine levé, c'est-à-dire à sept heures du matin, il était monté chez Tristan, espérant le trouver peut-être dans sa chambre.

C'était une espérance invraisemblable, mais il faut de ces espérances-là pour consoler des grands malheurs.

La chambre était vide.

Il redescendit, regardant à chaque minute la pendule pour voir arriver l'heure où il pourrait se présenter chez la femme de Tristan.

Celui-ci, de son côté, s'était levé et avait fait demander si Léa était visible ; mais Rosetta lui avait répondu que madame n'était visible pour personne, et elle avait appuyé sur le mot personne.

Il était environ dix heures, lorsque le domestique de l'impresario entra chez son maître et lui dit :

— Monsieur, il y a une dame qui demande à vous parler. — La connaissez-vous ? — Non, monsieur. — Vous a-t-elle dit son nom ? — Elle a refusé de me le dire. — Est-elle jeune ? — Oui, monsieur. — Jolie ? — Oui, monsieur, autant qu'on peut le voir sous le voile qui lui cache la figure. — Et qu'a-t-elle dit ? — Qu'elle avait à vous entretenir des choses les plus sérieuses. — Faites entrer.

Une jeune femme voilée comme l'avait annoncé le domestique, et vêtue de la plus simple et de la plus élégante toilette du matin, entra dans le cabinet de l'impresario, qui se leva et s'inclina en lui offrant un fauteuil.

La jolie visiteuse s'assit et attendit un moment comme pour

se remettre de son émotion. Le petit vieillard s'assit à son tour et lui dit :

— Madame, à quoi dois-je l'honneur de cette visite ? — Nous sommes seuls, monsieur ? dit la jeune femme. — Seuls. — Vous en êtes sûr ? — Parfaitement sûr. — C'est que ce que j'ai à vous dire, monsieur, ne doit être connu que de vous. — Alors c'est une confidence. — Plus qu'une confidence, une confession. — Je vous écoute, madame. — Monsieur, j'étais hier au théâtre à la représentation d'*Otello*. — Vous avez été témoin, madame, du malheur qui est arrivé. — Et je viens savoir si l'annonce qu'on a faite est vraie. — Quelle annonce ? reprit l'impresario, qui avait oublié ce détail. — Que le ténor était fou. — Avez-vous donc un grand intérêt à le savoir ? — Très-grand, monsieur ; dites moi donc la vérité, et croyez à ma reconnaissance. — Eh bien, madame, l'annonce est fausse. — Et quelle est alors la cause de cet accident ? — Une cause bien étrange. Ce jeune homme qui chantait, séparé par des circonstances bizarres de sa femme, qui le croyait mort, l'a aperçue dans une loge, et cette vue l'a tellement bouleversé qu'il s'est sauvé de scène. — Et qu'est-il devenu ? — Je l'ignore. — Comment avez-vous su ce détail, monsieur ? — C'est lui-même qui me l'a dit lorsque je l'ai empêché de passer des coulisses dans la salle, où il voulait aller retrouver sa femme. — En effet, c'est très-curieux. Et il n'est pas rentré chez lui ? — Si fait, mais il s'est sauvé avant que nous vinssions le chercher. — Et aucun indice ? — Aucun. — Il n'avait pas à Milan un ami, chez lequel il pût être caché ? — Il avait une maîtresse, notre première chanteuse. — Ah ! il avait une maîtresse ! répéta la jeune femme avec une certaine émotion. — Mon Dieu ! madame, fit le petit vieillard, j'ai peut-être tort de vous dire tout cela, mais vous m'avez demandé la vérité. — Continuez, monsieur, je vous en prie. — Eh bien, madame, elle ne l'avait pas vu. — Et cependant il l'aimait ? — Oui, mais pas assez malheureusement. — Que voulez-vous dire ? — Je veux dire que s'il l'eût aimée beaucoup, il eût assez oublié sa femme pour ne pas être ému en la voyant et pour ne pas me ruiner. — Mon Dieu ! monsieur, pardonnez-moi de vous faire toutes ces questions, mais vous saurez plus tard de quel intérêt ces détails sont pour quelqu'un, et alors vous m'excuserez. Veuillez donc encore me répondre. Savez-vous par quelles circonstances il a été séparé de sa femme ? — Il a voulu se tuer et s'est en effet tiré un coup de pistolet, mais il s'est blessé, voilà tout, et il a été sauvé. — Par qui? — Par une femme. — Et depuis? — Depuis, cette femme l'a emmené en Italie avec elle. — Mais pourquoi, s'il aimait sa femme, n'est-il pas revenu à elle tout de suite? reprit la visiteuse avec une nouvelle émotion. — Voilà ce que je n'ose vous dire. — Pourquoi? — Parce que la moindre indiscrétion pourrait être fatale à Tristan, et que si on le retrouve, j'aime mieux que ce soit pour le faire rentrer à *la Scala* que pour le mettre en prison. — Je vous jure, monsieur, qu'en sortant d'ici j'aurai tout oublié. — Eh bien, madame, il avait tué un homme. — Que dites-vous là? — Bien involontairement, du reste; un homme en le voyant prêt à se brûler la cervelle a voulu l'en empêcher, le pistolet est parti dans les mains de Tristan, et le malheureux sauveur a été tué. Alors Tristan, une fois revenu à lui, s'est souvenu qu'il avait commis un crime, et craignant d'être arrêté a quitté la France. — Tout ceci est bien étrange, murmura la jeune femme. Et vous, monsieur, comment l'avez-vous connu?

L'impresario raconta l'histoire du lac Majeur.

— Ainsi, monsieur, c'est à vous qu'il doit tout? — Oui, madame; vous comprenez donc le tort qu'il m'a fait hier. — Oui, monsieur; nous essayerons de le réparer.

L'impresario sourit d'un air de doute.

— Maintenant, reprit la visiteuse, confidence pour confidence, service pour service, vous m'avez appris, monsieur, des choses que je n'aurais pu savoir sans vous, et depuis hier je marche d'étonnements en étonnements; à mon tour de vous dire qui je suis et de vous demander un nouveau service. — Parlez, madame. — Je suis la sœur de la femme de Tristan. — Vous, madame? — Oui, monsieur. — Et votre sœur n'a pas vu son mari, hier, chez elle? — Non. — Ni ce matin? — Non plus. Savait-il donc sa demeure? — Oui. — Et comment l'avait-il apprise? — Par un perroquet qu'elle a à sa fenêtre et qui a chanté au moment où il passait devant cette fenêtre. — Je devine; mais non-seulement ma sœur n'a pas vu son mari, mais elle ne veut même pas le voir. — Je ne comprends pas. — Vous allez comprendre, monsieur. Ma sœur croyait Tristan si bien mort que depuis dix-huit mois elle priait presque tous les jours sur sa tombe. — Sur sa tombe? — Oui, monsieur. — Veuillez m'expliquer, madame...

L'inconnue raconta alors au vieillard ce qui s'était passé : comment sa sœur avait été secourue par un vieux médecin; comment celui-ci avait, sans le connaître, réclamé un corps à la

Morgue, et comment le hasard avait fait enterrer un étranger sous le nom de Tristan.

— Ah! je comprends, reprit l'impresario; si bien qu'à force de pleurer sur la tombe de Tristan elle s'était à peu près consolée, lorsque hier elle l'a revu.—Justement. Heureusement que de son côté il se consolait aussi. — Enfin, madame, vous êtes venue ici pour savoir où est Tristan.—Au contraire, monsieur, pour que vous le retinssiez le plus longtemps possible, s'il était encore avec vous, afin de donner à ma sœur le temps de fuir.— Je ne comprends plus du tout.—Ma sœur fut donc sauvée par ce médecin. Tout le temps qu'avait duré sa maladie, elle avait été soignée par sa nièce, la plus douce et la plus charmante créature qu'on pût voir. Quand elle fut guérie, cette jeune fille la supplia de rester avec elle. Comme elle n'avait plus Tristan et que je n'étais pas à Paris à cette époque, elle saisit avec bonheur cette affection qui la retirait de son isolement, elle resta : la nièce à son tour tomba malade, et ma sœur lui rendit les soins qu'elle lui avait donnés. Mais, malgré la science de son oncle, qui est un des premiers médecins de Paris, elle mourut. Vous jugez du désespoir du vieillard quand la pauvre enfant fut morte. Il allait, à son âge, se trouver seul sur la terre : et lui aussi voulait mourir. Il dit alors que la seule chose qui le consolerait ce serait que Louise restât auprès de lui, et qu'il allait reporter sur elle tout l'amour qu'il avait pour sa nièce. Elle lui répondit ce qu'elle devait lui répondre : qu'elle ne pouvait rester dans sa maison, que la jeune fille en mourant avait brisé le lien qui l'y retenait, et qu'étrangère, elle n'avait aucun prétexte à donner au monde de ce séjour continu dans la maison d'un étranger. Et tout en disant cela, elle pleurait, car le vieillard avait été si bon pour elle qu'elle l'aimait comme un père. Alors il lui prit les mains et lui dit : « Mon enfant, je suis vieux, je ne vivrai pas longtemps; il ne dépend que de vous de faire le bonheur d'une âme qui a à peine quelques années à passer sur cette terre! Je n'ai que vous au monde, voulez-vous être ma femme? mais ma femme, reprit-il avec un sourire, comme une femme de votre âge qui épouse un homme de mon âge, une femme de nom, une fille de cœur.

Le pauvre homme attendait en tremblant, les larmes aux yeux, ce qu'allait répondre Louise.

Elle accepta; ce n'était pas d'ailleurs un sacrifice qu'elle faisait, car je vous l'ai dit, monsieur, elle aimait cet homme comme son père, et elle ne connaissait pas de mission plus sainte ni de devoir plus doux que d'entourer ses dernières années du bonheur que seule elle pouvait lui donner ; maintenant elle est sa femme, sa seule pensée, sa vie ; vous comprenez donc, monsieur, qu'elle ne peut voir Tristan, et que, si elle le retrouvait, son mari en mourrait de douleur.

— C'est trop juste, dit l'impresario, qui allait de surprise en surprise. — D'ailleurs ce n'est pas l'émotion de la revoir qui lui a fait pousser ce cri hier, c'est tout au plus l'étonnement. Depuis que Louise est séparée de lui, il ne s'est inquiété ni de son bonheur ni de sa vie. S'il l'eût sincèrement aimée, il eût bravé une accusation dont il eût pu se justifier avec la lettre qu'il lui avait écrite, et, après tout, une prison qui n'eût pas été éternelle et qu'elle eût partagée. Elle n'a pas, je vous le jure, monsieur, un reproche à se faire, et maintenant, elle se croit dégagée de tout lien et de toute dépendance. Elle se trouve être la femme de deux hommes dont l'un l'a oubliée depuis un an ou deux et se console, si toutefois il a besoin d'être consolé, avec des chanteuses, et dont l'autre mourrait s'il la perdait. Si elle n'écoutait que son cœur, peut-être pardonnerait-elle ; mais elle ne prend conseil que de son devoir, et son devoir est de rendre heureux l'homme qui s'inquiète chaque jour de son bonheur. Voilà ce que je voulais vous dire, monsieur. Maintenant vous connaissez un secret que nul ne connaîtra excepté vous et moi. J'ai appris tout ce que je devais savoir, je vais partir dans une heure avec Louise ; si jamais vous revoyez Tristan, dites-lui notre conversation d'aujourd'hui. Le mari de Louise est vieux, ajouta-t-elle, demain elle peut être veuve, alors quand elle sera libre peut-être fera-t-elle ce qu'elle ne peut faire à présent. D'ici là, elle est morte pour lui, comme il l'a été et comme il l'est pour elle. Adieu, monsieur ; dans une heure vous recevrez une lettre, c'est une dette de Tristan que nous acquitterons.

Puis la sœur de Louise se leva et sortit.

L'impresario ne savait plus ce que tout cela voulait dire, et il se perdait dans ce labyrinthe de circonstances.

Une heure après il reçut une enveloppe renfermant dix billets de mille francs.

Il commença à comprendre.

Il écrivit à Léa la visite qu'on venait de lui faire, la conversation qui avait eu lieu et le résultat de cette conversation.

Au reçu de cette lettre, Léa fut prise d'un tel éclat de rire, que Rosetta en fut effrayée et entra.

Tristan ne comprenait rien à cette hilarité qu'il entendait du fond de sa chambre et dont il n'osait demander la cause.

— Dis qu'on attèle, fit la chanteuse à Rosetta, et va chez le prince lui dire que je l'attends pour aller à la campagne.

Une demi-heure après, la voiture et le prince attendaient.

— Il ne faut rien dire à personne? fit Rosetta, tout bas, au moment où Léa sortait. — Si, tu remettras cette lettre à Fabiano. — Et quand reviendra madame? — Demain, peut-être.

Et la chanteuse descendit en riant aux éclats.

— Qu'avez-vous donc, chère? lui dit le prince, et qui vous fait rire ainsi? — L'histoire la plus originale qu'on puisse inventer et qui par bonheur est vraie. — Qui en est le héros? — Notre ténor. — Celui d'hier? fit le prince en souriant. — Oui, celui-là même. — Contez-moi cela? — Volontiers.

Et au moment où la voiture partait au trot de ses deux chevaux, Léa commençait l'histoire de Tristan, en en retranchant ce qu'elle devait en retrancher.

Rosetta fit la commission de sa maîtresse, et ne put s'empêcher de rire à la vue du visage de Tristan, quand il apprit l'étrange nouvelle que l'impresario écrivait à la chanteuse.

Il courut, au risque d'être reconnu, à la maison du perroquet; mais on lui répondit que depuis une heure ceux à qui il appartenait étaient partis en poste sur la route de Sesto-Calende.

XXIII

Tristan avait fait sur la présence du personnage inconnu qui accompagnait sa femme bien des suppositions, mais il n'avait jamais supposé l'ombre de la vérité. La nouvelle qu'il recevait était si étrange, si bizarre, que c'était à ne pas y croire, et qu'il avait cru un moment que cette lettre de l'impresario était une plaisanterie que lui faisait Léa; mais quand il avait été sûr du départ de sa femme, il était, triste, morne, abattu, rentré chez la chanteuse, afin d'attendre la nuit pour fuir Milan et se mettre, s'il le pouvait, à la recherche de Louise.

Léa n'était pas rentrée. Et le soir même, après avoir écrit à sa maîtresse une lettre d'adieu où il se posait en victime, Tristan s'était rendu à un hôtel où il avait fort mal soupé, pendant qu'on allait lui chercher un voiturin qui devait le conduire à Sesto-Calende.

Tristan avait besoin d'un passe-port, il ne l'oubliait pas, et, l'eût-il oublié, il s'en fût souvenu en entendant une femme de chambre dire imprudemment à un garçon :

Voici le passe-port qu'on a rapporté de la police.

Dès ce moment, notre héros n'avait plus de cesse qu'il ne se fût emparé d'un de ces bienheureux morceaux de papier. Jason n'avait pas plus envie de la Toison-d'Or. Seulement il fallait que Tristan agît avec prudence et qu'il n'allât pas à l'étourdie s'emparer d'un passe-port de femme ou de vieillard, ce qui eût été un vol inutile. Or, s'il y a une chose qu'on doit éviter, c'est de faire un vol qui ne serve à rien.

Tristan rentra dans le bureau de l'hôtel, paya son souper avec une pièce d'or, et pendant que le garçon allait chercher la monnaie du louis, il leva le serre-papier qui retenait les passe-ports, en feuilleta quelques-uns dont il ne regardait que le signalement, et finit par en prendre un sur lequel il trouva : nez droit, yeux noirs, cheveux noirs, et tout ce qui constituait les qualités physiques du ténor.

Il ne s'inquiéta même pas du nom, dans la crainte d'être surpris, et quand le garçon reparut il trouva le voyageur regardant la lithographie représentant l'hôtel, ce qui dans tous les pays est l'attitude d'un homme qui a bien soupé et qui a la conscience pure; deux choses que n'avait justement pas Tristan.

Une demi-heure après il était sur la route de Sesto-Calende.

Vous me direz : votre Tristan n'est qu'un fripon : car, après tout, le voilà qui vole un passe-port après avoir volé trois mois d'appointements à l'impresario de la *Scala*.

Certes, au point de vue du code et de la morale, mon Tristan s'éloigne sensiblement de la ligne droite ; mais au point de vue des circonstances et du hasard, il faut bien lui pardonner. Était-ce de sa faute si le malheur l'avait poursuivi au point de le mener au suicide? son suicide n'avait-il pas, au contraire, la cause la plus loyale qu'un suicide puisse avoir, et Dieu n'eût-il pas pardonné le résultat en faveur de la cause? était-ce sa faute si le dénoûment tragique d'une vie douloureuse avait été le commencement bouffon d'une vie d'aventures, et pouvait-il, avec un mort sur les bras, faire autre chose que ce qu'il avait fait? Était-ce sa faute si, malgré les engagements pris avec l'impresario, et même les engagements d'amour pris avec Léa, la vue de sa femme l'avait tellement bouleversé, qu'elle l'avait fait chanter faux, et que comme un fou il avait couru après elle? Était-ce sa faute enfin si, traqué comme une bête fauve, chassé par sa maîtresse, il venait encore d'être forcé de se sauver et de voler à un voyageur inoffensif le passe-port identique qui lui faisait la route libre.

— Que vouliez-vous qu'il fît. — Qu'il mourût. — Outre que cela eût été honteusement niais, le premier essai ne lui avait pas assez réussi pour l'engager à un second; puis, on ne meurt pas quand, comme Tristan, on apprend que sa femme est la femme d'un autre. — Il n'avait donc pas autre chose à faire que ce qu'il avait fait, d'autant que ses peccadilles ne devaient pas porter grand préjudice à ceux qui en étaient momentanément victimes. L'impresario avait reçu dix mille francs, et le voyageur du passe-port aurait bien vite, puisque son passe-port était visé, fait constater le vol et son identité. — Ces réflexions faites, reprenons notre histoire et notre chemin.

Lorsqu'il était arrivé à l'hôtel de Sesto-Calende, Tristan avait, avant de donner son passe-port, voulu savoir à quel nom il répondait. L'agrément des passe-ports, c'est qu'ils peuvent servir à tout le monde; le signalement ne ressemble jamais, et ressemble toujours. Tristan se complaisait donc dans son vol, et après avoir examiné l'ensemble, il passait au détail.

Cheveux noirs, disait-il, c'est bien cela; yeux noirs, nez aquilin, menton rond, teint clair, visage ovale, barbe noire; tout le monde ressemble à cela, disait-il. Je n'ai pas de barbe, mais je n'ai qu'à me raser, et dans deux jours je serai le portrait vivant de ce monsieur.

Alors il chercha le nom, et quand il l'eut trouvé, il poussa, quoique seul, un éclat de voix si formidable que l'aubergiste monta.

Tristan calma le digne homme et le congédia.

— De Sainte-Ile! répétait notre ténor en relisant ce nom. De Sainte-Ile! il me devait bien ce dédommagement; il m'a pris ma maîtresse, je lui prends son passe-port, nous sommes quittes; je crois même que je lui redois quelque chose.

Et Tristan riant dans sa pensée des embarras où allait se trouver son rival, plia soigneusement le passe-port, et plein de confiance dans l'avenir, il commanda à déjeuner, ce qui prouve que Tristan était encore peu fait aux habitudes italiennes, sans quoi il se fût dispensé de ce soin inutile.

Jusqu'à ce qu'on lui servît le contraire de ce qu'il désirait, Tristan n'avait rien de mieux à faire qu'à songer.

— C'est impossible, se disait-il toujours en relisant la lettre de l'impresario.

Et il ne croyait pas.

— Et cependant, continuait-il, il y a là-dedans des choses qu'il n'a pu deviner.

Et il croyait.

— Peut-être est-elle d'accord avec l'impresario et n'est-ce qu'une façon de me faire revenir.

Et le pauvre garçon se donnait enfin toutes les raisons qu'on peut se donner pour se convaincre, qu'on n'est pas dans une position difficile et ridicule.

Puis, ce qui l'étonnait par-dessus tout, c'était de ne pas trouver avec cette lettre un seul commentaire qui pût le faire croire à un regret, ou tout au moins à un souvenir de la part de Léa. Jamais historien n'avait plus sèchement et plus froidement raconté un fait; on eût dit un passage de l'Histoire de France d'Anquetil.

Le pauvre garçon! plus il réfléchissait à cette nouvelle, plus il s'écriait : C'est impossible, et cela cache quelque piége.

Cependant, en rappelant les circonstances qui avaient précédé et accompagné la rencontre qu'il avait faite de sa femme, il était bien forcé de leur trouver une certaine analogie avec le récit de Léa. La sérénité de Louise; la robe qui ne gardait pas plus que son visage, les traces d'un deuil qu'il eût cru devoir être éternel; la présence du monsieur mystérieux dans cette loge, jetaient sur la lettre une désolante clarté et une incontestable vraisemblance.

Il résultait, en outre, et bien nettement de cette lettre, que Louise avait quitté Milan avec la résolution fermement prise, non-seulement de ne pas chercher son mari, mais encore de fuir les lieux où il pourrait être. C'était pour son ex-mari une chose si bizarre à penser que Louise avait pu en arriver à ce point d'indifférence vis-à-vis de lui, que là où l'esprit était bien forcé de croire, le cœur doutait encore. Comment, en effet, se figurer que Louise, qui l'aimait tant, avec laquelle il avait tant souffert, et la douleur qu'on partage est un lien plus solide que l'amour, comment se figurer, disons-nous, que Louise avait pu se marier après si peu de temps de veuvage, et même mariée, pouvait ne pas quitter son second mari pour le premier? car il était impossible qu'elle aimât le vieillard comme elle avait aimé le jeune homme.

Oh! les femmes! les femmes! se disait Tristan, et il ne réfléchissait pas que de son côté Louise, en le reconnaissant après dix-huit mois de silence et d'abandon, avait bien plus que lui le droit de se plaindre et de dire : Oh! les hommes! les hommes! formule qui dans la bouche des femmes renferme tous les reproches réels, faux et possibles.

Or, la lettre produisait justement l'effet qu'en attendait Léa. Si de son côté l'amant eût voulu être regretté de celle qu'il quittait, de son côté la maîtresse eût voulu être pleurée de son amant, et sans un reproche, sans un regret eût voulu le ramener à Milan. Sa joie eût donc été grande, si elle eût pu voir dans quelle perplexité, et nous dirons même dans quelle tristesse cette lettre plongeait le pauvre ténor. C'est alors qu'il se repentit trop tard, comme on se repent toujours, d'avoir cru à l'amour de sa femme et de n'avoir pas cru à l'amour de la chanteuse. C'est alors qu'il se reprocha d'abord d'avoir crié en reconnaissant Louise, et de n'avoir pu surmonter son émotion, puis d'avoir ainsi abandonné Léa, qui paraissait tant l'aimer, et qui avait fait pour lui ce que Louise n'avait pas fait pour sa mémoire. L'amour de l'une s'augmentait donc de l'indifférence de l'autre, et, la vanité aidant, Tristan voyait derrière cette lettre Léa plongée dans les larmes et le désespoir, tandis qu'au contraire, la chanteuse, qui effectivement n'avait pu se défendre d'un peu de mélancolie, ce qui au dire de tout le monde lui allait à merveille, avait, comme un rayon de soleil qui reparaît après le brouillard, fait éclore autour d'elle et sortir de leurs chrysalides tous les papillons d'amour qui se tenaient cachés.

Tristan était fort triste, tout ce qui lui arrivait était loin d'être comique. Cette bonne Providence paraissait se lasser quelque peu de ses fredaines, et l'abandonnait au moment où il avait le plus grand besoin qu'elle le secourût. Il restait donc assis d'une piteuse façon, la tête inclinée et tenant dans ses deux mains le papier maudit, auquel il revenait toujours, en réfléchissant qu'il perdait du même coup sa femme, ce à quoi il s'était un peu habitué, il faut le dire, sa maîtresse, ce à quoi il devait s'attendre un jour ou l'autre, et sa position, ce qui était la perte réelle.

Heureusement il n'avait pas eu le temps de faire un grand trou à sa bourse, mais cette somme qu'il avait contemplée jadis avec tant de plaisir, parce qu'elle devait le conduire assez doucement à la réalisation d'une espérance, lui apparaissait maintenant sous son véritable jour. Tant qu'il n'avait pas su sa femme mariée et qu'il l'avait crue trop vertueuse pour avoir un amant, il avait considéré la présence du vieillard inconnu comme une preuve de la bonté de cette Providence dont il n'avait pas encore douté, comme une révélation ou une résurrection de parent, Deus ex machinâ, qui s'était dévoilé au moment de l'infortune. Ce parent qui avait secouru sa femme serait heureux de secourir le mari, deux bonnes actions valant encore mieux qu'une, et la réunion des deux époux opérée, Tristan n'avait plus dans ses calculs agréablement simplifiés qu'à se croiser les bras, à raconter ses voyages et à manger tranquillement la fortune de l'inconnu, qui, son œuvre accomplie, mourait béatement en le faisant son héritier.

Comme on le voit, il était impossible de raisonner d'une façon plus candide et de se faire plus naïvement des certitudes avec ses espérances. On reconnaissait bien dans cette conviction l'homme confiant et convaincu que Dieu ne l'abandonnera pas; et devant ce grand désappointement, Tristan était aussi étonné et aussi abattu que l'homme qui ayant toujours eu un ami qui lui prêtait de l'argent, apprend que cet ami est mort sans lui rien laisser.

Cependant il serait inutile de voyager et surtout de souffrir si l'on ne devait rien y gagner; la besace, la bourse et le cœur de notre héros avaient dû, à mesure qu'ils se dégarnissaient de ressources d'argent et d'illusions, s'emplir d'une triple dose de philosophie bonne aux jours de revers.

Tristan, voyant qu'il ne pouvait rien faire contre cette fatalité, s'avoua vaincu, espérant la calmer ainsi : il plia la lettre, la mit dans sa poche, regarda son déjeuner mythologique, remerciant le malheur qui lui arrivait de lui avoir ôté l'appétit, sans quoi il eût eu, avec les désappointements du cœur, tous les désappointements de l'estomac; puis, après cette action de grâces, il sonna et l'aubergiste parut.

L'amour-propre de cet homme fut atteint gravement par le dédain que son hôte avait jeté sur le déjeuner. Notre héros dut à sa susceptibilité de palais de payer deux fois ce qu'il n'avait pas consommé.

— Maintenant, dit-il à l'aubergiste, y a-t-il une voiture qui mène quelque part ?

L'aubergiste sourit dédaigneusement à cette question, et prénant en pitié l'homme qui pouvait dire une chose aussi niaise et laisser un déjeuner aussi bon, il répondit :

— Oui, monsieur, nous avons des voitures. — Où vont-elles ? — Partout. — Ce n'est pas un lieu partout. — Quelque part non plus n'est pas un lieu; dites où vous allez, monsieur, et je vous dirai quelle voiture il faut prendre. — C'est juste.

L'aubergiste sourit d'aise.

— Je ne veux plus de l'Italie. — Et pourquoi monsieur ne veut-il plus de notre beau pays?

Tristan montra le déjeuner.

L'aubergiste se tut; si sa dépense n'eût été payée, ce signe eût coûté cher au ténor.

— Je ne veux plus de la France, reprit le voyageur.

Ce pays n'étant pas le sien, l'aubergiste ne craignit pas un affront, et alla même au-devant.

— On y a froid? dit-il. — Oui; il est vrai qu'on y déjeune. — Eh! monsieur, on déjeune bien partout.

Tristan montra de nouveau la table.

— Alors, où veut aller monsieur ? — J'ai envie d'aller en Suisse. — Peuh! fit l'aubergiste; petit pays, petits moutons, petites gens. — Oui; mais petit pays qui sait recevoir, petites gens qui sont polis, petits moutons qui sont tendres. — Alors, monsieur va en Suisse ? — Oui. — Et dans quelle partie de la Suisse ? — N'importe où. — Il y a justement une voiture qui part d'ici dans deux heures précises. — Et croyez-vous que je trouve une place dans cette voiture ? — Je crois que oui, et j'espère que non. — Et pourquoi espérez-vous que non ? — Parce que monsieur serait forcé d'attendre jusqu'à demain, et qu'il attendrait chez moi. — Le diable m'emporte si je remets les pieds ici! — Monsieur veut-il que j'aille voir s'il y a une place pour lui ? — Non, j'y vais aller moi-même.

Tristan descendit et se rendit à la voiture.

Il restait une place, il la prit.

Et, portant comme Bias, tout avec lui, il se rendit les mains dans ses poches au bureau de la voiture.

Il arriva comme on appelait M. Van-Dyck.

A ce nom, un gros monsieur prit place dans le coupé; et, comme immédiatement après on appela M. de Saint-Isle, Tristan eut la satisfaction de prendre place à côté du gros monsieur, qui, au reste, à en juger par l'extérieur, paraissait être d'un caractère aimable.

XXIV

Lorsque tous les voyageurs eurent été appelés, lorsqu'ils eurent tous pris place dans la voiture, le conducteur s'approcha du coupé où se trouvaient M. Van-Dyck et Tristan seuls.

— Il manque quelqu'un ici, dit le conducteur ; il y a trois places, et il n'y a que deux personnes. — C'est moi qui en ai loué deux, dit le gros monsieur. — Alors vous attendez quelqu'un ? — Non, c'est pour être plus à l'aise.

Le conducteur sourit de cette magnificence, et, après avoir fermé la portière, il monta sur son siége.

Le gros monsieur regarda Tristan, et lui dit :

— De cette façon, nous ne serons pas gênés. — C'est vrai, monsieur, répondit Tristan ; et c'est un luxe que j'admire, d'autant plus que j'en profite. — Vous comprenez, monsieur ; je ne me fais pas illusion : je suis gros. Supposez trois voyageurs comme moi dans le coupé, on serait forcé d'en tuer un et de le jeter sur la route pour pouvoir respirer, n'est-ce pas ? — Ah ! en se gênant un peu, reprit Tristan d'un air candide, on ne serait peut-être pas forcé d'en venir à cette douloureuse extrémité.

M. Van-Dyck se mit à rire avec l'intonation d'un homme riche, bien portant, et se disant : J'ai le droit de faire ce que je fais.

— C'est, fit M. Van-Dyck, une habitude que j'ai toujours eue de retenir deux places. Seulement, une fois je fus bien pris. — Que vous arriva-t-il ? — J'habitais justement la France à cette époque, et j'avais à mon service un domestique assez niais : un gaillard qui ouvrait la cage de mes oiseaux, sous prétexte que la cage sentait mauvais, et qu'il fallait donner un peu d'air à ces pauvres bêtes, lesquelles pauvres bêtes, voyant la porte ouverte, avaient pris beaucoup plus d'air qu'on n'avait voulu leur en faire prendre. — Jocrisse n'eût pas trouvé cela, tout bête qu'il était. — Un gaillard enfin, à qui je dis un soir, en lui montrant des pots de fleurs qui étaient dans mon jardin : Pierre, il va faire de l'orage, il faut rentrer ces pots : puis, sans méfiance, je remonte chez moi, et le voilà qui jette les fleurs et rentre les pots. — Vous l'aviez fait faire exprès, cet homme-là. — Enfin, c'est pour vous dire, monsieur, que j'aurais dû m'en méfier. — Je le crois bien ! — Un jour que je devais partir, et que j'étais très-pressé, je lui dis : Pierre, allez me retenir deux places à la diligence. — Deux places? me dit-il. — Oui, deux places.

Il revient, me donne mon billet, et me dit que mes deux places sont retenues. Ces deux places, comme toujours, étaient pour moi seul.

J'arrive aux messageries, je monte dans le coupé, et je commence déjà à me carrer comme vous m'avez vu faire tout à l'heure, lorsque je vois monter deux énormes voyageurs qui se placent à côté de moi. J'appelle alors le conducteur, et je lui dis :

— Il y a erreur. — Pourquoi? me dit-il. — Parce que j'ai retenu deux places. Voyez au nom de Van-Dyck, s'il n'y a pas deux places retenues? — En effet, me dit-il. — Eh bien, un de ces messieurs n'a pas le droit de rester ici.

Le conducteur regarda sa feuille de nouveau.

— C'est vous qui vous trompez, monsieur, me dit-il; il y a en effet deux places retenues par vous, mais il y en a une dans le coupé et une dans la rotonde. — C'était encore un trait d'esprit de M. Pierre. Vous comprenez que je le chassai ignominieusement, à la grande hilarité de mes voisins. — Comment, monsieur, dit Tristan, c'est à vous que cette aventure est arrivée? — A moi-même ; vous la connaissez?— Depuis longtemps, et elle m'a réjoui tant de fois non-seulement moi, mais encore tout mes compatriotes, que je serai heureux et fier, si jamais je retourne en France, de pouvoir dire que j'ai vu le héros de cette anecdote! — Oui, monsieur, c'est à moi-même que la chose est arrivée, et je vous assure que dans le moment je ne l'ai pas trouvée drôle; je fus forcé d'aller ainsi jusqu'à Bruxelles. — Vous êtes Belge, monsieur? dit Tristan avec un demi-sourire. — Non, monsieur, je suis Hollandais. — C'est un beau pays, continua-t-il en se promettant tout bas de s'amuser un peu aux dépens de son voisin. — Trop déprécié par Voltaire. Un pays riche. — On le dit. — Pittoresque, étrange. — On l'assure. Vous paraissez aimer votre pays? — Beaucoup, monsieur, beaucoup. On aime toujours le pays où l'on est né, où l'on a ses habitudes, sa famille, où l'on a fait sa fortune. — Voilà un homme bien heureux, pensa Tristan en poussant un soupir.

Et il s'accouda dans l'angle de la voiture, pendant que M. Van-Dyck tirait de sa poche un journal français qu'il semblait se préparer à lire, après avoir préalablement pris bruyamment une riche prise de tabac.

M. Van-Dyck déplia son journal, duquel tomba une lettre sans qu'il s'en aperçût.

Tristan ramassa cette lettre et la lui présenta.

— Vous perdez ce papier, monsieur, lui dit-il. — Mille pardons, monsieur.

Le Hollandais sourit en reconnaissant l'écriture.

— C'est de ma femme, dit-il. — Tristan fit de la tête et des yeux un signe qui pouvait dire aussi bien : Ah! vous êtes marié, je vous en fais mon compliment, que : Ce que vous me dites là m'est bien égal! — Êtes-vous marié, monsieur? reprit le Hollandais. — Non, monsieur. — Je puis bien dire que je ne suis pas marié, pensa Tristan, je le suis si peu. — Tant pis, tant pis, dit M. Van-Dyck. — C'est selon. — C'est toujours tant-pis. — Si la femme est mauvaise. — Elle est toujours bonne. — C'est bien hardi ou bien généreux, ce que vous avancez là. — Ce n'est que vrai, monsieur; toute femme, je l'avoue, n'est pas née bonne, mais elle le devient. — Par les soins qu'on a d'elle? — Rarement. — Par l'amour qu'elle éprouve? — Quelquefois. — Par l'indifférence, alors? — Justement, monsieur, justement. La femme pour laquelle on a beaucoup de soins se pose en femme faible et souffrante; la femme qu'on adore se pose en tyran tant qu'on l'aime, en victime quand on ne l'aime plus autant; tandis que la femme qui ne sait si vous l'aimez ni si vous ne l'aimez pas, qui vous voit sans enthousiasme pour elle, sans prévenances, à qui vous dites : Je déjeune à onze heures et je dîne à six, à qui vous ne parlez jamais de vos affaires, à qui vous ne rendez aucun compte de vos actions, qui ne vous voit qu'aux heures des repas, et qui est parfaitement convaincue qu'elle ne manque pas à la vie et au bonheur de son mari, cette femme-là, monsieur, est une esclave qui se contente d'un sourire, qui se réjouit d'une caresse, et qui ne se croit pas plus que la pipe que son mari fume ou que la bière qu'il boit. — Cette théorie a du bon peut-être en Hollande, mais elle serait bien défectueuse en France. — Les théories bonnes pour un pays le sont pour tous, monsieur. Dieu a créé toutes les femmes sur son premier modèle, et il leur a donné à toutes le même cœur. — Oui, mais pas le même visage ni le même caractère. Vous admettez bien qu'il y a des pays où les femmes ont le sang plus ardent et les passions plus fortes que dans certains autres, et que votre théorie, qui réussit avec les femmes du Nord, échouerait peut-être avec les femmes du Midi. — J'en doute, monsieur. —

Permettez-moi de vous dire que vous avez tort; j'ai fait une longue étude des femmes, et, s'il y a bien des règles générales dans façon de s'en servir, il y a aussi, je vous assure, bien des exceptions. — Peut-être, après tout, dit M. Van-Dyck en riant, je ne connais pas toutes les femmes. Tout ce que je sais, c'est que lorsque je me suis marié il y a dix ans, ma femme, belle brune, ma foi, était coquette, exigeante, sans ordre, avait enfin tous ces défauts dont votre flatterie française a fait des qualités, et que deux mois après, grâce à ma volonté et à ma force d'indifférence pour elle et ses caprices, elle est devenue rangée, économe, douce, que je déjeune tous les jours à onze heures, que je dîne à six, que je n'ai jamais un mot à dire dans la maison, que je rentre et sors comme je veux, et que je trouve toujours, enfin, le même visage et le même cœur. — Vous êtes un homme heureux. — Ma foi, oui, tenez, voyez les premiers mots de cette lettre : « Mon chéri, j'apprends avec joie ton retour, tu nous manques. Jules t'attend avec une grande impatience. » Jules, interrompit le Hollandais, c'est mon fils. — Ah! vous avez un fils. — Un gaillard de neuf ans, un beau blond.

Tristan regarda son compagnon de voyage, lequel avait un teint fort basané et des cheveux fort noirs; il ne put s'empêcher de sourire, et crut avoir trouvé le secret de cette harmonie tant vantée par l'époux.

— Et, dit-il, vous retournez au sein de votre famille. — Mon Dieu, oui. — C'est un voyage d'agrément que vous venez de faire? continua le ténor, qui trouvait une distraction dans cette connaissance nouvelle, et, pensant qu'il pouvait en résulter une étude amusante pour lui, se faisait questionneur à son tour et relevait la conversation. — D'agrément et d'affaires, fit le Hollandais. — Ah! vous êtes dans les affaires? — Oui, oui, j'ai une maison de commerce énorme, et je dois dire très-connue. — Et, pendant ce temps, madame Van-Dick fait à elle seule tout ce que vous faisiez? — Oh! non, pauvre femme, j'ai mon premier commis qui l'aide, un garçon bien intelligent, bien doux. — C'est vrai, reprit Tristan en réprimant un sourire qui voulait à toute force séparer ses lèvres; c'est vrai, vous devez avoir un commis. — La maison ne pourrait pas aller sans lui, il faut souvent que je m'absente. Le pauvre garçon a bien de l'ouvrage. — Je le crois. — C'est lui, dit M. Van-Dyck, qui fait tout ce que je ne veux pas faire.

Tristan crut deviner une intention spirituelle dans cette

phrase, mais le visage du commerçant la démentait par une impassibilité et une bonhomie proverbiales.

— Il y a longtemps que vous avez ce commis? — Deux ans. J'en avais un auparavant, mais un grand mauvais sujet, en qui Euphrasie n'avait pas de confiance. Euphrasie est le nom de ma femme. Si bien que je lui ai donné son congé, parce que dans les affaires sérieuses et dont peut dépendre mon repos, j'écoute assez Euphrasie. Il la trompait. — Il la trompait? répéta Tristan, ne sachant pas quel sens il devait donner à ce mot. — Oui, il la trompait, cette pauvre femme, et cependant elle l'aimait bien. — Ah! par exemple, voilà qui est trop fort, pensa Tristan, ce monsieur est fou, ou c'est quelque Richelieu engraissé. Et celui-ci, dit-il tout haut, il ne trompe pas votre femme? — Ah! celui-ci est un modèle aux petits soins pour elle et pour moi; s'il continue à se conduire de la sorte, je ferai sa fortune et je le marierai, à moins qu'Euphrasie ne s'y oppose. — Et pourquoi s'y opposerait-elle? — Parce qu'elle l'aime encore plus que son prédécesseur. — C'est peut-être un de vos parents? — Du tout. — Mais si vous l'aimez tant, rien ne vous empêche de le marier, et de donner un emploi à sa femme dans votre maison. — Euphrasie ne voudrait pas. — Pourquoi? — Elle est jalouse. — De votre commis? — Oui.

Si Tristan n'eût été dans une espèce de boîte, il eût fait un bond de six pieds; le Hollandais racontait toutes ces choses avec un si merveilleux sang-froid, que c'était à croire qu'il le faisait exprès, et qu'il faisait ce qu'on appelle poser Tristan.

— Pardon, continua le ténor, si je vous fait cette question, mais si votre femme peut être jalouse de la femme de votre commis, vous devez être jaloux de votre commis, vous? — Moi! — Oui. — Pourquoi? — Dam! dit Tristan poussant la question jusqu'aux dernières limites, pour savoir à quoi s'en tenir sur le compte de son voisin, dam! si votre femme l'aime tant, il vous enlève naturellement une portion de l'amour que votre femme devrait vous donner en entier. — Erreur. — Comment cela? — Il m'aime plus qu'il n'aime ma femme. — Le croyez-vous? — J'en suis sûr, et comme il m'aime plus qu'Euphrasie ne l'aime, il me donne plus qu'il ne me prend. C'est une règle de proportion. — C'est juste, dit Tristan après avoir réfléchi un instant. Mais que fait-il pour vous? — D'abord, je vous l'ai dit, tout ce que je ne veux pas faire, ainsi... — Ainsi, dit vivement Tristan, qui espérait avoir enfin l'explication qu'il attendait, ainsi... — Ainsi, reprit le Hollandais d'un air bénin et d'un ton charmant de bonhomie, c'est lui qui tient tous mes comptes, et je dois dire qu'il n'y a jamais eu une erreur d'un centime; c'est lui qui fait tout quand je suis absent, qui promène ma femme, qui la mène au bal; c'est enfin ce qu'on appelle un véritable ami. — Cet homme est un mystère, pensa Tristan; ou il est bien sot, ou il est bien philosophe. Vous êtes bien heureux, reprit-il tout haut et comme pour renvoyer à M. Van-Dyck la réponse qu'il semblait attendre, comme le joueur de paume attend que son partner lui envoie la balle qu'il a laissée tomber; vous êtes bien heureux d'avoir un véritable ami. — N'en avez-vous jamais eu? — Si fait. — Eh bien? — Eh bien, je lui avais sauvé la vie, et il m'a donné un coup d'épée. — En pleine poitrine? — Dans l'épaule. — C'est encore un bonheur qu'il ne vous ait pas tué. Cela fait-il grand mal, un coup d'épée? — C'est selon où on le reçoit. — Dans le bras ou dans l'épaule. — Pas grand' chose; c'est plutôt fatigant que douloureux. — C'est ce que je pensais. — Pourquoi me faites-vous cette question? — Parce qu'un jour j'ai dû me battre. — Pour une cause sérieuse. — Non, parce qu'un monsieur m'avait dit qu'Euphrasie me trompait; j'étais debout, je lui ai donné un soufflet; si j'avais été assis je ne lui aurais pas répondu. — Qu'a dit l'autre? — Il m'en a demandé raison. — Vous avez accepté? — Oui, mais je ne me suis pas battu. — Il vous a fait des excuses. — Non; nous avions pris rendez-vous pour le lendemain, et en rentrant chez nous, j'ai trouvé le commis dont je vous parlais tout à l'heure, qui m'a donné les comptes de la journée. C'était une fin de mois fort embrouillée; il y avait des remboursements à faire, et tout préoccupé de ces payements, j'ai complètement oublié que je me battais le lendemain. J'ai passé une partie de la nuit à faire des chiffres, je me suis couché fort tard; il faisait très-grand froid, et à onze heures du matin j'étais encore dans mon lit, dormant on ne peut mieux, lorsqu'on me réveilla en sursaut; je vis alors près de moi l'homme que j'avais soufflété la veille; il paraissait transi. — Monsieur, me dit-il d'une voix courroucée, il y a trois heures que je vous attends. — Eh bien? lui dis-je. — Eh bien, monsieur, vous n'êtes pas venu au rendez-vous? — Je le sais bien, monsieur, puisque me voilà. — Mais, monsieur, j'ai eu très-froid. — Cela m'est bien égal, puisque j'ai chaud. — Ainsi, vous ne voulez pas me suivre? me dit-il. — Ma foi, non, je n'ai pas envie de grelotter comme vous, d'avoir les joues blanches et le nez rouge. A quelle heure étiez-vous sur le terrain? — A huit heures, monsieur. — Et vous m'avez attendu? — Jusqu'à onze, cela fait trois heures. — Vous avez eu froid? — Je gelais, monsieur, et j'en ferai une maladie, me redit mon adversaire. — Eh bien, mon brave homme, je vous trouve assez puni comme vous l'êtes, lui dis-je, pour le propos que vous avez tenu; je vous pardonne, rentrez chez vous. Mettez-vous dans votre lit bien bassiné, prenez une tasse de sureau bien chaud, et ce ne sera rien; adieu, mon cher monsieur, ne faites plus d'imprudences.

Et je me retournai du côté du mur pour m'endormir; mais ce monsieur continuait de crier, alors je sonnai et je le fis mettre à la porte. Je crois que mon commis, que la chose regardait un peu, puisque c'était lui que cet homme nommait comme l'amant de ma femme, lui a donné depuis un coup d'épée, je l'ai grondé; Euphrasie lui en a voulu aussi de s'être exposé pour une bagatelle, et je n'ai plus jamais entendu parler de mon provocateur.

Tristan regardait M. Van-Dyck avec une réelle admiration.

— Voilà décidément un homme heureux, se dit-il.

Pendant ce temps, le Hollandais, comme s'il eût, depuis qu'il causait, raconté les choses les plus simples, dépliait soigneusement son journal, tout en faisant tomber le tabac qui habitait ses plis. Au moment où il allait le lire, il s'arrêta, et tournant vers Tristan des yeux déjà ornés de lunettes :

— C'était pour une femme que vous vous battiez, n'est-ce pas, jeune homme? — Oui.

M. Van-Dyck se mit à rire et sembla chercher sur la feuille le paragraphe qu'il devait lire; il paraît qu'il le trouva, car il s'accouda de son mieux et commença fort attentivement sa lecture.

Quant à Tristan, il regarda encore quelque temps cet homme original sous son enveloppe commune, puis il regarda la campagne qui se déroulait devant lui, puis n'ayant rien à lire et fatigué de penser, il fit à son tour un trou dans la voiture, enfonça sa casquette de voyage sur sa tête, et tâchant de se faire au mouvement de la diligence, il ferma les yeux pour s'endormir.

XXV

La Providence prend la forme d'un commerçant hollandais.

La voiture dans laquelle se trouvaient MM. Van-Dyck et Tristan marchait comme toutes les voitures établies sur une ligne directe et pour un voyage quotidien. Les chevaux, le cou horizontalement placé, cheminaient avec un calme indifférent et une monotone lenteur qui faisaient plaisir à voir.

Tristan, qui ne dormait que fort peu et qui ne demandait qu'un prétexte pour se réveiller, se réveilla.

— Eh bien! monsieur, dit-il à son voisin, vous avez fini votre lecture? — A l'instant; et vous, vous avez fini votre somme? — Mon Dieu! oui. — Où diable pouvons-nous être? — Je l'ignore. — Il nous arrêtera sans doute pour dîner, ce conducteur! — Espérons-le, d'autant plus que, du train dont il va, cela ne doit pas lui coûter beaucoup d'arrêter. Je me suis toujours demandé à quoi peut penser un conducteur qui met autant de temps à faire sa route. — Il ne pense pas; s'il pensait, il serait excusable. — Que fait-il? — Il dort. — Il aurait bien plus court de nous conduire vite et d'aller dormir chez lui. — Et le besoin de domination inhérent au caractère de l'homme, croyez-vous qu'il ne l'ait pas, monsieur? mais ce conducteur est un roi, roi d'un royaume qu'il porte où il veut, royaume nomade qui ne subit jamais d'autre volonté que la sienne. Vous croyez que nous sommes des voyageurs, pas le moins du monde, nous sommes des choses. Ce conducteur est un autocrate, qui ne reconnaît la supériorité d'aucune puissance. Vous et moi sommes ses esclaves. S'il est marié et qu'il aille rejoindre sa femme, il va doucement; s'il est garçon et qu'il aille rejoindre sa maîtresse, il va vite. Que vous soyez pressé, que votre fortune, que votre bonheur, que votre vie dépendent de votre arrivée, il n'en donnera pas un coup de fouet de plus à ses chevaux, pour lesquels il a un bien autre respect que pour vous. Vous n'aurez pas même la liberté de donner votre démission et d'émigrer. Il vous a reçu, il faut qu'il vous rende. Non, jeune homme, le conducteur est le roi du monde; libre comme l'Arabe, puissant comme le sultan, il a la nature et il en est plus fatigué que Dieu qui l'a faite; il est sybarite, il est cruel, il est incorruptible, et c'est là son grand défaut. L'homme qui a été ou assez imprudent ou assez philosophe pour monter dans une voiture comme celle-ci, fût-il jeune, riche, noble, fût-il aimé, n'est rien; il faut qu'il abdique sa dignité, sa jeunesse, sa fortune, son amour, devant cette inébranlable puissance qu'on appelle un conducteur. Il faut qu'il se résigne comme un martyr et qu'il se taise sans murmurer, comme je l'ai entendu dire dans un vaudeville d'un de vos académiciens français. — Vous avez fait une profonde étude du cœur humain, monsieur, dit Tristan en souriant, et qui continue à me convaincre de plus en plus que vous êtes un homme heureux. — Oui, je suis heureux, répondit M. Van-Dyck, et je vais vous expliquer comment. Je voyage, n'est-ce pas? avec une place je serais mal, avec deux places je suis bien. Je monte dans la voiture : si je suis seul dans le coupé, je n'ai loué que deux places, j'en ai trois ; voilà donc déjà un bonheur que je n'attendais pas et dont je profite. Si j'ai un voisin, je cause un peu avec lui. Tant que sa conversation m'intéresse ou m'amuse, je l'écoute; tant que je prends plaisir à parler, je parle. Si je vois que nous ne sympathisons pas, comme ce monsieur n'est qu'une rencontre et ne doit pas prendre place dans ma vie, j'oublie qu'il est là, je m'étends sur mes deux places, je tire mon journal de ma poche et je le lis; si mon journal m'ennuie, je dors; si je n'ai pas envie de dormir, je mange, j'ai toujours des provisions; si je n'ai pas faim, je regarde; si le spectacle me déplaît, je pense; mais c'est toujours à cela que j'arrive en dernier, la pensée étant une fatigue. Quant au conducteur qui croit me dominer, je le domine. S'il va vite, j'ai la volupté de la vitesse; s'il va doucement, j'ai le plaisir d'être bercé. C'est en me faisant l'esclave des circonstances que je deviens leur maître; sur la colère elles se heurteraient, sur l'indifférence elles glissent. — Et vous êtes sûr d'être ainsi? — J'en suis sûr. N'êtes-vous pas de même? — A peu près; seulement, ce qui chez vous est un résultat de la volonté est chez moi le résultat de l'expérience. — Vous avez souffert? — Beaucoup. — Et vous souffrez encore? — Toujours, puisque je vis. — Je saisis la différence. Vous n'aimez personne, pas même vous. Je n'aime personne non plus, mais je m'aime; vous êtes misanthrope et je suis égoïste, voilà tout. Je suis donc plus heureux que vous, mais comme vous êtes plus jeune, vous pourrez être un jour aussi heureux que moi. — C'est cela même. — Aussi peut-être avez-vous hâte d'arriver, et en voulez-vous à ce conducteur. — Du tout, nulle part je ne serai mieux qu'ici, et je ne sais pas où je vais. — Vous n'avez pas de famille? — Je n'en ai plus. — Mariez-vous. — Pour engendrer des créatures qui souffriront un jour, comme dit Hamlet. C'est inutile; d'ailleurs, je n'ai pas de fortune et n'ai pas de position. — Que comptez-vous faire? — Je n'en sais, ma foi, rien; peut-être le sort se lassera-t-il de me poursuivre si j'arrive comme vous à l'indifférence.

En ce moment la voiture s'arrêta.

Le conducteur ouvrit la portière du coupé en annonçant que les voyageurs pouvaient descendre pour dîner.

Tristan et M. Van-Dyck se dirigèrent vers la table d'hôte.

— Étudiez, fit le Hollandais.

Les voyageurs s'assirent autour d'une table et devant des assiettes vides, le conducteur se mit au bout, du côté où étaient les plats.

A peine eut-il mangé, aussi vite qu'on peut manger, sa soupe, ses tranches de bœuf et ses légumes, qu'il s'écria :

— Dépêchons-nous, messieurs, dépêchons-nous! — Avez-vous jamais vu royauté pareille? dit Van-Dyck à Tristan. — Non, jamais. — Cet homme est encore plus fort que moi. — Vous l'enviez? — Non, c'est trop fatigant, je l'admire. — Comment trouvez-vous ce dîner? — Mauvais. — Vous le mangez cependant. — J'ai une raison. — Laquelle? — Le besoin de m'habituer; mon déjeuner de demain me paraîtra moins mauvais, mon dîner me paraîtra peut-être bon, et, de retour chez moi, ma nourriture me paraîtra excellente. — Vous êtes un grand philosophe. — Je le sais bien.

Quand le conducteur eut tout à fait fini, il fit remonter les voyageurs en voiture.

M. Van-Dyck reprit ses deux places dans le coupé, tira lentement une pipe, la bourra de tabac, la souda à sa bouche en fumeur consommé, et, battant le briquet, il l'alluma silencieusement.

— La fumée ne vous gêne pas? dit-il à Tristan quand le feu se fut communiqué au tabac.

Alors il s'adossa aux parois peu rembourrées de la voiture, et, dans une pose de bien-être impossible à décrire, il aspira et rendit la fumée de sa pipe. Tristan regardait cet homme avec admiration. Le jour commençait à baisser, le couchant se teignait de rouge, une vapeur transparente descendait sur la campagne comme une messagère de la nuit, et l'air était si calme que la fumée qu'exhalait M. Van-Dyck restait quelques instants stagnante comme indécise, et ne s'effaçait que peu à peu.

Nul ne peut dire combien de pensées la vue de ce bonheur faisait naître dans l'esprit de notre héros. Quant à M. Van-Dyck, il ne pensait pas, il fumait tout en regardant les lignes rouges décroître du rouge au jaune et du jaune au vert, et tout en souriant aux enfants barbouillés qui couraient après la voiture et criaient dans les villages.

Enfin, tout se confondit dans la même teinte; puis la lune se leva, la nuit vint, la pipe de M. Van-Dyck s'éteignit faute de tabac, ses yeux se fermèrent et une respiration périodiquement bruyante annonça à son voisin qu'il venait de s'endormir.

Tristan finit, après avoir longtemps réfléchi à toutes les vicissitudes humaines, par s'endormir aussi; et lorsqu'aux premières brises fraîches du matin il se réveilla, il eut la satisfaction de voir dans son plein le sommeil d'un Hollandais, qu'il n'avait fait qu'entendre la veille.

Cette nature d'homme plaisait à Tristan, et par une attraction commune, il plaisait à M. Van-Dyck. Ils se connaissaient depuis trop peu de temps tous deux pour s'être avoué cette sympathie; mais notre héros prenait plaisir à écouter les théories de ce commerçant, qui rentraient dans ses principes, et il se disait : J'eusse bien mieux fait de ne pas aimer ma femme, de ne pas l'épouser, et de me marier à quelque fille que je n'eusse pas aimée, mais qui m'eût apporté un fond de fromage ou d'épicerie, tenu par son père, plutôt que de soupirer à la campagne, que d'étudier la médecine, de faire des pastels et des vers; ce qui ne me sert absolument à rien, d'autant plus que, par ce que je viens d'apprendre, une autre femme m'eût tout autant aimé que la mienne.

Il en était là de ses réflexions, et une larme allait peut-être mouiller ses yeux, quand M. Van-Dyck se réveilla à son tour.

— Eh! eh! mon cher monsieur, dit-il, avez-vous bien dormi? — Fort peu. — Nous avons passé Crevola, je crois? — Oui. — Qu'avez-vous donc, cher jeune homme, vous paraissez triste? — Je le suis en effet. — Qu'avez-vous? — J'ai les réflexions lugubres que donne l'isolement. — Vous avez quitté quelqu'un que vous aimiez? — Non. — Quelque amourette? — Non. Je suis triste parce que là où je vais on ne m'aimera pas plus que là d'où je viens. — A votre âge, on n'est pas longtemps seul, et Dieu a donné l'amour aux jeunes gens pour qu'ils pussent se créer une famille. — Et quand l'amour vous échappe? — Reste l'amitié, comme disent les sages. — Et quand on ne croit pas à l'amitié? — Restent les affaires, où vous êtes bien sûr de ne pas avoir d'amis. — Oui, mais pour faire des affaires, il faut de la fortune, et je n'en ai pas. — Il faut de l'intelligence, voilà tout. Quand j'ai commencé, moi, tel que vous me voyez, je n'avais rien; et maintenant, j'ai cinquante bonnes mille livres de rente et une excellente maison de toile en gros. — Oui, mais vous, monsieur, vous me faites l'effet d'être tout bonnement le filleul d'une fée. — Qui vous empêche d'avoir la même marraine? — La place est prise. — On vous aidera. — Qui? — Tout le monde. Moi. — Vous? — Oui. — Et comment pourriez-vous m'aider? — En me servant de vous. Vous me donnez votre intelligence, je vous donnerai une position. Que savez-vous faire? — Tout, hélas! et rien... J'ai fait même de la médecine. — Vous avez une belle écriture? — Superbe! — Vous êtes mathématicien? — Parfaitement! — Parlez-vous une langue? — J'en parle quatre. — Lesquelles? — Le français, l'allemand, l'anglais et l'italien. — Et vous désespérez avec cela? — J'ai fait tout, et j'en suis au même point. — Avez-vous fait du commerce? — Jamais. — Ah! vous voilà bien tous, gens d'éducation. Vous craignez de vous salir les mains en touchant des étoffes ou des registres; vous voulez être artistes incompris au lieu d'être commerçants positifs. Il n'y a que le commerce, jeune homme, et croyez-moi, remuer des millions, charger des bâtiments, jouer contre les éléments et le hasard, tout cela a bien son charme et sa poésie. — Vous avez raison. — Pardieu! — Et vous dites, monsieur, que je pourrais vous être bon à quelque chose? — Je crois bien. Ce qui me manque à moi, c'est votre science; ce qui vous manque, c'est l'argent. Nous faisons une fusion profitable pour tous deux.

Tristan s'approcha de M. Van-Dyck.

— Ah! monsieur, lui dit-il, que de reconnaissance! — Vous me prenez une place, fit le Hollandais en souriant.

Tristan se recula.

— Ne me soyez pas reconnaissant; c'est une affaire que nous faisons, et pas autre chose. Je ne suis pas fâché de vous rendre service; mais je suis enchanté d'y trouver mon intérêt. Ah! vous savez l'anglais? — Parfaitement. — Et l'allemand? — Sur le bout du doigt. — Et l'italien? — Comme Manzoni. — Que ne me disiez-vous cela tout de suite? — Il est encore temps, heureusement. — Certes. Et combien voulez-vous pour tout cela? — Ce que vous voudrez. — Vous comprenez à quoi vous allez me servir? — Du tout. — Je vous ai dit que j'avais un fils. — Eh bien? — Eh bien, cet enfant est adoré de sa mère, qui ne veut pas s'en séparer; alors... — Alors? — Alors il reste à la maison, et vous faites son éducation. Comprenez-vous? — Parfaitement. — Je vous offre pour cela trois mille francs. — C'est une fortune. — Vous vivrez dans ma maison comme moi-même. — Vous me comblez. — Vous venez de Milan? — Oui. — Il n'y a pas longtemps que vous y étiez? — Non. Pourquoi me demandez-vous cela? — C'est qu'en passant à Milan j'ai rencontré un de mes bons amis, un médecin récemment marié, et je lui ai justement demandé s'il ne connaîtrait pas un homme qui sût deux ou trois langues; et comme vous me dites que vous avez fait de la médecine, cela m'étonnait, puisqu'il était déjà depuis quelque temps à Milan, qu'il ne vous connût pas. — Comment se nomme-t-il? — M. Mametin. — Je ne le connais pas. — Enfin, n'importe, puisque je vous connais. Ainsi, c'est chose convenue? — Je le crois bien! — Et vous savez maintenant où aller. — Ah! monsieur, vous me sauvez la vie! — Pourquoi désespérer tant qu'on est jeune? Vous aurez du travail; l'enfant est gâté. — Tant mieux. — Gardez ces bonnes dispositions. Ah! à propos, il faut que je vous prévienne d'une chose. — Dites. — Vous me plaisez beaucoup et je serais heureux de vous rendre service; mais... — Mais? — Je ne suis pas seul dans la maison. — Vous avez un associé? — Non; mais j'ai ma femme. — Je ferai tout ce que je pourrai pour plaire à madame Van-Dyck. — Arrangez-vous, parce que, vous comprenez, le repos et la tranquillité avant tout. — C'est trop juste. — Et si ma femme ne vous aimait pas, malgré tout le plaisir que j'aurais de vous garder, nous serions forcés de nous séparer. — Je ferai tout ce qu'elle voudra. — C'est le moyen d'être bien avec elle. — Allons, pensa Tristan, je vois que madame Van-Dyck fait pour son mari ce que son mari fait pour les circonstances : elle le subit pour le dominer.

Et après cette courte réflexion, il tendit ses deux mains à M. Van-Dyck, qui les lui serra cordialement.

XXVI

On juge de la joie de notre ami. Les chances de fortune lui revenaient après chaque malheur avec une si providentielle exactitude, qu'il n'y avait pas moyen de désespérer sans un athéisme chronique. Les quelques mots que lui avait dit M. Van-Dyck semblaient, en changeant la position, avoir changé aussi la nature elle-même. Tristan trouvait les arbres magnifiques, le jour resplendissant ; il écoutait les mille bruits de la terre et toute l'orchestration ailée, dont les notes s'égrenaient sur le chemin comme un collier dont les perles s'échapperaient goutte à goutte.

— Ah ! Léa, pensait-il, vous faites la méchante, et vous croyez que je vais revenir !... Ah ! ma femme, vous vous mariez et vous croyez peut-être qu'en l'apprenant je vais mourir de chagrin ! pas le moins du monde ; il y a d'autres femmes que vous sur la terre. Vivent Dieu et les hommes, le monde est beau.

Et notre ami était d'une joie sans pareille.

Si après la vie aventureuse et pleine d'émotions qu'il venait d'avoir, une chose pouvait l'enthousiasmer, c'était la vie tranquille et monotone qu'il avait en perspective. Quand il songeait que sans soucis, sans craintes et même sans regrets, car à son point de vue sa femme, si promptement consolée, ne méritait pas qu'il la regrettât, quoique toutes les fois que cette pensée lui revenait à l'esprit elle lui serrât en même temps le cœur, il allait être heureux ! Assis tranquillement dans une chambre bien chauffée, avec de grands registres représentant de grands intérêts, au sein d'une famille qui devait être unie par la domination de l'un des membres, il eût fallu que la fatalité s'en mêlât pour qu'un si beau rêve ne le satisfît pas. Tristan faisait déjà comme Perrette ses projets d'avenir : la Hollande, qu'il avait fort méprisée jusque-là, lui apparaissait comme un pays enchanteur. Le : Adieu, canaux, canard, canaille, de Voltaire, l'exaspérait comme une calomnie. Il n'avait encore vu, de cette contrée, devenue sa terre promise, qu'un descendant de ceux qui s'étaient attiré, de la part du poëte, la dernière épithète que nous venons de citer, et il était forcé de se dire : Ou le poëte était un médisant, ou la race s'est améliorée ; car M. Van-Dyck se révélait à son compagnon de voyage sous un jour si favorable, que celui-ci lui devait bien cet éloge, comme une rétractation de la postérité.

Quant au Hollandais, comme si ce qu'il venait de faire était la chose du monde la plus simple, il bourrait tranquillement sa pipe, qu'il allait fumer pour se réveiller tout à fait.

C'était, en effet, une chose bien simple qu'avait faite M. Van-Dyck, et elle n'avait d'extraordinaire et de merveilleux que ce que voulaient bien lui prêter l'esprit superstitieux et le cœur désespéré de Tristan. Dans d'autres circonstances le hasard eût été pour Tristan, et la Providence pour le marchand de toile qui cherchait depuis si longtemps un homme de la capacité de celui qu'il trouvait enfin.

Aussi le jeune homme se sentait-il transporté d'affection et de reconnaissance pour le commerçant. Il eût voulu que quelqu'un troublât le repos de M. Van-Dyck plongé dans sa volupté de tabac, pour lui donner une preuve de cette reconnaissance en tuant ce quelqu'un.

— Mon cher monsieur Van-Dyck, disait-il, permettez-moi de vous appeler ainsi, car je me dévoue à votre service comme si je vous connaissais depuis dix ans, croyez à tout mon zèle et à toute ma gratitude. — J'y crois, mon cher monsieur. — C'est que, voyez-vous, je ne suis pas comme les autres hommes ; je fais rarement des protestations d'amitié, mais quand j'en fais, elles sont sincères. — Tant mieux, jeune homme, tant mieux, répondait M. Van-Dyck entre deux bouffées. — Avec quel plaisir je me charge de votre fils ! Je l'aime déjà comme s'il était mon propre enfant. — Tant mieux, tant mieux. — Que comptez-vous en faire de ce cher petit? — Le commerce que je vous vantais tout à l'heure n'est vraiment agréable que lorsqu'on a besoin de faire sa fortune. Mais lorsque sa fortune est faite et qu'on n'a plus qu'à la manger, il perd bien de ses agréments. Or, comme mon fils trouvera à sa majorité une fortune toute faite, je ne veux pas qu'il soit ce que je suis. Je veux qu'il ait une éducation qui le mette à même de faire figure dans un salon; je veux que dans ses passe-temps d'homme du monde il puisse être artiste ; je veux qu'il soit, sinon un homme extraordinaire, du moins un homme remarquable. — C'est bien pensé. — Je serais heureux de lui voir mener la vie que j'aurais voulu mener. Sa vie de garçon me rajeunira, moi qui, grâce au commerce, n'ai jamais été jeune. Je veux qu'il chante. — Il chantera. — Vous chantez donc aussi? — Vous en jugerez. — Je veux qu'il dessine. — Il dessinera. — Vous êtes donc universel? — Je vous l'ai dit. Malheureusement, tous ces arts que je possédais, qui eussent fait mon bonheur si j'avais eu de la fortune, et qui feront le bonheur de votre fils qui sera riche, ont été pour moi pleins de désillusions toutes les fois que j'ai voulu, soit ensemble, soit partiellement, m'en faire des moyens d'existence. Comprenez-vous? — Parfaitement. — Ainsi je faisais un tableau, je l'exposais pour le vendre ; au lieu de l'acheter, on le jugeait, et à moi qui avais besoin d'un nom pour vivre, on disait : Nous en avons bien d'autres et de plus forts que vous ; et l'on quittait mon tableau pour aller voir, et avec raison, ceux dont notre peinture moderne s'honore. Si j'avais voulu monter sur les planches et chanter l'opéra, reprenait Tristan, qui se trouvait encore trop près de Milan pour dire toute la vérité, on m'eût répondu Rubini, Nourrit, Dupré, comme on m'avait répondu Delacroix, Decamps ; enfin, lorsque je faisais une pièce ou un roman, quand j'allais trouver un rédacteur ou un éditeur, ils me demandaient mon nom, et comme je ne m'appelais ni Hugo, ni Balzac, ni Sand, on ne jouait pas ma pièce, et on n'éditait pas mon livre. — C'est logique. — Maintenant, supposez-moi trente mille livres de rentes ; comme je n'aurais eu besoin ni d'être peintre, ni d'être acteur, ni d'être poëte pour vivre, il se fût trouvé des gens, par la raison des extrêmes, qui m'eussent proclamé plus fort que Delacroix, Dupré et Hugo. — Puissamment raisonné. — Eh bien! le résultat de ce raisonnement est qu'un homme riche, s'il a les goûts artistes, et s'il sait ce que je sais, peut, dans sa position d'homme du monde, se tailler une renommée qui ne nuit jamais, et qui fait qu'étant quelqu'un il peut devenir quelque chose. Or, vous faites pour moi tout ce qu'un homme pouvait faire, je veux à mon tour faire tout ce que je pourrai pour votre fils. — Je vous l'abandonne. — Allons, allons, dit Tristan, je vois que nous nous entendons à merveille. — Oui, mais, mon cher monsieur, vous me permettrez de joindre quelque chose à vos appointements. — Rien. — Alors mon fils ira en pension. — Ah! monsieur Van-Dyck, c'est mal. — Je ne puis pas vous prendre ainsi tout votre temps. — Cela me rendra heureux, et c'est moi qui vous redevrai quelque chose. — Mais, enfin, que puis-je faire en échange de ce service? — Me garder votre amitié, qui est pour moi d'un grand prix. — Vous l'avez déjà. — Je ne demande pas autre chose. — Comme il vous plaira, mon cher ami, fit

M. Van-Dyck, en tendant une main à Tristan, tandis que de l'autre il secouait hors de la voiture le tabac de sa pipe qu'il venait d'achever; ma maison est à vous.

Tristan pleurait presque de reconnaissance.

A compter de ce moment on eût dit que le commerçant et le ténor se connaissaient depuis vingt ans.

Ils ne se quittaient pas.

Tristan faisait tous les jours de sensibles progrès dans l'estime et l'amitié de M. Van-Dyck. Tout le long de la route il lui avait fait des croquis, lesquels avaient pour le Hollandais qui les regardait faire, le charme impérieux qu'a pour l'homme positif toute chose artistique qu'il voit faire à un autre et qu'il comprend qu'il ne fera jamais. Il avait bien chez lui des dessins et des tableaux, mais il ne les appréciait pas plus que des lithographies; c'était un ornement pour les murs et une occasion d'avoir des cadres et non une récréation pour son esprit; tandis que depuis qu'il avait vu son compagnon représenter en quatre coups de crayon ce qu'il avait devant les yeux, il s'était pris d'une admiration subite pour cet homme et il avait compris le plaisir que pouvait causer cet art que jusqu'alors il avait considéré comme inutile, quand par hasard il y avait songé.

— C'est charmant, c'est adorable, disait M. Van-Dyck, suivant avec curiosité le crayon de Tristan, et lorsque celui-ci commençait un croquis, il ne comprenait rien aux premières lignes qu'il lui voyait tracer; puis, lorsque le paysage ou la figure sortait du chaos de l'ébauche, le brave commerçant ne disait plus c'est adorable, il s'écriait c'est merveilleux.

Tristan jouissait de ce triomphe et il se rendait indispensable à M. Van-Dyck, à qui il venait de révéler un plaisir inconnu et qui, enfoui jusqu'à cette époque dans les toiles et les échéances, n'avait jamais soupçonné qu'on pût rester trois heures à regarder un monsieur se servir d'une plume ou d'un crayon pour autre chose que pour faire des chiffres.

Ils traversèrent aussi le Simplon, le Valais. De Villeneuve le bateau les conduisit à Lausanne, et après avoir vu Lausanne, Neufchâtel et Bâle, ils prirent, à Strasbourg, le bateau du Rhin, qui devait les mener à Rotterdam.

— Vous allez voir un beau pays, dit M. Van-Dyck à Tristan en lui parlant de la Hollande. Vous aurez des croquis à faire là, je vous en promets. — Nous en ferons. — Des rues et des maisons comme vous n'en verrez nulle part. — Ce sera pour l'album de madame Van-Dyck. — Elle vous adorera ma femme, — Le croyez-vous? — J'en suis certain. — Alors je n'ai plus rien à craindre. — Rien au monde. — C'est qu'à vous parler franchement, d'après ce que vous m'aviez dit, je tremblais de lui déplaire. — Je vous garantis son amitié, elle adore les artistes. — Chante-t-elle? — Je crois que oui. — Je crois est charmant. — Vous comprenez, quand je suis à mon bureau, le chant m'importune plus qu'il ne me flatte. D'ailleurs le piano est loin de moi. — Nous vous convertirons; le soir nous ferons de la musique, madame Van-Dyck et moi. — A votre aise; la maison va devenir un paradis. — Dont vous resterez le Dieu. — Ce cher ami! — Ce bon monsieur Van-Dyck!

Et tous deux, bras dessus, bras dessous, se promenaient sur le pont.

Tristan était devenu le confident, l'indispensable de M. Van-Dyck, qui lui avait conté toute sa vie, depuis sa jeunesse jusqu'à son mariage. Il faut avouer qu'à compter de cette époque, il n'avait pas donné de détails à notre ami, il lui avait simplement dit : Je me mariai, et depuis ce temps je fus heureux.

Cependant le voyage touchait à sa fin.

Un matin, à huit heures, les deux amis arrivèrent à Thiel, ils déjeunèrent.

— Ce soir nous serons à Amsterdam, dit M. Van-Dyck, si nous voulons nous dépêcher de déjeuner, ce que je regarde comme une faute; mais si nous prenons nos aises, nous n'y serons que demain; qu'en pensez-vous? — C'est vous que cela regarde, mon cher monsieur Van-Dyck; vous avez une femme qui vous attend. — Raison de plus pour faire encore un peu le garçon. — A vos ordres.

Ils achevèrent en effet tranquillement leur repas, puis ils allèrent retenir trois places dans la diligence et partirent vers midi pour Utrecht, où ils arrivèrent à sept heures.

Ils dînèrent aussi consciencieusement qu'ils avaient déjeuné.

— Comment nous rendrons-nous à Amsterdam? dit Tristan. — Par la barque. — Qu'appelez-vous la barque? — C'est une sorte de bateau que traîne un cheval et qui porte une centaine de personnes. — Et nous serons demain à Amsterdam? — A cinq heures du matin.

Ils partirent en effet, et le lendemain, à l'heure dite, ils étaient au port d'Utrecht.

— Voilà Amsterdam, dit M. Van-Dyck d'un air de triomphe.

— Ma foi, je ne suis pas fâché d'être arrivé et de voir cette ville que je désirais connaître depuis bien longtemps. — Dans une heure et demie vous la verrez, dit le Hollandais en prenant terre. — Comment, dans une heure et demie! et pourquoi pas tout de suite? — Parce que les portes ne sont pas ouvertes, et qu'elles n'ouvriront que vers six heures et demie. — Voilà qui est agréable. Et que faire d'ici-là? — Il y a des maisons ouvertes pour nous recevoir. — Des cabarets? — Justement. — Et que fait cette foule de gens déguenillés? — Elle attend. — Quoi? — Que la barque arrive pour porter les malles des voyageurs. — Quels sont ces affreux bohêmes? — Ce sont des Juifs. — Ils ont l'air de bandits! — Ils le sont. — Ils crient comme des chiens. Que demandent-ils? — Ils vous demandent vos paquets. — C'est comme à Livourne. — C'est mieux : ici, ils demandent; à Livourne, ils prennent. — C'est juste ; faut-il leur confier mes effets? — Non, pas encore, ils auraient une heure et demie pour vous voler; vous les leur confierez quand on ouvrira; d'ici là, gardez-les près de vous au café. — Et où est le repaire qui cache cette volée de corbeaux? — Dans la ville ; je vous montrerai cela, c'est curieux : cela s'appelle le Coin-des-Juifs.

Et ce disant, maître Van-Dyck se faisait accompagner de ses malles, qu'il surveillait d'un regard qui était loin d'être flatteur pour la probité de celui qui les traînait dans sa charrette.

A six heures et demie on ouvrit les portes, et la foule des colporteurs hurlant se rua dans la ville.

Il faisait gris, on n'eût pas trouvé dans tout le ciel d'Amsterdam de quoi faire un gilet bleu.

— Il fait beau, dit M. Van-Dyck en aspirant voluptueusement l'air de la patrie. — Vous dites? fit Tristan, qui croyait s'être trompé. — Je dis qu'il fait beau, répéta sincèrement le marchand de toile. — Diable! pensa notre héros, ce doit être triste les jours où M. Van-Dyck trouve qu'il fait laid. — Maintenant, reprit le Hollandais, suivez-moi.

Il longea la rue d'Utrecht jusqu'au premier pont; là, il tourna à droite, et, frappant sur le bras de son compagnon, sans perdre des yeux le juif qui traînait la charrette aux effets :

— Que pensez-vous, lui dit-il, de cette maison en face? — Cette belle maison avec un escalier extérieur en pierre? — Oui! — Elle est superbe! — C'est la nôtre. — Je vous en fais mon compliment! — L'autre m'appartient encore; ce sont les magasins. — Je ne vous appellerai plus que Crésus.

En ce moment M. **Van-Dyck** montait l'escalier qui conduisait à la porte, et qui se réunissait à quatre pieds du sol par un balcon à un autre escalier de la même forme et du même usage.

M. Van-Dyck frappa violemment.

Une femme vint ouvrir.

— Ah! c'est monsieur! s'écria-t-elle, madame va être bien surprise; je vais la prévenir. — Dort-elle encore? — Oui, monsieur. — Alors ne la réveillez pas, mais que le déjeuner soit prêt à onze heures précises, et donnez à monsieur l'appartement du second. — Si vous voulez dormir, cher ami, dit M. Van-Dyck, ne vous gênez pas. — Et vous, qu'allez-vous faire, mon cher hôte? — Moi, je vais faire un tour de jardin, lire mon journal, fumer ma pipe et profiter du beau temps. — Vous permettez que je vous rejoigne? — Vous me ferez plaisir. — Allons, se dit Tristan en suivant la bonne, grande fille rouge et vigoureuse, si ce n'est que le ciel est trop blanc et que les rues sont trop noires, la Hollande me paraît un assez beau pays.

XXVII

M. Van-Dyck fit faire à Tristan la visite de sa maison, qui, du reste, était fort belle. Il le mena dans les magasins, auxquels on arrivait en descendant trois marches, et qui donnaient d'un côté sur le canal des Princes, de l'autre sur le jardin; le long du jardin était une sorte de corridor qui menait au bureau, lequel était entouré de fleurs et d'oiseaux.

C'était là que se mettait le premier commis dont avait parlé le Hollandais, dès que les magasins étaient ouverts.

Le jardin n'était pas immense, mais quelques grands arbres y jetaient leur ombre et eussent voilé le soleil s'il y avait eu du soleil en Hollande.

Une autre porte parallèle à celle des magasins, et s'ouvrant comme sa sœur sur le jardin, conduisait dans la maison qu'habitaient toujours madame Van-Dyck, son fils, M. Van-Dyck, et qu'allait lui-même habiter Tristan. Elle était d'une distribution fort vulgaire, et qu'il paraît inutile d'expliquer. Qu'on entrât par le jardin ou par le canal, le même escalier conduisait aux appartements, qui, distribués comme nos appartements français, étaient occupés, au premier, par monsieur et madame, qui pouvaient à volonté se séparer ou se réunir, chacun des deux ayant son appartement à part; une chambre, près de M. Van-Dyck, était habitée par M. Van-Dyck fils; le second allait être à Tristan, et le troisième était destiné aux domestiques; sur le même palier que notre ténor se trouvaient deux chambres d'amis.

M. Van-Dyck monta à l'appartement de Tristan avec lui, lui en donna le détail, ouvrit les fenêtres, lui fit remarquer qu'elles donnaient, les unes sur le jardin, les autres sur le canal des Princes, c'est-à-dire sur une rue que traversait un canal assez large coupé de temps en temps de ponts.

— C'est une distraction continuelle, disait M. Van-Dyck, il passe beaucoup de monde, des barques, des marchandises. — Où vont ces marchandises? — C'est bien simple. Quand j'expédie une commande, je la fais transporter au magasin que vous venez de voir sur la barque qui attend devant ma porte ; la barque porte la marchandise jusqu'à l'Y, là est une rade. Les marchandises passent de la barque sur un vaisseau, qui les transporte à leur destination; nous irons un jour voir tout cela. — Bien volontiers. — Ainsi qu'une autre maison de la même importance que celle-ci et que j'ai à Harlem. — Une maison de commerce? — Oui, mais qui, distante seulement de trois heures, me sert le dimanche de but de promenade et de maison de campagne.

M. Van-Dyck referma la fenêtre, et, au moment où il s'apprêtait à redescendre, il entendit une voix qui l'appelait.

— Ah! voilà mon fils.

L'enfant se jeta dans les bras de son père, et salua Tristan avec l'étonnement des enfants qui ne connaissent pas les personnes qu'ils sont forcés de saluer dans la maison de leur père.

— Tu vois bien, monsieur? lui dit alors le Hollandais. — Oui, papa. — A partir d'aujourd'hui, il reste avec nous, et à compter de demain il faudra faire tout ce qu'il te dira.

L'enfant adressa au père un regard qui voulait dire : Pourquoi?

— Parce que, répondit M. Van-Dyck, c'est monsieur qui se charge de ton éducation.

L'enfant, paresseux comme tous les enfants, passa de l'étonnement à la terreur.

Tristan comprit et lui dit :

— Ne craignez rien, mon petit ami, je ne suis pas méchant comme un maître d'école, et bientôt vous m'aimerez; j'en suis sûr. Et, tout en disant cela, il donnait une petite tape d'amitié sur la tête blonde de l'enfant, qui se remettait de sa frayeur première et qui disait à M. Van-Dyck : — Maman est réveillée, je vais la prévenir que tu es revenu. — Va, mon enfant.

L'enfant descendit un étage, et on l'entendit ouvrir familièrement la porte du premier.

Une heure après, environ, et comme Tristan et M. Van-Dyck, appuyés tous deux sur la balustrade d'une fenêtre qui donnait du rez-de-chaussée sur le jardin, causaient tranquillement en regardant les fleurs et les arbres, madame Van-Dyck descendit, et, après avoir cherché son mari, entra enfin dans la salle à manger où elle le vit.

Les deux hommes, à la fenêtre, comme nous l'avons dit, ne l'entendirent pas, si bien qu'elle s'approcha de son mari et lui frappa sur l'épaule.

— Voilà une heure que je vous cherche, fit-elle d'un ton moitié aigre, moitié doux, et qui eût été tout à fait aigre sans la présence de Tristan, que madame Van-Dyck salua faiblement.— Nous étions là, chère amie, nous étions là, nous parlions de Jules, monsieur et moi. Je te présente M. Tristan, qui, à dater d'aujourd'hui, fait partie de la maison ; c'est un jeune homme d'un grand mérite, et qui veut bien se charger de l'éducation de notre fils.

Madame Van-Dyck salua une seconde fois le nouvel hôte, qui s'inclina avec modestie devant le compliment du mari, et avec respect devant le salut de la femme.

— Nous vous attendions, il y a quatre jours, reprit madame Van-Dyck, s'adressant au Hollandais, nous avons été presque inquiets. — Mon Dieu, madame, dit Tristan prenant la parole, c'est moi le seul coupable ; car c'est moi, je crois, qui ai retardé M. Van-Dyck ; c'est donc moi seul qu'il faut accuser, et une fois accusé, je réclamerai votre indulgence, afin de ne pas entrer dans la maison avec une triste recommandation.

Une sorte de sourire qui remerciait Tristan d'avoir deviné l'autorité de la femme, passa sur les lèvres de madame Van-Dyck, en même temps qu'elle disait :

— Vous êtes acquitté, monsieur. — D'autant plus que monsieur s'est occupé de toi, chère amie, fit le commerçant. — De moi ? — Oui, vraiment ; monsieur te rapporte un album plein de croquis qu'il a pris sur notre route. — Ah ! monsieur, que de reconnaissance ! Vous nous montrerez toutes ces belles choses après le déjeuner, car pour des voyageurs fatigués comme vous l'êtes, le déjeuner ne vient jamais trop tôt, et je crois qu'il doit être servi.

Et madame Van-Dyck fit asseoir son mari et Tristan, qui, tournés du côté du jardin, n'avaient pas vu mettre la table.

Euphrasie, puisque nous savons déjà son nom, sonna.

La grosse bonne parut.

— Prévenez M. Willem, dit madame Van-Dyck, que nous sommes à table. — A propos, il va bien, ce cher Willem? — Parfaitement.

M. Willem arriva.

Tristan se leva à moitié.

— Mon cher Tristan, dit M. Van-Dyck, je vous présente M. Willem, un second moi-même dans la maison. M. Willem, dont je vous ai déjà parlé.

Tristan se rassit et salua, ainsi que le nouveau venu.

M. Van-Dyck présenta Tristan à son tour à M. Willem.

Les deux hommes se saluèrent de nouveau.

— Et maintenant que tout le monde se connaît ici, déjeunons.

Euphrasie, qui pendant ce temps avait découpé une volaille, fit circuler l'assiette qui contenait les morceaux.

Tristan prit une aile, sur l'insistance de sa voisine, et passa l'assiette à M. Van-Dyck.

Pendant que tous mangeaient, notre ami examinait Euphrasie.

C'était une femme à laquelle il manquait on ne sait quoi pour qu'elle fût belle. La figure un peu rouge, un peu commune, mais d'une certaine régularité bourgeoise. L'œil, affectueux par moment, changeait tout à coup à la moindre irritation et devenait dominateur. On voyait que chez lui la douceur était effort, car la paupière hypocrite n'arrivait pas toujours à temps pour voiler la moitié du regard dans les moments de colère ou même de dépit de madame Van-Dyck. Les lèvres répondaient bien aux paupières, c'est-à-dire que quelquefois elles étaient humides et franches, mais que le plus souvent, quand madame Van-Dyck oubliait de s'étudier, elles redevenaient sèches et pincées. Le front était haut, étroit, rond et luisant; c'était même, dans le visage d'Euphrasie, ce qu'elle avait de plus franchement commun. On sentait courir et vivre le sang sous cette peau vigoureuse; elle avait les bras gros, ce qu'on appelle de beaux bras et ce qu'il ne faut pas confondre avec des bras bien faits. Les attaches étaient vulgaires; les mains sans distinction et maladroites. Madame Van-Dyck presque toujours décolletée outre mesure, mise sans goût, semblait être convaincue que rien n'était beau comme elle. Du reste, un certain air de luxure, mais de luxure brutale, native, sans esprit et sans parfum, émanait de toute sa personne. Elle pouvait avoir trente-cinq ans et devait être une femme désirable encore pour un homme ordinaire, qui se trompe, et qui prend la chaleur du sang pour l'enthousiasme du cœur.

Elle était prétentieuse, et tâchait de cacher sous des façons qu'elle croyait élégantes ce que son gros être pouvait avoir de naturellement provocant, comme elle tâchait d'effacer sous du blanc le ton trop rouge de sa joue; ce sang qui lui montait au visage, dès qu'il faisait ou un peu chaud ou un peu froid, et, le colorant impoliment, lui donnait l'apparence d'une Aspasie du Marais, devait être la grande préoccupation et le grand malheur de madame Van-Dyck, car elle se regardait continuellement dans la glace qu'elle avait en face d'elle, et à mesure qu'elle devenait plus rouge, elle devenait plus triste, plus prétentieuse et plus désagréable.

Madame Van-Dyck aimait fort à se donner des airs d'importance, et à faire croire qu'elle était l'âme de la maison. Elle eût poussé le vice d'avoir l'air affairé et nécessaire, à un point désolant, si pour avoir l'air affairé, il n'avait fallu se remuer beaucoup, et si se remuer rendant rouge les plus pâles, ne l'avait rendue, elle, ou violette ou bleue.

Quand Euphrasie détestait quelqu'un, sa haine devait être d'autant plus dangereuse qu'elle était sans raisonnement, et comme tous ses autres vices, sans esprit. Or, il était facile qu'elle détestât, car il fallait que tout le monde la trouvât belle. Il faut dire aussi qu'au moindre compliment, elle se figurait qu'on lui faisait la cour et qu'on pouvait sur sa beauté, sa grâce et son esprit, lui faire les flatteries les plus impertinemment exagérées, sans atteindre à l'opinion qu'elle avait sur elle-même et sans la faire rougir, elle qui rougissait si vite. Joignez à cela qu'elle était ignorante d'une lugubre façon; elle confondait aisément Shakspeare avec Michel-Ange, et croyait que Turenne était un grand avocat d'autrefois. Comme elle était sentimentale autant que prétentieuse, elle avait la rage de citer à propos de tout les types d'amour, créés par les poëtes ou laissés par l'histoire; alors elle citait avec un aplomb d'airain, Juliette et Abailard, Héloïse et Roméo, Pétrarque et Ophélie, Laure et

Pylade, et continuait sa citation sans se déconcerter le moins du monde.

C'était, comme on le voit, une désagréable personne que madame Van-Dyck, et si son corps pouvait, à la rigueur, avoir quelque chose de matériellement engageant, son esprit, ou du moins la chose dont elle se servait avec la bouche, faisait, au premier abord, que jamais un homme intelligent et distingué ne pouvait songer à elle.

Au bout de deux heures, Tristan avait eu la preuve de tout ce que nous venons de signaler, et il avait poussé un hum ! intérieur qui n'était pas à l'éloge de madame Van-Dyck.

A côté d'Euphrasie se trouvait M. Willem. Celui-là était aussi vigoureux que sa voisine; mais jamais, dans une cravate étroite, dans un habit étroit, dans des manches étroites, on n'avait vu cou plus roide, corps plus droit, bras plus durs; M. Willem avait les cheveux d'un blond tendre, faux nankin, les sourcils visibles à peine, les yeux bleus faïence, les joues roses, les mains rouges. M. Willem ne paraissait pas d'un esprit remarquable, mais, en revanche, il n'était pas prétentieux; il ne disait pas un mot. Bien des fois il avait entr'ouvert la bouche pour parler; par politesse, Tristan avait paru être très-attentif à ce que le commis allait dire; mais celui-ci, troublé par cette attention, avait, pour l'occuper, fourré quelque gigantesque morceau dans sa bouche entr'ouverte. Ses joues étaient devenues rouges, ses mains étaient devenues pourpres, il avait eu presque envie de pleurer, mais il n'avait rien dit; en vain, pour le rassurer, Euphrasie volait-elle à sa glace des regards pour Willem, regards qui auraient dû l'encourager, car ils voulaient dire : Vous êtes beau, vous êtes fort, vous êtes bien mis; Willem restait triste et consterné comme une femme maigre qui s'est décolletée, et qui voit autour d'elle des épaules rondes et blanches; du reste, il devait être d'une bonne nature, ce pauvre M. Willem, il devait avoir le cœur plein d'illusion. On sentait que cette mélancolie, répandue sur toute sa personne, lui venait de ce qu'il avait trop de sang aux joues et aux mains; il avait voulu triompher de ces dehors vulgaires par une enveloppe élégante. Il portait des cravates blanches qui, outre qu'elles faisaient par leur blancheur, intacte du reste, ressortir le vermillon du tissu cutané de M. Willem, étaient tellement serrées qu'elles faisaient remonter le sang au visage; il portait des habits noirs; mais, pour paraître moins lourd et moins sanguin, il faisait faire ses habits aussi étroits que possible, si bien qu'ils le gênaient aux entournures, l'empêchaient de lever le bras, le mettaient dans un état de transpiration continuelle, et que, serré au poignet comme il était serré au cou, et le sang tendant toujours à descendre, il avait les mains violettes, et éprouvait, vu l'exiguïté de ses manches, la plus grande difficulté à se gratter le bout du nez.

Mais si Willem avait ses moments de tristesse, il avait aussi ses heures de consolation. Madame Van-Dyck l'aimait et l'aimait depuis deux ans; ils étaient bien faits l'un pour l'autre; elle, en sa qualité de femme grasse, devait être pleine d'admiration pour cette nature puissante et vigoureuse; comme M. Willem devait, en sa qualité de colosse rouge, aimer cette grosse colombe qui se confiait à son amour.

Du reste, le jour où Tristan parut dans la maison fut un des jours les plus tristes de la vie de Willem, qui avait dans le nouveau venu la personnification de l'homme qu'il eût voulu être; il regardait en tapinois cette nature distinguée et aristocratique à laquelle il voulait depuis si longtemps atteindre, et à laquelle il ne pouvait arriver. Chaque fois que Tristan passait sur sa moustache noire sa main blanche et féminine, chaque fois qu'il relevait ses cheveux qui, dans leur cercle d'ébène, encadraient son visage pâle et régulier, le pauvre Willem se sentait pris, à la fois, de douleur et d'admiration. Il étudiait l'habit de Tristan qui se prêtait si bien aux mouvements de celui qui le portait, et cette cravate intelligente, dans laquelle le cou se remuait à son aise sans briser les plis ni déformer le col, et tout cela faisait pousser des soupirs bien profondément tristes au pauvre Willem.

Cependant, comme il était bon, il comptait bien se faire un ami du nouveau venu et surprendre mystérieusement les secrets de cette toilette facile et de cette tournure aisée; aussi, chaque fois que Tristan disait un mot, il était bien sûr de trouver devant lui la figure souriante et admiratrice de Willem.

Le troisième personnage était l'enfant, qui n'avait rien de particulier, si ce n'est qu'il était, comme nous croyons l'avoir déjà dit, du plus admirable blond anglais, entre sa mère et son père légal, qui étaient tous deux du plus beau brun méridional.

Le déjeuner s'acheva, après quoi on regarda les dessins. M. Van-Dyck, qui les connaissait déjà, après en avoir revu deux ou trois, se rendit à son bureau pour voir ce qui s'était fait pendant son absence.

Madame Van-Dyck s'assit auprès de Willem, le petit Édouard posa sa tête devant sa mère, et Tristan fit passer les uns après les autres les croquis sous les yeux de ces trois personnages, corvée qui ne l'amusait guère, mais qui était destinée à le mettre bien avec tout le monde.

Euphrasie admira beaucoup, Willem fit comme Euphrasie, Édouard fit comme Willem; seulement, comme il tenait à montrer les endroits qui le frappaient, il effaça quelques horizons auxquels il substitua, en voulant les montrer, l'empreinte ineffaçable de son index.

Enfin on ferma l'album, Willem alla à son bureau, Euphrasie s'apprêta à regagner sa chambre, Édouard courut jouer.

M. Van-Dyck reparut et offrit à Tristan de lui faire voir les curiosités de la ville. — Celui-ci accepta, ce qui parut le mettre au mieux avec Euphrasie, qu'il faisait libre, car elle le salua de sa révérence la plus gracieuse et de son sourire le plus recherché.

Le dîner se passa comme le déjeuner, seulement il sembla à Tristan que Willem était un peu plus rouge et qu'Euphrasie était un peu plus cerise.

Après le dîner on fit un tour de jardin, puis M. Van-Dyck emmena Tristan.

Euphrasie resta seule avec Willem.

Tristan causa longtemps; il ne voulait pas troubler l'entretien des deux amants.

Une heure après il rentra dans le salon: on avait envoyé coucher l'enfant.

Tristan prétexta la fatigue du voyage et demanda la permission de se retirer, permission qu'on lui accorda aussitôt.

Euphrasie continua d'être charmante pour son hôte; elle s'inquiéta de l'appartement qu'il avait, et demanda si l'on avait bien tout préparé pour le recevoir, comme elle en avait donné l'ordre.

Tristan monta chez lui.

Connaissance faite avec tout le monde, il trouvait la maison fort douce et se promit d'être bien avec tout le monde.

— Madame Van-Dyck, pensa-t-il, se croit sentimentale, jolie et spirituelle; je lui dirai que j'adore Werther, je rirai de ses facéties, et je la surnommerai Ninon. M. Willem voudrait être bien mis, je lui commanderai ses habits moi-même; je lui mettrai sa cravate le dimanche, et il m'adorera. Le jeune

Édouard est paresseux, je lui apprendrai à faire battre des hannetons et à jouer au clair de la lune sur le piano. Quant à M. Van-Dyck, qui me paraît le meilleur homme de la terre, je l'aiderai dans ses correspondances étrangères, et je me jetterai dans le feu pour lui, s'il le faut.

Et tout en pensant ainsi, Tristan s'était couché au moment où huit heures sonnaient.

Il y avait à peu près quatre heures qu'il dormait lorsqu'il se réveilla; il s'aperçut alors qu'il avait oublié de fermer sa fenêtre, qui donnait sur les jardins, et que c'était le vent frais de la nuit qui l'avait éveillé. Il se leva et s'apprêtait à fermer ladite fenêtre, lorsqu'il lui sembla entendre parler à celle du premier étage, et qui se trouvait perpendiculairement au-dessous de la sienne. Il avança la tête, et, ne pouvant être vu, grâce à la nuit et à la jalousie qui était baissée, il écouta.

Il vit en même temps une ombre qui appliquait au mur de la maison une échelle, et vit sortir de la fenêtre une main qui consolida cette échelle.

— Je puis monter? dit une voix qu'il reconnut pour celle de Willem. — Oui, répondit une voix qu'il reconnut pour celle d'Euphrasie. — Et M. Van-Dyck? — Il dort. — Vous êtes sûre? — Sûre. — Me voilà, mon ange!

Et le gros Willem mit le pied sur le premier échelon, qui cria sous son poids; puis, arrivé à la fenêtre, il enjamba, et Tristan n'entendit plus rien.

— A merveille, pensa notre héros; c'est du Shakspeare tout pur, Roméo et Juliette, la scène du balcon.

Et, après avoir fermé la fenêtre, il s'apprêtait à revenir se coucher, lorsqu'il lui sembla entendre du bruit sur le carré; il ouvrit la porte de sa chambre, marcha doucement jusqu'à la porte d'entrée, et là, colla son oreille contre la serrure. Il lui parut que les voix partaient de l'angle droit du carré du côté de la fenêtre.

— Athénaïs, disait une voix que Tristan reconnut pour celle de M. Van-Dyck, où diable es-tu? — Me voici. — Tu te sauves toujours. — Je crains que madame ne m'entende. — Ma femme dort. — Vous êtes sûr? — Parfaitement.

Les voix s'éloignèrent, et Tristan crut entendre monter l'escalier qui conduisait à l'étage au-dessus de sa chambre.

— Athénaïs, se dit-il, c'est cette grande fille que j'ai vue tantôt. Allons, me voilà entre deux amours : au premier, c'est du Shakspeare; au second, c'est du Molière; en bas, le commis se fait Roméo pour sa maîtresse; en haut, le patron se fait Gros-René pour la Marinette. Je suis content de ce que je vois là. Je trouverai toujours le dîner bon, pour flatter la servante, qui me paraît être une des puissances de la maison.

Et Tristan se remit tout grelottant dans son lit au moment où sonnait une heure du matin.

XXVIII

Le lendemain, Tristan ne pouvait dissimuler une sorte d'envie de rire qui lui venait chaque fois qu'il se trouvait soit en face de Willem, soit en face de M. Van-Dyck.

Du reste, ni l'un ni l'autre ne laissaient paraître sur son visage la trace de la moindre crainte ou du moindre remords. Lorsque vint l'heure du déjeuner, le commis s'approcha du négociant, lui tendit la main, que celui-ci serra affectueusement; puis, s'avançant ensuite vers Euphrasie, il s'inclina respectueusement devant elle; mais, pour l'œil prévenu de Tristan, il y avait dans ce salut et dans ce respect un reflet reconnaissable de l'amour et de l'abandon de la nuit.

Quant à M. Van-Dyck, il tournait en ce moment la tête d'un autre côté et ne pouvait rien voir.

M. Willem vint ensuite au devant de Tristan, qui lui épargna la moitié du chemin et qui posa avec affection sa main fine et blanche dans la main large et rouge du commis.

— Vous vous portez bien, monsieur? fit celui-ci en rougissant comme l'homme qui dit les premiers mots d'une phrase qu'il a longtemps préparée. — Et vous, monsieur Willem? — A merveille, je vous remercie. Le bruit du canal ne vous a-t-il pas réveillé de bonne heure? — Je ne pouvais l'entendre, ma chambre est sur le jardin.

M. Willem devint rouge comme une cerise, et il lui fallut le regard d'Euphrasie pour lui rendre le calme.

— Avez-vous des livres? reprit le commis. Vous devez être habitué à vous endormir tard? — Au contraire, répondit Tristan, qui tenait à rassurer le pauvre garçon et à se mettre, par conséquent, bien avec lui; au contraire, je m'endors de bonne heure et d'un sommeil de plomb qui dure jusqu'au grand jour.

Tristan ne s'était pas trompé; la figure de Willem se rasséréna complétement.

On se mit à table.

Willem entre Euphrasie et l'enfant, Tristan entre M. Van-Dyck et Euphrasie.

On servit des côtelettes, des œufs à la coque et du thé.

— Voici d'excellentes côtelettes, madame, dit Tristan, permettez-moi de vous complimenter sur votre cuisinière. C'est la seconde fois que j'ai l'honneur de me mettre à votre table, et je ne crois pas avoir fait de meilleur repas.

Et, tout en disant ces mots, Tristan jetait à la dérobée un regard sur M. Van-Dyck, lequel, plus accoutumé sans doute que son commis à ces sortes de choses, coupait méthodiquement, et sans paraître avoir entendu l'observation de son hôte, le dessus de son œuf, qu'il découvrit et dont il aperçut avec joie l'intérieur appétissant.

— Effectivement, répondit Euphrasie, Athénaïs est une excellente cuisinière, tranquille, dévouée, et que nous aimons beaucoup, M. Van-Dyck et moi.

Il sembla à Tristan qu'à ce mot M. Willem et Euphrasie se regardaient en souriant, tandis que le maître de la maison aspirait, en gourmet raffiné, la crème blanche qui recouvrait son œuf.

Le jeune Édouard, qui ne se trouvait naturellement mêlé en rien à la conversation, cassait maladroitement ses œufs au lieu de les ouvrir, et en répandait, malgré tous ses efforts, le contenu le long de son coquetier et sur son assiette.

M. Willem fit changer l'assiette de l'enfant et lui prépara lui-même son œuf.

M. Van-Dyck regarda alors Tristan, et ce regard semblait dire :

— Voyez comme il est bon et prévenant.

Tristan répondit par un autre regard plein d'une touchante admiration, que tout le monde partageait, même le gros et gras domestique chargé du service de la table.

— Mon cher ami, dit M. Van-Dyck à Tristan, j'ai un service à vous demander. — Tant mieux, fit celui-ci, plus tôt je vous serai bon à quelque chose, plus tôt je serai heureux. — Oui, continua le négociant, madame Van-Dyck vous indiquera, car moi j'ai à sortir, deux ou trois lettres que vous aurez la bonté d'écrire, n'est-ce pas ? — Volontiers. — Tu sais, il faut écrire à la maison Schmidt, à Dresde; à la maison Antonini, de Florence, et à la maison William, de Londres. Et vous, mon cher Willem, vous ferez expédier les ballots; je compte sur vous. — Soyez tranquille, monsieur Van-Dyck. — Où vas-tu donc aujourd'hui, mon ami? fit Euphrasie, qui, en échangeant un coup d'œil furtif avec Willem, semblait dire : Nous allons être seuls.

Willem montra de loin Tristan, ce qui signifiait : Et lui qui reste?

Mais Euphrasie rassura son amant par un sourire qui acheva de convaincre Tristan qu'elle ne le soupçonnait pas assez fin pour avoir deviné son intimité avec le commis.

— Voilà un sourire dont je me vengerai, pensa notre ami. — Je vais à Harlem, avait répondu M. Van-Dyck; je ne suis pas fâché de voir mes autres magasins. — Tout a fort bien été pendant votre absence, dit Willem. — N'importe, cela me promènera. J'irai à pied jusqu'au port de Harlem; là, je prendrai la voiture, et je serai ici ce soir pour dîner. Si à six heures précises je ne suis pas arrivé, mettez-vous à table; c'est une habitude ici de n'attendre personne, ajouta M. Van-Dyck en se tournant vers son nouvel hôte, pas plus le maître et la maîtresse de la maison que les autres. — Me voilà prévenu, fit Tristan. — Et maintenant, ma chère amie, je te quitte.

Et M. Van-Dyck se leva, et prenant la main de sa femme l'embrassa sur le front, ce qui fit pousser un soupir de jalousie à M. Willem, tandis que l'épouse résignée lui souriait pour sa récompense.

M. Van-Dyck descendit.

Tristan, qui désirait avoir quelques renseignements sur les lettres qu'il avait à écrire, l'accompagna jusqu'à la porte. Arrivé là, M. Van-Dyck s'arrêta, et poussant la porte de la cuisine, il dit à Athénaïs :

— A six heures précises, mon enfant, n'oubliez pas. — Non, monsieur; soyez tranquille, dit en se retournant la grosse fille aux grands yeux noirs et malins, et qui, après la scène de la veille, parut, éclairée qu'elle était de l'amour du maître, une assez belle créature à Tristan.

M. Van-Dyck échangea avec elle un sourire qui n'était pas celui d'un maître de maison qui commande le dîner à sa cuisinière; puis serrant une dernière fois la main de Tristan, il sortit après avoir allumé le cigare quotidien.

— Monsieur, dit Athénaïs en appelant Tristan qui s'apprêtait à remonter, monsieur?

Tristan revint sur ses pas.

— Que me voulez-vous, mon enfant? dit-il, donnant à la cuisinière le même titre que lui donnait monsieur Van-Dyck. — Monsieur, reprit Athénaïs en se rapprochant de celui qu'elle avait appelé, si en France vos habitudes de repas n'étaient pas les mêmes qu'ici, il ne faut pas vous gêner.—Merci. — Si le matin avant onze heures vous voulez prendre une tasse de lait, ou de café, ou de chocolat, dites-le-moi, je vous ferai monter cela dans votre chambre. — Grand merci, mon enfant, je n'ai faim qu'à onze heures.—Peut-être aviez-vous l'habitude de souper? —Du tout.—Ne vous gênez pas, je vous préparerai sur le coup de dix heures une bouteille de Bordeaux et une volaille; qu'en dites-vous?—Je vous remercie mille fois, mon enfant, je ne soupe jamais. — Enfin, continua la prévenante fille, si le désir vous en vient, vous n'avez qu'à me le dire à moi, à moi seule, et j'aurai soin de vous; c'est monsieur qui me l'a recommandé.— Merci. — A votre service, acheva la grosse fille d'un ton moitié humble, moitié protecteur. A votre service.

Et elle rentra dans sa cuisine, d'où, comme on le devine, elle s'était, grâce à l'amitié du maître, taillé son petit royaume dans la maison.

En effet, personne n'avait le droit de donner des ordres à Athénaïs que M. Van-Dyck; soit que l'on soupçonnât la protection immédiate du négociant, soit qu'on n'eût jamais eu à se plaindre de la table, personne, nous le répétons, pas même Euphrasie, qui dominait M. Van-Dyck, pas même M. Willem, qui devait dominer Euphrasie, n'avait de droits sur Athénaïs.

C'était donc une faveur toute particulière qu'elle faisait à Tristan en se mettant ainsi à son service, et il fallait ou que M. Van-Dyck l'eût bien recommandé, ou qu'il se recommandât bien lui-même.

C'était en faisant ces réflexions que remontait Tristan, lequel, désireux d'être bien avec tout le monde, faisant grand bruit en remontant de façon à prévenir de son retour Euphrasie et Willem, et pour que les deux amants, dans le cas où ils eussent déjà profité de l'absence de M. Van-Dyck, se rappelassent qu'il y avait encore dans la maison quelqu'un dont ils devaient naturellement se cacher.

Tristan entra dans la chambre au moment où Willem s'apprêtait à prendre congé d'Euphrasie qui faisait de la tapisserie.

— Je vous attendais, monsieur, fit madame Van-Dyck.

Tristan s'inclina.

— Et moi, je vous quitte, dit Willem; je vais à mon bureau.

Willem salua et sortit.

— C'est un bien charmant garçon que ce M. Willem, dit Tristan. — C'est vrai, répondit Euphrasie avec une rougeur imperceptible. — Tout le temps qu'a duré la route, M. Van-Dyck n'a cessé de me faire l'éloge de ce jeune homme, et je puis dire que cet éloge était bien mérité. — C'est un homme bien loyal, et en qui mon mari a pleine confiance. — Cela se voit tout de suite, il a une figure franche, ouverte, distinguée.

Et Tristan, satisfait de cet éloge qui devait le mettre au mieux avec la sentimentale épouse de M. Van-Dyck, changea la conversation, afin de ne pas paraître appuyer trop visiblement sur les qualités du commis.

— Vous serez assez bonne, dit-il, madame, pour me dire dans quel sens que je dois écrire à MM. Schmidt, Antonini et William.

Euphrasie sortit d'une sorte de rêverie où l'avaient plongée les compliments de Tristan à propos de Willem, et jetant sur notre héros un regard de reconnaissance, elle lui dit :

— Pardonnez-moi, je suis si distraite que j'avais oublié ces lettres.

Et se levant, elle alla prendre dans la chambre de son mari des papiers qu'elle rapporta.

Pendant ce temps Tristan s'était dit :

— Décidément elle aime passionnément son Willem.

Et comme, après tout, peu lui importait qu'elle aimât ou n'aimât pas ce commis grassouillet, il se mit à considérer la tapisserie qu'Euphrasie était en train de faire.

— Vous regardez cette niaiserie, dit en rentrant madame Van-Dyck d'un air et d'un ton prétentieux. — J'admirais, madame. — Vous êtes trop bon, c'est gentil, voilà tout. — Vous êtes trop modeste, c'est adorable.

Euphrasie remercia Tristan avec force manières.

— La tapisserie, dit-elle, est ma grande ressource contre l'ennui. — Vous ennuyez-vous donc quelquefois? — Souvent. Ainsi vous trouvez cet ouvrage bien fait? — Merveilleux. — Tant mieux, ce sont des bretelles pour M. Willem. — M. Willem est un heureux. — Il est si bon, si prévenant pour mon mari et moi, que de temps en temps je lui fais quelque cadeau pour le remer-

14.

cier, et comme c'est le caractère le plus désintéressé, ces petits cadeaux, qui viennent de moi, lui sont plus sensibles que s'ils étaient d'un grand prix. — Je comprends cela, madame. — Si vous voulez, monsieur Tristan, vous pouvez rester à écrire à côté de moi pendant que je travaillerai. — Avec plaisir, madame. — Voici les lettres auxquelles il faut répondre. Mon mari consent aux fournitures qu'on lui demande, et n'attend qu'une lettre d'avis pour les expédier. — Fort bien, madame; je n'ai rien à écrire autre que cela? — Rien.

Tristan prit l'encrier, du papier, des plumes, et, s'asseyant auprès de la table, se disposa à écrire.

Au moment où il s'était assis, il avait vu madame Van-Dyck échanger un regard des plus langoureux avec Willem, qui, assis dans son bureau près de la fenêtre, pouvait parfaitement correspondre avec la maîtresse, sinon par la voix, du moins par le geste.

Euphrasie avait remarqué que Tristan avait pu la voir, et elle lui avait dit en faisant un second mouvement de tête, mais d'un sens bien différent :

— Je dis bonjour à mon fils qui joue dans le jardin.

Tristan s'était alors assis, ce mot d'Euphrasie lui interdisant toute supposition.

En effet, M. Édouard jouait dans le jardin. Seulement, dans la position où il était, il ne pouvait voir sa mère.

Tristan ne se contenta pas moins de cette raison, et commença sa correspondance.

Il l'eut bien vite terminée, et en lut en français le sens à madame Van-Dyck.

— C'est parfait, dit-elle, et vous allez sauver de grands embarras à mon mari, si vous voulez bien quelquefois lui rendre le même service qu'aujourd'hui.

Et cette femme, prétentieuse jusqu'au ridicule, compliqua cette phrase bien simple d'un regard que les yeux gardent ordinairement pour les expansions du cœur.

Tristan, qui commençait à se faire aux habitudes d'Euphrasie, ne fut pas surpris de cette façon de parler, et se contenta de la remercier tout simplement, sans juger à propos de la regarder, pour cela, comme Werther regardait Charlotte.

— Puis-je vous être encore bon à quelque chose? ajouta-t-il.

— Non, tout ce que vous pouviez faire aujourd'hui vous l'avez fait; voudriez-vous déjà me quitter?

Et Euphrasie dit cette phrase du ton dont une autre eût dit : Je me sens mourir !

— En aucune façon, madame, et si je ne vous ennuie pas, je serai flatté de rester en votre compagnie. — Que vous êtes bon !

Et un sourire de reconnaissance, comme elle eût pu en donner un à quelqu'un qui lui aurait sauvé la vie, passa sur les lèvres de madame Van-Dyck.

— Et quand je pense qu'on dit les Françaises prétentieuses ! pensa Tristan. — Racontez-moi donc, monsieur Tristan, comment vous avez fait la connaissance de mon mari.

Tristan raconta.

— C'est étrange ! dit madame Van-Dyck ; il y a des destinées étranges !

Et elle parut réfléchir profondément, comme si ce récit de choses fort ordinaires l'eût vivement impressionnée.

— Elle tient évidemment, pensa Tristan, à ce que la conversation prenne une tournure sentimentale ; étudions. — En effet, reprit-il en poussant un soupir, qui m'eût dit que je viendrais en Hollande et que je ferais partie d'une maison si hospitalière et si bienveillante !

Et, pour flatter Euphrasie, Tristan poussa un second soupir.

— M. Van-Dyck m'a dit que vous lui aviez plu tout de suite. — Et moi, madame, j'éprouvai instantanément une grande sympathie pour lui. — Il est bien excellent, n'est-ce pas ? — Oui, madame, c'est une nature d'élite.

Euphrasie soupira de nouveau.

— Avant dix minutes, se dit Tristan, elle m'aura dit pis que pendre de son mari. — Vous avez beaucoup voyagé, monsieur Tristan ? — Oui, madame. — Et beaucoup vu, par conséquent ?

Tristan fit un signe affirmatif.

— Eh bien ! avez-vous remarqué une chose bizarre ? — Laquelle ? — C'est que, presque toujours, le hasard s'amuse à associer deux natures, qui prises séparément sont presque parfaites, et qui associées l'une à l'autre sont en désaccord. — C'est vrai, madame. — C'est ainsi que je m'explique la haine qu'a parfois une femme pour son mari, aimé et estimé d'ailleurs de tout le monde. — Vous accusez de cela le hasard ; les parents y sont bien pour quelque chose. — C'est vrai, monsieur Tristan, c'est bien vrai ce que vous dites là, et cela me prouve que vous avez fait une longue étude du cœur humain.

Et Euphrasie recommença de soupirer.

Tristan prit un air triste.

— Ainsi, continua madame Van-Dyck, mon mari est bien le meilleur homme du monde. — Bon, pensa notre ami, voilà les confidences qui viennent. — Honorable, continua-t-elle, plein de cœur pour ses amis, méritant d'être aimé de ceux qui le connaissent comme il l'est. Eh bien, me croirez-vous ? et je vous dis cela parce que, je ne sais pourquoi, mais vous m'êtes tout sympathique et je vois déjà en vous un vieil ami ; eh bien, me croirez-vous ? je n'ai pas toujours été heureuse avec M. Van-Dyck. — Que me dites-vous là, madame ? fit celui qui écoutait d'un air d'étonnement et de surprise compatissante. — La vérité pure, monsieur Tristan, la vérité triste, hélas ! M. Van-Dyck est un homme de commerce avant tout, un homme qui pouvait rendre heureuse une femme de quarante ans, par exemple, mais incapable de faire le bonheur d'une jeune fille comme j'étais lorsque je l'épousai, car je n'avais alors que seize ans.
— Comment, madame, dit Tristan, vous avez déjà vingt-six ans ! vous paraissez vingt-deux ans à peine, et lorsque je vis le grand garçon qui joue dans le jardin, je ne voulais pas croire que ce fût votre fils, et j'aurais parié que c'était votre frère.

Madame Van-Dyck, qui avait bien trente-cinq ans, ne se sentit pas d'aise à ce compliment, et les regards dont elle avait jusqu'alors gratifié Tristan n'étaient rien à côté de celui dont elle le paya en ce moment.

— Oh ! Français flatteurs, que l'on vous reconnaît bien ! dit-elle. — Moi, flatteur, madame ! Oh ! vous ne me connaissez pas. — Oh ! je sais bien ce que je suis. Je sais bien mon âge, et non-seulement je parais bien mes vingt-six ans, mais encore j'en parais bien trente. — Vous voulez rire, madame. — Hélas ! j'ai tant souffert !

Et tous les soupirs qu'avait jusque-là poussés madame Van-Dyck n'étaient rien à côté de celui qu'elle poussa avec cette exclamation.

— Pour peu que ça continue ainsi, pensa Tristan, la maison ne promet pas d'être toujours drôle. Vous avez souffert ? reprit-il, et quel démon jaloux de votre beauté, madame, a pu ternir les fleurs de votre route et les jours de votre vie ? Après quoi Tristan se mordit les lèvres, ce qui est, comme on le sait, une façon commune de s'empêcher de rire. — Vous doutez, parce que, comme tous, vous vous fiez au calme de la surface sans regarder au fond. — Pardonnez-moi cette réflexion, madame ; mais en quoi avez-vous pu être malheureuse ? votre mari vous aime, votre fils vous adore, vous êtes jeune, vous êtes riche, vous êtes belle, les hommes vous admirent où ils n'ont pas d'yeux, les femmes vous envient ou elles n'ont pas d'amour-propre. Que pouvez-vous désirer de plus? — Et comptez-vous pour rien, monsieur, d'avoir vu détruire, les uns après les autres, tous les rêves de sa vie, si belle qu'elle vous paraisse? Croyez-vous que lorsque j'étais jeune fille, c'était cette existence-là que j'ambitionnais pour l'avenir? Ah! mes rêves de jeune fille, où êtes-vous?

Et Euphrasie laissa, après avoir levé les yeux au ciel, retomber mélancoliquement sa tête sur son sein, ce qui, dans tous les pays du monde, est un signe évident de tristesse.

— Voilà, ou je ne m'y connais pas, se dit Tristan, une ridicule et désagréable dame; si le mari m'eût prévenu de cela, je ne sais pas trop si je serais venu. Pauvre M. Willem!

Et Tristan, avec une mine de circonstance, se disposa à écouter ce que madame Van-Dyck avait encore à lui dire.

XXIX.

— Avez-vous jamais aimé, monsieur Tristan? reprit Euphrasie. — Oui, madame. — Souvent? — Une fois.

Madame Van-Dyck parut regarder le jeune homme avec admiration.

— Ah! que c'est bien cela, dit-elle, de n'avoir jamais aimé qu'une fois! Et elle vous aimait, elle? — Je le crois. — Et maintenant? — Maintenant, elle est morte. — Pauvre jeune homme!

Une larme commandée brilla dans les yeux d'Euphrasie.

— C'était une jeune fille que vous aviez enlevée peut-être? reprit madame Van-Dyck, espérant trouver du roman dans la vie de Tristan. — Non, madame, c'était ma femme. — Votre femme? — Oui. — Vous aimiez votre femme! Il y a donc au monde des femmes mariées que leur mari aime? — Vous devez en douter moins que personne, madame, car votre mari vous adore.

Madame Van-Dyck secoua la tête.

— Oh! ce n'est pas la même chose, dit-elle. Avant d'épouser votre femme vous lui faisiez la cour, n'est-ce pas? — Certainement. — Le soir vous vous promeniez tous deux dans des allées ombreuses et retirées? — En effet. — Elle vous serrait la main, et la nuit rêvait de vous comme vous rêviez d'elle? — C'est cela même. — Hélas!

Un soupir.

— Mais ce bonheur que vous détaillez si bien, madame, vous l'avez éprouvé comme elle. — Non, et ce bonheur est un rêve d'autrefois qui n'a pas encore eu de réalité.

Voilà un mot qui n'est pas flatteur pour M. Willem, pensa Tristan.

— Mais en échange de ce bonheur que vous regrettez de n'avoir pas eu, madame, ajouta-t-il tout haut, vous avez eu le bonheur du foyer, la joie de la famille, la sérénité de la fortune. Si votre passé, et à votre âge, madame, on n'a pas encore de passé, si votre passé a été sans passion, c'est-à-dire sans orage, votre avenir est sans inquiétude. Dans le chemin de votre vie, où chaque jour vous porte sans secousse au lendemain, votre horizon se renouvelle toujours aussi pur et aussi chaud que la veille ; enfin, n'ayant eu que le rêve de l'amour, vous n'en avez pas eu les désillusions, les souvenirs et les regrets ; et moi qui suis du même âge que vous, madame, si l'on me donnait à choisir entre votre bonheur et le mien, je choisirais le vôtre, car vous, vous croyez encore, et moi, je ne crois plus.

Puis il se dit à lui-même :

— Si elle aime le sentiment, elle ne se plaindra pas que je lui en refuse. — C'est précisément un de ces orages, un de ces amours terribles que j'eusse voulu avoir, risque à en mourir, risque à en souffrir éternellement. Enfin, j'eusse tout préféré à cette existence monotone pour laquelle je n'étais pas faite. Songez donc, monsieur, qu'il y a dix ans que je vis de la sorte, et croyez-vous que ce soit une existence agréable pour une femme jeune et qu'on dit assez jolie, que de vivre entre un mari commerçant et un magasin de toiles ? — Et les commis dont elle ne parle pas, cette bonne madame Van-Dyck, pensa Tristan. — Ah ! si, au lieu d'un mari positif, reprit Euphrasie avec une fausse exaltation, j'avais trouvé un mari amoureux comme vous, j'aurais été bien heureuse ! car vous me paraissez être un de ces hommes qui aiment profondément. — Holà ! se dit Tristan voyant de quels regards Euphrasie accentuait sa phrase. Madame Van-Dyck voudrait-elle déjà tromper M. Willem ? C'est vrai, madame, continua-t-il à haute voix, j'aimai profondément, mais les amours semblables à celui que j'éprouvai brûlent le cœur, dont ils ne laissent qu'un monceau de cendre qui ne cache plus aucun feu.

Et Tristan trouva fort adroite cette phrase stupide qu'il venait de dire d'une voix de componction, et qui tendait à désillusionner complétement Euphrasie sur son compte, dans le cas, peu supposable cependant, où celle qui ne le connaissait que depuis la veille, se fût senti tout à coup pour lui cette passion qu'elle regrettait tant de ne pas avoir éprouvée.

Euphrasie continua sa tapisserie, mais ses yeux, au lieu de se fixer sur le bureau de Willem comme auparavant, se portaient furtivement sur Tristan, qui, une plume à la main, dessinait sur le papier blanc qui lui restait.

— Que faites-vous là, monsieur Tristan ? dit Euphrasie. — Je dessine cette partie du jardin, madame, à laquelle s'adosse cette vieille maison qui a beaucoup de caractère. — Il faut que je vous demande quelque chose, monsieur Tristan. — Demandez, madame. — Me l'accorderez-vous ? fit Euphrasie en réunissant tous les charmes de son sourire et de son regard. — Pouvez-vous en douter, madame ? — Je n'ose.

Et Euphrasie faisait une de ces petites moues si charmantes chez les naïves enfants de quinze ans, si ridicules chez les femmes prétentieuses de trente-cinq.

— Osez, madame, répondit Tristan, que cette scène n'amusait guère, et qui commençait à trembler sérieusement que ce qu'il croyait de la coquetterie ne fût quelque chose de plus avancé. — Eh bien, monsieur Tristan, je voudrais que vous me fissiez mon portrait. — Avec plaisir, madame, et même avec reconnaissance, car un peintre est fier et heureux d'avoir à reproduire un gracieux visage. — Vous êtes trop bon. Ainsi vous consentez ? — Maintenant j'exige. — Vous êtes charmant.

Et madame Van-Dyck tendit à Tristan sa grosse main, sur laquelle il posa ses lèvres.

— Ainsi, c'est chose convenue, et, à compter d'aujourd'hui, je suis à vos ordres. — Dès demain si vous voulez. — Comme il vous plaira. — Seulement, je vous recommande le secret. — A l'égard de M. Van-Dyck ? — A l'égard de tout le monde. — Soyez tranquille, madame, personne n'en saura rien. — Ce sera une miniature, n'est-ce pas ? — Oui, madame, un de ces portraits, répondit Tristan avec intention, qui passent, sans qu'on les voie, d'une main dans une autre, et qui peuvent, sans qu'on les y soupçonne, rester toute la vie sur le cœur. — Vous devinez tout, fit Euphrasie avec une imperceptible rougeur et un regard confidentiel ; il n'y a pas moyen de rien vous cacher ; oui, c'est un semblable portrait que je veux.

Et Euphrasie jeta vers la croisée un regard que reçut Willem, et qui voulait dire :

— Je m'occupe de vous. — Enfin, se dit Tristan en se levant, j'en serai quitte pour un portrait. — Eh quoi ! vous vous levez ! s'écria madame Van-Dyck du ton dont elle eût pu dire : Comment, votre mère est morte ? — Oui, madame. — Vous sortez ? — Non, madame, je vais rejoindre monsieur votre fils, à qui je dois donner la première leçon aujourd'hui. — Et, pour rejoindre le fils, vous abandonnez la mère ? — Il le faut, madame. — Allez donc, monsieur Tristan ; mais, aussitôt la leçon finie, revenez auprès de moi causer un peu ; il n'y a vraiment qu'avec les Français que l'on cause. — Si vous le permettez ? — Je l'ordonne.

Madame Van-Dyck tendit de nouveau sa main à Tristan, qui subit cette dernière épreuve avec sa résignation ordinaire, et qui parvint enfin à sortir de cette chambre, à la porte de laquelle il poussa un soupir qui ne laissait aucun doute sur la satisfaction qu'il éprouvait à être libre.

Quant à Euphrasie, lorsqu'elle fut seule, elle se leva à son tour, se plaça devant sa glace, afin de voir si, pendant cet entretien, rien ne bronchait dans sa toilette ; puis, après s'être contemplée avec admiration, elle se sourit de la bouche et des yeux, étudia si ce sourire lui allait bien ; et, reprenant auprès de la fenêtre sa place et son ouvrage, elle envoya à Willem une seconde édition de ce sourire qu'elle venait d'étudier et qu'elle avait hâte de mettre en circulation.

Willem fut, à ce qu'il paraît, de l'avis de sa maîtresse, car jamais visage de Hollandais amoureux ne s'illumina d'une joie pareille à celle que sembla éprouver le commis à la vue de la figure souriante d'Euphrasie.

Tristan n'eut garde de terminer vite la leçon de M. Édouard. Il fit monter l'enfant dans sa chambre, et, lui faisant tourner le dos à la fenêtre, il put suivre les œillades de Willem et d'Euphrasie, œillades devenues de plus en plus sentimentales depuis que madame Van-Dyck ne se croyait plus surveillée.

Il sembla même à Tristan qu'elle lui annonçait la nouvelle du portrait, il en jugea du moins ainsi par les gestes de satisfaction auxquels se livra le commis, au risque de faire craquer les entournures de son habit, ce qui allait évidemment arriver pour peu qu'il continuât ses évolutions.

Cependant notre héros, qui n'avait plus rien à apprendre à

l'endroit des amours illicites de Willem et d'Euphrasie, voulant donner consciencieusement sa leçon au fils de cette dernière, resta bien convaincu, après nombre de questions, que l'enfant ne savait absolument que lire et écrire, et qu'il possédait encore cette dernière science assez imparfaitement, ce qui lui faisait doter les mots qu'il écrivait d'une orthographe bizarre et inaccoutumée.

Tristan poussa, lui aussi, un soupir en songeant à l'horizon qui se déroulait devant lui, mais enfin, le commencement seul allait sans doute lui paraître difficile, et, une fois habitué aux coquetteries de la mère et à l'ignorance du fils, la maison du Canal des Princes ne lui serait peut-être pas trop désagréable.

Il paraît cependant que, de ces deux inconvénients, Tristan préférait le second, car, au lieu de retourner écouter les langueurs de madame Van-Dyck, il resta jusqu'au dîner à écouter les bêtises de M. Édouard.

M. Van-Dyck revint comme il l'avait promis. Tout le temps que dura le repas, Tristan put voir Willem contempler Euphrasie comme Paul contemplait Virginie.

Du reste, le commis, qui était parvenu à oser parler, ce qui l'avait fait assez rougir pour qu'on le lui pardonnât; Willem, disons-nous, semblait avoir pris Tristan dans une affection particulière. De l'admiration qu'il avait éprouvée d'abord, au lieu de passer directement à l'envie, comme font les natures basses, il en était venu au désir d'une amitié réelle entre son nouveau collègue et lui; il espérait dans cette amitié, car nous ne voulons pas lui retrancher l'égoïsme inhérent à la nature humaine, prendre un peu de cette distinction et de cette supériorité française qui distinguaient Tristan. Celui-ci avait compris tout de suite le désir de Willem, et il avait fait tout ce qu'il avait pu pour mettre le commis à son aise, car, n'ayant aucune envie d'aller sur ses brisées, il tenait à s'en faire un ami.

Malheureusement, nous le répétons, Willem était timide, les avances de Tristan l'avaient embarrassé, et aussi gêné dans sa langue que dans ses habits, il n'avait jamais pu donner, au jeune homme, toute l'expansion de son enthousiasme. Il avait donc fallu que Tristan devinât ses sentiments dans les regards et dans les sourires de Willem, lesquels, il faut le dire, du reste, ne laissaient rien à désirer pour la grâce et la bienveillance.

Ainsi, Tristan était devenu le véritable rival d'Euphrasie; Willem regardait, il est vrai, sa maîtresse avec amour, mais il regardait Tristan avec admiration; il donnait tout son cœur à la beauté de sa maîtresse, mais il donnait tous ses yeux à la toilette de son ami. Ainsi, chaque matin, lorsque Tristan paraissait, Willem accourait, et si Tristan avait une autre cravate ou un autre gilet que la veille, Willem le contemplait comme un aveugle guéri contemple le jour; et, s'approchant de lui, il lui disait :

— Monsieur Tristan, que vous avez une jolie cravate! — Monsieur Willem, disait Tristan, j'ai les deux pareilles; voulez-vous me permettre de vous en offrir une? — Je ne sais si je dois. — Acceptez, disait Tristan, ce sont des objets qui viennent de France et que vous ne trouveriez pas ici.

Willem se confondait en remercîments, et Tristan voulait non-seulement que le commis acceptât la cravate, mais encore il tenait à la lui mettre, et ces jours-là étaient des jours heureux pour Willem.

Cependant, comme notre Hollandais était un garçon fort délicat, il ne voulait rien accepter sans rendre, il faisait donc, en échange de ceux qu'il recevait, des cadeaux du même genre à Tristan. Seulement, comme il craignait toujours de ne pas avoir choisi dans le goût de celui à qui il voulait offrir, c'était le plus souvent des cravates noires ou des gilets de couleur foncée qu'il achetait pour Tristan, lequel se récriait sur leur beauté et les mettait aussitôt.

Il avait, du reste, comme nous l'avons déjà dit, une grande sympathie pour Willem. Cette nature franche, expansive jusqu'aux larmes, naïve jusqu'à aimer Euphrasie, lui plaisait; puis il sentait instinctivement que Willem l'adorait et qu'il se jetterait dans le feu pour lui, ce que de son côté Tristan n'eût pas manqué de faire pour Willem.

Il y a véritablement dans les natures les plus opposés, les plus hétérogènes des attractions presque incompréhensibles. Ainsi, si deux hommes semblaient ne devoir jamais se comprendre, si deux caractères semblaient ne devoir jamais se toucher, ou se touchant se rejeter loin l'un de l'autre, c'étaient Tristan et Willem. L'un élégant de formes, l'autre lourd de tournure; l'un mis en homme du monde, l'autre mis en commis prétentieux; l'un spirituel et plein d'attraits, l'autre n'osant parler et doutant de lui; l'un, enfin, assez sceptique à l'endroit des femmes, l'autre assez croyant pour aimer madame Van-Dyk.

Eh bien, cependant, ces deux hommes avaient un signalement commun auquel ils s'étaient reconnus, et ce signalement c'était le cœur. Si bien que se sachant bons tous deux, l'un cessait d'être plus et l'autre cessait d'être moins; alors Willem ne mettait pas de honte à admirer chez Tristan les mérites extérieurs que celui-ci possédait et qu'il voulait lui emprunter, et celui-ci ne mettait pas d'orgueil à les posséder, et se faisait même un plaisir de les inoculer le plus doucement possible à son ami.

Puis, comme une créature humaine ne peut être entièrement déshéritée de Dieu, elle a toujours en elle quelque qualité cachée qui se dévoile un jour. Il suffit pour cela d'approcher la lumière de cette pierre précieuse qu'il faut aller chercher au fond de l'âme comme la perle au fond de l'Océan. S'il n'y avait jamais eu de plongeurs, il n'y aurait jamais eu de perles.

Tristan avait donc d'abord, en plongeur habile, découvert le cœur sans défaut de Willem. Mais il ne s'en était pas tenu là, et il s'était dit : « A côté de cette mine d'or, il doit y avoir quelque filon qui me conduira à quelque autre mine. »

Il ne s'était pas trompé.

Ainsi Willem, qui, lorsqu'il ne parlait pas ou qu'il voulait parler, pouvait, nous l'avouons, paraître ridicule à quiconque était là, ne manquait pas d'une certaine logique et d'une remarquable raison lorsqu'il parvenait à formuler sa pensée : ce qui lui coûtait le plus, c'était la première phrase; puis une fois cette première phrase dite, une fois cette première barrière qui arrêtait la parole levée, on était tout étonné, au milieu de la rougeur qui couvrait encore les joues du commis et de la crainte qui voilait encore un peu sa voix, de trouver une grande lucidité d'esprit et même une science remarquable.

Aussi Tristan, qui, lorsqu'il avait vu pour la première fois Willem ouvrir la bouche sans oser parler, avait eu grande envie de rire, prenait plaisir maintenant à écouter le commis. Il l'avait mis à l'aise par des signes d'assentiment, par des paroles encourageantes. Il l'avait flatté comme on flatte le cheval poltron qui n'ose passer dans les endroits difficiles, et peu à peu Willem, reprenant le courage que l'arrivée inattendue de Tristan lui avait fait perdre, redevenait un de ces convives qui, s'ils n'étonnent pas, se font du moins écouter avec plaisir.

C'était à cette nouvelle découverte que le rapprochement avait eu lieu entre les deux jeunes gens, non pas ce rapprochement factice des mains qui se rompt pour un caprice et dont l'expansion n'est qu'une parole, mais ce rapprochement des cœurs qui fait que, sans se le dire, on peut compter l'un sur l'autre, et que s'étant tacitement compris on peut, au jour voulu, venir se demander un service qu'on est sûr de ne pas se voir refuser.

Il ne faut pas croire pour cela que Willem et Tristan fussent des inséparables, pas le moins du monde. Ils se voyaient à peine deux heures par jour, mais ils s'abordaient cordialement, et chaque fois qu'ils se voyaient, ils étaient heureux de se voir. Voilà tout.

Mais, nous direz-vous, pourquoi, puisqu'il est si bon, si noble, votre monsieur Willem, pourquoi consent-il à tromper l'homme dont il dépend, en étant l'amant de sa femme?

A cela je vous répondrai :

Un mari n'est trompé que lorsqu'il croit à l'amour de sa femme, qu'il aime sa femme et qu'il ignore qu'elle en aime un autre. Mais qui vous dit que M. Van-Dyk fût de ces maris-là?

Et puis quand vous voyez un lac transparent et frais qui vous reflète et vous désaltère, près duquel vous trouvez de l'ombre si vous en voulez, et d'un autre côté le soleil si vous l'aimez mieux, vous inquiétez-vous des quelques herbes vaseuses qu'il peut cacher sous sa riche transparence et sa fraîche limpidité?

XXX

Il y avait dans l'amour du commis pour la femme du marchand de toiles tant de jeunesse même, tant de confiance ingénue, que cette liaison, qui semblait d'abord ridicule, finissait, à force de bonheur et de foi, par inspirer le respect à Tristan, qui comprenait qu'il n'y avait qu'une nature évangéliquement bonne qui pût prendre au sérieux un semblable paradoxe, et au lieu d'en rire il ne s'en attachait que davantage à son ami. Puis la tranquillité complète de la maison semblait reposer sur cet amour, l'harmonie régnait partout. M. Van-Dyck, qui eût craint peut-être un scandale, trouvait charmant tout ce que faisait la bonne, qui faisait ce qu'elle voulait; Euphrasie, qui avait tout intérêt à ménager son mari, approuvait tout ce que faisait M. Van-Dyck; Willem, qui n'avait d'yeux, de pensée et d'âme que pour sa maîtresse, trouvait chef-d'œuvre tout ce qu'elle faisait; et Tristan, qui avait besoin de tout le monde, savourait la cuisine de la bonne, admirait les spéculations du mari, souriait à l'esprit de la maîtresse et adorait la bonhomie de l'amant.

Cependant il était quelquefois forcé d'aller chercher des distractions au dehors ; car lui n'avait ni habitude ni amour dans la maison, et lorsque M. Van-Dyck était à la cuisine et que M. Willem était au salon, il ne lui restait plus qu'à former un groupe à part avec M. Édouard, lequel était un désagréable petit garçon. Il en résulte que notre ami, qui n'eût pas été fâché que la Providence lui envoyât aussi une compagne, pourvu qu'elle ne ressemblât ni à l'un ni à l'autre des deux types qu'il avait sous les yeux, sortait après son dîner, fumait un cigare, dans le nuage odorant duquel il cherchait toujours la divinité qu'il attendait.

Malheureusement ses espérances et son cigare s'en allaient en cendres, et les seules figures qui lui apparaissaient étaient celles de Louise, d'Henriette et de Léa.

C'était surtout cette dernière qui le poursuivait. Plus le temps s'écoulait et mettait une barrière entre elle et lui, plus il la regrettait et plus, comme toujours, elle lui apparaissait douce, charmante, et surtout originale. Il se reprochait donc souvent de l'avoir si brusquement quittée, se disant que ce n'était pas un semblable dénoûment qu'il devait donner aux sacrifices que lui avait faits la jeune fille.

Il faut le dire à la honte de notre nature, mais ce n'est que lorsque plus tard l'homme est isolé, qu'alors il se souvient de sa maîtresse et des heures douces, lumineuses et charmantes que, comme l'étoile du matin, elle amenait avec elle ; et, cependant, lorsqu'on était l'amant bienheureux de cette ombre adorable qu'on regrette, on s'était fait une telle habitude du bonheur quotidien qu'elle apportait, qu'on s'en lassait quelquefois, et qu'on regardait comme monotone ce qui n'était qu'harmonieux.

Or l'existence de Tristan, toute uniforme, toute placide, toute béate qu'elle était devenue, manquait un peu d'originalité et d'incidents. Certes, l'étude de cette maison nouvelle, si heureuse, par ce qui, dans d'autres maisons, constitue les querelles et les divorces, avait été chose fort curieuse d'abord ; mais puisqu'on se lasse bien d'un amour, on peut bien se fatiguer d'une étude, surtout quand cette étude se résume sur une cuisinière, un marchand de toiles, sa femme et un commis.

Tristan n'était pas d'un âge, d'une éducation, d'un caractère à accepter longtemps cette vie plane et régulière ou, du moins, il lui fallait, comme nous croyons l'avoir dit, quelque compensation extérieure, personnifiée dans une femme ; mais dans une femme véritable, qui lui rappelât tout à fait Henriette, Louise et Léa.

C'était à toutes ces choses qu'il pensait lorsqu'il faisait le portrait de madame Van-Dyck, et quand les yeux, qui cherchaient ce point impalpable sur lequel se fixait sa pensée, s'arrêtaient par hasard sur Willem et Euphrasie, qui, s'ils ne se touchaient de la main, se rapprochaient par le regard ; il ambitionnait alors la nature heureuse de ce commis joufflu qui avait pris, avec tant de bonheur, pour maîtresse une aussi ridicule créature que madame Van-Dyck.

Vous comprenez facilement que la pose que cherchait Euphrasie pour sa miniature n'avait pas été une petite affaire. Il avait fallu que le peintre lui fît connaître celle de toutes les vierges de Raphaël ; car c'était dans une posture pareille qu'elle voulait sans cesse s'offrir aux regards de M. Willem. Notre ami n'avait pas eu grand'peine à la dissuader ; toutes les vierges de Raphaël ayant le saint Enfant auprès d'elles, et madame Van-Dyck ne pouvant, en conscience, prendre sur ses genoux M. Édouard pour ressembler à la Vierge à la Chaise.

Tous les peintres d'autrefois avaient été passés en revue, escortés de leurs œuvres. Titien la charmait, cette bonne madame Van-Dyck, et elle eût bien voulu être pour Willem cette Madeleine, dont le sein nu s'arrose de cheveux d'or ; mais il eût fallu dévoiler au peintre des merveilles cachées, et la pudeur d'Euphrasie surgissait toute armée et prête à combattre, quand elle avait l'air de lui faire une semblable proposition.

Ils défilèrent donc tous, mais sans fixer l'incertitude d'Euphrasie ; les uns, comme Pérugin, Holbein et Raphaël, étaient trop chastes pour un portrait d'amour illicite ; les autres, comme Titien, Giorgione et l'Albane, étaient trop nus pour un portrait d'amour sentimental.

Il fallut donc tout bonnement prendre une pose du dix-neuvième siècle, avec une robe de la même époque. Il fallut se résigner à être représentée en papillotes, avec une fleur dans les cheveux, la robe décolletée, les bras nus, le sourire languissant et l'œil humide.

Quand tout fut bien arrêté, Tristan se mit à l'œuvre.

Or Tristan était comme vous et comme moi. Il avait lu la

fable de l'âne qui veut imiter les gentillesses du chien, et il ne trouvait rien de plus sot ni de plus repoussant que ce pastiche grossier que la brutalité fait quelquefois de la grâce.

Il s'ensuit que si son regard se fixait par nécessité sur madame Van-Dyck, sa pensée était ailleurs; et ailleurs c'était, où le souvenir ou le vague.

Il en résultait que, répondant au milieu du silence à sa pensée et à ses souvenirs qui venaient lui bourdonner quelque chose dans le cœur, comme ces mouches d'été qui, au milieu de votre travail, vous interrompent du petit bruit de leurs ailes, il en résultait, dis-je, qu'il poussait un soupir réel, et qu'Euphrasie, qui se méprenait sans doute à la cause et au but de ce soupir, devenait plus languissante et plus maniérée.

— Qu'avez-vous? monsieur Tristan, lui avait-elle dit, la première fois qu'elle l'avait entendu soupirer, vous paraissez triste.

Il est bien entendu que pour dire cette phrase, elle avait pincé les lèvres plus que jamais, afin de ne pas laisser croire une minute au peintre qu'elle avait la bouche grande, et la question s'était fait jour en sifflant par une ouverture imperceptible.

Tristan, qui avait vu la difficulté qu'Euphrasie avait éprouvée à parler de la sorte, et qui la trouvait déjà bien assez ridicule, lui avait dit:

— Oh! madame, il est inutile que vous vous gêniez pour parler. Je puis faire votre portrait, vous causant; et pourvu que vous ne perdiez pas trop la pose, tout ira bien.

Euphrasie avait rougi un peu de la remarque du peintre; puis elle avait repris avec une grâce inconnue:

— Mais tout cela ne me donne pas la raison du soupir que vous avez poussé tout à l'heure. Qu'avez-vous? prenez-moi pour votre amie, pour votre confidente, monsieur Tristan, et, si vous avez souffert, racontez-moi vos souffrances; nous autres femmes, nous nous connaissons mieux que vous ne nous connaissez, et il y a des blessures morales que nous pansons mieux que les plus grands philosophes.

Cette phrase était bien ordinaire et bien simple; c'est pour cela que Tristan, étonné à la fois et de la phrase et de l'intonation, leva les yeux sur madame Van-Dyck, et en se demandant si par hasard, au milieu de ses ridicules, elle avait du cœur, et s'il allait retrouver chez elle la même nature que chez M. Willem.

Aussi voulut-il récompenser cette découverte en répondant à Euphrasie, comme il eût répondu à une autre femme, et il lui dit :

— Je suis triste, en effet, madame, parce qu'au milieu de votre bonheur à tous, mes souvenirs m'isolent.

Puis, ne pouvant résister au désir de la récompenser encore plus, il ajouta avec un sourire intérieur :

— Et parce qu'en vous voyant si belle, parce qu'en songeant que je fais ce portrait pour quelqu'un qui vous aime, je me dis que vous et moi allons donner à quelqu'un un bonheur que personne ne me donne à moi, et ne me donnera jamais, sans doute.

Le regard de madame Van-Dyck glissa brûlant sous sa paupière à demi fermée, comme un rayon de soleil qui, passant entre les fentes d'un volet, n'en est que plus chaud et plus fort.

— Parce que, continua Tristan, qui était d'avis que dans ce monde il faut prendre son plaisir où on le trouve, et qui, dans ce moment, mettait son plaisir à ramener madame Van-Dyck à son ridicule de tous les jours, interrompu fortuitement par une phrase simple ; parce que, quand je vous vois si jeune et si belle, je me rappelle une ombre évanouie, presque aussi belle que vous, et que je ne reverrai jamais.

Le mot, presque aussi belle que vous, tomba si perpendiculairement sur la vanité de madame Van-Dyck, qu'il alla jusqu'au fond, et en fit remonter la vase à la surface ; si bien qu'Euphrasie rougit de joie.

— Oh ! non, dit-elle, en minaudant, je ne suis plus belle et vous vous raillez de moi. La moins jolie des femmes que vous avez aimées, car je suppose que vous en avez aimé plusieurs, la moins jolie de ces femmes était encore mieux que je ne suis ; mais les charmes du visage ne valent pas les qualités du cœur, et l'on peut être consolé d'un amour par une amitié. Dites-moi vos chagrins. — Ah çà, mais, pensa Tristan, serait-ce une bonne femme ? Et il la regarda attentivement, comme s'il cherchait dans sa figure un trait incompris, et que le pinceau ne pourrait rendre, sans que les yeux l'eussent bien vu.

Madame Van-Dyck prit à la fois pour enrichir sa pose, et pour compléter sa phrase, un sourire langoureux.

— Vous n'avez plus votre mère ? ajouta-t-elle. — Non, madame. — Pas de frère, pas de sœur ? — Non. — Pas de famille ? — Non, répondit tristement notre ami, car cette énumération de sa solitude le jetait dans de sombres réflexions. — Pauvre jeune homme! Eh bien, je veux qu'ici vous retrouviez les affections qui vous manquent. M. Van-Dyck sera votre frère, moi votre sœur. Le voulez-vous?

Madame Van-Dyck parlait depuis quelques instants avec un accent si franc et si cordial, que Tristan se repentit tout à coup de l'avoir vue ridicule avant de l'avoir vue bonne, et il resta convaincu qu'il l'avait mal jugée.

— Merci, madame, lui dit-il franchement alors, merci pour tout ce que vous me dites; car quoique je sois un peu aguerri aux souffrances de ce monde, j'ai cependant des heures plus tristes et plus sombres que d'autres, et pendant ces heures-là, je vous demanderai la permission de me souvenir de ce que vous m'offrez aujourd'hui. — C'est cela, et nous aurons de bonnes causeries, et vous serez le seul pour qui mes rêves d'autrefois et mes pensées d'à présent seront transparentes. Jamais, jusqu'ici, je n'ai trouvé une âme en rapport avec la mienne, et capable de comprendre tout ce que j'éprouve; mon fils est trop jeune, et mon mari est mon mari.... Vous me direz vos tristesses, je vous raconterai les miennes; vous voyez qu'il y a autant d'égoïsme de ma part que de sympathie à vous demander votre amitié et votre confiance.

Il y avait bien dans tout cela un peu de manière et de prétention. Les yeux étaient un peu bien prétentieux encore, la volonté de ne pas prononcer le nom de M. Willem était un peu bien manifeste aussi; mais les femmes ne sont pas parfaites, et c'est déjà beaucoup de revenir un peu sur leur compte, quand, comme Tristan, on n'avait cru d'abord n'avoir affaire qu'à une précieuse et ridicule dame.

— J'accepte bien volontiers, continua Tristan; mais ne vais-je pas faire peine à quelqu'un en acceptant, et nos causeries et nos confidences, vous pouvez me le dire, madame, puisque je suis depuis un instant votre ami, ne déroberont-elles pas à quelqu'un un temps heureux et attendu, à moins que ce quelqu'un ne soit notre troisième ami? — De qui voulez-vous parler, mon cher monsieur Tristan? fit Euphrasie d'un air étonné. — De la personne pour qui je fais ce portrait. — Et pour qui croyez-vous faire ce portrait? — Vous me permettez de dire tout ce que je pense? — Dites. — Pour M. Willem. — Eh bien, puis-je vous demander un service, monsieur Tristan? — Demandez, madame. — C'est de ne pas parler à M. Willem de ce portrait. — C'est une surprise que vous voulez lui faire. — Non, continua Euphrasie en rougissant, ce portrait n'est pas pour lui. — Et pour qui est-il? Vous voyez, madame, reprit Tristan, que je suis un ami exigeant. Il est encore temps de reprendre votre promesse de confidence et d'amitié, si vous trouvez que j'en demande trop.

Euphrasie regarda Tristan fixement, comme pour bien s'assurer si elle devait lui répondre la vérité.

Il paraît que le regard du peintre était candide, car elle lui dit :

— Ce portrait est pour...

Mais au moment de prononcer le nom, une réflexion nouvelle l'arrêta sur ses lèvres, et elle dit :

— Quand il sera fini, je vous prierai vous-même de le remettre à la personne à qui je le destine. — A vos ordres, dit Tristan en souriant, et la commission me compensera le secret. Mais, ajouta-t-il, voilà déjà quelque temps que vous posez, madame, le jour baisse; si vous voulez, nous reprendrons demain.

Euphrasie se leva, vint pencher sa tête au-dessus de l'épaule de Tristan, et regarda le portrait en se minaudant un peu.

— Flatteur, dit-elle, je ne suis pas aussi jolie que cela. — Mais, madame, fit Tristan, vous avez une glace devant vous, regardez! — Vous ne m'en voulez pas? ajouta-t-elle en tendant sa main au peintre. — De quoi? mon Dieu. — Du refus de vous dire le futur propriétaire de ce portrait. — Je n'y songeais même plus. — Allons, nous ferons deux bons amis, je le vois.

Et, en signe d'amitié, madame Van-Dyck serra fortement la main de Tristan, qui le lui rendit bien.

Puis, après un dernier sourire, elle sortit en sautillant comme pour faire croire qu'en se donnant vingt-six ans, elle se vieillissait de onze.

— C'est drôle, se dit Tristan tout en renfermant ses crayons et ses pinceaux, voilà une femme qui n'est ni jeune ni jolie; elle est lourde, ridicule, mais elle a l'air, au fond, d'être bonne; et puis, le soir, en toilette, un peu décolletée. Ma foi, il y a encore quelque chose dans cette femme-là.

XXXI

Les remords et les craintes de Willem.

Le soir, il faisait beau, l'air était doux, Tristan, après le dîner, alluma un cigare et descendit au jardin.

Une amie de madame Van-Dyck était venue la voir et restait dans le salon avec elle et le commerçant.

M. Willem suivit Tristan et lui prit le bras.

M. Willem était morne, quelque chose le rendait évidemment malheureux, et sa grosse et bonne âme s'affectait de quelque pressentiment que Tristan allait connaître sans doute, car, dans la façon dont le commis avait pris le bras du professeur, il y avait toute l'intention d'une confidence.

Tristan s'aperçut aussi facilement de la pensée sombre qui s'étendait sur le cœur de M. Willem, et ternissait les roses de son teint, que l'on s'aperçoit d'un nuage d'ouest sur un ciel la veille bleu.

Ils firent ainsi deux fois le tour du jardin. M. Willem, brûlant du désir d'être questionné, ouvrant à chaque instant la bouche pour prendre la parole, et la refermant avec un soupir; Tristan savourant son cigare, la nuit belle, le bonheur de ne penser à rien, et, dans son égoïsme de fumeur, ne voulant pas aller au-devant de ce que venait évidemment lui dire le commis, quoique prêt à écouter, s'il parlait, et à le consoler, s'il en était besoin.

Cependant, les soupirs de M. Willem devinrent si fréquents et prirent un tel caractère de spleen constitutionnel, qu'il y eût eu tyrannie à ne pas les remarquer.

— Qu'avez-vous donc, mon cher monsieur Willem? dit enfin Tristan. Vous paraissez, ce soir, d'une tristesse horrible. — Oui, dit le commis.

Et il secoua la tête.

— Qu'avez-vous, voyons? lui dit affectueusement notre professeur; que vous arrive-t-il? — Heuh! — Sont-ce des choses qui ne puissent se dire, ou n'avez-vous pas confiance en moi? — Oh! monsieur Tristan, pouvez-vous croire... — Dites-moi, alors, ce qui vous rend si chagrin? — Vous ne vous moquerez pas de moi? — Êtes-vous fou, monsieur Willem, de me dire de pareilles choses, et avez-vous jamais trouvé en moi autre chose, d'abord qu'un bon camarade, et ensuite qu'un bon ami?

M. Willem serra, en rougissant, la main de Tristan et lui demanda pardon de ce qu'il venait de lui dire.

— Écoutez, monsieur Tristan, ajouta-t-il, car il avait un tel respect pour la mise du nouvel arrivé, qu'il ne pouvait s'habituer à dire mon cher monsieur Tristan, comme celui-ci disait mon cher monsieur Willem, écoutez, vous êtes homme de trop d'esprit pour n'avoir pas remarqué certaines choses ici. — Je n'ai rien remarqué, mon cher monsieur Willem, sinon que M. Van-Dyck est un honnête homme que j'estime, madame Van-Dyck une charmante femme que je respecte, et vous un bon et loyal garçon que j'aime. — Pas autre chose? — Non. — Réellement? — Réellement.

M. Willem se tut.

— Eh bien, reprit Tristan, vous avez quelque chose à me dire? — Oui. — Et vous n'osez pas? — Non. — Pourquoi? — Parce que vous venez de me dire que je suis un bon et loyal garçon, et que je crains que quand vous saurez ce que j'ai à vous dire vous ne changiez d'opinion sur moi. — Ah çà! mais vous m'inquiéteriez, dit en riant Tristan, si je n'étais sûr et convaincu de ce que je vous ai dit... — Est-ce ma faute? se dit à lui-même Willem. C'était plus fort que moi; je pouvais mourir, mais je ne pouvais pas résister. — Voyons, voyons, que diable avez-vous ce soir, cher ami? — Monsieur Tristan... — Et d'abord, dites-moi mon cher monsieur Tristan, ou je croirai que vous ne m'aimez pas comme je vous aime.

Willem serra la main de son ami.

— Eh bien!...

Et il s'arrêta.

— Eh bien, dit-il avec effort, il y a ici un secret que vous ne savez pas. — Vraiment! Et lequel? — C'est comme si je le disais à un muet, n'est-ce pas? — Au dernier mot il sera mort. — Eh bien, mon cher monsieur Tristan, dit le commis en regardant si personne ne pouvait le voir ni l'entendre, eh bien, je suis l'amant de madame Van-Dyck. — Heureux gaillard, dit tranquillement Tristan, qui se doutait de sa confidence. — Cela ne vous épouvante pas? — Cela me fait plaisir pour elle et pour vous. — Mais c'est une infamie, ce que j'ai fait là, une trahison. — En quel sens? — La femme de l'homme à qui je dois tout. — Eh bien! vous voilà quittes maintenant. — C'est que si vous saviez, continua le commis, trop préoccupé pour s'arrêter à une plaisanterie, c'est que si vous saviez combien j'ai résisté à cette fatale passion, et ce que j'ai souffert; ce qu'en moi l'honneur et l'amour se sont livré de combats, vous comprendriez qu'enfin j'aie succombé. — Mais, mon cher monsieur Willem, vous vous accusez d'une chose qui n'en vaut pas la peine, réellement. — — Ainsi, ce que je fais n'est pas mal? — Du tout; toute chose a son excuse en ce monde, et votre amour en a plus que toute chose. — Vous me rendez bien heureux, monsieur Tristan, mon cher monsieur Tristan. — D'abord, ce n'est pas votre faute si madame Van-Dyck est belle. — C'est vrai. — Ce n'est pas votre faute si vous l'avez aimée. — C'est vrai encore. — Ce n'est pas votre faute, enfin, si elle vous aime. — C'est toujours vrai. Oh! merci, merci! Continuez. — Bonne et excellente nature, pensa Tristan. Puis, ajouta-t-il, il y a d'autres excuses encore. — Lesquelles? — M. Van-Dyck ne paraît pas aimer beaucoup sa femme, et sa femme, qui n'est pas aimée, souffre jusqu'à ce que quelqu'un l'aime. Peut-on vous en vouloir de ce que vous avez compris son âme, et de ce que Dieu a permis que vous donnassiez une consolation à son cœur qui semblait devoir être méconnu? — C'est juste. — Puis, non-seulement M. Van-Dyck n'aime pas sa femme, mais il en aime une autre. — Vous le savez? — Je l'ai vu. — Cette cuisinière? — Justement. — Quand il devrait adorer Euphrasie. — De quoi vous plaignez-vous? — C'est juste. — Vous voyez donc bien qu'il vous est permis d'aimer madame Van-Dyck, et que ce n'est qu'une erreur du hasard que la Providence rétablit. Erreur n'est pas compte. — C'est tout ce que je me suis dit pour m'excuser à mes propres yeux, et je suis heureux de vous entendre parler ainsi. Mais... — Mais... quoi? Il y a encore autre chose? — Oui. — Parlez. — J'ai pris une telle habitude de cet amour, qu'aujourd'hui je souffre horriblement d'être forcé de le rompre. — Pourquoi le rompez-vous? — Je pars. — Pour toujours? fit Tristan réellement tremblant que le commis, qu'il aimait, ne quittât la maison. — Pour un mois. — Mais pourquoi partez-vous? — Pour des affaires importantes et qui concernent notre commerce. — Ne pouvez-vous envoyer M. Van-Dyck à votre place? — Non. — Ne puis-je y aller, moi? — Non. Et quand même. — Ne vous gênez pas. — Merci; mais c'est impossible, il faut que ce soit moi. — Eh bien! cette absence vous désole? — Oui. — Qu'est-ce qu'un mois? vous ne reviendrez que plus amoureux. — Mais qui me dit qu'Euphrasie m'aimera encore? — Croyez-vous qu'une femme oublie ainsi en un mois son premier amour? — Ah! c'est que justement, ajouta Willem avec un soupir, je ne suis pas le premier amour d'Euphrasie, et c'est ce qui, au fond, me torture le plus. — Que dites-vous là? fit Tristan d'un air étonné. — La vérité, hélas! — Mais souvent une femme a eu deux amants, n'a pas aimé le premier et adore le second. — Oui; mais si pendant l'absence du second il s'en présente un troisième. — Qui voulez-vous qui se présente? — Il n'a même pas besoin de se présenter, il est dans la maison. — Que voulez-vous dire? — Écoutez, mon bon monsieur Tristan, vous m'aimez un peu, n'est-ce pas? — De tout mon cœur. — Moi, je vous aime comme mon frère, vous me pardonnerez tout ce que je pourrai vous dire? — Je vous permets de me battre. — Eh bien, j'ai peur de vous! — De moi! — Oui. — Comment cela? — Je ne me le dissimule pas, voyez-vous; moi, je suis un gros et bon garçon, tandis que vous, vous êtes un beau et élégant jeune homme. Euphrasie a aimé deux hommes, elle peut bien en aimer un troisième, surtout si le troisième est en tous points supérieur aux deux autres; Euphrasie est changeante, je tremble qu'elle ne vous aime, et qu'en mon absence...

Et M. Willem passait ses mains sur son front comme pour refouler les pensées qui lui venaient.

— Êtes-vous fou, monsieur Willem, de douter de votre maîtresse et d'un ami? eh! d'ailleurs, qui peut vous faire supposer pareilles choses? Madame Van-Dyck me connaît à peine, et ne voit en moi que le professeur de son fils, soyez-en bien sûr. — C'est que, voyez-vous, c'est peut-être ridicule d'aimer ainsi; mais je suis fou d'Euphrasie, et, si elle me trompait, j'en mourrais. — Soyez tranquille. Sait-elle que vous partez. — Oui. — Depuis quand? — Depuis quatre jours. — Et elle ne vous a rien dit, rien promis? — Non, elle a beaucoup pleuré, voilà tout. — Eh bien, grand fou que vous êtes, vous mériteriez bien que je ne vous disse pas tout votre bonheur. — Oh! parlez! parlez! — Mais vous me promettez de n'avoir plus de soupçons? — Je vous le promets. — De croire à la vertu d'Euphrasie? — Je vous en réponds. — A mon amitié? — Je vous le jure. — Eh bien!... — Dites! oh! dites vite! — Eh bien, il y a trois jours qu'elle m'a prié de faire son portrait sans en rien dire à personne; et, pour qui serait ce portrait, sinon pour vous? grand Saint-Thomas que vous êtes. — Elle vous a dit que c'était pour moi? — Non, mais elle m'a recommandé de ne pas en parler, surtout à vous; vous voyez bien, au contraire, que c'est une surprise qu'elle veut vous faire. — Oh! mon bon, mon cher monsieur Tristan, vous êtes mon sauveur : ma vie, mon sang, sont à vous.

Et le commis, les yeux humides, se jetait dans les bras du professeur.

— Et maintenant, vous partirez plus tranquille. — Oui, mais sera-t-il fini, pour mon départ, ce portrait? — Quand partez-vous? — Dans quatre jours. — Il sera fini demain. — Et pour le mettre en médaillon, car c'est un médaillon, n'est-ce pas? — Je me charge de tout. — Que je vous aime! — Incrédule. — Vous lui parlerez de moi, n'est-ce pas? — Soyez tranquille. — Vous la surveillerez? — Il n'y en aura pas besoin. — Vous m'écrirez? — Tous les jours. — Mon bon monsieur Tristan, c'est Dieu qui vous envoie ici. Et Willem, qui ne se connaissait plus de joie, se jetait encore dans les bras de son ami. — Qu'on vienne donc, se dit Tristan, me parler de l'amour de Pétrarque, d'Abailard et d'Antony!

XXXII

Parenthèse.

Tristan avait déjà de l'amitié pour Willem, mais après ce qu'il venait d'entendre, son amitié se change en enthousiasme, en vénération, en respect. Il était difficile de mettre, en amour, plus de candeur que le commis n'en mettait, et il eût été impossible de ne pas prendre la résolution que prit notre professeur, de ne pas tromper cette candeur et décourager cet amour. Du reste, avec le caractère que nous connaissons à Tristan, ce n'était pas une résolution difficile à prendre que celle-là. Après Louise, après Henriette, après Léa, ce n'était pas, en admettant la gradation, madame Van-Dyck qui devait venir; il ne lui était donc pas onéreux de tenir loyalement sa promesse, et il n'aurait pas même le mérite de la continence, n'ayant pas eu le danger de la tentation.

Il ne pouvait même, tout en admirant le cœur de Willem, s'empêcher de sourire au spectacle de cet amour ridicule et profond, cependant, comme si celle qui le causait était une pure et belle jeune fille; et il en arrivait à cette observation curieuse, que lui, aimé de Louise, cette ciselure de grâces et d'enchantements, l'oubliait, ou, du moins, pouvait vivre sans elle, tandis que Willem ne pouvait supporter l'idée de quitter, pendant un mois Euphrasie, qui était à Louise à peu près ce que le chou est au lis.

Cependant, il résultait de la conversation de Tristan avec Willem, que celui-ci, si amoureux qu'il fût, n'avait pas une confiance illimitée dans les serments et la fidélité de sa belle, qu'en outre, il la soupçonnait déjà capable d'avoir des vues sur le nouvel arrivé; ce qui, pour Tristan, expliquait bien des choses qu'il s'était refusé à voir, comme, dans la journée même, ce refus de dire à qui était destiné le portrait, lequel refus, autant qu'il s'en souvenait, avait été accompagné de regards pleins de langueur, fixés sur le peintre, et qui montraient peut-être, en se fixant sur lui, le futur propriétaire de la miniature. Mais Tristan se disait :

— Je ne suis pas assez enthousiaste de mes œuvres pour les acheter à ce prix, chère madame Van-Dyck, et le Tristan est un luxe qui n'est pas fait pour les grosses marchandes de toiles comme vous. Ah! vous avez des commis et il vous faut du ténor-professeur! que non pas, chère madame! vous jeûnerez auprès de ce mets friand, ou vous vous contenterez du Willem qui a la sottise de vous aimer. Maître Tristan, belle commerçante, n'est ni un faux ami ni un collégien; il est aussi incapable de faire de la peine à M. Willem qu'incapable de vous trouver belle. Il a bien eu, quand vous êtes sortie de votre chambre en sautillant, la bonté de vous trouver moins laide aujourd'hui qu'hier, mais ce n'est pas une raison pour croire que vous allez tout de suite l'enflammer et lui faire jouer le sot personnage de votre amant. Rentrez cette espérance, belle madame, il est sur ses gardes; et il vous remettra toujours dans le droit chemin, c'est-à-dire en vue de M. Willem; ce qui n'empêche pas que, comme de quelque part qu'ils viennent et à qui que ce soit qu'ils s'adressent, les mots d'amour ont cet inconvénient de brûler un peu ceux qui les entendent, M. Tristan voudrait bien, ne vous en déplaise, trouver quelque amourette nouvelle qui pût le distraire un peu de celle que vous rêvez peut-être.

Et tout en se tenant ce monologue, Tristan était monté à sa chambre prendre la mesure du portrait dont il voulait aller commander le médaillon le soir même.

En redescendant, il rencontra madame Van-Dyck qui montait chez elle.

— Vous sortez, monsieur Tristan? — Oui, madame. — Quoi!

nous ne vous verrons plus de la soirée? — Si fait. Je ne sors qu'une minute pour le médaillon, ajouta-t-il tout bas. — Oh! que c'est bien, cela, de penser à moi!

Et elle tendit sa main à Tristan, qui la baisa.

— Comment faudra-t-il le prendre? continua-t-il. — Comme vous voudrez. — J'aimerais mieux votre avis. — Mon avis sera le vôtre. — Si je savais à qui il est destiné, fit Tristan avec intention, je choisirais selon le goût de la personne. — Choisissez comme si c'était pour vous, dit madame Van-Dyck, qui s'enfuit après cette parole. — Ho! ho! se dit Tristan en baissant la tête; ho! ho! et il me faudrait une gamme nouvelle pour noter cette quadruple interjection.

Il resta quelques instants appuyé d'un air fort lugubre, le long du mur de l'escalier, puis il descendit, et l'on eût dit, en le voyant, un homme qui vient de recevoir une mauvaise nouvelle.

Il alla choisir le médaillon et revint.

Madame Van-Dyck jouait du piano dans le salon, monsieur son fils dormait sur un fauteuil, et Willem croyait voir sainte Cécile.

Euphrasie échangea avec Tristan un regard qui voulait dire: Silence, et Tristan en lança un à Willem qui signifiait: Je viens de m'occuper de vous.

De cette façon, tout le monde fut heureux, excepté Tristan, bien entendu.

Au bout d'une heure d'une conversation dont Dieu vous garde, il prétexta un peu de fatigue et se retira, laissant les deux amants seuls.

Il est bien entendu que M. Van-Dyck était n'importe où, mais n'était pas là.

Madame Van-Dyck réveilla M. Édouard en lui disant:

— Tu es insupportable, à dormir toujours ainsi dans le salon; va dire au domestique de te coucher, et ferme bien la porte en t'en allant.

Quand l'enfant, trébuchant de sommeil, fut sorti.

— Vous êtes un ange, dit Willem à Euphrasie. — Que voulez-vous? Je vous aime tant! lui dit-elle.

XXXIII

Ce que disait madame Van-Dyck pendant que Tristan faisait son portrait, et de ce qui en advint.

Tristan s'était engagé, comme nous l'avons dit, vis-à-vis de Willem, à avoir fini le portrait d'Euphrasie pour le lendemain.

Le lendemain donc il monta, après le déjeuner, dans la chambre de madame Van-Dyck, qui, prévenue que le peintre l'attendait, ne tarda pas à apparaître dans le même costume que la veille.

Tristan avait bien épousé sa femme, il était bien devenu l'amant d'Henriette et de Léa, il pouvait donc sans trop de fatuité croire, d'après les succès qu'il avait, que madame Van-Dyck désirait faire de lui ce que ces deux dernières en avaient fait.

Malheureusement, madame Van-Dyck ne savait pas que Tristan était prévenu, qu'il était loin de la trouver belle, et qu'il avait juré à maître Willem d'écarter de son esprit toute idée de convoitise sur le double bien d'autrui.

Quand Euphrasie entra, elle tendit la main à Tristan et, souriant, lui dit :

— Comment me trouvez-vous? — Adorable, madame, ce qui fait qu'à la fois j'admire et je crains. — Pourquoi? — Parce qu'en vous voyant si belle, je tremble de ne pas vous faire ressemblante. — Enfant, que vous savez bien mentir!

En entendant ce mot enfant, prononcé d'une certaine façon amicale, prétentieuse et émue, l'on eût dit que madame Van-Dyck avait rêvé toute la nuit de celui à qui elle s'adressait.

— Donc, vous me trouvez bien ainsi? — Je ne sais pas de mot pour vous répondre. — Est-il besoin que j'ôte ce fichu que j'ai sur les épaules? — C'est comme si Dieu demandait aux hommes s'ils veulent qu'il chasse les nuages du ciel. — Savez-vous, monsieur Tristan, répliqua madame Van-Dyck avec la rougeur de la vanité sur les joues, savez-vous que lorsque vous faites la cour à une femme, il faut qu'elle soit bien forte pour vous résister? aussi, comme nous avons une longue séance aujourd'hui, nous allons dire mille folies si vous le voulez. Nous autres femmes, qui sommes toujours en butte aux piéges que nous tendent ces méchants hommes, c'est une bonne fortune quand nous nous faisons les amies d'un homme qui, comme vous, est un homme à la mode et qui nous dévoile franchement la tactique des autres. Je veux devenir un peu coquette; qu'en pensez-vous, monsieur Tristan? — Je pense, madame, que quand on est jeune, belle et aimée, la coquetterie ne va pas mieux à cette triple couronne qu'une pierre fausse à un diadème royal.

— Mais quand la femme, continua madame Van-Dyck, pendant que Tristan préparait les couleurs et qu'elle relevait la jupe de sa robe de soie pour ne pas la salir, mais quand la femme est jeune encore, mais n'est plus jolie et n'est plus aimée, à défaut des pierres véritables, il faut bien qu'elle se contente de la pierre fausse. — Je ne connais pas de femme comme celle dont vous me parlez, madame. — Il est impossible de vous trouver en défaut, ce qui me ramène à vous demander comment vous vous y prendriez si demain vous deveniez amoureux? — D'abord, permettez-moi de vous le dire, madame, il y a impossibilité à ce que je me trouve dans ce cas-là. — Et pourquoi? fit madame Van-Dyck à travers un sourire de femme blessée. — Parce que j'ai dépensé tout l'amour que j'avais dans le cœur et que je suis ruiné. — Vous doutez de Dieu? — Je doute de moi, voilà tout. — Mais si une femme vous aimait? — Je plaindrais cette femme. — Si elle vous avouait son amour? — Je la plaindrais un peu plus. — Si c'était une femme qui n'eût jamais aimé et qui eût placé en vous tous ses rêves et toutes ses espérances. — Oh! alors, je la plaindrais énormément. — Mais, vous n'essayeriez pas de rallumer votre cœur à ce feu jeune et pur? — Non. — Vous vous faites plus fort que vous n'êtes. — D'ailleurs, je ne serai jamais forcé d'en venir à cette extrémité de lui dire, si elle m'avouait son amour, que je ne l'aime pas. — Pourquoi?

— Parce qu'une femme qui n'a jamais aimé, qui est jeune et chaste, ne se passionnerait pas, à la première vue, pour moi qui ne lui aurais pas fait la cour; et que se passionnât-elle, elle n'oserait jamais venir me dire qu'elle m'aime, puisque, nous autres hommes, nous osons à peine le dire à la femme que nous aimons.

Madame Van-Dyck se mordit imperceptiblement les lèvres.

— Vous êtes sévère, dit-elle. — Non, je crois à la vertu des femmes, voilà tout.

Il se fit un silence pendant lequel Tristan, qui semblait avoir oublié cette conversation, levait les yeux sur madame Van-Dyck comme sur une statue, et les baissait sur son portrait pour suivre son pinceau, de l'air le plus indifférent du monde.

— Ai-je bien repris la même pose qu'hier? ne vous gênez pas si vous voulez que je me dérange. — Vous êtes parfaitement ainsi, madame. — Qu'avez-vous fait hier soir? vous avez disparu après le dîner. — J'ai vu arriver une de vos amies et je n'ai pas voulu rester en tiers dans votre conversation; je suis descendu au jardin causer avec M. Willem. — Ah! oui, je me rappelle. — Puis je suis allé commander ce médaillon, comme vous savez, et je me suis retiré dans ma chambre, où j'ai lu un peu. — Et vous avez bien dormi? — Parfaitement. — Vous êtes bien heureux; moi, je n'ai pas fermé les yeux de la nuit. — Étiez-vous souffrante? — Non, des pensées tristes, des réflexions noires. — Et qui peut, continua Tristan qui semblait causer machinalement et sans ajouter la moindre importance à ce qu'il disait, et qui peut vous attrister ainsi, vous si bien faite pour être heureuse? Veuillez vous tourner un peu plus à gauche, je vous prie. — Comme cela? — Oui. — Vous me disiez? — Je disais, reprit Tristan en fondant deux couleurs sur sa palette et en s'arrêtant au milieu de sa phrase pour donner plus d'attention au ton qui résultait de ce mélange, je me demandais d'où pouvait vous venir cette tristesse? — Ne vous ai-je pas dit cent fois, monsieur Tristan, que je ne suis pas heureuse? — Et, vous voyez, je ne l'ai pas cru. — Vous avez eu tort, car c'est vrai, et c'est vrai surtout depuis quelques jours.

Et madame Van-Dyck fut enchantée de se baisser pour ramasser son mouchoir et afin de cacher l'émotion qu'elle croyait éprouver.

— Ah! vraiment! fit Tristan en se reculant un peu pour bien voir l'effet de la touche qu'il venait de donner. Ah! vraiment! Et que vous est-il donc arrivé, madame? — Je ne sais si je puis vous dire ces choses-là. — Ne nous sommes-nous pas promis, hier, amitié et confidence?

Madame Van-Dyck hésita.

— Eh bien?... reprit le peintre. — Eh bien.... — Pardon si je vous interromps, madame; mais veuillez être assez bonne pour lever un peu plus la tête et me regarder; c'est cela; mille pardons. Vous disiez?

Madame Van-Dyck vit qu'elle s'était jetée dans une conversation ridicule par l'indifférence de celui avec qui elle causait; mais comme elle n'avait pas assez d'esprit pour s'en tirer peu à peu, et qu'elle n'osait en sortir brusquement, elle s'y enfonça de plus en plus, ce qui amusait fort Tristan, qui s'était, comme nous le savons, juré d'être de marbre.

— Je disais, et cela a rapport à ce que nous disions tout à l'heure, reprit madame Van-Dyck, heureuse d'en revenir à ce qu'elle avait été forcée d'abandonner, je disais qu'il n'y a pas que les jeunes filles qui puissent éprouver un amour sérieux, et que les femmes mariées, par exemple, quand elles subissent une de ces passions que rien ne peut dompter, sont deux fois malheureuses parce qu'elles ne sont pas libres et que le monde leur fait un crime de cette passion. — Il faut avouer aussi, fit Tristan qui semblait prendre à tâche de contredire éternellement cette pauvre madame Van-Dyck, il faut avouer que bien des femmes se trompent et croient que l'harmonie du ménage est la monotonie et le spleen du cœur. Il y a des femmes qui croient que le bonheur est dans les passions excentriques et qui se passionnent pour le premier jeune homme blond ou brun qu'elles rencontrent, sans songer à leur mari et sans s'apercevoir de leurs enfants; ce n'est pas un reproche que je fais, c'est un fait que je constate, et plus tard, soit que les circonstances les aient sauvées d'une faute, soit qu'elles aient succombé, elles voient qu'elles se trompaient et ne sont même pas étonnées de n'être pas mortes d'amour. — Vous êtes encore plus sévère que tout à l'heure, monsieur Tristan, fit madame Van-Dyck piquée, et ce que vous dites, il ne faudrait pas le dire à toutes les femmes, car vous pourriez en rencontrer une dans le cas que vous venez de signaler et vous lui feriez de la peine sans que sans doute elle vous en eût fait.

Tristan vit qu'il avait été un peu loin et que cette pauvre madame Van-Dyck avait presque les larmes aux yeux.

— Aussi, me hâterai-je d'ajouter, madame, reprit-il aussitôt, que je parlais des femmes en général, mais que toute généralité a ses exceptions et qu'il peut arriver qu'en effet la famille de la jeune fille se soit trompée et ait associé les rêves d'une enfant aux ennuis d'un vieillard, un cœur aimant à un cœur blasé, une nature d'élite à une nature vulgaire; j'ajouterai alors, comme je ne suis pas plus puritain que Dieu lui-même, que j'excuse cette femme lorsque son âme, éternellement rejetée au loin par les contrastes et les antipathies de celle qu'on lui a imposée, cherche autre part l'appui qu'elle ne peut trouver dans son ménage, l'amour dont elle a besoin et dont est veuf le cœur de son mari. Je comprends qu'elle s'abandonne alors à l'âme

qu'elle croit en rapport avec la sienne, et, non-seulement je pardonne à cette femme, mais encore je la respecte et la défends.
— Ceci me réconcilie un peu avec vous, monsieur Tristan; mais puisque le père et la mère de cette jeune fille, gens d'expérience et d'âge, se sont trompés en la mariant, il peut arriver que la jeune fille, qui a le tiers de leur âge et qui n'a rien de leur sagesse, se trompe aussi dans le choix de son amant, puisqu'il faut l'appeler par son nom, et qu'elle souffre doublement de son double esclavage. — En effet, cela peut arriver, et cela arrive même souvent, comme la punition instantanée de la faute; car, de quelque prétexte qu'on le couvre, l'adultère est toujours, au moins, un péché, vous en conviendrez; et tous les péchés traînent après eux leur pénitence; dans ce cas-là, la femme n'a plus qu'une chose à faire. — C'est? — C'est de demander pardon à Dieu de sa faute, de rompre avec son amant en évitant le scandale qui pourrait tomber de cette rupture sur le nom de son mari et de ses enfants, et, quand elle est bien convaincue que tout amour illégitime a ses douleurs, ses désillusions et ses remords, elle redevient la femme qu'elle eût toujours dû être et qu'au bout de quelques temps de résignation elle croit avoir toujours été.

Madame Van-Dyck ignorait ce qu'avait promis Tristan à Willem et ne s'expliquait pas ce parti pris de contradiction éternelle et logique. Malheureusement, les femmes, quand elles discutent, et surtout avec les intentions d'Euphrasie, croient arriver tout tout de suite et sans encombre au but qu'elles se sont tracé, il en résulte que lorsque ce but leur échappe, constamment caché par des tracasseries fortifiées et des réponses invincibles, celui avec lequel elles causent devient pour ainsi dire leur adversaire, et, humiliées de voir que, quoi qu'elles fassent, elles ne peuvent avoir raison, que, quelque échafaudage de passion qu'elles bâtissent, un mot de logique abat cet échafaudage, elles en arrivent à cette irritabilité de nerfs qui est voisine de la colère et des larmes.

Aussi, fut-ce avec un ton aigre, ému et dépité qu'Euphrasie reprit :

— Vous êtes bien heureux, messieurs, et vous en particulier, monsieur Tristan, de pouvoir discuter aussi froidement sur les choses du cœur, et, au moment où les passions sont le plus ardentes et le plus emportées, leur imposer le joug de la volonté et de la raison; mais, nous autres femmes, nous sommes faibles et notre pauvre cœur, moins fort que le vôtre, est, par conséquent, plus sacrifié, ne raisonne pas toujours, et manque souvent du conseil sérieux que vous donnez si bien; il s'ensuit que la femme, dans la position où je prenais mon exemple tout à l'heure, est bien malheureuse quand, tout en se disant qu'elle s'est trompée une fois et qu'elle devrait faire ce que vous conseilliez il y a un instant, elle est forcée de s'avouer qu'elle ne le peut pas et qu'elle aime invinciblement un homme qui n'est ni son mari ni son amant; puis, jugez encore de ce qu'elle doit souffrir quand, faisant tout pour faire comprendre à cet homme qu'elle l'aime, non-seulement elle voit que cet homme ne l'aime pas, mais lui refuse même toute indulgence et toute sympathie.

— Nous y voilà, pensa Tristan. Diable! madame Van-Dyck, vous devenez éloquente avec la discussion, et vous venez là de nous tirer une phrase dont je ne vous aurais guère crue capable; allons, allons, vous m'embarrassez, et le diable m'emporte si je sais que vous répondre pour ne pas vous exaspérer!

Et Tristan, tout en se parlant ainsi, continuait de travailler, tandis qu'Euphrasie, voyant son silence, jouissait de sa défaite.

— Je ne répondrai qu'une chose à cela, si vous le permettez, madame, fit notre peintre. — Parlez... — C'est que ce que vous venez de me dire là est encore la meilleure excuse que puisse se donner, si toutefois elle croit en avoir besoin, la dissolution d'une femme adultère.

Cette fois le coup était rude, et c'était le dernier boulet qui achevait la brèche.

— C'est affreux, ce que vous me dites là.

C'est tout ce que trouva à dire madame Van-Dyck, blessée à la fois dans son amour et dans son amour-propre, et elle porta son mouchoir à ses yeux.

Tristan vit qu'il avait été trop loin, et, par une réaction soudaine, se regarda comme un rustre d'avoir pris plaisir à tourmenter cette pauvre femme, qu'il n'y avait pas de gloire à vaincre. Il la prit réellement en pitié, oublia qu'elle était ridicule pour ne se souvenir que de ses larmes, et, se levant précipitamment, il marcha vers elle, et prit une de ses mains dans les siennes.

— Vous ai-je offensée, madame? lui dit-il; au nom du ciel, ne m'en veuillez pas.

Et il regardait de tous côtés si personne ne venait, car il eût été au désespoir d'être surpris dans cette ridicule position. Il était comme ces grands enfants qui en ont battu un petit et qui tremblent que sa mère ne vienne à paraître.

— Oh! c'est mal, bien mal, ce que vous avez fait là, monsieur Tristan. — Mais je vous jure, madame, qu'il n'y avait aucune personnalité dans ce que je disais. — Si, monsieur Tristan; depuis le commencement de cette conversation, vous affectez de ne pas comprendre ce que je veux vous dire, et vous ne voyez pas ce que je souffre.

Et, tout en parlant ainsi, Euphrasie s'essuyait les yeux.

Elle n'était vraiment pas mal ainsi.

— Soyez certaine, madame, que si j'avais su vous faire la moindre peine, je n'eusse pas parlé ainsi, je croyais que toute cette conversation n'était qu'un jeu. — Un jeu!... encore!...

Et Euphrasie fit un mouvement des yeux qui voulait dire :

— Vous serez donc toujours cruel? — Voyons, continua Tristan, donnez-moi votre main et faisons la paix; voulez-vous? — Puis-je vous refuser quelque chose? et elle serra la main de Tristan un peu plus fort qu'une adversaire qui se réconcilie. — Vous me promettez, ajouta-t-elle, de ne plus être méchant avec moi? — Je vous le promets. — De croire tout ce que je vous dirai? — Oui. — Et de deviner ce que je n'oserai pas vous dire? — Je ferai tout mon possible pour cela. — Allons, je vous pardonne, fit-elle en essuyant une dernière fois ses yeux, et vous savez que c'est sans effort, n'est-ce pas? — Je l'espère. — Maintenant, dit-elle en se levant, me voilà laide, j'ai les yeux rouges, c'est votre faute; montrez-moi mon portrait que je voie comment j'étais tout à l'heure, car je n'ose pas regarder comment je suis.

Elle fit asseoir Tristan devant le portrait, et, posant ses deux mains sur l'épaule du peintre, posa sa tête sur ses deux mains.

— C'est charmant! dit-elle, mais je ne suis pas aussi belle que cela. — Faut-il le recommencer? dit le peintre en souriant, mais je vous préviens que je vous ferai toujours comme vous êtes.

Euphrasie regarda Tristan en face et avec amour.

— M'aimez-vous un peu, ami? lui dit-elle. — Moi, madame, pouvez-vous douter de mon affection sincère? — Et vous avez raison de m'aimer, car moi je vous aime bien.

Et elle poussa un soupir de résignation.

— Puis-je poser encore? reprit-elle. — Vous voyez, madame, que le portrait est à peu près fini : je n'ai plus que la robe à faire, et je n'ai pas besoin de vous faire tenir assise pour cela.

— Alors je puis me déshabiller. — Je vais me retirer chez moi. — Oh! vous pouvez rester : je passe dans mon cabinet de toilette. A ce soir, Tristan ? — A ce soir, madame.

Euphrasie donna une poignée de main au peintre, et le regardant encore avec tout ce qu'elle avait de feu dans l'œil :
— Vous ne vous moquerez plus de moi? lui dit-elle. — Je n'ai jamais eu cette pensée, vous le savez bien. — Et vous savez maintenant pour qui est ce portrait? ajouta-t-elle avec une feinte timidité. — Oui, fit Tristan avec une feinte émotion. — Adieu, alors. — Adieu, madame.

Et il baisa la main d'Euphrasie.

Tristan serra toutes ses affaires et leva trois ou quatre fois les yeux sur la porte derrière laquelle se déshabillait madame Van-Dyck. Puis il remonta chez lui tout en réfléchissant à ce qui venait de se passer.

— Quel étrange problème que la femme ! se disait-il; celle qui paraît la plus sotte dans les choses ordinaires de la vie devient, quand son cœur a un amour ou un désir, aussi éloquente que qui que ce soit. Jetez un rideau sur un personnage; contentez-vous d'écouter la voix, et vous serez tout étonné quand vous écarterez le rideau, de voir de quel corps sont sortis les mots que vous avez entendus. Vous comprendrez alors que quelqu'un se soit laissé prendre à ce contraste et aime cette femme. Ainsi il n'est guère possible à une créature animée d'être plus franchement lourde, prétentieuse et ridicule que ne l'est madame Van-Dyck; eh bien, elle vient de me dire là des choses que m'eût dites Henriette, qui est jeune, élégante et spirituelle. C'est au point, que depuis hier, je comprends et même j'excuse Willem, et que si je ne lui avais fait une solennelle promesse, je serais prêt à me comprendre et à m'excuser moi-même. Quand vous voyez, continuait de se dire Tristan, un amant à une femme laide, sotte ou méchante, qui vous a fait éprouver un mouvement de répulsion la première fois que vous l'avez vue; après vous être étonné que cette femme soit aimée de quelqu'un, donnez-vous la peine de chercher la cause de cet amour que les apparences extérieures semblent devoir repousser, et vous verrez que Dieu a mis dans cette créature quelque chose qui vous échappe et qu'elle ne dévoile qu'à l'homme qu'elle a choisi. Vous trouverez alors comme aimant attractif, soit le cœur, soit le goût, soit les sens : comme ces terrains qui vous paraissent noirs, tristes et stériles et au fond desquels quelqu'un trouve un jour une mine d'or ou de diamants.

Il en était là de ses réflexions lorsque Willem entra.

— Eh bien! lui dit le commis, est-ce fait? — Tenez.

Et Tristan lui montra le portrait.

— C'est merveilleux! dit Willem; croyez à ma reconnaissance, mon cher monsieur Tristan; quand sera-t-il tout à fait terminé? — Il y a encore une heure de travail à peine. — Euphrasie vous a-t-elle avoué que ce portrait est pour moi? — Oui, mais elle m'a fait une recommandation. — Laquelle? — C'est de ne pas le laisser soupçonner. N'ayez donc pas l'air de le savoir. — Soyez tranquille. — Elle ne vous le donnera même pas ici. — Bah! — Non, elle ne vous le donnera pas non plus elle-même. — Pourquoi? — Parce qu'elle veut que la surprise soit complète. — Ah! très-bien. — Et c'est moi qu'elle a chargé, en vous accompagnant jusqu'à la voiture, de vous le glisser dans la main au moment où vous partirez. — Je la reconnais bien là. — Ainsi donc: silence, ou je me brouille avec vous.

— Ne craignez rien; et maintenant, je redescends à mon bureau. Merci, mon cher Tristan. — A la bonne heure!

Willem quitta la chambre, la figure épanouie, le sourire sur les lèvres et la joie dans le cœur.

— Voilà un homme heureux! se dit Tristan en regardant le commis s'éloigner. Ah! chère madame Van-Dyck, vous avez beau faire et beau dire, vous n'arriverez pas à me faire détruire le bonheur de ce brave et naïf garçon-là.

XXXIV

La veille du jour où devait partir Willem, Tristan lui avait une dernière fois recommandé et fait jurer de ne rien dire du portrait à Euphrasie, et dans la nuit des adieux le pauvre ami, tiraillé d'un côté par le bonheur de cette surprise que voulait lui faire Euphrasie, de l'autre par le serment de se taire, eût cependant bien voulu parler; mais Willem était honnête, Willem Willem n'avait qu'une parole; Willem se tut.

Tristan s'était caché derrière sa fenêtre, et vers une heure du matin il avait vu le pauvre garçon venir faire ses adieux à son cœur qu'il allait laisser loin de lui pendant un mois

Les adieux furent déchirants.

Tristan n'en dit rien, mais il le devina.

Willem descendit de la chambre d'Euphrasie avant le jour, et il était tellement ému, qu'il ne s'aperçut pas que sa maîtresse aurait pu l'être davantage.

A dix heures, après un déjeuner auquel il ne toucha guère, il trouva moyen, pendant que M. Van-Dyck préparait à son bureau les dernières instructions, de dire une dernière fois adieu à Euphrasie, qui poussa des soupirs à donner de la confiance pendant une année à un amant absent, mais Willem était de plus en plus ému, et, par conséquent, ne s'apercevait pas plus de l'exagération du chagrin, qu'il ne s'était aperçu de la froideur de premier adieu.

M. Van-Dyck revint tenant les lettres; il serra cordialement les mains de Willem, en lui disant :

— J'aurais bien voulu, mon cher Willem, vous dispenser de cet ennuyeux voyage, mais vous savez que je suis retenu. J'ai fait tout ce que j'ai pu pour vous faire rester, mais ma présence est absolument nécessaire ici; ne m'en veuillez pas, et revenez vite; vous avez bien compris tout? — Oui. — Vous avez tous mes pouvoirs. — Très-bien. — Faites tout ce que vous jugerez bon de faire, et dites bien à la maison Daniel que je lui donnerai non-seulement du temps, mais de l'argent même pour arrêter sa faillite. Que je ne retombe pas dans les ennuis d'un procès, c'est tout ce que je demande. Allez. — Adieu, mon cher monsieur Van-Dyck. — Adieu, mon cher Willem.

Les deux hommes s'embrassèrent bien franchement. Le maître de la maison rentra chez lui en se frottant les mains, et Willem, accompagné de Tristan, sortit de la maison.

Une larme et un soupir du commis accompagnèrent le bruit de la porte qui se fermait.

— Allons, du courage, que diable! dit Tristan à Willem.

Certes, ni vous, lecteur, ni moi, n'aurions voulu d'un semblable amour, et si, comme Tristan, nous avions assisté au spectacle de cette passion, nous aurions, comme lui, commencé par la trouver ce que dans le fond elle était réellement, grotesque et bouffonne; puis, nous aurions fini par prendre en pitié, admirer et consoler le pauvre garçon qui l'éprouvait : c'était une si loyale et si franche erreur de la part du commis, qu'il eût fallu être un sot pour ne pas se faire l'ami de cet homme, et un méchant pour le trouver ridicule.

— Allons, du courage! répéta Tristan, et si vous n'en avez pas, je vais vous en donner. — Vous avez le portrait? — Oui. — Oh! donnez-le-moi. — Vous me promettez d'être courageux? — Oui. — De ne plus être triste? — Oui.

Et Tristan s'amusait à montrer le portrait à Willem et à le retirer quand celui-ci allait le prendre, en lui faisant faire une promesse, comme on fait avec les enfants à qui l'on donne un jouet à la condition qu'ils seront sages.

Enfin, il remit le médaillon à son ami, qui le baisa avec transport.

— Et moi, fit Willem, qui vous croyais amoureux d'Euphrasie. — Grand fou. — Qui croyais que vous me trompiez. — Qui vous faisait croire une pareille chose? — Euphrasie. — Comment? — Elle me disait que vous étiez amoureux fou d'elle. — Moi! — Oui; qu'elle le devinait bien à vos regards et à vos prévenances; et quand elle me voyait jaloux à ce soupçon, elle paraissait heureuse. — C'était un moyen qu'elle avait trouvé, en collaboration, du reste, avec toutes les autres femmes, pour se faire aimer un peu plus. — Je le crois maintenant, mais c'était mal de sa part. — Ne lui en veuillez pas, c'est une habitude de femme aussi naturelle que les deux mains. — Mais elle eût pu me brouiller avec vous, qui êtes mon meilleur ami. — Vous savez bien maintenant à quoi vous en tenir, n'est-ce pas? — Oh! ciel! — Vous ne me soupçonnez plus. — On pourrait bien me dire les choses les plus vraisemblables là-dessus, que je ne les croirais pas. — Et vous ferez bien, car je vous jure que c'est la dernière chose à laquelle je penserai.

Tout en causant, Tristan et Willem étaient arrivés à la diligence.

Willem rencontra quelques personnes de connaissance, qu'il salua, mais desquelles il s'éloigna presque aussitôt. Il avait besoin de parler encore d'Euphrasie. On devinait dans ses paroles que le cœur lui battait, et même, lorsqu'il parlait d'autre chose que de sa maîtresse, ses lèvres avaient ce tremblement et cette hésitation qui prouvaient que la lucidité de son esprit et de sa parole suivaient son cœur, et que son cœur était loin d'où il était et d'où il allait surtout.

— Vous m'écrirez, n'est-ce pas? disait-il. — Oui. — Vous lui parlerez de moi? — Soyez tranquille. — Pas trop ouvertement, parce qu'une femme souffre toujours dans sa pudeur quand un étranger lui parle de son amant. — Cependant la confidence existe, puisque c'est moi qu'elle a chargé de vous remettre son portrait. — C'est juste, vous restez, vous, vous êtes bien heureux ! — Vous reviendrez dans quinze jours. — Le plus tôt possible, allez. Comme je vais m'ennuyer, et comme je vous ennuie, n'est-ce pas? — Du tout, je sais ce que c'est. — Allons, adieu! on va partir. — Adieu !

En effet, on appela les voyageurs.

Les deux amis s'embrassèrent.

Jusqu'à ce que la voiture partît, Tristan resta à la portière. Au premier coup de fouet du postillon, il tendit la main à Willem, qui la lui serra significativement, et lui dit adieu une dernière fois.

A cet adieu, deux larmes longtemps retenues vinrent apparaître indiscrètement aux yeux du pauvre garçon. Il y en avait une, sur les deux, pour Tristan.

La voiture partit.

Willem mit deux ou trois fois encore la tête à la portière, saluant Tristan qui s'en revenait les mains dans les poches ; puis la diligence disparut derrière un angle que faisait la route, et le commis resta seul avec ses pensées.

— Voyons ce qui va se passer maintenant, se disait Tristan.

Il rentra à la maison du Canal des Princes.

Il trouva M. Van-Dyck à son bureau. Depuis quelques jours, le digne commerçant était retenu chez lui, comme nous l'avons entendu le dire à Willem, car les affaires marchaient de mieux en mieux ; aussi, à l'heure du dîner, heure à laquelle seulement on le voyait sortir du fond de ses chiffres, apparaissait-il souriant et se frottant les mains.

M. Van-Dyck fils avait eu le bon esprit de descendre sur les reins tout un étage de la maison, ce qui le retenait au lit et ce qui dispensait Tristan de lui donner ses leçons, ce dont le paresseux élève se réjouissait au milieu de ses frictions d'eau-de-vie camphrée.

Madame Euphrasie Van-Dyck restait donc seule.

Dès qu'elle vit apparaître Tristan, elle descendit, et lui parlant comme si le hasard seul l'avait fait descendre.

— Eh bien! lui dit-elle, il est parti. — Oui.

Il y eut un regard de liberté et de joie dans les yeux d'Euphrasie.

— Et qu'allez-vous faire maintenant, monsieur Tristan ? — Monsieur votre fils est toujours malade ? — Oui. — M. Van-

Dyck n'a pas besoin de moi? — Non. — Alors je vais sortir un peu, fit Tristan, qui cherchait tous les moyens d'éviter une conversation avec Euphrasie. — Vous sortez, lui dit-elle, et moi qui suis triste, je vais encore être seule, méchant ami!

Et elle fit une petite moue.

— C'est une affaire qui m'appelle dehors, mais croyez bien, madame, que, dès mon retour, je me mettrai avec plaisir à vos ordres, si vous êtes encore triste et seule. — Adieu alors, fit Euphrasie, plus chagrine de voir sortir Tristan pour une heure qu'elle ne l'avait été de voir partir Willem pour un mois.

Tristan, comme bien vous pensez, ne rentra que pour se mettre à table.

Euphrasie, qui avait fait une toilette nouvelle, était donc doublement irritée d'avoir attendu et de s'être habillée pour attendre; mais, quand Tristan parut, cette rancune se volatilisa et l'ombre s'effaça sans effort au regard du convive attendu, sans laisser sur le front de la marchande de toile même un de ces nuages furtifs qui indiquent qu'un orage a passé dans l'air.

— Comment va Édouard? fit M. Van-Dyck en se mettant à table. — Mieux, mon ami.

Ce fut le seul bruit humain qui se mêla au bruit des fourchettes et des plats pendant le repas. M. Van-Dyck paraissait trop penser pour parler, Tristan n'était pas en train de goûter la conversation de ses hôtes, et Euphrasie ne pouvait raisonnablement pas dire ce qu'elle pensait.

Après le dîner, M. Van-Dyck produisit encore deux monosyllabes.

— Je sors, dit-il.

Et il sortit.

Cette fois, il n'y avait pas moyen d'échapper à Euphrasie.

— Vous n'avez rien dit pendant le dîner; êtes-vous malade, monsieur Tristan? dit-elle.

Tristan, qui vit dans cette phrase une porte de sortie pour son embarras, répondit:

— Oui, madame, un peu souffrant, et je compte rentrer chez moi de bonne heure. — Mais je vais croire que réellement vous me fuyez. — Moi, madame, et pourquoi? — Tantôt vous n'êtes pas rentré comme vous l'aviez promis. — Une affaire. — Une femme, peut-être? — Oh! les femmes sont rayées de mon cœur. — Toutes? — Toutes. — Voyez comme il fait beau, reprit madame Van-Dyck au bout de quelques instants, donnez-moi le bras et allons un peu nous asseoir au jardin, le voulez-vous ? — Volontiers.

Il faisait en effet une soirée magnifique.

Euphrasie alla avec son compagnon s'asseoir sous un bosquet, dont les branches et les feuilles confondues voilaient la dernière teinte du jour, que le soleil couché laissait encore errer à l'horizon, dernier sourire de la nature fatiguée de chaleur, de parfums et d'amour.

Il y avait réellement dans l'air des senteurs amoureuses et de ces bouffées ardentes que le cœur respire, qu'il absorbe, et qui font qu'involontairement on cherche l'être à qui l'on doit communiquer la moitié de ce qu'on éprouve et lui demander la moitié de ce qu'il ressent.

Madame Van-Dyck éprouvait beaucoup, sans doute, car, avec une nonchalance qu'excusait, en la causant, l'atmosphère ardente du soir, elle s'appuyait sur le bras de Tristan, et, la tête inclinée, regardant les fleurs qui penchaient leurs pétales rafraîchis sur les allées du jardin, elle ne disait rien. Or, nous croyons l'avoir dit, dans ces circonstances-là le silence est la confidence du cœur.

Des chaises se trouvaient sous ce bosquet.

Madame Van-Dyck en prit une et fit asseoir Tristan en face d'elle, assez près pour pouvoir mettre ses pieds sur les bâtons de sa chaise.

— Quelle belle soirée! fit-elle. — Magnifique! madame.

Cinq minutes se passèrent sans qu'un mot fût dit de part ou d'autre.

— Comment vous trouvez-vous, ami? — Beaucoup mieux. — Je vous l'avais bien dit.

Cinq minutes de silence encore.

La conversation ressemblait à ces lampes sans huile qu'on essaye d'allumer par tous les côtés de la mèche, qui montrent une petite flamme bleue et s'éteignent aussitôt.

Madame Van-Dyck comprit qu'il fallait aborder franchement la question.

— Qu'avez-vous donc, monsieur Tristan? vous ne me dites rien. — Je songeais, madame. — Et peut-on savoir à qui? — A Willem; à ce pauvre garçon qui doit être fort triste, et qui, sans égoïsme aucun, voudrait bien que je fusse à sa place et pouvoir prendre la mienne. — Et vous, changeriez-vous volontiers? — Pour le rendre heureux. — C'est de l'indifférence, fit Euphrasie d'un ton piqué. — C'est du dévouement, madame. — Et pourquoi croyez-vous que M. Willem voudrait être près de moi? — Vous me le demandez? — Oui, dites. — Parce qu'il vous aime. — Savez-vous si ce qui le rendrait heureux me ferait plaisir à moi, et dans votre dévouement ne courriez-vous pas la chance de n'être agréable qu'à l'un des deux? — Je suis sûr que vous êtes de moitié, madame, dans le vœu que Willem fait à cette heure. — Et qui vous fait croire cela? — Ce que j'ai cru voir. — Eh bien, vous vous êtes trompé dans ce que vous avez vu, comme dans ce que vous croyez. — Je le plains, alors. — M. Willem est un ami qui m'aime beaucoup, que j'aime d'amitié aussi, mais qui, préoccupé des affaires pour lesquelles il part, ne s'occupe déjà plus, soyez-en sûr, des amis qu'il laisse. — Vous êtes ingrate! — Non, je connais Willem, voilà tout. — Mais vous, ne le regrettez-vous pas? — Son voyage était nécessaire. Mais vous avez l'air, monsieur Tristan, de vouloir me demander quelque confidence sur M. Willem, vous en aurait-il donc fait sur moi? — Non, madame. — Je vous le répète, M. Willem n'est et ne sera jamais pour moi qu'un ami. Je sais qu'il a été fort amoureux de moi; peut-être, au milieu de la vie triste et monotone que je mène, son amour franc et sincère eût-il fini par me toucher, mais maintenant il est trop tard. — Voilà qui est beau! pensa Tristan. J'ai vu bien des femmes mentir, mais je n'en ai jamais vu de cette force-là. — Et pourquoi trop tard? dit-il tout haut. — Parce que la place qu'il voulait prendre n'est pas encore prise, mais est déjà donnée. — Et peut-on savoir à qui? — Non, il faut le deviner; et vous l'avez deviné, j'en suis sûre.

Tristan ne répondit rien.

Euphrasie prit ce silence pour un aveu.

— Vous êtes-vous occupé du médaillon? reprit-elle. — Oui, madame. — Est-ce fait? — Oui. — Ah! et où est-il? — Ne m'avez-vous pas dit que c'était pour quelqu'un? — C'est vrai. Mais je n'ai pas nommé la personne. — Ne m'avez-vous pas dit de deviner? — Oui. — Eh bien, j'ai deviné. — Ah! dit Euphrasie avec une intonation impossible à rendre. Et vous l'avez donné, le portrait, à celui qui devait l'avoir?... — Oui. — Vous en êtes sûr?... — Me croyez-vous donc incapable de deviner une chose aussi facile? — Et il a été... heureux? — Enthousiasmé! — Et qu'en fera-t-il? — Il le portera toute sa vie sur son cœur. — Et maintenant?... — Il le baiserait avec transport, s'il n'y avait quelqu'un à côté de lui.

Euphrasie prit le bras de Tristan.

— Faisons un tour de jardin, lui dit-elle. Savez-vous que vous êtes un homme d'esprit, monsieur Tristan, de deviner ainsi les choses sans qu'on vous les dise? — Il ne fallait pour cela, madame, que du cœur et des yeux. — Et il est sûr que je l'aime?... — Certainement... — Et il ne me trompera pas? — Jamais! il l'a juré.

Euphrasie s'appuyait à chaque réponse un peu plus sur le bras de Tristan.

— Je ne sais pas ce que j'ai ce soir, dit-elle, j'éprouve un bonheur que je n'ai jamais éprouvé. Je suis heureuse, et vous? — Qui ne serait heureux à ma place?

Euphrasie serra le bras qui soutenait le sien.

— Croiriez-vous une chose? reprit-elle tout à coup. — Laquelle? — Vous ne la croirez pas? — Je vous jure... — Eh bien, mon mari va rentrer, n'est-ce pas? — Oui. — Savez-vous ce qu'il va faire? — Non. — Il va monter à sa chambre, s'enfermer et lire. — Vraiment? — Oui. Jamais il ne s'inquiéterait de moi, c'est comme si je n'existais pas. Ainsi, je vais rentrer aussi, moi, et une fois dans ma chambre, je suis veuve, bien plus séparée de mon mari par ses habitudes que par l'étage qui es entre nous. — C'est extraordinaire! — Je pourrais recevoir chez moi qui je voudrais, la nuit, sans que M. Van-Dyck en sût rien. Sa chambre est loin de la mienne; il n'entendrait ni entrer ni sortir. — Heureusement, la vertu veille à votre porte. — Non pas la vertu, mais la fidélité. — Ainsi, vous recevez quelqu'un? — Non. Mais s'il m'aime comme il le dit, il comprendra qu'il peut venir. — Celui qui a votre portrait? — Oui. — Il viendra.

Euphrasie serra de nouveau le bras de Tristan.

— Il viendra, n'est-ce pas? — Oui. — Vous le lui direz? — De votre part. — Oh! Tristan, je ne sais ce que je dis, j'ai la tête et le cœur qui me brûlent. L'amour que j'avais rêvé, je l'éprouve enfin!

Et elle serrait ardemment la main du jeune homme, et le faisant asseoir de nouveau auprès d'elle, elle écartait sa robe, comme pour absorber de tous côtés le peu de fraîcheur qui imbibait l'air, dont elle semblait avoir un si grand besoin. Ses bras étaient nus, et un certain parfum de voluptés attendues s'exhalait de cette femme, qui, dans la teinte ombreuse du soir, cessait d'être la femme ridicule du jour. Puis il arrive toujours un moment où la femme qui aime, que ce soit avec les sens ou avec le cœur, qu'elle soit bourgeoise ou duchesse, spirituelle ou niaise, il arrive toujours un moment, disons-nous, où la femme qui désire ou qui aime, quand elle est belle après tout, sait devenir tentante et se faire irrésistible. Madame Van-Dyck, comme épuisée par les vapeurs brûlantes de la journée, et convaincue que Tristan avait gardé son portrait, n'avait plus de confidences verbales à lui faire; aussi, avec une ardeur de sens qui était peut-être sa seule vertu, se laissait-elle aller à poser sa tête sur l'épaule de son amant rêvé; et dans la pression de ses bras, Tristan sentait une de ces natures vigoureuses et indomptables qui, comme Messaline, sont parfois lassées, mais jamais assouvies. Joignez à cette opiniâtreté des sens des qualités physiques qu'avec l'art infini de toute femme qui se donne Euphrasie dévoilait peu à peu, et qui, malgré une certaine exagération, rappelaient assez, par leur contour de marbre, la forme antique.

Tristan n'était pas d'airain, et il subissait aussi les brises embrasées du soir, qui semblaient se concentrer dans Euphrasie et qu'elle faisait passer sur lui plus brûlantes encore. Il n'avait rien répondu, il est vrai, à un : M'aimes-tu? qui était éclos près de sa lèvre, et dans lequel la bourgeoise Phryné avait mis tout le feu de son sang; mais, malgré lui, malgré la promesse faite à Willem, promesse qui semblait danser sur les feuilles des arbres en caractères rouges, et que le cerveau troublé de Tristan cherchait à faire stable et forte, malgré cette promesse, disons-nous, ses mains n'avaient pu s'empêcher de répondre aux pressions fréquentes d'Euphrasie, ses yeux n'avaient pu se détourner de cette poitrine à demi dévoilée, que les pâles clartés des étoiles lui montraient comme sous un voile nacré, et son cerveau n'avait pu repousser cette haleine de désirs qui montait de la femme qu'il tenait dans ses bras. Quoi qu'il pût se dire, il ne pouvait se résoudre, une fois ce premier pas fait, à sortir de cet état, qui était un milieu bizarre entre la promesse tenue et parjurée, et il allait peut-être, malgré le serment du contraire qu'il se faisait toujours, mais *decrescendo*, franchir la dernière limite qui le séparait encore du parjure complet, quand la voix d'Athénaïs se fit entendre.

Madame Van-Dyck fit un bond, comme si on lui eût appliqué un fer rouge sur l'épaule. Ce n'était ni la pudeur, ni la crainte qui lui faisaient éprouver ce mouvement, c'était la sensation toute naturelle d'un cri inattendu tombant tout à coup sur les sens trop affaiblis pour le recevoir sans secousse.

— Qu'y a-t-il? demanda-t-elle tout haut en se levant et en rétablissant, avec un grand art d'habitude, l'ordre interrompu de sa toilette. — Madame, cria Athénaïs de l'autre bout du jardin, c'est le cataplasme qui est fait, et M. Édouard veut que ce soit vous qui le lui mettiez. — J'y vais.

Athénaïs s'éloigna.

— Écoute, dit Euphrasie en serrant la main de Tristan, je vais rester un peu avec mon fils; rentre dans ta chambre, et quand tu m'entendras me mettre à mon piano, descends au jardin, prends cette échelle et monte par la fenêtre. Je t'aime !

Et Euphrasie disparut sans laisser à Tristan le temps d'ajouter un mot.

Tristan se leva à son tour, chancela un peu comme un homme qui sort d'un rêve ou d'une ivresse, puis il passa la main sur son front, regarda autour de lui, se promena quelque temps dans le jardin, remonta dans sa chambre et, se mettant à la fenêtre, regarda les étoiles.

Il y avait à peu près une demi-heure qu'il rêvait ainsi, sans trop savoir à quoi, quand il entendit la première note du piano de madame Van-Dyck qui montait à lui.

Elle jouait la dernière pensée de Weber, et par hasard elle la jouait bien.

XXXV

Où l'on verra que la musique n'adoucit pas toujours les mœurs de l'homme.

Aux premiers accords du piano de madame Van-Dyck, Tristan avait été ému malgré lui; si l'on niait l'influence des sens, autant vaudrait nier la nature entière. Qu'on se le rappelle, notre héros n'était pas d'une nature immatérielle; bien plus, depuis qu'il était entré chez le marchand de toile, la chasteté avait veillé à la porte de cette maison, et si des idées d'amour avaient, de temps en temps, brûlé le cerveau du proviseur, elles n'avaient jamais pris forme. Il est donc facile de comprendre que le jour où la chaste déesse qui veillait sur notre héros paraissait se lasser de sa veille et permettre une erreur à son protégé, il est facile de comprendre, disons-nous, au moins l'hésitation qui répondait à l'invitation musicale d'Euphrasie. Il avait fait un serment à Willem, c'est vrai; il trouvait, ou plutôt il avait longtemps trouvé Euphrasie fort ridicule, c'est encore vrai; mais Willem était loin, Willem ne s'apercevrait de rien. Depuis le commencement du monde, bien des parjures de cette sorte avaient eu lieu, et la nature ne paraissait pas en frémir d'horreur ni même en garder le souvenir. Par delà cet horizon perdu dans les ombres du soir, il y avait bien des cimetières, dans ces cimetières bien des tombes, dans ces tombes bien des gens qui avaient, nous pourrions dire tous, succombé à des tentations équivalentes à celles qui poursuivaient notre héros, et un jour, la mort passant sur eux, avait couché au même niveau, dans la même terre et dans la même attitude, bons et mauvais, fidèles et parjures.

Toutes ces pensées viennent à l'homme qui, comme Tristan, se trouve au moment d'accomplir une action dont la monotonie de leur vie fait une action au moins douteuse. Si, dans son existence de jeune homme, Tristan eût rencontré un commis du genre de Willem, que ce commis eût eu une maîtresse du genre d'Euphrasie, il est probable que, la même promesse étant faite, il n'eût pas hésité, et que ce qu'il considérait comme une mauvaise action n'eût été qu'une simple peccadille, conçue le matin, exécutée le soir, oubliée au réveil.

Mais, les choses n'en étaient pas là. Un serment solennel avait été fait, à tort ou à raison, et ce n'était pas à Tristan de faire la différence; à tort ou à raison Willem aimait Euphrasie; il était triste de son départ, mais confiant dans son ami, et il y eût eu lâcheté, même l'action restât-elle inconnue, à tromper cette confiance, à rire de cette tristesse. Le cœur, dans un de ses mille replis qui le rendront toujours impénétrable par quelque côté aux anatomistes des sensations humaines, le cœur garde un sentiment qui n'est pas la honte, qui n'est pas le remords, et qui, cependant, participe de ces deux voix de la conscience. Ainsi l'homme qui, dans une circonstance pareille à celle où se trouvait Tristan, trompe son ami et lui prend sa maîtresse, momentanément bien entendu, éprouve, quand l'amant revient, la femme, cette éternelle oublieuse, eût-elle oublié les détails de l'absence, et son complice les eût-il oubliés aussi, ce sentiment auquel nous ne pouvons donner un nom. Quand il voit l'ami confiant, plein d'amour pour sa maîtresse, se livrer, dans les entretiens du retour, à l'expansion franche de sa joie, et la verser dans un cœur qui l'a trompé, mais qui est peut-être redevenu sincère, il rougit de ce qu'il a fait. Ce qui le fait rougir, ce n'est pas d'avoir pris à son ami une part du bien que l'ami croit retrouver tout entier, car l'adultère est un merveilleux fruit dans lequel tout le monde peut mordre sans que son propriétaire retrouve la trace des dents; c'est, avec un mouvement de jalousie inhérente à l'amour-propre humain, un honnête regret d'assister à cette expansion et d'avoir fait ridicule, quoique pour soi seul, un homme qu'il n'en aimera peut-être qu'un peu plus, mais qu'il respectera un peu moins. Il y a dans le cœur de celui qui assiste à ce ridicule dont il est l'auteur, et dont, avec la femme, il est le témoin, il y a une lutte bizarre; il hésite s'il ne racontera pas toute la vérité à son ami. Je le ferai malheureux, se dit-il, mais au moins je ne l'aurai pas fait ridicule. Il aura à rougir de moi, mais s'il apprend tout un jour, il n'aura pas à rougir de lui; bref, il saura à quoi s'en tenir sur le compte de la femme qu'il aime; je lui ravirai un bonheur peut-être, mais je lui épargnerai certainement une déception qui doit arriver tôt ou tard. Puis le même homme se dit en regardant la femme : Après tout, de quel droit ferais-je du mal à cette pauvre créature, est-ce parce qu'elle est aujourd'hui pour cet homme ce qu'elle a été hier pour moi? mais n'était-elle pas ainsi pour lui, avant même de me connaître? Il ne fait que reprendre la place qu'il avait quittée un instant et sur laquelle j'aurais dû veiller, au lieu de la prendre, moi, son ami; et d'ailleurs, au milieu de nos embrassements nés de son ennui, de son désœuvrement, de ses sens, que sais-je? n'y avait-il pas une tacite convention entre cette femme et moi, que notre amour n'était qu'un interrègne et qu'il nous faudrait oublier le jour où le véritable roi reviendrait?... est-ce que j'obéirais à une honteuse question d'amour-propre? Est-ce que parce que cette femme s'est donnée à moi, c'est-à-dire a consenti à cet aveu charnel qu'une femme ne fait jamais sans émotion et sans rougeur, est-ce que je suis en droit de la rendre méprisable et malheureuse, puisque les circonstances, son cœur ou sa volonté la font plus heureuse avec cet homme qu'avec moi? Et, d'ailleurs, si elle me préférait, pourrais-je, aux yeux de mon ami, l'accepter sans honte et la garder sans remords? l'aimerais-je même assez pour cela, et cette liaison fortuite, à qui le mystère et l'attrait de l'adultère donnaient du charme, en conserverait-elle du moment où elle deviendrait une liaison connue et de tous les jours? Est-ce qu'enfin, parce que cette femme ne peut ou ne veut pas être à moi, je dois vouloir qu'elle ne soit pas à l'homme qu'elle aimait? Non, je dois lui pardonner ! je dois effacer de ma mémoire et de la sienne les jours qui violent ses serments d'amour et mes serments d'amitié. Je dois n'être que plus respectueux envers elle, que plus dévoué envers lui, et agir en toutes choses comme si j'avais à faire oublier une faute qu'heureusement il ne saura jamais.

Voilà ce qu'on doit se dire, voilà ce qu'on doit éprouver, lorsque malheureusement on n'a pas été assez fort pour résister à ces tentations dont les femmes se plaisent surtout, nous ne savons pourquoi, à entourer les amis ou l'ami de leur amant; et voilà toutes les pensées qui, dans le quart du temps qu'il faut pour les lire, avaient traversé l'esprit de Tristan.

Cependant, si sa conscience lui conseillait le bien, ses sens, ces éternels tyrans de l'homme, lui conseillaient le *moins bien*; car, dans la position où se trouvait notre héros, cet abîme fleuri dans lequel il était près de tomber ne lui semblait pas devoir s'appeler tout à fait le mal.

— Si madame Van-Dyck, se disait-il au milieu des notes que le piano impatient lui envoyait, si madame Van-Dyck était la femme de Willem, ce serait très-mal, certainement; mais ce n'est que sa maîtresse : il est vrai qu'elle est la femme de M. Van-Dyck, qui est fort bon pour moi, et que cela n'en sera pas mieux. Mais, puisque Willem trompe bien M. Van-Dyck, je puis bien tromper Willem.

Cependant, continuait-il à se dire après réflexion, ce n'est pas la même chose : M. Van-Dyck n'a pas l'air d'adorer sa femme : il aime mieux sa cuisinière, et il n'a pas confié Euphrasie à son commis; tandis que moi, je me suis engagé à veiller sur la vertu de la dame, et je n'en prends guère le chemin.

Le piano continuait toujours.

— Qui le saura? se disait Tristan; et d'ailleurs, Euphrasie n'est pas une jeune fille, Willem n'est pas son premier amant, et je ne serai pas le second. Puis, qui lui dira qu'elle l'a trompé? Il n'y a de malheurs que les malheurs qu'on connaît. J'ai fait ce que j'ai pu pour éviter Euphrasie. C'est elle qui a voulu, et qui veut encore. Si elle n'aime plus Willem, ce n'est pas mon indifférence qui le lui fera aimer; et si elle ne revient pas à lui, autant qu'elle vienne à moi. Elle est encore très-belle. Quand j'ai fait ce serment, je ne savais pas tout ce que je sais.

Et Tristan songeait.

En ce moment le piano se tut.

— Ah! se dit-il, et malgré lui son cœur battait, elle s'arrête, elle m'attend.

Et sur la pointe du pied il s'approcha de la fenêtre.

Il entendit Euphrasie qui, à sa fenêtre aussi, toussait de cette toux opiniâtre et de convention, destinée à faire comprendre que celui qu'on attend peut venir.

— Que faire? se disait Tristan.

La toux continuait.

— Elle y tient.

Et un sourire passa sur les lèvres du professeur.

— Puisque je suis si fidèle à mes serments, pensa-t-il, je lui en ai fait un, à cette pauvre femme, que je devrais bien tenir. Le tout est de savoir si le premier vaut mieux que le second.

Et Tristan se sourit intérieurement, comme un homme qui se donne une mauvaise raison.

La toux cessa.

— Ah! fit-il en avançant la tête, aurait-elle déjà pris son parti. Tant mieux! tant mieux!

Mais ce tant mieux était faux.

L'homme aime ces sortes de luttes..

S'il ne succombe pas, il se dit : Comme je suis fort!

S'il succombe, il se dit : Comme j'ai lutté!

Tristan avança de plus en plus la tête.

Euphrasie avait disparu de sa fenêtre, mais la fenêtre était restée ouverte.

— Voyons, se dit Tristan, après tout je suis un homme! que diable! Je m'amuse là à un combat d'enfant. Le temps qui a passé depuis la scène du bosquet a dû préparer sa raison à comprendre des choses qu'elle n'eût peut-être pas comprises dans ce moment-là, et que pour ma part j'avais oubliées, mais dont je me souviens. Voyons, je vais descendre chez elle, mais seulement pour lui dire qu'une liaison entre nous est impossible. Je lui raconterai ce que m'a dit Willem; et au moins je serai tranquille! Puis, c'est une impolitesse gratuite que je lui fais, à cette pauvre femme. Que je ne veuille pas d'elle, c'est très-bien; mais qu'au moins je le lui dise.

Et Tristan, avec cette soudaine résolution qui cachait dans un de ses plis le désir de voir recommencer la scène du bosquet et quelque raison inévitable de succomber, fit tourner la clef de la serrure et entr'ouvrit la porte, caressant sa conscience de ce moyen que venait de lui conseiller sa politesse.

Au moment où il allait franchir le seuil de sa porte, il entendit du bruit au rez-de-chaussée, et reconnut le pas de M. Van-Dyck, qui venait de rentrer et qui regagnait tranquillement sa chambre.

Tristan rentra chez lui, fâché de ce retard qui allait le faire passer aux yeux de madame Van-Dyck pour un homme mal élevé. Il colla son oreille à sa serrure, et entendit le marchand de toiles fermer, les unes après les autres, les portes qui précédaient sa chambre à coucher.

Le silence recommença.

Mais si court qu'eût été cet incident, il avait suffi à notre ami pour lui insinuer que la raison qu'il s'était donnée pour descendre était assez mauvaise.

— Je vais me faire une ennemie mortelle, si je ne descends pas. Quelle raison lui donnerai-je demain?

Et Tristan, adossé au mur, réfléchissait, cherchant un chemin qui le menât soit à la vertu, soit à la trahison, pourvu que ce chemin fût clair, et qu'il pût y marcher sans y rencontrer les épines de son désir ou les obstacles de sa conscience.

— Que faire?

En ce moment, le piano recommença.

Seulement madame Van-Dyck, qui ne savait à quoi attribuer le silence de Tristan, avait mis le pied sur les pédales, avait repris son motif un ton plus bas, et la dernière pensée de Weber, éclose sous les doigts vigoureux d'Euphrasie, arriva si bruyante jusqu'à celui à qui elle était destinée, qu'il en fit involontairement un bond, et qu'il ne put s'empêcher de rire.

— Diable! pensa-t-il, pour peu que cela suive la même gradation, dans une demi-heure les vitres tomberont. Jour de Dieu! comme vous m'aimez, madame Van-Dyck!

En effet, Euphrasie devait vigoureusement aimer Tristan, si son amour était en rapport avec l'énergie qu'elle faisait jaillir de l'instrument. Ce n'était plus de la musique : c'était une émeute.

— Voyons! voyons! se dit Tristan, il faut en finir. Dans mon propre intérêt, je ne dois pas descendre, à moins que je n'ambitionne la mort de Raphaël, que semble me promettre cette puissante harmonie. Il faut prendre une résolution ; mais comme je suis un grand sot, et que je ne puis la trouver dans ma propre volonté, je vais m'en remettre au hasard.

Et ce disant, notre ami s'en alla sur la pointe du pied jusqu'à sa chambre et alluma sa bougie; puis, la prenant d'une main et tirant de sa poche une pièce de monnaie, il s'approcha de son lit.

— Madame Van-Dyck me veut, elle prend pile; moi, tout compte fait, j'aime autant ne pas descendre, je prends face. Cette fois, c'est la dernière épreuve, et si vous perdez, chère madame Van-Dyck, vous pouvez bien jouer de l'ophicléide, je vous réponds que je ne descendrai pas. Priez le dieu de Cythère. Et il jeta la pièce en l'air, en disant :

— Face !

La pièce tourna rapidement sur elle-même et retomba sur le lit.

Tristan approcha la bougie.

Le profil du monarque se dessina sous le rayon de lumière.

— Allons ! j'ai gagné, se dit Tristan en remettant la pièce dans sa poche; quand je dis : J'ai gagné, je me trompe, je devrais dire : Elle a perdu. Cette fois, c'est bien fini.—Enfin ! ajouta-t-il avec un soupir qui laissait quelque doute sur la sincérité de sa joie.

Et il alla fermer doucement sa fenêtre et tira ses rideaux.

Le bruit continua d'arriver, mais plus sourd.

— Déshabillons-nous et couchons-nous, dit-il, je l'ai bien mérité. J'espère, mon cher Willem, que vous avez un ami qui tient ses serments ! C'est égal, ce que je fais n'est pas poli. Enfin !...

Le piano continuait.

Tristan ôta son habit, regarda sa pendule qui marquait une heure, et entr'ouvrit les draps de son lit.

— Le déjeuner de demain ne sera pas drôle.

En ce moment le piano se tut.

— Elle va tousser, maintenant.

En effet, malgré la fenêtre fermée, Tristan entendit la toux d'Euphrasie, qui, comme le piano, avait changé de ton.

— Tousse, va ! tousse, dit Tristan; moi, je vais me coucher.

Et il se roula dans son lit en se disant :

— Eh bien ! maintenant, je suis très-content de ce que j'ai fait; éteignons ma bougie comme mes passions, et dormons.

Un grand quart d'heure se passa, pendant lequel Tristan, fatigué, après tout, des émotions et des luttes de la soirée, s'était préparé au sommeil; ses yeux commençaient même à se fermer et sa respiration à se cadencer, lorsqu'un vacarme à faire écrouler la maison le fit sauter sur son lit, comme si on lui eût tiré un coup de fusil aux oreilles.

C'était madame Van-Dyck qui recommençait la dernière pensée de Weber, seulement ce n'était plus avec les doigts, mais évidemment avec les poings qu'elle jouait.

— Ah! par exemple, se dit Tristan en se levant à moitié, il n'y a plus moyen d'y tenir; elle va ameuter tout le quartier. On n'a pas des passions comme celles-là!

Et Tristan, se levant tout à fait, se disposait à se rhabiller et à descendre chez Euphrasie, mais, cette fois, avec la ferme résolution de la faire taire et de lui résister, lorsqu'il entendit ouvrir bruyamment une fenêtre du rez-de-chaussée, et il reconnut la voix de M. Van-Dyck qui criait à sa femme :

— Que diable fais-tu donc là-haut, ma chère amie? il n'y a pas moyen de fermer l'œil. Édouard est malade, et si cela continue, il y aura des attroupements dans la rue. Attends à demain, au nom du ciel! voilà deux fois que j'essaye de m'endormir et que tu me réveilles. Que Dieu punisse Weber d'avoir eu une dernière pensée. Je suis sûr que ce pauvre Tristan ne peut pas dormir. N'est-ce pas, mon cher Tristan?

Tristan se garda bien de répondre.

— Ah! il dort, fit M. Van-Dyck en refermant la fenêtre. Eh bien! il faut qu'il en ait fièrement envie.

Le piano se tut comme par enchantement.

Tristan, heureux de cette circonstance, regagna son lit, où il songea encore quelques instants aux aventures de la soirée, et à ce qu'il entrevoyait pour le lendemain.

Il entendit madame Van-Dyck qui refermait sa fenêtre le plus doucement possible.

Le calme se rétablit dans la maison, et l'on eût entendu voler une mouche, lorsque deux heures sonnèrent à la pendule de Tristan.

XXXVI

La tristesse de madame Van-Dyck.

Lorsque Tristan se réveilla, il faisait grand jour.

Il était dix heures.

La conscience de sa bonne action avait, comme on le voit, donné un sommeil tranquille à notre héros.

Disons que, le réveil venu et les excitations sensuelles éteintes, Tristan fut heureux et fier de ce qu'il avait fait, et que la rancune de madame Van-Dyck lui parut bien peu de chose auprès de la satisfaction qu'il éprouvait.

Il se leva donc fort gai, alla ouvrir ses rideaux, et fut forcé de fermer les yeux sous le flot de lumière qui l'inonda.

Il ouvrit encore sa fenêtre, et l'air matinal fut doux à son front comme le souvenir de sa victoire à son cœur.

Il s'habilla à la hâte, car il était curieux de savoir ce qui allait se passer.

Il descendit et demanda à Athénaïs des nouvelles de monsieur Édouard.

L'élève allait mieux.

Tristan passa dans le jardin, où il trouva M. Van-Dyck qui émondait des plantes, arrosait des fleurs, et qui, en voyant venir son nouvel ami, lui cria :

— Bonjour, mon cher Tristan, tout en découpant quelques feuilles déjà séchées d'un rosier magnifique.—Bonjour, mon cher monsieur Van-Dyck, répliqua Tristan, qui se disait intérieurement : — Je ne sais pas comment je suis avec la femme, mais il paraît que je suis toujours bien avec le mari. Avez-vous bien dormi, mon cher monsieur Van-Dyck? ajouta le professeur, non sans réprimer un sourire dont le lecteur connaît la cause. — A partir de deux heures, très-bien; mais jusque-là... — Vous avez été malade?... — Du tout. D'abord, je suis rentré tard. Puis madame Van-Dyck ne s'est-elle pas amusée à jouer la dernière pensée de Weber avec une force et une persévérance qui eussent bien flatté le grand compositeur. — Vraiment? — C'était à n'y pas tenir. N'avez-vous rien entendu? — Rien. — C'est par politesse que vous dites cela.—Non! si fort qu'ait joué madame Van-Dyck, elle n'aurait rien pu me faire entendre.—Étiez-vous sorti? fit M. Van-Dyck avec un sourire confidentiel.—Non pas, j'étais dans ma chambre; mais je dormais profondément. — Vous êtes bien heureux. — Et, du reste, madame Van-Dyck, comment va-t-elle ce matin ? — Je ne l'ai pas encore vue. Elle doit être fatiguée.

M. Van-Dyck et Tristan se promenèrent encore quelques instants dans le jardin, et le domestique vint annoncer que le déjeuner était servi.

Les deux hommes se dirigèrent du côté de la salle à manger, déjà occupée par madame Van-Dyck, qui avait fait fermer les grands rideaux, si bien qu'en sortant du grand jour, à peine si l'on distinguait les objets dans cette chambre. — Pourquoi diable as-tu fait fermer ici ? dit M. Van-Dyck. — C'est à cause de la chaleur, mon ami, et de la trop grande lumière qui me fait mal aux yeux. — Mais puisque tu tournes le dos au jour, tu n'en souffriras pas. Cette salle a l'air d'une tombe.

Et M. Van-Dyck alla ouvrir lui-même les rideaux de l'une des fenêtres.

— De cette façon, dit-il, il y en aura pour tous les goûts; un rideau fermé pour toi, un rideau ouvert pour nous; car je pense que Tristan aime autant voir le jour.

Mais Tristan, qui en voyant madame Van-Dyck toute rouge et les yeux gonflés comme par des larmes récentes, avait compris pourquoi elle ne s'était pas montrée dans le jardin et tenait à rester dans l'ombre, essaya de se mettre bien avec la maîtresse de la maison, et répondit :

— Vous me permettrez, mon cher maître, de ne préférer que ce que désire madame.

Euphrasie ne répondit ni par un mot ni par un signe.

— Vous avez bien passé la nuit, madame? fit Tristan en s'approchant d'elle, et s'apercevant trop tard que cette question, que la présence de M. Van-Dyck nécessitait, avait tout l'air d'une mauvaise plaisanterie. — Très-bien, monsieur, merci, répondit sèchement Euphrasie. — Ah ! je vois pourquoi tu avais fait fermer les rideaux, coquette, dit M. Van-Dyck en ricanant et en venant prendre sa place vis-à-vis de sa femme ; c'est parce que tu es toute rouge.

Madame Van-Dyck devint plus rouge encore, et Tristan, qui leva furtivement les yeux sur elle, vit une larme de colère briller dans ses yeux.

— Voilà une observation et une larme, pensa Tristan, que je payerai cher un jour ou l'autre. — On dirait que tu as pleuré, continua M. Van-Dyck avec cette persistance des maris qui savent qu'ils taquinent leur femme, mais qui se donnent pour excuse qu'ils en ont le droit.

Madame Van-Dyck ne répondit pas. Seulement Tristan vit que cette larme qui venait d'éclore était près de tomber.

Il eut pitié de la pauvre femme.

— Madame est souffrante, dit-il. — Elle ne l'était pas cette nuit, dit M. Van-Dyck; quelle rage de piano avais-tu donc, chère amie?

Madame Van-Dyck fit un effort, mais en vain. La larme roula

sur sa joue et vint comme une perle humide s'arrêter dans un des plis de sa robe de soie.

M. Van-Dyck, occupé de sa côtelette, n'avait rien vu. Tristan avait vu, mais, comme on le comprend, ne disait rien.

— Tu aimes donc bien la dernière pensée de Weber? reprit le commerçant en se versant du vin.

Euphrasie jeta sa serviette sur la table, se leva, renversa sa chaise, et en disant :

— Vous êtes un sot!

Ouvrit la porte et sortit.

Tristan regarda M. Van-Dyck, qui remit tranquillement la bouteille à sa place, prit la carafe et se versa de l'eau.

— Elle est mal disposée, ajouta-t-il de l'air le plus indifférent. — Vous l'avez un peu tourmentée. — Moi? — Oui. — Comment cela? — Vous ne vous en aperceviez pas. D'abord vous avez justement mis le doigt sur la raison qui lui avait fait fermer les rideaux. Les femmes ne pardonnent pas qu'on les devine. — Laissez donc! — Puis, vous n'avez pas tenu compte de l'irritation nerveuse à laquelle madame Van-Dyck paraissait être en proie, et vous vous êtes moqué d'elle. — Ce n'est pas cela. — Si fait. — Je sais ce qu'elle a. — Vraiment? — Oui. — Et peut-on vous demander, sans indiscrétion, ce qui cause ce chagrin subit? car je suis si maladroit que je serais capable de le renouveler en essayant de consoler madame Van-Dyck d'un chagrin que je ne connaîtrais pas. — Il manque un couvert à cette table. — Ah! c'est juste. — Vous comprenez? — Parfaitement; son fils est malade, dit Tristan en regardant de côté M. Van-Dyck, car il lui avait semblé reconnaître dans la phrase du commerçant une de ces intonations confidentielles ou à double sens qui l'avaient frappé lors de leur première rencontre.

Mais Tristan avait fait exprès de ne pas comprendre ce que Van-Dyck avait évidemment eu l'intention de lui dire.

— Moi qui ne songeais pas à cela! reprit Tristan. Cette pauvre madame Van-Dyck! elle aime tant son fils!

M. Van-Dyck crut que Tristan répondait franchement; et il aima mieux le laisser dans son erreur.

— Vous comprenez maintenant, reprit-il. — Parfaitement; mais on m'avait dit ce matin, quand j'ai demandé de ses nouvelles, qu'Édouard allait beaucoup mieux. Le chagrin de madame Van-Dyck, toute bonne mère qu'elle est, eût été beaucoup plus naturel ces jours passés qu'aujourd'hui, et elle

17.

s'alarme à tort. — D'autant plus, ajouta M. Van-Dyck, que cette nuit elle empêchait le pauvre garçon de dormir avec sa fureur de musique nocturne. — Il faut que je le ramène à me dire ce qu'il avait sur les lèvres tout à l'heure, se dit Tristan. Aussi je crois, toute réflexion faite, reprit-il haut, que ce n'est pas là la cause de la mauvaise humeur de madame Van-Dyck. — Peut-être ! — Vous ne voyez pas d'autre raison ? — Non.

Il paraît que plus M. Van-Dyck avait eu le temps de réfléchir, plus il avait résolu de laisser Tristan s'en tenir à sa première supposition.

— Après tout, fit-il en se levant de table, une raison ou l'autre, peu m'importe. S'il fallait que les hommes s'inquiétassent des mauvaises humeurs de leurs femmes, ils n'auraient plus le temps de faire autre chose. Les femmes tristes sont comme les enfants qui tombent ; si on va les relever, ils pleurent ; si on les laisse se relever tout seuls, ils ne disent rien. — Cependant, dit Tristan en se levant à son tour, on ne peut pas laisser ainsi madame Van-Dyck. — Aussi, mon cher Tristan, répondit le commerçant en frappant sur l'épaule du professeur, allez-vous être assez aimable pour monter lui tenir compagnie, la consoler et lui dire que j'y aurais bien été moi-même, mais qu'il faut que je sorte ? Je compte sur vous.

Et M. Van-Dyck prit son chapeau.

— Et quand rentrerez-vous, mon cher monsieur Van-Dyck ? — Pour dîner. Adieu. — Adieu. — Tâchez que ce soir elle soit gaie à table. Heim ! rien n'est ennuyeux comme de voir un visage triste quand on mange. — Mais je ne sais que lui dire pour cela. — Dites-lui que les gens partis reviendront. — Et que vous reviendrez à six heures, répliqua Tristan avec un sourire. — Justement, dit le commerçant, cela lui fera grand plaisir ; vous comprenez toujours très-bien ?

Et il s'éloigna en souriant.

— Ainsi, vous sentez que si elle est encore triste, ajouta M. Van-Dyck en revenant sur ses pas, c'est à vous que je m'en prendrai. Dans l'absence de Willem, c'est vous que ces choses-là regardent.

Et il sortit enfin après avoir allumé un cigare.

— Quel homme étrange ! se dit notre héros. Aurait-il deviné la véritable cause de la tristesse de sa femme, et m'autoriserait-il à la consoler ? Avouons qu'il est malheureux d'avoir fait un serment à l'amant avec un pareil mari.

En ce moment, un coup de sonnette retentit.

Athénaïs monta chez madame Van-Dyck, et redescendit presque aussitôt en disant à Tristan :

— Monsieur, madame vous demande. — Où est madame ? — Dans sa chambre. — J'y vais.

Et Tristan monta l'escalier lentement et en homme qui aimerait autant aller autre part que là où il va.

XXXVII

Tristan Joseph et Euphrasie Putiphar.

Tristan trouva madame Van-Dyck dans sa chambre à coucher.

Elle avait profité de ce qu'elle était chez elle, et bien chez elle, pour fermer les rideaux et n'être rouge que dans la demi-teinte.

Le piano était fermé.

Des fleurs sur la cheminée, sur la table, et partout où il y avait un vase, épanouissaient leurs gerbes. Les rideaux fermés, comme nous l'avons dit, ne pouvaient arrêter deux ou trois rayons de soleil qui venaient curieusement chercher, presque au fond de cette chambre, les fleurs qu'ils aiment. De temps en temps, un nuage passant sous le ciel voilait ces rayons et laissait les bouquets dans l'ombre ; ainsi une pensée de tristesse inattendue voile tout à coup un cœur joyeux et assombrit, en même temps, le cœur dans lequel un instant auparavant il reflétait sa joie.

Le soleil, l'été, les fleurs, les oiseaux dont les notes vont, passent, s'éloignent et pénètrent, ont bien vite fait un cadre poétique à un tableau bourgeois. C'était là-dessus que, comme sur un dernier secours, avait compté madame Van-Dyck.

Une femme ne pardonne jamais à un homme de la dédaigner, surtout quand, comme Euphrasie, elle a fait, seule, confidence de son amour.

Aussi, le lendemain d'un jour où s'est passé ce qui s'était passé la veille entre madame Van-Dyck et Tristan, celui-ci, pour peu qu'il eût un peu l'expérience des femmes, devait s'attendre à un surcroît de coquetterie et à un renfort de troupes fraîches.

Il avait vaincu la veille en pleine campagne; il allait avoir, sans aucun doute, quelques terribles Thermopyles à passer.

Euphrasie n'était pas une femme d'esprit, nous ne l'avons peut-être que trop répété, mais Euphrasie était femme, c'est-à-dire que, si la passion des sens ou du cœur pouvait un instant la dominer, et la mettre dans une position fausse, une fois le calme rétabli, une fois la réflexion revenue, madame Van-Dyck était incapable de retomber dans la même position.

Aussi, comme nous avons essayé, quand nous avons fait son portrait, de la montrer telle qu'elle était, c'est-à-dire fort accessible aux tentations extérieures et aux impressions physiques, ne serons-nous pas étonnés de la voir, dans ces derniers combats qu'elle va livrer à l'invulnérable Tristan, employer contre lui les armes qui réussiraient contre elle.

La journée est ardente comme la soirée de la veille; mais si ardente que fût cette soirée, il y avait de temps en temps des souffles d'air qui pouvaient rafraîchir un front brûlant et calmer une poitrine oppressée; si isolée que madame Van-Dyck fût dans le jardin, tout le monde pouvait la surprendre, témoin Athénaïs qui l'avait fait sortir de ce rêve qui n'avait pas encore sa réalité promise; madame Van-Dyck avait donc préalablement exclu les deux amis de la veille : la fraîcheur de l'air et les témoins. Elle était chez elle, où personne n'avait le droit de venir la déranger, elle avait fermé fenêtres et rideaux, et avait empli la chambre de tous les parfums qui peuvent compléter un désir.

Quant à elle, elle était vêtue de blanc, largement décolletée, les bras nus. Elle pouvait, surtout dans la demi-teinte, montrer avec coquetterie ses épaules et ses bras. On eût pu trouver des lignes plus fines, des contours plus distingués, des attaches plus aristocratiques, mais il était impossible de voir une chair plus vivante et plus fraîche que la sienne. Madame Van-Dyck eut été comparée à une naïade par un poëte du dix-huitième siècle. Nous, qui sommes plus prosaïques, et qui tâchons de montrer une femme vraie, dans le caractère que nous lui avons tracé, bien entendu, nous dirons simplement qu'elle était, comme la courtisane antique, d'une opulente propreté, soit que cette propreté fût naturelle, soit que ce fût un des moyens de combattre le vermillon de ses joues, vermillon qui, depuis l'arrivée de Tristan surtout, était la grande préoccupation et même la grande douleur de la pauvre femme.

Ayez une maîtresse maigre, si vous voulez; son caractère n'en souffrira que les jours où il faudra se décolleter pour aller au bal, et dans la vie habituelle à l'aide de robes montantes, d'un redoublement d'étoffes, de plis, de fourrures, de cachemires, que sais-je? elle en arrivera à vaincre superficiellement cette taquinerie de la nature, que, chez certaines femmes, on doit regarder comme une beauté.

Ayez une maîtresse coquette, méchante, infidèle, mère de famille, tout ce que vous voudrez; une fois sa coquetterie contentée, une fois ses méchancetés dites ou faites, une fois son infidélité commise, une fois ses enfants en nourrice ou en pension, elle redeviendra une maîtresse ordinaire et vous un amant tranquille; ayez enfin une maîtresse qui ait, si bon lui semble, tous les défauts moraux ou physiques qu'elle pourra cacher, mais n'ayez jamais pour maîtresse une femme qui a les joues rouges.

Nul ne peut savoir ce que la femme atteinte de cette infirmité souffre, et, par conséquent, fait souffrir à l'homme qui est assez fou pour l'aimer.

On ne peut compter ni sur son amitié ni sur son amour. Toute exaltation lui est défendue, tout mouvement refusé, toute émotion interdite. Il ne fait jour chez elle que le soir, et encore reste-t-elle fort loin de toute lumière. Après avoir quitté cette femme à qui les rideaux de son lit baissés, à qui les persiennes closes, à qui l'ombre presque totale qui règne le matin dans une chambre à coucher, avaient donné la même couleur et, un instant, la même expansion qu'aux autres, vous vous attendez à retrouver plus tard la même femme que vous avez quittée le matin. Vous arrivez confiant, joyeux, prévenant, vous avez envoyé des fleurs ou un bijou; vous demandez au moins un sourire; vous trouvez une femme complétement changée pour vous, immobile, tournant le dos au jour, nerveuse, contredisant tout ce que vous dites, vous accusant d'infidélité, médisant de tout le monde, pleurant. Vous vous inquiétez de ce qu'elle a, vous cherchez quel chagrin lui donne cette humeur, et n'en trouvant pas, vous rejetez ce changement sur l'ennui; vous lui offrez de sortir, d'aller au bal, au spectacle, à la campagne, elle refuse. Vous vous creusez la tête, vous vous disputez, vous êtes malheureux, vous souffrez, elle vous met à la porte; vous voulez la raison de tout cela : Elle est rouge.

Après votre départ, elle a sonné sa femme de chambre, elle a fait ouvrir les persiennes, les rideaux, elle a laissé entrer le soleil qui, comme un conquérant, est venu se poser sur tout, jouer sur les draps de son lit soyeux et doubler le reflet des glaces. Ensuite, elle s'est fait donner un miroir, s'est regardée, et avec un grand battement de cœur, s'est aperçue que l'insomnie, le rêve, le sommeil, ou n'importe ce qui a occupé sa nuit, l'a rendue rouge. Alors elle s'est levée, a grondé sa femme de chambre à propos de tout, est entrée dans son cabinet de toilette, où elle a trouvé qu'il faisait trop chaud, si c'est l'été, parce qu'on a ouvert; si c'est l'hiver, parce qu'on a tenu fermées les fenêtres. Seule, dans son cabinet de toilette, elle s'est regardée plus attentivement, et tout ce que la parfumerie a inventé pour la peau, d'onguents, de pâtes, d'eaux, de laits, a été mis en usage. Les cheveux n'ont pas été mis en bandeaux, mais en boucles, et ils ont été arrangés de façon à encadrer tellement les joues, qu'ils en cachent une partie. Le coiffeur a eu grand mal à coiffer madame; à peine y voyait-on clair dans le cabinet de toilette, car il ne faut pas paraître rouge, même devant son coiffeur.

La toilette terminée, elle s'est assise, elle a pris un livre, et de temps en temps elle s'est levée pour regarder les effets des huiles de rose ou d'amande; mais la peau rebelle a tout surmonté, et le frottement n'a fait qu'augmenter l'irritation cutanée. Enfin, on est venu vous annoncer, et, à votre nom, un dernier coup d'œil qui devait décider de votre sort a été donné à la glace.

Vous savez ce que ce coup d'œil a produit.

Je ne vous parle là que des tentatives extérieures faites pour réparer cet irréparable outrage, mais consultez les médecins. Ils vous diront les secours qu'on demande à leur art, qui, s'étant préoccupé des grandes questions vitales, a abandonné les petites questions de vanité, et est, à peu près impuissant contre cet entêtement du sang. Ils vous diront combien de maladies d'estomac ils ont eu à soigner et qui résultaient des drogues sulfureuses qui devaient, disait-on, agir sur la masse du sang et faire à la pauvre femme un teint à la rose pareil.

Nous ne voulons pas seulement retracer le côté moral de la femme, mais nous recherchons, en anatomiste consciencieux, les raisons physiques, et il y en a beaucoup, qui influent sur ce moral. De là nos éternelles digressions que le lecteur nous pardonnera à cause même de la récidive.

Puis le roman est-il le sillon que trace le bœuf? Est-ce la

ligne droite du géomètre? N'est-ce pas, roman d'aventures ou de cœur, un immense dédale où tout en tenant d'une main un fil pour ne pas se perdre, de l'autre on cueille, comme des fleurs dans un chemin, toutes les impressions qu'on rencontre ou tous les faits qui surgissent? Est-il dit que celui qui fera un livre sur une idée suivra toujours cette idée, en la répétant sans cesse, comme ces domestiques niais à qui l'on envoie faire une course, et qui, dans la crainte de ne pas arriver là où on les envoie, répètent le nom, la rue et le numéro, tout le long de leur chemin? Les livres du genre de celui-ci ne sont-ils pas de ces amis qu'on trouve toujours chez eux et avec lesquels on échange un moment de causerie sans fatiguer sa pensée, à qui l'on communique ses impressions, à qui l'on demande les leurs, et qu'on aime d'autant plus qu'on trouve leur nature en rapport avec la sienne?

Si, ambitieux des larges voies paternelles, je vous avais soumis un héros comme d'Artagnan ou Dantès, vous auriez le droit de m'en vouloir de ces détours sans nombre et de ces sentiers inattendus que je vous ferais suivre à côté de la route tracée; mais j'ai exprès donné au livre que vous avez sous les yeux un titre qui ne vous laisse pas le moindre doute à son égard, et pour peu que vous ayez lu la Bible, vous n'avez aucune hâte, en voyant à quels types de concupiscence et de chasteté j'associe mon héros et mon héroïne, de toucher l'horizon de ce chapitre commencé.

Il y a un de nos grands poëtes qui a dit en adorables vers ce que je viens d'essayer de vous dire en assez mesquine prose; lisez ou plutôt relisez Namouma, et vous m'excuserez un peu plus.

Nous disions donc que soit par nature, soit pour combattre la rougeur de ses joues, madame Van-Dyck était d'une opulente propreté.

Tant qu'elle n'avait eu de passion que pour Willem, ce ton un peu exagéré lui avait été assez indifférent, Willem étant comme le réflecteur de ce vermillon; mais, du jour où une pensée de convoitise amoureuse s'était glissée dans la vie uniforme d'Euphrasie et s'était reposée sur la nature distinguée et pâle de Tristan, on comprend que de ce jour Euphrasie regarda les superbes couleurs comme une infirmité, bien plus, comme un ridicule.

On s'explique donc sa colère, le matin, quand, après ce qui

s'était passé la veille, M. Van-Dyck avait eu l'heureuse idée de remarquer que sa femme était rouge.

Euphrasie était remontée chez elle, avait pleuré de rage, puis s'était aperçue que les larmes rendent les yeux rouges et les joues plus rouges, voilà tout. Alors elle avait consigné à sa paupière les larmes inutiles et même dangereuses, s'était renfermée dans son cabinet de toilette, avait dévoilé à son miroir les richesses de son corps, avait frissonné d'aise sous des aspersions fréquentes, puis en souriant au parfum voluptueux qui s'exhalait de tout son être, elle avait emprisonné dans de la batiste la plus fine ce corps dédaigné parce qu'il était inconnu. Puis, quand elle avait vu sortir M. Van-Dyck, elle avait sonné, et confiante dans les armes qu'elle venait de revoir et dans les rideaux épais qu'elle venait de fermer, elle avait fait appeler son ennemi.

Tristan s'attendait à une scène, à des reproches, à de la haine.

A peine était-il entré, qu'Euphrasie, de sa voix la plus douce, lui dit :

— C'est bien heureux ! — J'allais faire demander l'honneur de vous voir, madame. — Eh bien ? asseyez-vous, et causons.

Tristan prit une chaise et se mit à une certaine distance d'Euphrasie.

— Avez-vous donc peur de moi ? fit-elle ; rapprochez-vous.

Tristan se rapprocha.

— Eh bien ! reprit madame Van-Dyck en prenant la main du professeur, voilà donc de quelle façon vous venez aux rendez-vous que vous donnez ! — Que je donne ? ne put s'empêcher de dire Tristan. — Oui, que vous donnez, ou qu'on vous donne, si vous l'aimez mieux. Alors, c'est encore plus mal à vous d'y manquer. J'ai craint un instant que vous ne fussiez malade, j'étais inquiète. — Madame... — M'avez-vous entendue ? — Parfaitement. — Alors, pourquoi ce silence de votre part ? répondez, monsieur, faut-il encore vous dire qu'on vous aime ?...

Comme on le voit, dans ce dernier assaut, Euphrasie ne portait que de vigoureux coups droits dont la parade était difficile.

Tristan alla pour parler.

— Je sais ce que vous allez me dire, méchant, quelque mauvaise excuse. La crainte d'être surpris ou de ne pas être aimé. Vous êtes ainsi faits, vous autres hommes. Il faut que la femme qui vous aime dépouille toute pudeur, et ce n'est qu'en passant sous votre vanité qu'elle arrive à votre cœur. Eh bien ! Tristan, continua madame Van-Dyck en lui prenant l'autre main, ne vous avais-je pas dit tout ce qu'une femme peut dire? Vous m'avez bien fait souffrir, allez. Je vous maudissais ; je me promettais de ne plus vous parler, de ne plus vous voir. Ce matin, je n'ai pu retenir mes larmes, et cependant, lorsque je vous ai revu, je vous ai pardonné.

La position était embarrassante pour Tristan.

— Mais, madame, ajouta-t-il, à côté de l'amour qu'on peut avoir pour une femme, il y a souvent un sentiment qui doit triompher de cet amour illégitime. — Lequel?... — La reconnaissance... — Que voulez-vous dire?... — Je veux dire que je suis ici l'hôte de M. Van-Dyck, et que ce serait mal reconnaître l'hospitalité d'un homme que d'oser même aimer sa femme. — Que vous importe? et d'ailleurs le saura-t-il? — Mais je le saurai, moi. — Et alors?... — Et alors, à défaut de M. Van-Dyck, ma conscience me blâmera. — Et c'est pour de pareilles futilités que vous repoussez une femme qui vous aime? Il est trop tard, d'ailleurs. — Trop tard, reprit Tristan en faisant presque un bond sur sa chaise. — Certainement. Car hier, sans l'arrivée d'Athénaïs, vous seriez cet hôte coupable, ajouta Euphrasie en souriant. — Peut-être, madame. — A ce moment, vous ne réfléchissiez pas. — Mais depuis j'ai réfléchi. — Ah! et c'est le résultat de vos réflexions qui vous a empêché de descendre hier soir? fit Euphrasie d'un ton piqué. — Oui, madame. — Alors, vous avez bien dû vous moquer de moi, cette nuit, monsieur. — Pouvez-vous croire, madame? — Et puisque vous êtes si délicat, vous auriez dû répondre à M. Van-Dyck quand il vous a interpellé, et vous joindre à lui pour me dire de cesser à donner ce signal, connu de vous seul. — Croyez bien, madame, qu'un sentiment d'honneur est l'unique cause de mon silence. — Mais il est impossible, monsieur, que ce sentiment d'honneur soit ce que vous me disiez. Quand on a votre âge et quelque expérience de la vie, ce ne sont plus de ces considérations qui arrêtent un homme. Vous auriez dû au moins me laisser comprendre vos sentiments tout de suite, et ne pas vous faire un plaisir, et peut-être un triomphe, de l'amour d'une pauvre femme, qui, n'écoutant que son cœur, vous a avoué son amour et que vous faites rougir aujourd'hui de son aveu. Du reste, j'oublierai ce que j'ai souffert et l'humiliation que je subis, mais à la condition que vous m'avouerez qu'il y a à vos dédains une autre raison que la sotte raison que vous me donniez tout à l'heure.

Le dépit commençait à dominer la stratégie de madame Van-Dyck, et il n'était pas difficile de voir qu'elle allait s'abandonner à une fausse manœuvre.

Du reste, il n'eût pas été aisé, même pour une femme d'esprit, de sortir spirituellement d'une pareille aventure.

— Eh bien! madame, reprit Tristan, qui pensa qu'il pouvait atténuer ce qu'il allait dire par quelques compliments, vous me permettez de parler à cœur ouvert? — J'écoute. — Eh bien! oui, madame, je vous aime! Oui, j'ai été hier soir près de manquer à mon serment, car j'en ai fait un; en vous voyant si belle, je n'étais plus maître ni de mes sens, ni de mon cœur, ni de ma parole. Heureusement, pardonnez-moi ce mot, Athénaïs, en vous rappelant, m'a rendu à la vie réelle. — On peut toujours dire à une femme qu'on l'aime, quand on doit lui donner après de bonnes raisons pour ne pas l'aimer, dit madame Van-Dyck. —Permettez que je me taise alors, madame. —Continuez, monsieur. — Vous vous rappelez l'époque où j'eus le plaisir de faire votre portrait? — Oui. — Ce fut à ce moment qu'une véritable passion s'empara de moi; et cependant je ne vous l'ai jamais avouée.—Que dites-vous donc?—La vérité.—Si vous ne m'avez pas avoué cet amour, vous me l'avez au moins laissé comprendre. — En aucune façon. — Mais vous mentez impudemment, monsieur! s'écria madame Van-Dyck, que la colère commençait à dominer de nouveau.

Tristan se leva.

— Restez, monsieur, je le veux. Quand vous m'avez demandé pour qui était ce portrait, que vous ai-je répondu? — Que vous ne vouliez pas me le dire. — Mais que vous pouviez le deviner. —Oui. — Quand il a été fini, et qu'après mille détails, où vous aviez pu reconnaître le fol amour que j'avais pour vous, je vous ai demandé si vous aviez remis ce portrait à celui à qui il était destiné, que m'avez-vous répondu? — Que je l'avais remis. — Eh bien! monsieur, rendez-moi ce portrait, et sortez de chez moi. — Eh! madame, je ne l'ai pas ce portrait, fit Tristan, qui à la fin perdait patience aussi. — Et qui l'a? demanda madame Van-Dyck en se levant. — Ne m'aviez-vous pas dit que ce portrait était pour un homme que vous aimiez? — Eh bien? — Je l'ai remis à votre amant, madame.—A mon amant?—A monsieur Willem.—Et qui vous a dit que monsieur Willem fût mon amant. — Lui! — Il a menti, monsieur, quand il l'a dit, et vous êtes un impertinent de me le répéter. Jouée et humiliée par cet homme! murmura madame Van-Dyck. Oh! je me vengerai de tout cela, monsieur. — Pardon, madame, fit Tristan en reprenant son calme, mais je crois que la colère vous fait oublier la vérité. J'ai essayé de rester fidèle à un serment que j'ai fait, et au lieu de me remercier quand je veux vous sauver des remords peut-être, vous me traitez comme un valet. — Et quel serment avez-vous donc fait, monsieur? — J'ai fait le serment de n'être jamais pour vous qu'un ami. — Et à qui? — A Willem, madame. — Et de quel droit monsieur Willem vous a-t-il demandé ce serment? — Il m'a dit qu'il vous aimait, que vous étiez sa maîtresse depuis longtemps, et il m'a avoué qu'il était jaloux de moi. Je lui ai promis alors que vous seriez pour moi une sœur sacrée, et cette promesse était d'autant plus difficile à tenir que vous êtes belle, madame, et que, je viens de vous le dire, moi aussi je vous aimais. — Et qui vous forçait à faire ce serment? dit madame Van-Dyck, qui vit bien qu'il n'y avait plus moyen de nier sa liaison avec Willem. — Une sympathie très-grande que j'avais pour lui, madame, le respect que j'ai pour une affection sérieuse, et la résolution que j'ai prise d'immoler mon bonheur au bonheur de ceux que j'aime. — Sot! murmura Euphrasie. — Et maintenant, madame, après ce qui s'est passé, j'ai compris qu'il ne me reste plus qu'à quitter une maison où j'ai porté le trouble, bien involontairement d'ailleurs, et d'où je sortirai, sinon avec votre amitié, qui m'eût été cependant bien chère, du moins avec votre estime, que vous ne pouvez me refuser.

Tristan s'inclina, ouvrit la porte et sortit, sans que madame Van-Dyck dît une parole ou fît un geste pour le retenir.

Quand il se trouva sur le carré, il s'arrêta en se disant :

— Me voilà bien, maintenant!

Puis il ajouta :

— Tant pis! j'ai fait ce que je devais faire.

— Oh! l'infâme! se dit Euphrasie, comme il s'est moqué de moi! Mais tout n'est pas fini, monsieur Tristan, et vous me payerez cher cette petite plaisanterie.

Et, après avoir essuyé les larmes de colère qui mouillaient ses yeux, madame Van-Dyck ouvrit son secrétaire, prit du papier, de l'encre, des plumes, et se disposa à écrire.

En même temps, Tristan rentrait dans sa chambre, quelque peu rêveur, et, ouvrant le tiroir de sa table, il en tira des plumes, du papier, s'assit et s'accouda comme un homme qui va écrire une lettre.

XXXVIII

Les deux lettres.

Peu de temps après son arrivée à Bruxelles, où il avait déjà commencé à s'occuper de l'affaire qui concernait la maison Daniel, ce qui l'avait convaincu qu'il ne pourrait revenir avant trois semaines, Willem reçut deux lettres.

Sur l'enveloppe de l'une, il reconnut l'écriture de Tristan; sur l'enveloppe de l'autre, l'écriture d'Euphrasie.

Il porta d'abord la main au cachet de celle-ci; mais, comme, quelque amitié qu'il eût pour son ami, il aimait encore plus sa maîtresse, il garda la lettre d'Euphrasie pour la bonne bouche, comme on dit, d'autant plus qu'elle paraissait plus volumineuse que l'autre, et il ouvrit celle de Tristan, pour passer, en sybarite, d'un plaisir très-grand à une satisfaction complète.

Willem ferma sa fenêtre, pour que les bruits du dehors ne troublassent pas sa double lecture, baisa avec transport la lettre réservée, s'étendit nonchalamment dans un grand fauteuil et lut :

« Vous ne pouvez, mon cher Willem, vous figurer combien votre départ me rend malheureux. Je ne sais ce que je donnerais pour que vous fussiez ici. De votre côté, je suis sûr que vous partagez mes regrets; seulement, je doute qu'ils aient la même cause.

» Rien n'est changé à votre égard dans la maison; il n'y a que pour moi que la position paraît s'assombrir un peu. Je crois que je vais être forcé de quitter M. Van-Dyck, pour des circonstances particulières que je vous expliquerai plus tard. Je ne suis heureux dans rien de ce que j'entreprends, et si de temps en temps je ne trouvais une consolation dans une amitié comme la vôtre, je crois que je désespérerais décidément de la vie.

» Nous n'avons fait, madame Van-Dyck et moi, que parler de vous. Je me permets de la nommer, parce que je sais que vous êtes un garçon prudent et que vous ne laisserez pas traîner ma lettre. Elle ne m'a pas caché sa pensée sur vous, et je crois qu'elle partage, dans un autre sens, mes regrets de votre départ.

» Je la regardais hier fort attentivement, pendant qu'elle me parlait de vous; elle paraissait fort émue, et je crois connaître à cause de cette émotion. Je ne pense pas avoir besoin de vous la dire. Soyez heureux, vous le méritez bien, et au milieu de ma tristesse, née de circonstances inattendues, je suis fier de me dire que vous me devez un peu de votre joie présente et à venir.

» Je pense que vous pouvez m'écrire encore au Canal des Princes ; je ne partirai peut-être pas avant que votre lettre arrive, et, d'ailleurs, je laisserais mon adresse, car je quitterai M. Van-Dyck, mais ne quitterai pas la ville.

» Adieu, cher ami ; j'irai peut-être à Bruxelles vous porter un peu de joie et prendre ma part de ce que je vous porterai.

» Quoi qu'il arrive, ne doutez ni de mon amitié ni de mon dévouement. »

— C'est étrange ! se dit Willem après avoir lu, cette lettre est mystérieuse et triste. Pourquoi Tristan quitte-t-il la maison ? pourquoi ne me donne-t-il pas les causes de sa rupture avec M. Van-Dyck ? Pauvre garçon, que diable lui arrive-t-il ?

Et Willem oublia un moment la lettre qu'il tenait dans sa main gauche.

— Je relirai cela tout à l'heure, pensa-t-il ; et posant la lettre de Tristan sur la cheminée, il ouvrit avec un tressaillement de bonheur celle d'Euphrasie.

Voici ce qu'elle contenait :

« Cher bien-aimé,

» Tu ne peux comprendre combien ton absence rend malheureuse ton Euphrasie ; je suis d'une tristesse horrible. Et toi, tu es bien triste aussi de ton côté, j'en suis sûre ? Oh ! que l'amour est une chose cruelle, quand il faut se séparer ! Quand je dis que vous êtes triste, monsieur, je m'abuse peut-être, et il se peut que vous me trompiez. Vous savez comme je suis jalouse, et je tremble toujours que vous n'aimiez une autre femme. Si cela arrivait, Willem, j'en mourrais... »

— Comme elle m'aime ! se dit Willem, et il continua, avec des larmes de joie dans les yeux :

« Je suis bien triste, va. Hier, j'ai laissé ma fenêtre ouverte toute la nuit, comme si je t'avais encore attendu. Hélas ! tu ne devais pas venir. Je n'ai pas fermé les yeux. Je me suis, pour me distraire, mise à mon piano, et à deux heures du matin, il a été forcé de me dire que je troublais tout dans la maison ; j'avais oublié l'heure et ne pensais qu'à toi. Il me semblait que cette musique allait te trouver et te surprenait veillant comme ton Euphrasie, et répétant son nom comme elle répétait le tien.

» Tu es plus heureux que moi, tu as mon portrait, et mon cœur seul me retrace ton image. M. Tristan m'a dit qu'il avait accompli la mission dont je l'avais chargé, et qu'il t'avait remis ce portrait que j'avais fait faire sans que tu le susses et pour te ménager une surprise. Te plaît-il? Es-tu heureux? Oh! écris-moi, mon Willem adoré, et répète-moi souvent que tu m'aimes; c'est un mot si doux pour la femme qui n'a jamais aimé et qui sent qu'elle aime enfin! Et cependant, malgré tout mon amour pour toi, il faut que je te fasse un chagrin. J'ai longtemps hésité à t'écrire ce que tu vas apprendre; mais je ne me reconnaîtrais plus digne de toi si mon cœur te cachait quelque chose.

» Tu es si bon, que tu ne devines pas le mal, et que tu ne supposes pas qu'on puisse te tromper. La vie est pleine de déceptions, mon ami; et il n'y a peut-être au monde que nous deux qui nous aimions sans arrière-pensée, et qui mettions tout notre bonheur dans cet amour. J'ai reconnu, du reste, que j'étais tombée dans la même erreur que toi, et j'ai été bien triste d'être ainsi désillusionnée sur un homme que je croyais notre ami... »

— Qu'est-ce que cela veut dire? murmura Willem.

Et il reprit :

« Tu sais comme nous avons toujours été bons pour M. Tristan, comme nous avons été confiants envers lui; moi-même, et je reconnais maintenant mon imprudence, j'avais été jusqu'à lui presque confier notre amour, puisque c'est lui qui a fait mon portrait et qui te l'a remis. Eh bien! vois, mon chéri, comme nous avions tort d'avoir confiance dans un pareil homme.

» Hier soir, et bien innocemment, je pris son bras et me promenai dans le jardin en lui parlant de toi. D'abord il me répondit assez bien, puis je m'aperçus que peu à peu il ne me répondait plus, et qu'il me pressait le bras; je voulus le retirer, il le retint. Alors je m'assis; il se mit à côté de moi, et sans me dire tout à fait qu'il m'aimait, il me le laissa du moins parfaitement comprendre, et ma position allait être fort embarrassante, quand, heureusement, Athénaïs vint m'appeler.

» J'avais toujours trouvé ce jeune homme si aimable, que je

ne pouvais me résoudre à croire qu'il voulait me faire la cour, quoique, dans plusieurs circonstances, j'eusse déjà cru m'en apercevoir, comme je crois te l'avoir dit, et je rejetais l'interprétation de ses paroles sur la direction amoureuse de mon esprit, qui ne songeait qu'à toi, et sur la coquetterie naturelle aux femmes. Aussi, je m'étais bien promis de ne pas même t'en parler ; mais la chose a pris un caractère si grave, que je crois de mon devoir de t'en avertir... »

— Oh ! c'est affreux ! dit Willem ; et il poursuivit :

« Figure-toi, cher aimé, que ce matin j'étais triste, et il est inutile de te dire la cause de ma tristesse, je pense. M. Van-Dyck me tourmenta au point que je me mis à pleurer. Doute encore que je t'aime ! Bref, je me réfugiai dans ma chambre, où je pleurai tout à mon aise, et où je comptais passer le jour à rêver à toi, lorsque, M. Van-Dyck étant sorti, M. Tristan se présenta.

» Je ne pouvais pas faire autrement que de le recevoir, et je croyais qu'il venait s'excuser de sa conduite de la veille. Je ne te dirai pas tout ce qui se passa, je rougirais de te détailler ce que cet homme m'a dit ; sache seulement qu'il se permit de telles paroles, que je me mis à pleurer de honte, et qu'après l'avoir mis à la porte de ma chambre, je lui signifiai qu'il eût à quitter à tout jamais la maison de M. Van-Dyck. Au moment où je t'écris, je suis encore tout émue de cette scène, et cependant je n'ai pas voulu commencer cette lettre par le récit de pareilles choses, afin que les premiers mots que tu lirais de moi ne fussent pas une mauvaise nouvelle.

» Tu comprends les raisons qui me font t'écrire tout cela : tu aimes beaucoup cet homme, et comme il est très-fin, il eût pu, abusant de son esprit et de ton amitié, te faire croire quelque mensonge sur mon compte, et m'ôter ton amour et ton estime, les deux choses auxquelles je tiens le plus.

» Du reste, ne lui écris pas, ne lui fais aucun reproche de ce qui s'est passé ; il va quitter la maison, ne lui donne pas, avant qu'il parte, cette satisfaction de croire qu'il t'a fait de la peine.

» C'est un bien méchant homme. Écris-moi bien vite s'il t'a remis mon portrait ; car, bien qu'il me l'ait assuré, je tremble qu'il ne l'ait gardé, et qu'une fois hors d'ici il ne s'en fasse un trophée.

» Adieu, cher bien-aimé ; écris-moi souvent en déguisant un peu l'écriture de l'enveloppe à cause des domestiques, qui pourraient la reconnaître. Adieu encore et mille tendres baisers. Je t'aime ! »

Euphrasie avait eu bien de la peine à écrire cette lettre; mais, enfin, elle l'avait écrite.

Quant à Willem, quand il eut fini de la lire, on eût pu le croire changé en marbre.

XXXIX

Le jour où ces deux lettres avaient été écrites, M. Van-Dyck rentra seulement à six heures moins cinq minutes.

Il fit un tour dans le jardin, puis il rentra dans la salle à manger comme six heures sonnaient.

Il y avait trois couverts, mais personne n'était encore descendu.

M. Van-Dyck sonna.

Le domestique parut.

— Servez, dit-il.

Le domestique reparut avec le potage.

— Où est M. Tristan ? — Dans sa chambre. — Et madame ? — Dans la sienne. — Prévenez-les.

M. Van-Dyck se mit à table et se servit.

Le domestique reparut.

— Madame n'a pas faim, dit-il. — Et M. Tristan ? — M. Tristan non plus. — Ah ! — Eh bien ! ajouta M. Van-Dyck, remontez prier M. Tristan de descendre me tenir compagnie, je n'aime pas dîner seul.

Quelques instants après, Tristan ouvrait la porte de la salle à manger.

— Vous n'avez donc pas faim ? — Non, monsieur, merci. — Dînez, l'appétit viendra. Qu'a donc madame Van-Dyck ? — Je l'ignore. — Voyons, asseyez-vous.

Tristan s'assit.

Un violent coup de sonnette parti de la chambre d'Euphrasie se fit entendre.

Une minute après Athénaïs parut.

— Monsieur, dit-elle, madame vous demande. — Pourquoi ? — Je n'en sais rien. — Est-ce qu'elle est malade ? — Non, monsieur. — Dites-lui que je dîne, et qu'après dîner je monterai la voir.

Athénaïs obéit.

— C'est la mauvaise humeur de ce matin qui continue, fit M. Van-Dyck. Vous n'avez donc pas consolé ma femme, vous? ajouta-t-il en s'adressant à Tristan. — Il paraît. — Ah çà! que diable avez-vous donc, mon cher Tristan? vous êtes triste à m'ôter l'appétit. — Quand vous aurez dîné, mon cher monsieur Van-Dyck, je vous conterai cela. — Pourquoi pas maintenant? — Parce que... — C'est la meilleure raison, je m'en contente.

En ce moment Athénaïs reparut.

— Monsieur, madame a à vous parler tout de suite. — Dites-lui qu'elle descende.

Comme on le voit, M. Van-Dyck ne voulait pas obéir à sa femme devant Athénaïs.

La cuisinière sortit de nouveau.

— Les femmes sont étonnantes! fit le commerçant en se coupant une tranche de bœuf; elles ne comprennent pas qu'on fasse ce qu'elles ne veulent pas faire. Ainsi, j'ai faim, ma femme, qui ne veut pas manger, n'aura pas de cesse qu'elle ne m'ait fait quitter la table.

Tristan sourit comme un homme préoccupé, qui comprend qu'il faut qu'il réponde au moins par un sourire à ce qu'on lui dit.

Athénaïs rentra une troisième fois.

— Descend-elle? fit M. Van-Dyck. — Non, monsieur. — Pourquoi? — Madame m'a demandé si vous étiez seul, j'ai répondu que non, que vous étiez à table avec M. Tristan; alors elle a dit que comme c'est à vous qu'elle veut parler, mais à vous seul, elle vous priait de monter.

M. Van-Dyck haussa les épaules.

— Je vais me retirer, fit Tristan en se levant. — Du tout! restez; je vais monter, sans quoi je n'aurai pas la paix de toute la soirée.

Et le marchand de toiles jeta avec un geste de mauvaise humeur sa serviette sur la table.

— Elle est dans sa chambre? dit-il en passant devant Athénaïs. — Allons, dit celle-ci quand M. Van-Dyck eut refermé la porte, je m'en vais lui remettre son dîner près du feu, parce qu'il en a au moins pour une heure, et tout serait froid.

Et elle sortit en remportant le plat qu'elle venait d'envoyer.

— Je voudrais bien savoir ce qu'elle va dire à son mari, cette bonne dame Van-Dyck. Soyez donc un ami consciencieux! Voilà de jolis résultats, sans compter qu'elle a fait mettre une lettre à la poste pour Willem, dans laquelle elle doit bien me traiter. Ah! Louise! ah! Henriette! ah! Léa!

Et Tristan retomba dans ses pensées, tout en caressant un énorme chat blanc qui passait de temps en temps dans le rayon de soleil qui venait éclairer le pied de la table, et faisant le gros dos, miaulait comme tous les chats qui voient une table servie et quelqu'un assis à cette table.

Pendant ce temps, M. Van-Dyck était monté près de sa femme.

Il l'avait trouvée se promenant à grands pas dans sa chambre.

— Eh bien! que me voulez-vous? avait-il dit. — Ah! c'est bien heureux! avait fait madame Van-Dyck. Il ne faut vous envoyer chercher que trois fois. — Chère amie, j'avais très-grand faim : et comme ce que tu as à dire n'est sans doute pas très-pressé, j'hésitais à quitter mon dîner. — C'est poli. — Est-ce pour me faire une scène que tu m'as fait appeler? Alors je m'en vais. — Non, monsieur, c'est pour voir si vous êtes capable de faire quelque chose qui me soit agréable. — Parle, chère amie, parle. — J'entends que M. Tristan quitte cette maison demain même. — Tristan! — Oui. — Pourquoi? — Parce que cela me plaît. — Mais s'il me plaît qu'il reste? C'est un garçon charmant dont je n'ai qu'à me louer. — Alors, vous choisirez entre votre femme et lui. — Parce que? — Parce qu'il m'a offensée. — Est-ce qu'il aurait oublié de te faire la cour? dit M. Van-Dyck enchanté de cette facétie. — Êtes-vous monté pour me dire des impertinences, monsieur? — On ne peut donc pas plaisanter? — Non, monsieur, pas dans les choses graves. — Ah! Et que vous a-t-il fait? — Il a voulu vous tromper, monsieur! — En quoi faisant? — En m'avouant son amour. — Il t'aime? — Oui, monsieur. — Et c'est pour cela que tu veux qu'il nous quitte? — Oui. — C'est la première fois que cela t'arrive. — Que voulez-vous dire? — Je veux dire que je suis bien bon d'écouter vos sornettes, et que Tristan n'a pas plus envie de vous dire qu'il vous aime que moi.

Et tout en disant cela, M. Van-Dyck rangeait symétriquement deux vases qui n'étaient pas sur la même ligne.

— Ainsi, reprit Euphrasie, vous donnez raison à cet homme? — Non; je vous donne tort, voilà tout. — Contre le premier venu? — Tristan est un garçon dévoué. — Un homme que vous avez trouvé sur une route. — Ce dont je suis très-content, je vous assure. — Qui n'a ni feu ni lieu. — Raison de plus pour qu'il reste ici. — Qui ne savait où aller. — C'est pour lui éviter pareil embarras que j'entends qu'il demeure avec nous. — C'est bien, dit Euphrasie au comble de la colère; c'est bien, monsieur, voilà tout ce que je voulais savoir. — Je puis retourner dîner alors? — Oui. Seulement, je vous préviens d'une chose. — De laquelle? — C'est que, si demain à quatre heures, M. Tristan est encore ici, demain soir je quitte la maison. — A votre aise. — Et j'aurai appris une chose que je désirais savoir. — Et qui est? — Qui est que vous ne savez pas faire respecter votre femme. — Ce n'est pas moi que cela regarde. — Et qui cela regarde-t-il, je vous prie? — Cela regarde Willem. — Insolent! fit madame Van-Dyck avec deux larmes de rage. — Ah! de grâce, ne nous emportons pas, continua M. Van-Dyck avec le plus grand sang-froid. Vous tenez à Willem, moi je tiens à Tristan. Ce ne sont pas les mêmes raisons qui nous font agir, c'est vrai, mais les miennes, pour être plus naturelles, ne sont pas plus mauvaises. Je vous laisse faire tout ce que voulez pour être tranquille. Au nom du ciel, ne me forcez pas à vous dire que je vois avec les yeux fermés : restons chacun comme nous avons été toujours, et surtout ne nous disputons ni de onze heures à midi ni de six heures à sept; à ces heures-là je déjeune ou je dîne. Le reste du temps, mettez-moi en colère si vous pouvez, je vous y autorise, mais je vous en défie. — Quelle horreur! — Des grands mots! très-bien. Vous êtes triste depuis hier, je comprends cela, et c'est sur moi que cela retombe. C'est trop juste, c'est moi qui l'ai envoyé à Bruxelles. J'aurais dû y aller moi-même, n'est-ce pas? Mais je n'étais pas en train de voyager, et je n'ai pas des commis que pour vous. Quant à Tristan... — Il sortira d'ici. — Quant à Tristan, que j'aime, il restera ici. Peut-être lui en voulez-vous comme Phèdre en voulait à Hippolyte, cela ne m'étonnerait pas, madame, mais il peut être tranquille, je n'invoquerai pas Neptune, et il n'y aura pas dans tout ceci de monstre armé de cornes menaçantes. Croyez-moi donc. Cachez votre amour si vous l'aimez et qu'il ne vous aime pas, votre rancune si vous le haïssez et qu'il vous aime, et ne me battez plus les oreilles de tout cela. Voulez-vous venir dîner? — Quelle infamie! dit madame Van-Dyck en fondant en larmes; je me vengerai. — Vous ne voulez pas descendre? Une fois, deux fois, trois fois? Je vous salue.

Et M. Van-Dyck sortit de chez sa femme, rentra dans la salle à manger, où Tristan attendait avec quelque anxiété le résultat de cette conversation qu'il comprenait devoir le regarder.

M. Van-Dyck reprit sa place, remit sa serviette sur ses genoux, et se tournant vers le domestique, lui dit :

— Servez le poulet.

XL

— Madame Van-Dyck serait-elle malade? hasarda Tristan, qui, après tout, n'ayant rien à se reprocher, n'était pas fâché de savoir à quoi s'en tenir sur sa position. — Non, répondit M. Van-Dyck, elle est de mauvaise humeur, voilà tout. Querelles de ménage, ajouta-t-il en souriant. — Mais, reprit Tristan, pardonnez-moi cette question, serais-je pour quelque chose dans cette mauvaise humeur? — Oh! mon Dieu! oui, pour tout. — Et madame Van-Dyck vous a-t-elle dit en quoi j'ai pu lui déplaire? — Oui. — Et? — Eh! elle prétend que vous lui avez fait la cour. — Je vous jure... — Vous n'avez pas besoin de le jurer, je sais qu'elle ment. — Écoutez, mon cher et bon monsieur Van-Dyck, je vous dois beaucoup; vous avez été pour moi ce que le meilleur de mes amis n'eût pas été, et vous me donnez encore, en ce moment, une preuve de confiance qui m'honore et dont je vous serai reconnaissant toute ma vie; mais je crois qu'il vaut mieux que nous nous séparions. — Et pour quel motif? — Parce que madame a pris, je ne sais où, sujet de mécontentement contre moi; qu'elle vous demandera éternellement de nous séparer, et que je ne me reconnais pas le droit de vous apporter des ennuis en échange de votre hospitalité cordiale. Je ne vous en voudrai pas; je garderai éternellement dans mon cœur le souvenir de vos bons procédés; mais pour votre tranquillité, permettez que je quitte la maison. — Vous êtes fou. — Vous ne consentez pas? — Pas le moins du monde. — Alors je prendrai sur moi la responsabilité de cette séparation. — Je vous le défends bien, cher ami. — Mais alors vous serez tourmenté à cause de moi. — Non. — Madame Van-Dyck trouvera toujours quelque chose à dire. — Non. — Et un beau jour elle vous convaincra, et au lieu de nous quitter bons amis, nous nous séparerons brouillés. — Non! non! quatre fois non! Vous ne me connaissez pas, mon cher Tristan, j'ai une volonté de fer. Vous resterez avec nous, et ma femme ne vous pardonnera pas, parce qu'elle n'a rien à pardonner; mais elle s'adoucira, et cela parce que je le veux. Ainsi donc, mon cher ami, n'oubliez pas que rien n'est changé et que vous êtes toujours ici chez vous. Qu'allez-vous faire ce soir ? — Je ne sais. — Eh bien ! restez ici, moi je vais sortir, et je vous prédis que ma femme descendra, et que vous ferez votre paix, si vous voulez, ce qui vaudrait encore mieux que tout. — C'est bien difficile. — Ne croyez pas cela ; pourvu que vous fassiez ce qu'elle voudra. — Je l'ai toujours fait. — Peut-être que non.

Tristan regarda M. Van-Dyck, lequel, le nez sur son assiette, semblait n'avoir mis aucune intention à ce qu'il venait de dire.

— Il n'y a qu'une chose, reprit le marchand, que je vous défends de faire... — Laquelle ? — C'est de me quitter. — Excepté cela ? — Vous avez carte blanche. Mais quoi qu'il arrive, que ma femme devienne votre alliée ou reste votre ennemie, vous pouvez compter sur ce que je vous ai dit tout à l'heure. — Merci. — Moi, je sors, je vais voir un de mes amis dont je vous ai parlé, et qui habitait Milan, d'où il arrive avec sa femme. — Ah ! oui, le docteur Mametin. — Justement. — Est-ce lui qui soigne Édouard ? — Non, il ne s'occupe plus de médecine. A peine s'il sort ; il est très-vieux. — Sa femme est jeune ? — Oui. — Jolie ? — Oui. — Ah ! ah ! monsieur Van-Dyck ? — Vous vous trompez ; et, outre qu'elle est très-sage, Mametin est un de ces vieux amis qu'on ne trompe pas. — Je suis bien de votre avis, la femme d'un ami est sacrée. — Peuch ! c'est selon la femme. Ainsi, faites votre paix, si vous pouvez, et à demain.

M. Van-Dyck donna une énergique poignée de main à Tristan, et sortit.

— Je voudrais bien savoir le dernier mot de cet homme, dit Tristan en voyant s'éloigner M. Van-Dick.

Et il s'installa au salon avec un livre ; mais madame Van-Dyck tint rancune et ne descendit pas.

Il est inutile de dire que Tristan en fut enchanté.

Tout le temps qu'il passa dans ce salon, un livre sous les yeux, il le passa à réfléchir sur sa situation présente. S'il n'avait écouté que les instincts de son caractère indépendant, il eût plutôt abandonné la maison que de soutenir une lutte avec Euphrasie, qui, blessée dans ce qu'une femme a de plus cher, dans son amour-propre, devait, un jour ou l'autre, arriver à triompher de lui, à moins qu'elle ne fût plus comme les autres femmes et M. Van-Dyck comme les autres maris. Il valait cependant encore mieux attendre l'événement que de le précipiter.

Si Tristan sortait de la maison du commerçant sans savoir où aller ni que faire, les quelques ressources que cette rencontre inattendue lui avait permis d'économiser s'épuiseraient bien vite, et il ne lui resterait plus, à moins qu'une aventure nouvelle ne se présentât, qu'à racheter un pistolet et à recommencer l'histoire du bois de Boulogne. Disons aussi que Tristan commençait à se lasser de ces aventures qui n'apportaient jamais qu'un secours momentané et sans résultat à sa situation, et qu'il était un peu ballotté par les circonstances, comme un naufragé qui, accroché à une planche, verrait, quand la vague serait haute, le rivage où il espère aborder, et retomberait dans l'incertitude et le danger quand la vague, s'écoulant en poussière d'eau, ne lui laisserait plus voir que la profondeur de l'abîme.

Et encore le rivage qu'il apercevait de temps en temps ne paraissait pas être d'une solidité bien remarquable ni d'un abri bien sûr. Ses yeux trompés pouvaient bien prendre pour la terre ferme quelque nuage que le premier souffle du vent disperserait en flocons gris en ne laissant plus autour de lui que le *pontus et undique Pontus* dont parle Virgile.

En effet, nous serions heureux de savoir à quel horizon palpable et certain auraient pu tendre, sinon les pas, du moins les yeux de notre héros. Il n'avait rien à attendre de personne ; sa mère était morte, sa femme était mariée, où, quand et comment, il l'ignorait et préférait même l'ignorer toujours, ce détail ne devant à coup sûr compliquer que d'une phase ridicule son existence si bizarrement accidentée.

La maison de M. Van-Dyck était donc le seul port où il pût se trouver quelque peu à l'abri du vent et des orages qui l'attendaient évidemment en dehors. Il fallait donc faire tout au monde pour rester où il était. Le jeune Édouard avait neuf ans, son éducation, qu'il pouvait faire aussi bien que qui que ce fût, lui assurait, dans la maison, au moins huit années, après lesquelles M. Van-Dyck ne pourrait pas abandonner l'homme qui aurait sacrifié le plus beau temps de sa vie à l'éducation de son fils, et assurerait évidemment à cet homme une position quelconque qui lui permettrait de voyager sur une mer calme, ou, pour déserter tout à fait la métaphore, d'avoir tout simplement une vie tranquille.

Malheureusement, comme nous l'avons vu, le moyen que

Tristan eût voulu employer pour arriver à ce résultat n'était pas celui que madame Van-Dyck avait trouvé, et auquel même il semblait, par moments, que M. Van-Dyck consentît.

Puis Tristan lui-même eût-il accepté cette position, et nous nous hâtons de dire qu'elle lui répugnait, que, sous le rapport même de l'intérêt, elle ne lui offrait qu'une chance de trois ou quatre semaines de plus.

En effet, qu'arriverait-il au retour de Willem, si, pendant son absence, Tristan devenait l'amant d'Euphrasie, après le serment qu'il avait fait de ne le pas devenir? Ou il se trouverait forcé de quitter la maison devenant naturellement un enfer par la douleur du commis, et qui sait, peut-être? par la réconciliation de Willem et d'Euphrasie; ou il mettrait Willem, ce bon et honnête garçon qui avait eu confiance en lui, qui ne lui avait jamais rien fait, dans la nécessité de quitter la maison et de lui céder sa place, ce qui eût été un moyen encore douteux, mais certainement déshonnête, d'assurer l'avenir.

Tristan ne voyait donc qu'une seule façon de tout concilier, c'était de gagner avec la protection de M. Van-Dyck jusqu'au retour de Willem et de presser Willem de revenir. Une fois Willem revenu, Euphrasie reprenait les anciennes habitudes, oubliait ce qui s'était passé entre elle et Tristan, qui lui faisait comprendre tout le bonheur qu'elle retirait de ses chastes refus; le jeune Édouard devenait très-instruit, et tout se terminait par une apothéose générale.

Quand Tristan en fut arrivé à ce point de ses réflexions, il résolut d'écrire tout de suite à Willem de hâter l'affaire Daniel et de revenir promptement pour lui rendre un service. Il savait que c'était, avec le désir de revoir Euphrasie, le moyen de faire revenir vite le commis.

Il était environ dix heures, madame Van-Dyck ne descendrait plus; il remonta dans sa chambre, écrivit à Willem une petite lettre fort tendre, et, bercé par ses espérances, il s'endormit d'un sommeil tranquille, et qui était la récompense de ses luttes et de ses bonnes pensées.

Tristan ne se réveilla qu'assez tard. Il fit mettre la lettre à la poste pour Willem, et descendit au moment où onze heures sonnaient. Il entra dans la salle à manger, où était déjà M. Van-Dyck lisant son journal.

— Eh bien! dit le commerçant, avez-vous vu madame, hier soir? — Non. — Toujours en guerre, alors? — Il paraît. —

Attendons. Vous allez bien? — Parfaitement. — C'est le principal.

Tristan jeta alors les yeux sur la table, et vit qu'il n'y avait que deux couverts.

— Diable! pensa-t-il, serais-je déjà exilé?

Le domestique apporta les œufs, etc.

M. Van-Dyck se mit à table, en faisant signe à Tristan d'en faire autant.

Tristan s'assit.

— Et madame, descend-elle déjeuner? fit M. Van-Dyck. — Non, monsieur, répondit le domestique. — Pourquoi n'avez-vous mis que deux couverts? — Parce que madame déjeune dans sa chambre. — Seule? — Non, monsieur, avec une de ses amies. — Très-bien; déjeunons alors. — Allons, il y a guerre ouverte. — Et c'est moi qui suis cause de tout cela, fit Tristan. — Elle s'adoucira, soyez tranquille.

Puis le déjeuner se passa à parler d'autres choses. Quand il fut fini :

— Édouard va bien maintenant, dit M. Van-Dyck, je crois que vous pourriez lui donner une leçon aujourd'hui. Montez, je vous prie, dans sa chambre, et faites-moi travailler ce petit paresseux-là. A tantôt, cher ami.

Tristan monta, frappa à la porte de la chambre de M. Édouard, on lui répondit : Entrez, et dans le : Entrez, il reconnut la voix de madame Van-Dyck.

Il hésita un moment s'il entrerait; puis, enfin, il ouvrit.

Madame Van-Dyck était assise à côté du lit de son fils avec son amie.

Elle ne put s'empêcher de rougir en voyant Tristan.

— Que désirez-vous, monsieur? lui dit-elle. — Madame, je venais d'abord pour m'informer de la santé de cet enfant. — Il va bien, monsieur.

Ce fut dit d'un ton qui signifiait : Maintenant, allez-vous-en.

— Il va bien, madame? reprit le professeur. — Oui, monsieur. — Alors, je vais pouvoir lui donner sa leçon. — Et qui vous a donné l'ordre de venir ici?

Tristan rougit jusqu'aux oreilles à cette impertinente phrase, et répondit cependant avec sang-froid.

— Personne, madame, personne n'ayant le droit de me donner un ordre; mais M. Van-Dyck, qui est, je crois, le père de cet enfant, m'a prié de lui donner sa leçon. — Vous direz à M. Van-Dyck que je m'y suis opposée.

Tristan sortit en saluant Euphrasie et son amie, qui, pendant cette scène, avait fait tout ce qu'elle avait pu des yeux et du geste pour faire comprendre à madame Van-Dyck que cette discussion devant témoin était inconvenante.

Tristan, pleurant presque de colère, redescendit, et vint raconter à M. Van-Dyck ce qui s'était passé.

— C'est bien, répondit celui-ci. Voulez-vous être assez bon, mon cher Tristan, pour faire réponse, alors, à ces lettres-là? entrez dans le cabinet de Willem, et rendez-moi ce service. C'est peut-être plus ennuyeux, mais, vous le voyez, ce n'est pas ma faute; c'est ma femme qui veut absolument que vous remplaciez Willem.

Et M. Van-Dyck tendit à Tristan lesdites lettres de l'air le plus naturel du monde.

Le soir il n'y avait encore que deux couverts sur la table.

— Où est madame? fit M. Van-Dyck. — Dans sa chambre, répondit Athénaïs. — Allez lui dire de descendre. — Madame veut dîner chez elle, dit la fille en redescendant. — Eh bien, je vous défends de l'y servir. Allez.

Il y eut un coup d'œil imperceptible échangé entre M. Van-Dyck et Athénaïs. Ce coup d'œil voulait dire de la part du mari:

— Te voilà contente.

Et de la part de la cuisinière:

— Soyez tranquille, ce sera fait.

Les deux hommes se mirent à table.

Quelques instants après, ils entendirent un violent coup de sonnette qui partait évidemment de la chambre de madame Van-Dyck.

— Nous allons avoir du nouveau, dit le commerçant. — Je suis désolé, fit Tristan. — Elle a besoin d'une leçon.

Athénaïs entra.

— Monsieur, dit-elle, madame demande à dîner? — Refuse. — C'est ce que j'ai fait. — Eh bien? — Eh bien, madame dit qu'elle a le droit d'ordonner. — Reste dans ta cuisine. — Et qu'elle me mettra à la porte. — Ne crains rien. — Si madame sonne encore? — Ne réponds pas.

Un second coup de sonnette retentit.

— Faut-il que je monte? dit le domestique qui se trouvait là.

— Non. Et toi, Athénaïs, va-t'en surveiller les pommes de terre; va, mon enfant; tu sais que je les aime bien cuites.

Athénaïs ne pouvait s'empêcher de rire.

Quant à Tristan, M. Van-Dyck paraissait si sûr de lui, qu'il commençait à trouver la plaisanterie amusante.

Un troisième coup de sonnette ébranla la maison.

— Je ferai mettre du papier dans les sonnettes demain, fit M. Van-Dyck.

Tristan ne savait plus que répondre.

— Ce n'est pas fini, reprit le mari d'Euphrasie; vous allez voir.

A peine avait-il dit ce mot, que la porte s'ouvrit si violemment que Tristan en fit un bond sur sa chaise.

C'était madame Van-Dyck avec son châle sur les épaules et son chapeau sur la tête.

Inventez un rouge fabuleux, et vous aurez celui de ses joues.

— Eh bien, monsieur! dit-elle à son mari, m'avez-vous assez abreuvée d'amertume? — Moi, madame? fit M. Van-Dyck de l'air le plus tranquille. — Oui, vous. — Et en quoi ai-je pu vous déplaire? — En me donnant tort contre cet homme.

Et Euphrasie, au paroxisme de la colère, montrait Tristan.

— D'abord, ma chère Euphrasie, vous allez être polie pour monsieur, où je vais vous inviter à regagner votre chambre. — Me mettre à la porte? — Justement. — Ce n'était donc pas assez de me refuser la nourriture? — Pourquoi ne dînez-vous pas avec nous? — Je ne le veux pas. — Et moi, je ne veux pas qu'Athénaïs vous serve chez vous. — On sait pourquoi. — Et pourquoi? — Parce qu'elle est votre maîtresse. — Alors il est tout naturel que je lui épargne de l'ouvrage. — Quelle immoralité! Vous ne voulez pas qu'on me serve chez moi, vous voulez me forcer à vivre avec des gens que je ne connais pas, que je déteste? — Oui. — C'est bien, monsieur; à partir d'aujourd'hui, vous n'avez plus de femme.

— Pas de fausse joie, ma chère Euphrasie! Vous vous en allez réellement? — Oui, monsieur. — Et vous ne reviendrez jamais? — Dieu m'en garde! — Adieu, alors. — Vous me laissez partir? — Vous me le demandez. — C'est bien, monsieur; je sais ce qui me reste à faire.

Et madame Van-Dyck se dirigea vers la porte.

M. Van-Dyck la rappela.

— Que voulez-vous? dit-elle. — Vous ne reviendrez plus? — Jamais! monsieur. — Eh bien! prenez un passe-partout, alors, parce que si vous revenez ce soir passé dix heures, tout le monde sera couché et l'on ne vous ouvrira pas.

Et M. Van-Dyck, prenant le bras de Tristan, lui dit :

— Allons fumer un cigare au jardin.

Quant à madame Van-Dyck, elle sortit en promettant de se venger ; mais, soit hasard, soit précaution, elle avait un passe-partout dans sa poche.

XLI

Un bon ménage.

Madame Van-Dyck sortit de la maison de son mari comme une folle. Cependant, en voyant qu'on la regardait, elle ralentit sa course, tâchant de lui donner l'allure de la promenade, ramena son châle sur sa large poitrine, noua les brides de son chapeau, et stéréotypa sur ses lèvres un sourire indifférent.

Il était six heures passées, et la première chose que fit Euphrasie, quand elle eut ramené un peu de calme dans ses esprits, fut de se demander où elle allait; car pour effrayer M. Van-Dyck, elle lui avait bien dit qu'elle ne rentrerait pas, mais en lui disant cela, elle ne savait où elle trouverait l'hospitalité dont elle aurait besoin loin de la maison conjugale.

Quand elle fut dehors, et surtout quand elle se rappela l'ironie avec laquelle son mari avait accueilli cette menace de séparation, Euphrasie se dit qu'à tout prix il lui fallait passer la nuit hors de chez elle, convaincue que si le lendemain, à son réveil, M. Van-Dyck apprenait qu'elle ne fût pas rentrée, il consentirait à tout pour la faire revenir et éviter un éclat scandaleux.

Euphrasie songea tout naturellement à se rendre chez son amie, qui avait été témoin de la scène du matin, et qui, toute disposée à lui donner raison, ne lui refuserait pas l'asile qu'elle lui demanderait.

Elle se dirigea donc vers la demeure de cette amie, qui, veuve, sans enfants, vivant toute seule avec une bonne, serait même enchantée de cette société que le hasard lui envoyait.

Elle arriva à la maison, qui n'était pas éloignée du Canal des Princes, monta deux étages, s'arrêta devant la première porte à droite de l'escalier, et sonna.

On ne répondit pas.

Euphrasie attendit quelques instants, et sonna de nouveau.

Même silence.

Euphrasie n'était guère patiente, comme on l'a vu; elle

heurta donc du poing contre la porte, mais la porte resta fermée, et ce fut celle qui lui faisait face qui s'ouvrit.

Une vieille dame passa la tête, et dit à madame Van-Dyck qu'il était inutile qu'elle continuât à frapper, la personne chez qui elle venait étant sortie, ainsi que sa domestique.

La vieille dame offrit en outre à Euphrasie de se charger de ce qu'elle avait à dire à l'absente; mais Euphrasie lui donna simplement son nom, en la priant de dire à sa voisine qu'elle reviendrait.

La seule personne chez qui elle crût pouvoir aller n'y étant pas, Euphrasie se trouvait fort embarrassée, la nécessité de retourner sous le toit de l'époux luttant avec avantage contre l'amour-propre et la colère qui lui disaient de le fuir.

Tout à coup, madame Van-Dyck se frappa la tête avec une inspiration soudaine, et prenant sa course à travers les rues, elle se dirigea vers un des quartiers les plus solitaires de la ville.

A mesure qu'elle s'éloignait du centre, les bruits allaient s'effaçant et l'horizon se dégageait des maisons qui le cachaient. Elle entra enfin dans une de ces rues tranquilles, qui annoncent déjà la campagne, et qui, tout en faisant partie de la ville, semblent promettre le repos des champs. Quelques enfants qui jouaient, quelques oisifs promeneurs qui venaient respirer un air moins commercial, peuplaient seuls cette rue, qui se terminait sur une vaste plaine, dans laquelle on apercevait, de distance en distance, quelques blanches maisons, qui, défiantes, semblaient avoir préféré ne voir la civilisation que de loin.

Ajoutez à cela des champs de blés qui, blonds et dorés, frissonnaient au souffle de la brise rafraîchie, et laissaient voir en se courbant l'ombre de quelques nuages furtifs qui passaient tout à coup entre eux et le soleil.

Madame Van-Dyck compara ce repos et ce silence à la haine et à l'agitation de son âme, et se promit de plus en plus de se venger de celui qui était cause d'un semblable contraste.

Enfin, elle arriva à une petite maison dont les pignons élégants tournés vers la rue cachaient hospitalièrement quelques nids d'hirondelles.

Les fenêtres, ou plutôt les croisées de cette maison, car elles avaient la forme de croix à laquelle elles doivent leur nom, se doraient des derniers rayons du soleil qui embrasait l'horizon, et semblait protéger cette blanche demeure de son dernier regard, et lui dire : A demain, comme un ami de tous les jours, forcé de quitter son ami tous les soirs.

Sur la façade de cette élégante petite maison courait, comme une gracieuse arabesque, une vigne capricieuse, qui tantôt s'accrochait au fil de fer conducteur, et tantôt laissait retomber nonchalamment ses grappes rougissantes, qui reflétaient leur ombre dentelée sur le mur.

Des oiseaux chantaient aux fenêtres du premier étage, et rendaient en chansons au soleil le bienfait de ses regards quotidiens. C'était une si tranquille et surtout si joyeuse demeure, qu'on sentait que jamais une mauvaise pensée n'en avait heurté le seuil.

Madame Van-Dyck s'arrêta, comme nous l'avons dit, devant cette maison, monta les deux marches qui précédaient la porte, et agita le petit marteau ciselé qui en occupait le milieu.

Une grosse fille brune vint ouvrir.

Une fois la porte ouverte, on voyait, au bout du couloir qui lui faisait face, s'épanouir un jardin soigneusement entretenu, plein de fleurs et de fruits, et où deux chaises à côté l'une de l'autre, et sur l'une desquelles était restée une tapisserie, indiquaient la présence d'une femme, et d'une femme qu'on devait croire jeune, tant l'asile qui l'abritait était coquettement paré.

— Monsieur Mametin? demanda madame Van-Dyck. — Il y est, répondit la bonne. — Il est à table? — Oui, madame. — Seul? — Avec madame Mametin. — C'est ce que je voulais dire. Je puis entrer? — Oui. — Annoncez madame Van-Dyck. — Oh! je sais bien votre nom, dit la fille. Et ouvrant la porte à droite, et qui se trouvait au pied de l'escalier, elle traversa l'antichambre, ouvrit une seconde porte, celle de la salle à manger, et annonça madame Van-Dyck.

Madame Mametin se leva et vint au-devant de la visiteuse, en lui disant :

— Comme c'est bien à vous de venir nous voir! Vous n'avez pas dîné? — Non. — Vous allez dîner avec nous? — Volontiers. — Mettez un couvert, dit madame Mametin.

Euphrasie s'approcha du docteur, qui s'était levé aussi et lui disait :

— J'ai vu Van-Dyck hier; je l'ai grondé de ne vous avoir pas amenée. Louise avait si grand désir de vous voir qu'elle serait allée chez vous demain. Nous ne vous avons pas vue depuis notre retour. — Et vous avez fait un bon voyage? — Excellent.

19

— Tout le monde va bien? — Tout le monde. — Même Jacquot? — Même Jacquot, qui a très-bien supporté les fatigues de la route, comme un beau perroquet qu'il est. — Ainsi, dit madame Van-Dyck après avoir ôté son châle et son chapeau et avoir pris place à table entre le docteur et Louise, ainsi Jacquot voyage toujours avec vous? — Toujours. — Mais ce doit être bien incommode? — Non; nous voyageons en poste, et j'aimerais mieux ne pas voyager que de m'en séparer. — C'est donc un souvenir? — Oui, un souvenir dont mon mari veut bien ne pas être jaloux, fit Louise en souriant et en tendant la main au vieillard, qui la lui serra en jetant sur elle un regard de paternelle affection. — Ah! vous êtes bien heureuse, vous! — Ne l'êtes-vous donc pas? — Pas toujours, et c'est même pour vous demander aide et consolation que je suis venue vous voir. — Vous, malheureuse! — Oui. — C'est impossible, monsieur Van-Dyck vous aime tant! — Je vous conterai tout cela ce soir, fit madame Van-Dyck en s'apprêtant à manger le potage qu'on venait de lui servir. — Et d'où venez-vous? dit-elle à Louise pour changer la conversation dont elle voulait que la femme seule fût confidente. — De Milan. — Vous ne deviez pas revenir si vite. — C'est vrai, mais Louise a voulu partir, dit le docteur, et, comme toujours, j'ai voulu ce qu'a voulu Louise. — Ah! quel ménage! à la bonne heure! — Plaignez-vous donc, vous la femme la plus enviée de toute la ville! — Vous verrez si je suis à plaindre. — Vous m'inquiétez! — Et vous ne comptez pas repartir? — Non, fit Louise. — N'allez-vous pas à la campagne? — Pas encore.

Le dîner se termina par des questions de la part d'Euphrasie, des réponses de la part de Louise, sans intérêt pour nous et même pour elles.

Cette conversation fut ce que doit être toute conversation entre deux femmes qui se connaissent, qui se sont trouvées séparées, qui se revoient et qui causent naturellement des choses qu'elles ont faites pendant cette séparation, sans y prendre intérêt quand elles en causent, sans s'en souvenir après.

M. Mametin se leva de table le premier, en disant à sa femme:

— J'ai quelques lettres à écrire, je vous laisse toutes les deux à causer des grandes douleurs de madame Van-Dyck.

Et après avoir baisé la main d'Euphrasie, il prit la tête de Louise et l'embrassa sur le front, comme un père embrasserait sa fille.

Il ouvrit la porte et sortit.

Les deux femmes, restées seules, s'acheminèrent vers le jardin, et s'assirent sur les chaises que nous avons remarquées tout à l'heure.

— Comme vous êtes aimée! dit madame Van-Dyck. — Le saint homme! répliqua Louise. Jamais je n'ai vu affection si assidue que la sienne; je suis son seul bonheur au monde, et je me ferais tuer pour lui épagner un chagrin. — Que vous êtes heureuse! — C'est vrai! Et vous, ce chagrin dont vous me parliez tout à l'heure, c'était une plaisanterie, n'est-ce pas? — Du tout. — Chère madame Van-Dyck! que vous arrive-il donc? — Vous allez voir. Il faut d'abord que vous sachiez que pendant votre absence il s'est passé du nouveau. — Quoi donc? — Vous savez que mon mari a voyagé, puisque vous l'avez vu à Milan; une idée de liberté qui lui était venue tout à coup, qu'il exécuta sans s'inquiéter du chagrin que son départ me faisait; mais figurez-vous, chère amie, qu'à présent il arrive bien autre chose. — Vraiment! — M. Van-Dyck ne s'est-il pas passionné pour un homme qu'il a rencontré sur la route de Milan, qu'il a amené ici, installé chez nous, et qui jette le trouble dans la maison! — Quelle idée! — Écoutez donc, ce n'est rien encore. Cet homme, jeune, élégant et assez beau garçon, je dois l'avouer, quoiqu'il ait la figure fade et insignifiante, s'est pris de passion pour moi et me fait la cour. — Qu'est-ce que cela vous fait? — J'ai prévenu mon mari. — Vous avez eu tort, vous n'aviez qu'à dire à ce jeune homme qu'il perdait son temps, et tout eût été dit. — Vous croyez? — Certainement! — Eh bien! je le lui ai dit, et il a continué. — Alors? — Alors, j'ai dit à M. Van-Dyck que j'entendais que ce nouveau venu quittât la maison. — Et qu'a-t-il répondu? — Il m'a ri au nez. — Et enfin? — Enfin, comme les persécutions de ce monsieur devenaient insoutenables, j'ai dit à mon mari qu'il eût à choisir entre moi et M. Tristan. — Tristan! dit Louise avec un tressaillement. — Oui! le connaîtriez-vous? — Peut-être; comment est-il? — Il est grand, brun, les yeux noirs; il chante, il dessine, il est Français; il a été marié autrefois avec une femme qu'il adorait comme il n'adorera jamais aucune femme, et qui est morte. Est-ce cela? — Non, reprit Louise qui avait eu le temps de reprendre ses sens, et qui pour rien au monde n'eût voulu mettre une femme comme madame Van-Dyck dans une pareille confidence; non, celui que je connaissais, continua-t-elle en toussant pour cacher le tressaillement involontaire de sa voix et se remettre de plus en plus, celui que je connaissais était petit et blond. — Ce n'est pas cela. — Et il vous aime? demanda Louise. — A la folie. — Mais comment se fait-il qu'il dise vous aimer, après vous avoir avoué qu'il n'aimerait jamais personne comme sa femme?

Madame Van-Dyck vit qu'elle s'était fourvoyée, et rougit.

— Les hommes disent toujours cela, fit-elle, pour se rendre intéressants ou donner un double triomphe à la femme qu'ils désirent. — C'est vrai, c'est un moyen. Et ce M. Tristan est toujours dans votre maison? — Toujours. — Et qu'a répondu votre mari quand vous lui avez dit de choisir entre vous et Tristan, et M. Tristan veux-je dire? — Il a choisi Tristan. — Ah! — Oui. — Et maintenant? — Maintenant, j'ai quitté la maison et j'ai compté sur vous. — Sur moi! Pourquoi faire? — Pour me donner asile. — Ici? — Ici. — Vous ne voulez donc plus rentrer? — Non. — Je suis désolée; mais ce que vous me demandez est impossible. — Pourquoi? — Parce que nous partons demain pour la campagne. — Vous me disiez tout à l'heure que non. — C'est vrai, mais je sais que M. Mametin brûle d'envie d'y aller, et je ne puis lui refuser cela, à lui qui ne me refuse rien.

Une autre, moins préoccupée de ses propres affaires que madame Van-Dyck, se fût aisément aperçue de l'émotion de Louise.

— Je joue de malheur, dit Euphrasie d'un ton vexé. — Et d'ailleurs, chère amie, cette résolution que vous croyez avoir prise n'est peut-être qu'une boutade. Songez donc que vous ne pouvez quitter ainsi la maison de votre mari sans faire un scandale, dont le monde, ignorant les véritables causes, ferait retomber la faute sur vous. Songez à votre enfant, et soyez sûre que M. Van-Dyck ne vous a laissée partir que parce qu'il savait que vous reviendriez, après avoir consulté quelque amie qui vous aurait franchement donné tort et refusé une hospitalité qui, ne durât-elle que vingt-quatre heures, pourrait être un malheur pour vous et une mauvaise action pour elle. Rentrez donc, ma chère amie, chez vous, tranquillement, ce soir, comme s'il ne s'était rien passé, et vous obtiendrez peut-être par la douceur ce qui est refusé à votre colère.

Madame Van-Dyck n'était pas fâchée de ce refus, mais elle voulait paraître ne faire qu'à contre-cœur ce qu'au fond elle désirait faire.

— Oh! je suis bien malheureuse, dit-elle. — Vous vous exagérez la situation. Cependant, je suis de votre avis ; il faut que M. Tristan s'en aille, non-seulement de chez votre mari, mais d'Amsterdam, mais de la Hollande même. On ne met jamais un trop grand espace entre soi et un homme qui vous aime. — Vous avez raison. — Faites comprendre cela à votre mari. Ce Tristan n'est pas riche ? — Non. — Il n'a pas d'autre position que celle que votre mari lui fait ? — Non. — C'est embarrassant. — Pourquoi ? — Parce qu'on ne peut le faire renvoyer sans lui faire perdre sa position. — Qu'importe ? il m'a offensée. — C'est vrai, mais la misère est un cruel châtiment pour un homme qui n'a commis d'autre crime que d'être amoureux d'une femme jeune et jolie.

Euphrasie baissa les yeux.

Si ce qu'Euphrasie avait dit eût été vrai, l'excuse de Louise eût été bonne ; malheureusement pour Tristan, Euphrasie avait menti.

— Mais cependant, reprit madame Van-Dyck, vous me disiez tout à l'heure qu'il fallait que M. Tristan quittât la Hollande, et vous me dites maintenant qu'il ne faut pas lui faire perdre sa position. On ne peut concilier les deux choses. — C'est à cela que je songeais. Vous avez raison, à moins qu'on ne lui trouve, loin d'ici, une position équivalente à celle qu'il perdrait.

En ce moment le docteur rentra.

— Eh bien ! dit-il avec un bienveillant sourire, vos grands secrets sont-ils échangés, et puis-je rentrer sans crainte ? — Oui, mon ami, nous n'avons pas de secrets pour vous, d'ailleurs, fit Louise avec un tremblement involontaire dans la voix. — Eh ! quelle est celle de vous deux qui faisait confidence à l'autre ? — C'est moi, répondit Euphrasie. — Confidence dont on vous fera part, reprit Louise, et pour le résultat de laquelle vous pourrez même nous aider. — Eh bien ! je vous laisse ce soin, fit Euphrasie en se levant, il faut que je rentre, puisque vous me refusez l'hospitalité que je vous demande. — Comment ! répliqua M. Mamelin, tu refuses l'hospitalité à madame Van-Dyck ? — Oui, je l'aime trop pour la lui accorder. Comprenez-vous, mon ami, cette chère folle qui, parce qu'elle a eu une petite discussion avec son mari, n'écoute que son amour-propre, ne veut plus rentrer chez elle et vient nous chercher pour être les complices de la peine qu'elle ferait à ce pauvre M. Van-Dyck ? Aussi, je l'ai grondée ; et elle va rentrer chez elle, en demandant pardon à son mari, n'est-ce pas? et elle lui dira que c'est à nos bons conseils qu'il doit son retour, si bien qu'il viendra nous en remercier demain. — Chère bonne, fit Euphrasie en tendant la main à Louise. — Il y a une chose bien plus simple, reprit le docteur, nous allons reconduire madame, et Van-Dyck pourra nous remercier tout de suite, sans se déranger demain. — Oh! c'est inutile, la soirée est éclairée comme le plein jour, et d'ailleurs je ne veux pas, pour le punir, que mon mari sache que je suis rentrée.

Louise respira.

On comprend ce que cette proposition toute naturelle devait lui faire craindre, dans le cas où Euphrasie l'eût acceptée.

— Amis, chers amis, pardonnez-moi de vous avoir dérangés, et vous, Louise, de vous avoir ennuyée de mes chagrins domestiques, fit madame Van-Dyck, avec un soupir qu'elle essaya de pousser vrai, et permettez-moi de me retirer.

Les deux femmes s'embrassèrent.

— A demain, dit M. Mametin, nous irons peut-être vous voir.
— Oh! oui! venez! venez! fit Euphrasie, vous me rendrez bien heureuse.

Et elle s'approcha de la porte de la rue, qu'un domestique lui ouvrit.

— Nous ne vous promettons pas d'aller positivement demain, ajouta Louise; mais, en tous cas, nous nous occuperons de ce que vous savez.

On se dit une dernière fois adieu, et l'on se sépara.

Madame Van-Dyck sortit, un peu plus irritée contre Tristan, dont elle n'avait pu avouer le véritable crime, mais enchantée d'avoir une excuse pour rentrer sous le toit conjugal.

Quant à M. Mametin et à Louise, ils rentrèrent bras dessus, bras dessous dans le salon.

Comme on le comprend, Louise était rêveuse.

— Qu'as-tu, mon enfant? lui dit le docteur en la faisant asseoir et en s'asseyant à côté d'elle. — Je n'ai rien, mon ami, je réfléchis à ce que vient de me dire madame Van-Dyck, répondit Louise en rougissant malgré elle. — Et que t'a-t-elle conté? — Des folies, je crois. — Elle doit en dire, car je la crois un peu folle. — Elle prétend qu'un jeune homme, que son mari aime fort, et qui demeure chez lui, comme précepteur de son fils, est amoureux d'elle; et elle voudrait qu'il quittât la maison de M. Van-Dyck, tant ses assiduités deviennent fatigantes. Comme ce pauvre garçon n'a que cette place, je lui ai fait comprendre qu'avant de la lui faire perdre il faudrait lui en trouver une autre, loin de la ville, si c'était possible, et j'ai pensé que peut-être vous pourriez lui être utile dans cette circonstance. — Que sait faire ce garçon? — Tout, m'a-t-elle dit; il a même été reçu médecin, ajouta Louise, qui ne tenait pas ce détail d'Euphrasie, mais qui pouvait le donner sans crainte d'erreur. — Et tu tiens à ce qu'on s'occupe de ce garçon? — Oui. — Comment l'appelles-tu?

Louise hésita et rougit.

— Ne sais-tu pas son nom? — Si, il se nomme Tristan, fit-elle avec effort, pour cacher le trouble involontaire que ce nom donnait à sa voix. — Je comprends, fit le docteur avec un regard plein de douceur; je comprends que tu t'intéresses à l'homme qui porte un nom qui te rappelle ton bonheur d'autrefois. J'essayerai d'arriver à temps pour celui-ci, puisque le hasard ne m'a pas laissé arriver à temps pour l'autre. Sois tranquille, je m'occuperai de lui. — Que vous êtes bon! — Pauvre chère enfant, c'est toi qui es bonne; toi qui, jeune et belle, sacrifies ton existence à un vieillard qui a hâte de retourner à Dieu, pour te rendre à la liberté de ton cœur et aux illusions de ta jeunesse. Crois-tu que je t'en veuille de l'intérêt superstitieux que tu portes naturellement à l'homme qui te rappelle un nom aimé? Crois-tu que je sois jaloux et que j'aie un autre souci que celui de ton bonheur, sous quelque aspect que tu l'envisages? Il y a des jours, chère Louise, où je suis près de quitter la maison, de m'enfuir, d'aller mourir dans quelque coin pour te laisser riche et heureuse; car je ne me reconnais pas le droit, à moi vieillard, d'associer ma destinée à la tienne; et je reste cependant, parce que je t'aime, et que je me dis qu'après tout la nature ne consentira plus longtemps à ce sacrifice que tu me fais. — Que dites-vous là, mon ami, mon père, vous à qui je dois tout? Que serais-je devenue si la Providence ne vous avait placé sur ma route; où serais-je maintenant? Croyez-vous que j'oublie une seule minute tout le bonheur que vous me donnez, et dont je ne suis peut-être pas digne? C'est vrai, en entendant prononcer ce nom par madame Van-Dyck, je me suis rappelé la mort fatale de mon mari, et j'ai craint que la perte de sa position et la misère qui pourrait en résulter n'amenassent celui-ci à la même résolution. Vous le voyez, je n'ai pas douté un seul instant de votre cœur; et je me suis adressée à vous. — Et tu as bien fait. Demain même, je m'occuperai de ce garçon, et je ferai pour lui ce que je ferais pour mon fils. Embrasse-moi, chère enfant, et je vais me retirer pour ne pas t'ennuyer plus longtemps. — Pouvez-vous me dire de pareilles choses, ami? fit Louise en jetant ses bras autour du cou du vieillard et en l'embrassant sur le front. — C'est que je veux que tu fasses tout ce que bon te semblera, reprit le docteur; que tu saches bien que je suis prêt à obéir à tes moindres caprices, et que je serai heureux que tu en aies d'impossibles pour les réaliser. T'ai-je jamais refusé quelque chose? Tu as voulu quitter la France, nous sommes venus dans ce pays sur la nature étrange duquel je comptais pour te distraire; tu as voulu aller en Italie, vingt-quatre heures après nous étions en route. A Milan, où nous devions rester quelque temps, tu as voulu tout à coup revenir ici; j'ai envoyé chercher des chevaux de poste, et nous sommes revenus. Tout cela me rend heureux, me distrait et me donne une jeunesse que j'emprunte à la tienne. Sois folle, capricieuse; gronde-moi, si je n'obéis pas à l'instant; c'est ton droit; et, en faisant ton bonheur, je ne fais peut-être que réparer le mal que j'ai fait. — Vous avez fait du mal, vous? — Peut-être, mais bien involontairement, du reste. La jeunesse a ses égarements, et j'ai été jeune, quoiqu'il n'y paraisse plus. Il y a peut-être quelqu'un qui souffre pour moi dans ce monde, et le bien que je fais, si l'on peut appeler bien l'obéissance à ce qu'on aime, et le bien que je fais, dis-je, n'est peut-être qu'une expiation du passé. — Que voulez-vous dire? — Je veux dire, chère enfant, que tout pourra peut-être se réparer; que j'ai vu en toi l'occasion que la Providence m'offrait de me réhabiliter devant Dieu, et que le bonheur, que j'ai essayé de te donner, m'a rendu plus heureux que toi. Je veux dire que tu m'aideras peut-être un jour, si ce que j'espère réussit à effacer un souvenir cruel de ma vie. Lorsque je me vois ainsi, vieux et inutile, je pense que Dieu, clément pour moi comme pour tous, ne veut pas que je meure sans avoir rendu à tous ceux que j'aime tout ce que je leur dois. — Vous ne m'avez jamais parlé ainsi. — Pardonne-moi; tu es déjà bien assez triste, sans que je vienne encore t'attrister de mes fautes. Voyons, ne parlons plus de cela jusqu'au jour que j'attends, et, en attendant, nous tâcherons demain de venir en aide à notre inconnu. Dans la matinée, j'irai le voir. — Et moi, fit Louise, tremblant que son mari ne l'emmenât chez madame

Van-Dyck, et moi, je partirai pour la campagne. — Je croyais que tu préférais rester ici. — Non, j'aime mieux partir. — Eh bien! demain tu partiras, et j'irai te rejoindre, me le permettras-tu? — Méchant! — Et maintenant, séparons-nous, il est tard. Bonsoir, mon cher ange, demande à Dieu qu'il me pardonne, et il me pardonnera. — Bonsoir, mon ami, fit Louise en tendant son front au vieillard, qui le prit dans ses deux mains et le couvrit de baisers.

Louise sonna sa femme de chambre, qui parut, et, toutes deux s'acheminèrent vers la chambre à coucher de madame Mametin, chambre qui était un chef-d'œuvre de coquetterie, de luxe et de goût.

Puis Mametin sonna à son tour et se rendit à l'autre extrémité de la maison, avec son domestique, dans sa chambre à coucher, d'une merveilleuse simplicité.

Une heure après, toutes les lumières étaient éteintes dans la maison, à l'exception d'une seule.

C'était celle de Louise, qui, un livre ouvert devant elle, paraissait lire, mais qui ne lisait pas, et songeait aux aventures de la journée et à ce que lui gardait peut-être le lendemain.

XLII

Le lendemain, à dix heures, une voiture attelée de deux élégants chevaux bais attendait devant la porte du docteur Mametin, et Louise, vêtue d'un charmant costume d'été, montait dans cette voiture au moment où son mari lui disait : A demain, et s'en allait dans la direction de la maison de M. Van-Dyck.

Il trouva le marchand de toiles dans son jardin.

M. Van-Dyck vint au-devant du docteur les mains tendues :

— Eh bien! mon cher ami, comment allez-vous? — Très-bien; et madame, comment va-t-elle? — Je crois qu'elle va bien. — Comment? vous croyez... — Oui; je ne la vois plus. — Elle est rentrée cependant. — Je pense. — Nous l'avons vue hier soir. — Bah! — Oui. Elle est venue nous voir et dîner avec nous. — Ces pauvres amis! Et que vous a-t-elle conté? — Que vous la rendiez malheureuse. Qu'est-ce que c'est que ce monsieur Tristan que vous avez ici? — C'est un charmant garçon, dont j'ai fait connaissance, tenez, en quittant Milan. — Eh bien ! — Eh bien ! voilà tout. — C'est donc lui qui jette la discorde dans la maison ? — Justement. — Et que fait-il pour cela ? — Rien. — Votre femme prétend qu'il lui fait la cour. — A elle ? — Oui. — Elle est folle. — Enfin, c'est pour cela que je suis venu. — Je ne comprends pas. — Vous savez combien je vous aime. — Pardieu ! — Eh bien, je veux que vous soyez heureux. — Je le suis, surtout quand je vous vois. — Mais votre femme ? — Ma femme me rend très-heureux, je ne la vois plus. — Paradoxe que tout cela. — Du tout. — Bref, je viens pour vous tirer d'embarras. — Voyons. — Ce Tristan vous brouille avec madame. — Oui. — Cela ne doit pas être. — Croyez-vous ? — Il vaut toujours mieux que cela ne soit pas. — C'est possible. — Une fois qu'il serait hors de la maison, votre femme reviendrait à vous. — Hélas ! oui. — Ne plaisantons pas, fit le docteur en riant. Ce Tristan est un honnête garçon ? — Je l'affirme. — Eh bien ! je le prends. — Du tout, je le garde. — Mais votre femme ? — Ma femme l'aimera ou le détestera, peu m'importe. Si elle avait eu à se plaindre de lui dans le commencement, je ne dis pas que je ne lui eusse pas cédé, mais maintenant il est trop tard ; j'aime Tristan, et je veux qu'il reste ici. — A quoi vous sert-il ? — Il fait l'éducation de mon fils. — Il est donc instruit ? — C'est un Pic de la Mirandole, ce gaillard-là, une perle. — Et vous y tenez ? — Énormément. — Vous avez beau tenir à lui, votre femme en viendra à ses fins. — Quelle est la raison qu'elle donne à sa haine ? — Elle prétend qu'il lui fait la cour. — Elle ne l'aime pas, elle. — Non, pardieu. — Eh bien ! qu'elle résiste, on ne lui demande pas autre chose. Ce sera même un triomphe. Puis, voulez-vous que je vous dise, cher ami, je connais assez ma femme pour ne pas croire qu'elle vous ait donné la véritable raison. — Pourquoi en voudrait-elle à ce monsieur ? — Que sais-je, moi ? Peut-être pour la cause contraire à celle dont elle se plaint. — Ah ça ! mais cela ferait entendre qu'elle l'aime, ce que vous dites là ? — Je ne dirais pas non. — Raison de plus pour vous défaire de ce rival. — Mais non, puisqu'il résiste. Il me donne une preuve de loyauté, et je le renverrais, je le mettrais dans la rue ! fi donc ! — Il ne serait pas dans la rue, puisque je me chargerais de lui. — Vous ? — Voilà une heure que je vous le dis. — C'est différent alors. — Vous me le donnez ? — Non, j'hésite. — Pourquoi ? — Je cherche s'il sera plus heureux chez vous que chez moi, et, dans ce cas, je me sacrifierais. — Il sera plus heureux chez moi, c'est certain. — Merci. — Certainement. Au moins, ma femme ne le détestera pas, et, quoi que vous en disiez, la querelle que pour quelque raison que ce soit il a fait naître entre vous et madame Van-Dyck doit le mettre mal à son aise dans la maison. — Peut-être dites-vous vrai ; mais s'il allait faire la cour à madame Mametin ? — Qu'il la lui fasse, cela la distraira ; mais madame Mametin est une femme d'esprit qui ne se fâcherait pas de cela. — Je suis fâché qu'Euphrasie ne vous entende pas.

Les deux maris se mirent à rire.

— Eh bien ! voyons, que décidons-nous ? fit le docteur. — Nous décidons que si Tristan me demande à s'en aller, si, enfin, il se trouve malheureux ici, je vous l'adresse, et vous vous chargez de lui. — N'en parlons plus alors. Je vais maintenant présenter mes hommages à madame Van-Dyck. — Elle va sans doute descendre. Attendez une minute.

En ce moment, Tristan parut et vint saluer M. Van-Dyck, qui lui tendit cordialement la main ; puis il s'inclina devant M. Mametin, qui le considéra avec un air qui semblait donner tort à ce qu'avait conté madame Van-Dyck, et raison à ce que supposait son mari ; c'est-à-dire que Tristan faisait au docteur l'effet d'être assez beau garçon pour que la marchande de toile eût jeté les yeux sur lui, et qu'il lui paraissait trop distingué pour faire la cour à Euphrasie.

— Mon cher Tristan, fit M. Van-Dyck, monsieur le docteur Mametin (Tristan s'inclina), dont je vous ai parlé si souvent, s'intéresse à vous ; et comme il a reçu hier soir la visite de ma femme, il est au courant de ce qui se passe à présent ici. Il venait me dire que, dans le cas où vous quitteriez ma maison, ce qu'à Dieu ne plaise, il vous ouvrirait la sienne, et se faisait votre protecteur. — Monsieur est mille fois trop bon, répliqua Tristan ; mais j'ignore en quoi je pourrais lui être utile. — N'avez-vous pas été reçu médecin ? — Oui. — Eh bien ! toute ma clientèle, que j'ai à peu près quittée ici, pour être plus libre, serait devenue la vôtre, et avec ma recommandation vous vous seriez promptement fait une position heureuse. — Je vous remercie de nouveau, monsieur ; mais tout médecin que je suis, légalement, il y a longtemps que je n'ai exercé, et j'aurais eu besoin avant de m'y remettre d'étudier encore. — Eh bien ! vous eussiez étudié avec moi. — Et puis-je savoir, monsieur, à quoi je dois cette protection toute particulière dont vous voulez bien m'honorer? — A une superstition de quelqu'un à qui j'obéis en tout. — Et puis-je vous demander sans indiscrétion, monsieur, quel rapport cette superstition a avec moi? fit Tristan qui ne comprenait rien à la réponse du docteur. — C'est bien simple, vous avez le nom d'une personne qui a été chère à ce quelqu'un dont je vous parlais. — Et cette personne? — Est morte très-malheureusement; de là, la superstition. — J'accepterais volontiers votre bonne assistance, monsieur, si j'avais quelque raison de quitter cette maison, la meilleure et la plus hospitalière que je connaisse. — Enfin, monsieur, quoi qu'il arrive, sachez que ce n'est pas un protecteur, mais un ami que vous avez en moi; et si je puis vous être bon à quelque chose, que Van-Dyck n'oublie pas de vous donner mon adresse.

Le docteur et Tristan s'inclinèrent, puis on parla d'autre chose, jusqu'à ce qu'on vînt dire que le déjeuner était servi.

Cette conversation, qui, après les offres de service du docteur et les remerciments de Tristan, s'était établie entre les deux hommes, car M. Van-Dyck n'y avait pris part que par quelques mots, avait de plus en plus convaincu M. Mametin que l'ennemi d'Euphrasie était un homme instruit et distingué.

Au moment de se mettre à table, M. Van-Dyck apprit du domestique que sa femme refusait encore de descendre.

— Vous déjeunez avec nous? dit M. Van-Dyck au docteur. — Non, j'ai déjeuné avec ma femme, qui vient de partir pour la campagne; et si vous le permettez, je vais monter saluer madame Van-Dyck, et tâcher de lui faire entendre raison. — A votre aise, cher ami, mais vous y perdrez votre temps.

Cependant, M. Mametin fit demander à Euphrasie si elle était visible, et celle-ci lui fit répondre qu'elle l'attendait.

— Vous voyez, lui dit-elle, au moment où il ouvrait la porte, vous voyez ce qu'on me fait souffrir; cela ne peut durer. — Calmez-vous, calmez-vous. — Vous ne savez donc pas ce que c'est que cet homme? — Il m'a paru très-bien. — Il vous a bien trompé, c'est une espèce de vagabond que mon mari a ramassé sur une route, qui spécule sur lui, qui veut le tromper, qui ne sait rien, qui n'apprend rien à son fils, qui ne peut lui donner qu'une mauvaise éducation, qui n'a ni feu ni lieu.

— Voyons, ma chère madame Van-Dyck, vous exagérez la position. J'ai causé avec ce jeune homme, il est charmant. Je ne sais ce qu'il vous a fait; mais je crois que votre mari ne pouvait trouver un précepteur plus accompli pour son fils. — Et il ne veut pas le renvoyer? — Non, il y tient, j'étais même venu pour lui offrir de me charger de lui; mais il s'y est opposé. — Que je suis malheureuse! dit madame Van-Dyck en fondant en larmes. Je ne peux plus rester ici. — Tout s'arrangera. Mettez-y un peu de patience, fit le docteur, qui commençait à se repentir d'être monté. — Écoutez, voulez-vous me rendre un service? dit Euphrasie. — Volontiers. — Allez trouver mon mari, et dites-lui, continua-t-elle en s'essuyant les yeux, dites-lui que cet état ne peut durer, et que sérieusement je quitterai la maison. — Réfléchissez, dit le docteur pour convaincre Euphrasie qu'il croyait ce qu'elle lui disait. — Dites-lui bien cela, et que je raconterai partout ce qui se passe, et de quelle immoralité je suis victime. Je sais encore bien d'autres choses que je ne dis pas. — Et que savez-vous? — Des infamies sur le compte de cet homme. — Êtes-vous sûre que ce n'est pas la colère qui vous fait parler ainsi? — Je me vengerai! — Vous allez vous faire mal, ne pleurez plus, ma chère enfant, je vais faire votre commission; mais puisque vous ne voulez pas céder à votre mari, qui est le maître, pourquoi voulez-vous qu'il vous cède?

Euphrasie ne répondit pas.

— Je descends, reprit le docteur, je suis à vous dans une minute, mais promettez-moi de ne plus pleurer.

Ce brave homme était ému de cette scène.

Les bonnes natures ne peuvent pas voir pleurer une femme, quelle que soit la cause de ses larmes, sans en ressentir une réelle émotion, et nous n'avons pas besoin de dire que le docteur était une bonne nature.

Il fit la commission, et M. Van-Dyck la même réponse, que le docteur alla porter à Euphrasie.

— C'est bon, dit-elle, je sais ce qui me reste à faire.

Et elle congédia assez brutalement M. Mametin, qui descendit renouveler ses offres à Tristan, serra la main de M. Van-Dyck, et lassé de toutes ces querelles retourna chez lui, où il demanda une voiture pour aller rejoindre Louise.

Deux heures après il était parti.

Dans la journée, l'amie chez laquelle Euphrasie était allée la veille vint la voir et lui demander ce qui était la cause d'une visite à pareille heure.

Nous laissons au lecteur à deviner ce qu'Euphrasie raconta.

Tout ce que nous pouvons dire, c'est que l'amie prit fait et cause pour elle et vint à dire à M. Van-Dyck que c'était une horreur de traiter ainsi sa femme.

M. Van-Dyck ne lui répondit qu'en prenant son chapeau et en s'en allant.

Le lendemain à onze heures, M. Van-Dyck et Tristan entrèrent dans la salle à manger pour déjeuner. Le couvert n'était pas mis.

— Pourquoi le déjeuner n'est-il pas prêt ? — Monsieur, répondit Athénaïs, madame m'a défendu de le faire, je lui ai répondu que je n'avais d'ordres à recevoir que de vous, et alors elle a tout mis sous clef, le linge, l'argenterie, le vin, les assiettes, et elle est sortie en mettant la clef dans sa poche. — Allez chercher un serrurier.

Le serrurier vint. M. Van-Dyck lui fit ouvrir toutes les portes, et commanda des clefs, en ordonnant qu'on ne les remît qu'à lui.

— Je n'ai donc pas de lettres ce matin ? dit-il au domestique.
— Si, monsieur, mais madame les a prises et les a emportées.
— Celui qui obéira à madame sera chassé, répondit M. Van-Dyck ; et maintenant déjeunons.

Cependant on comprendra sans peine l'effet que toutes ces luttes entre le mari et la femme faisaient à Tristan, qui en était la cause. Tant qu'il n'avait su où aller, par un égoïsme tout naturel, il avait consenti à les supporter ; mais depuis que M. Mametin lui avait offert, avec une cordialité imprévue, une hospitalité et un avenir qui paraissaient beaucoup plus certains que la maison de M. Van-Dyck, il s'était bien promis de ne supporter que ce que sa reconnaissance et sa délicatesse lui permettraient. Si ce n'eût été la crainte d'être ingrat envers M. Van-Dyck, qui avait montré pour lui une volonté dont il le croyait incapable, Tristan eût dit le matin même adieu aux rancunes amoureuses de dame Euphrasie.

Tristan comprenait parfaitement qu'elle ne continuerait pas à attaquer que son mari, et qu'il allait avoir son tour un jour ou l'autre. Une chose le retenait encore dans la maison, c'était la crainte qu'une fois Willem de retour, elle ne le brouillât avec lui, en inventant quelque mensonge, et, à tort ou à raison, Tristan tenait à l'amitié et à l'estime de Willem, et la preuve, c'est que cette estime et cette amitié étaient les causes de tout ce qui arrivait.

M. Van-Dyck avait, malgré son sang-froid, paru beaucoup

plus irrité de ce que sa femme lui avait fait le matin que de tout ce qu'elle lui avait encore fait. On le sait, M. Van-Dyck était invulnérable tant qu'on ne touchait pas à ses habitudes; mais du moment où on interceptait sa correspondance, du moment où on lui faisait attendre son déjeuner, le coup devenait bien rude, et il lui eût fallu un entêtement qu'il n'avait peut-être pas pour que son bouclier d'inertie ne fût pas entamé par cet assaut.

Le déjeuner s'était donc passé sans qu'il dît rien à Tristan, et c'était mauvais signe; car, si on se le rappelle, les jours précédents il avait toujours rassuré le professeur, quand celui-ci s'excusait des ennuis dont il était cause.

Après le déjeuner, Tristan monta dans la chambre d'Édouard pour lui donner sa leçon, car l'enfant était tout à fait guéri et en état de travailler.

Il trouva M. Édouard faisant des bulles de savon à la fenêtre.

— Comment allez-vous, cher enfant? dit Tristan en s'approchant de son élève.

L'enfant se retourna en voyant Tristan, continua sa bulle de savon et ne répondit pas.

— M'avez-vous entendu? fit Tristan d'un ton sec qui émut un peu le jeune impertinent. — Oui. — Et pourquoi ne me répondez-vous pas? — Parce que maman m'a défendu de vous répondre. — Je viens vous donner votre leçon, fit notre héros en se contenant. — Je ne la prendrai pas. — M. Van-Dyck le veut. — Oui, mais maman ne le veut pas, et je dois obéir à maman. — Je m'en vais prévenir votre père. — Cela m'est bien égal.

Tristan descendit pâle de honte et de colère.

Il alla tout conter à M. Van-Dyck.

M. Van-Dyck monta dans la chambre d'Édouard sans rien dire, ouvrit la porte, alla droit à la fenêtre, jeta la tasse pleine d'eau de savon dans le jardin, et donna à son fils la plus belle paire de soufflets qu'aient jamais donnée des mains paternelles; puis il ajouta, malgré les cris de l'enfant qui hurlait :

— Travaille.

Et il redescendit.

L'enfant pleura et cria pendant une demi-heure; puis, voyant qu'il n'était pas le plus fort et que sa mère ne revenait pas, il se décida à prendre sa leçon.

Qu'on juge si toutes ces scènes ennuyaient Tristan.

Pendant ce temps, M. Mametin était allé rejoindre Louise, qui, en le voyant venir, lui dit :

— Eh bien ? — Eh bien, ton protégé reste chez M. Van-Dyck. Louise respira plus librement.

— Vous l'avez vu ? ajouta-t-elle. — Oui. Il est charmant, et Van-Dyck ne veut pas s'en séparer. — Vous lui aviez donc trouvé une place ? — Oui. — Où donc ? — Chez moi. — Chez vous ?

Et en disant cela Louise pâlit ; heureusement son mari ne le vit pas.

— Cela t'étonne ? reprit-il ; car s'il n'avait pas vu la pâleur, il avait entendu l'intonation. — Certainement. — Et pourquoi ? — Un homme que nous ne connaissons pas. — C'est toi-même qui me l'as recommandé. — C'est vrai, fit Louise, mais puisqu'il ne vient pas, tout est dit. — Il viendra peut-être. — Vous croyez ? — Van-Dyck n'est pas capable de lutter longtemps avec sa femme. — Tant pis ! — Pourquoi ? — Parce que j'aurais voulu voyager un peu. — Eh bien, cela ne nous gênera pas, au contraire, il tiendra la maison pendant notre absence, car tu ne comptes pas partir tout de suite ? — Si. — Dans combien de temps ? — Dans cinq ou six jours. — Où veux-tu aller, chère petite ? — N'importe où, je m'ennuie.

Le vieillard passa la main sur ses yeux, et essuya une larme que ce mot venait de faire éclore.

— Nous partirons demain, si tu veux, reprit-il, aujourd'hui, à l'instant, pourvu que tu ne me dises plus que tu t'ennuies. — Oh ! pardonnez-moi, bon ami, fit Louise en se jetant dans les bras de M. Mametin, mais vous ne pouvez vous douter combien j'ai mal aux nerfs aujourd'hui. — En effet, dit le docteur en lui prenant la main, tu as un peu de fièvre, mais ce ne sera rien. — Vous me pardonnez ? — Tu me le demandes ? Quand partons-nous ? — Nous resterons ici. J'étais folle ! — Tant mieux, car je t'avoue que le voyage me fatigue un peu. — Et vous ne me le disiez pas ! — Je t'aime tant que je ne sais vouloir que ce que tu veux, ce que tu veux dût-il me tuer !

Louise ne répondit pas, mais elle baisa la main du vieillard, en lui disant :

— Mon Dieu ! comment tout cela va-t-il finir ?

XLIII

Madame Van-Dyck ne reparut pas de la journée.

Quand elle rentra le soir, sur les onze heures environ, en sortant de chez son amie qui lui avait donné asile depuis le matin, tout le monde paraissait être couché dans la maison du commerçant.

Euphrasie, après avoir fermé la porte de sa chambre, allait faire comme tout le monde, quand au souvenir de la nuit d'où datait sa haine pour Tristan, une nouvelle idée de vengeance, mais de vengeance terrible, lui traversa malheureusement l'esprit.

Elle se mit au piano.

Cette fois, ce ne fut plus la dernière pensée de Weber, mais la marche funèbre de Beethoven qui frissonna sous les doigts d'Euphrasie.

Madame Van-Dyck joua de toutes ses forces.

Tristan fut le premier réveillé.

Il comprit tout de suite que cette plaisanterie allait durer toute la nuit, et il en prit résolument son parti.

Quelques instants après, M. Van-Dyck ouvrait les yeux à son tour. Or, ce soir-là, comme à peu près tous les soirs, M. Van-Dyck avait grande envie de dormir.

M. Van-Dyck connaissait trop bien le caractère de sa femme pour ne pas comprendre, ainsi que Tristan, qu'il y en avait là pour cinq ou six bonnes heures.

Il se leva sur son séant, et nous renonçons à peindre la figure qu'il fit quand, après avoir allumé sa bougie, il vit à sa pendule qu'il n'y avait qu'une demi-heure qu'il dormait.

Cette fois, il n'y avait pas moyen de dire à Euphrasie de se taire, autant lui dire tout de suite : — Ta vengeance réussit.

Cependant, un sourire effleura les lèvres du commerçant quand il pensa à la figure que devait faire Tristan, qui était justement couché au-dessus de la symphonie.

Ce ne fut qu'une bien faible consolation à sa douleur; aussi son visage reprit-il bientôt son air soucieux.

— Cela promet d'être gai, se dit-il : je ne puis plus manger; si je ne puis plus dormir, je vais passer une existence agréable.

Et M. Van-Dyck se leva, passa un pantalon, ouvrit sa fenêtre et alluma un cigare qu'il fuma en regardant les étoiles.

Quant à Tristan, il alluma aussi sa bougie et essaya de lire. Essaya est le mot.

Les phrases qu'il lisait n'arrivaient pas à son esprit, arrêtées qu'elles étaient par cette barricade musicale que madame Van-Dyck élevait sans relâche et qui ne laissait approcher de son mari et de Tristan ni la pensée ni le sommeil.

Notre ami se leva à son tour, mit un pantalon à pied, alluma un cigare, et fumant auprès de la fenêtre ouverte, envia la position de ceux qui ont des remords dans le cœur, mais pas de piano dans leur maison.

— O vertu! se disait-il, voilà donc ta récompense!

Au reste, la soirée était superbe, et dans toute autre circonstance cette musique large et mélancolique, éclose au milieu du silence universel, eût enchanté l'âme poétique de notre héros; malheureusement l'intention qu'il devinait dans cette musique et le temps qu'elle devait naturellement durer lui ôtaient beaucoup de son charme.

Certes la marche funèbre est une splendide chose; mais supposez que vous ayez envie de dormir, ce qui arrive presque tous les soirs, et qu'on vous la joue sans y mettre d'autre intention que celle de vous être désagréable, en appuyant les pieds sur les pédales, en frappant les touches de toutes ses forces et en recommençant la première note dès que la dernière sera éteinte, vous deviendrez évidemment fou au bout de deux heures.

Tristan comprit parfaitement, au cercle nerveux qui lui serrait déjà la tête, qu'il ne pourrait supporter longtemps ce chef-d'œuvre, et ouvrant tout doucement sa porte, il essaya de fuir cette harmonie, puisque cette harmonie ne le fuyait pas; et après avoir fait provision de cigares, il alla ouvrir la fenêtre du carré qui donnait sur la rue, et s'accoudant le plus commodément possible sur la balustrade, il continua de fumer.

Le bruit arrivait naturellement bien moins violent à ses oreilles et il commençait à prendre son sort en patience.

Il y avait à peu près cinq minutes qu'il aspirait et rendait la fumée de son cigare, lorsqu'en regardant machinalement à sa gauche, il lui sembla voir un autre cigare qui, comme une luciole, brillait dans la nuit.

Il reconnut, derrière ce cigare, M. Van-Dyck, lequel, comme on se le rappelle, s'était mis à la fenêtre de sa chambre donnant sur la rue.

Tristan appela :

— Monsieur Van-Dyck ! monsieur Van-Dyck !

Le commerçant leva la tête et reconnut Tristan.

— Ah ! vous voilà, lui dit-il ; que le bon Dieu vous bénisse, vous ! — Vous voulez dire que le diable m'emporte. — Depuis combien de temps êtes-vous réveillé ? — Depuis le commencement ; et vous, mon pauvre monsieur Van-Dyck ? — Moi aussi.

Il y avait dans ce : moi aussi, une douleur si comique que Tristan ne put s'empêcher de rire.

— Croyez-vous que cela durera longtemps ? fit M. Van-Dyck. — Je le crains. — C'est gai. — Monsieur Van-Dyck ? — Heim ! — Il me vient une idée ! — Oh ! dites-la vite, c'est le moment d'en avoir ? — Si nous allions coucher à l'hôtel ? — Il est minuit, et d'ailleurs je suis trop connu, moi. — C'est vrai. — Vous n'avez pas d'autre idée que celle-là ? — Non. — Eh bien ! vous êtes un homme précieux dans le malheur.

En ce moment, madame Van-Dyck, qui se doutait peut-être de la désertion de ses ennemis, redoubla avec une vigueur destinée à aller les atteindre, n'importe où ils seraient.

— Ah ! je n'y tiens plus, s'écria M. Van-Dyck, il faut que cela finisse. Tristan ? — Voilà. — Êtes-vous fort ? — Oui. — Très-fort ? — Certainement ; pourquoi ? — Descendez sur la pointe du pied et allez voir si la clef est à la porte de la chambre de ma femme. Moi je suis trop lourd, je ferais crier le parquet. — Après ? — Après, vous reviendrez me le dire. — Bien.

Tristan, qui ne savait où M. Van-Dyck voulait en venir et que la position commençait à amuser, descendit.

A mesure qu'il se rapprochait de la chambre d'Euphrasie, le bruit devenait de plus en plus effrayant.

Un instant après, il remonta.

Eh bien ! fit M. Van-Dyck en voyant reparaître la tête attendue. — Eh bien ! la clef est sur la porte. — Descendons alors. — Qu'allons-nous faire ? — Vous allez voir.

Les deux hommes se rejoignirent sur le carré de madame Van-Dyck.

— Marchons tout doucement. — Oh ! vous pouvez marcher comme vous voudrez, dit Tristan, la maison tomberait que madame Van-Dyck ne l'entendrait pas. Ils arrivèrent à la porte de la chambre.

M. Van-Dyck l'ouvrit, et sans rien dire alla prendre une des poignées du piano.

Euphrasie fut tellement étonnée de cette double visite, à laquelle elle ne s'attendait pas, que ses mains quittèrent les touches.

— Que venez-vous faire ici? dit-elle en se levant.—Nous venons chercher ce joli instrument. — Et pourquoi? — Pour aller tout bonnement le jeter dans le canal. — Vous n'y toucherez pas. — C'est ce que nous allons voir. — Un piano qui me vient de ma mère!— Charmant héritage! Mon cher Tristan, voulez-vous prendre l'autre poignée et m'aider à transporter ce meuble intéressant au rez-de-chaussée. — C'est une infamie! s'écria madame Van-Dyck; je ne suis donc plus libre d'étudier mon piano! — Elle appelle cela étudier. Finissons-en.

Et M. Van-Dick fit faire à lui seul un mouvement au piano.

— Je vous dis que ce piano me vient de ma mère, fit Euphrasie en pleurant.—Et vous a-t-elle recommandé, votre mère, de jouer la marche funèbre, à minuit, pour m'empêcher de dormir?

Euphrasie ne répondit pas.

Les deux hommes enlevèrent le meuble.

Les femmes du caractère d'Euphrasie sont lâches quand elles ne peuvent appeler le scandale à leur aide, et à pareille heure il n'y avait pas moyen d'en faire.

— Je cesserai de jouer, dit-elle. — Qui nous en répond? — Fermez le piano à clef. — J'y consens, fit M. Van-Dyck, mais si elle recommence, je le brise à coups de marteau.

Et ce disant, il fermait l'instrument et mettait la clef dans sa poche.

Tristan remonta chez lui, et M. Van-Dyck regagna sa chambre.

Le reste de la nuit se passa tranquille.

Mais Tristan venait de remporter une nouvelle victoire, et par conséquent de redoubler la haine d'Euphrasie.

Le lendemain il arriva trois lettres de Willem, l'une pour Euphrasie, l'autre pour M. Van-Dyck, la troisième pour Tristan.

Le lecteur sait aussi bien que nous ce que pouvait contenir la lettre adressée à madame Van-Dyck.

Quant à celle que reçut son mari, voici ce qu'elle disait :

« Mon cher monsieur Van-Dyck,

» Tout va assez bien ici. Vous serez payé de la maison Daniel, qui m'a remis aujourd'hui même un à-compte de trois mille francs, que vous recevrez sans faute le lendemain de cette lettre.

» Il était trop tard pour faire affranchir ce mandat aujourd'hui ; j'aurais craint qu'il ne s'égarât, et que n'étant pas affranchi, la poste ne refusât de le rembourser.

» Recevez, mon cher monsieur Van-Dyck, l'assurance du dévouement de votre serviteur. »

Il annonçait la même chose à Euphrasie, en lui disant que cette rapidité d'arrangement lui faisait espérer de revenir bientôt.

Tristan, en reconnaissant l'écriture de Willem, eut un moment joie.

— Ce bon et honnête garçon ne m'oublie pas, pensa-t-il, et il ouvrit la lettre et lut :

« Monsieur,

» Je reçois une lettre, vous devez savoir de qui. Cette lettre m'annonce la honteuse façon dont vous vous êtes conduit pour moi, malgré les promesses que vous m'aviez faites. Je sais que vous devez quitter la maison de M. Van-Dyck ; je vous prie de faire savoir où vous irez, et de vous tenir à ma disposition ; car, à mon retour, je compte vous demander raison de votre conduite. »

— Allons, décidément, ce n'est qu'un sot, fit Tristan en remettant la lettre dans sa poche et en poussant, malgré lui, un soupir.

Ce jour-là, madame Van-Dyck descendit déjeuner et dîner à la même table que son mari et que Tristan.

Il est vrai qu'il fut impossible de lui faire dire une parole.

— Ce retour me promet quelque nouvelle méchanceté, se dit Tristan ; M. Van-Dyck paraît depuis la scène du piano beaucoup plus froid à mon égard ; je crois que je ferai bien de quitter la maison, et pas plus tard que demain.

Le lendemain, Tristan n'avait encore rien dit de sa résolution à M. Van-Dyck ; mais il était en train de faire ses malles, lorsqu'on vint lui dire que le déjeuner était prêt.

Il descendit, laissant sa malle inachevée, et trouva l'amie de madame Van-Dyck, qu'Euphrasie avait engagée à déjeuner, et qui, en félicitant le mari de cette réconciliation, devait sans doute accabler celui qui avait été l'objet de cette querelle.

Ce fut du moins ce que pensa Tristan en voyant l'air froid et presque insolent avec lequel cette dame répondait à son salut.

Quant à M. Van-Dyck, qui voyait les choses s'améliorer, il donna cordialement la main au jeune homme.

Madame Van-Dyck descendit, et, sans faire attention ni à son mari ni à Tristan, elle alla droit à son amie.

M. Edouard, complétement guéri, descendit à son tour.

— As-tu fait ce que je t'ai dit? lui dit tout bas sa mère en l'embrassant. — Oui, répondit l'enfant.

On se mit à table.

Quelques instants après, madame Van-Dyck dit à son amie :
— J'ai reçu une lettre de France, ce matin (ce qui était faux).
— Et de qui? — De ma cousine Émilie, qui vous dit bien des choses. — Les lettres sont donc arrivées? demanda M. Van-Dyck.

Euphrasie tressaillit malgré elle.

— Oui, fit-elle. — Comment n'ai-je pas reçu la lettre que Willem m'annonçait hier? — C'est étrange, dit Euphrasie ; il l'aura peut-être oubliée. Et que vous annonçait-il dans cette lettre? — Trois mille francs de la maison Daniel. — Cela vaut la peine qu'on s'en occupe, dit Tristan.

M. Van-Dyck sonna.

Le domestique parut.

— Avez-vous reçu une lettre de Bruxelles ce matin? dit M. Van-Dyck. — Oui, monsieur. — Où l'avez-vous mise? — Je l'avais mise dans la salle à manger, où je mets toujours les lettres de monsieur. — Cherchez. — Elle était là, sur le buffet. — Elle n'y est plus? — Où peut-elle être? fit Euphrasie. — Êtes-vous bien sûr de l'avoir mise là? Demandez à Athénaïs si, en venant ici, elle ne l'aurait pas changée de place. — Pourvu qu'elle n'ait pas été volée, fit l'amie. — Par qui? dit M. Van-Dyck. — Quand on a chez soi des gens qu'on ne connaît pas, fit Euphrasie.

Tristan pâlit à cette insulte.

— Ne connaissez-vous pas vos domestiques? dit-il à M. Van-Dyck, qui avait compris l'intention de sa femme et qui répondit :
— Euphrasie a raison, il y a toujours à craindre avec ces gens-là, cependant cela m'étonnerait bien. Ce domestique a l'air d'un honnête garçon, et je réponds d'Athénaïs. — Tu n'y as pas touché à cette lettre? dit Euphrasie à son fils. — Non, maman. — Mais tu l'as vue? — Oui. — Tu la reconnaîtrais bien? — Oui, maman.

— Eh bien! va aider Pierre à la chercher. — Où faut-il la chercher? — Cherche partout.

L'enfant sortit de table.

Pierre revint, disant qu'Athénaïs n'avait pas touché à cette lettre.

— Vous avez eu tort de la mettre sur un buffet sans me prévenir. — Madame était là, répondit le domestique, et quand j'ai vu que la lettre n'était plus où je l'avais mise, j'ai cru qu'elle avait été prise par madame.

Euphrasie rougit à ce mot tout naturel.

— Cette lettre renfermait des valeurs, ajouta M. Van-Dyck, c'était imprudent de la laisser traîner. — Monsieur, fit le domestique tremblant qu'on ne l'accusât de vol, je suis honnête et incapable... — Je ne vous accuse, mon ami, que de négligence. Cette lettre se retrouvera, ne craignez rien. — Le facteur, continua le domestique, a fait signer un reçu à madame, j'ai cru que je n'avais plus à m'inquiéter de cette lettre. — Alors vous savez ce qu'est devenue cette lettre? dit M. Van-Dyck à sa femme. — Je n'en sais rien, répondit-elle avec une émotion qu'elle avait grand'peine à cacher, et elle était même près de quitter la table, lorsque l'enfant reparut avec la lettre à la main. — Ah! tant mieux, dit Tristan, j'étais d'une inquiétude affreuse. — Est-ce cela? dit Édouard. — Oui, fit M. Van-Dyck en prenant la lettre; mais comment se fait-il qu'elle soit décachetée?

L'enfant fit signe, en regardant sa mère, qu'il n'en savait rien.

— Mais où l'as-tu trouvée? dit M. Van-Dyck. — Dans la chambre de M. Tristan, répondit l'enfant avec quelque hésitation. — Dans ma chambre? dit Tristan. — Oui! fit l'enfant. — Et dans quel endroit de ma chambre l'avez-vous trouvée, mon petit ami? ajouta Tristan en devenant tout pâle. — Dans votre malle, répondit Édouard, qui commençait à avoir peur des regards qui se fixaient sur lui.

Tristan bondit sur sa chaise, comme si un serpent l'eût mordu.

— On vous fait faire une infamie qui va s'éclaircir tout de suite, mon enfant, dit le jeune homme, et je prie, et, au besoin, je somme monsieur votre père de vous faire avouer qui vous l'a fait faire. — Cet enfant ne sait pas ce qu'il dit, répliqua Euphrasie, qui commençait à avoir peur de ce qui allait se passer; la lettre est retrouvée, c'est le principal.

Et elle s'approcha de la porte; mais Tristan se jeta au-devant d'elle et l'empêcha de sortir.

— Pardonnez-moi, madame, lui dit-il, si je m'oppose à ce

que vous sortiez; mais vous avez entendu l'accusation, il faut que vous entendiez la vérité.

L'enfant regardait sa mère et ne savait plus où se mettre.

— Cette lettre décachetée et retrouvée dans la malle que je préparais pour mon départ, reprit Tristan, ne peut y avoir été mise que par celui qui l'a décachetée, sachant ce qu'elle contenait. Cet enfant n'a pu l'aller chercher dans ma chambre que si on le lui a dit, car il l'eût cherchée partout, excepté là. Monsieur Van-Dyck, veuillez lui demander qui lui a dit d'entrer chercher cette lettre jusque dans ma malle. — Réponds! fit M. Van-Dyck, qui, voyant la tournure sérieuse que prenait la chose, était ému malgré lui et parlait à son fils d'un ton qui défendait le mensonge. — C'est maman, fit l'enfant les larmes aux yeux.

On juge de l'effet de ce mot auquel M. Van-Dyck et surtout Tristan s'attendaient, mais que ne soupçonnait pas l'amie qu'Euphrasie avait invitée pour la faire assister au vol de Tristan.

— Il ment, dit la mère. — Taisez-vous, madame, fit M. Van-Dyck d'un ton impérieux. Et voilà tout ce que t'avait dit ta mère? demanda-t-il à l'enfant; dis la vérité, ou je te chasse de chez moi. — Maman, répondit l'enfant au milieu de ses larmes, m'a d'abord envoyé mettre la lettre dans la malle de M. Tristan, et elle m'a dit que quand elle me dirait à table de chercher la lettre qu'on me demanderait, je vienne la prendre là et dire où je l'avais trouvée.

Madame Van-Dyck était pâle comme une morte et ne répondait pas.

— Tu n'as pas menti? fit le père à son fils. — Non, papa; je le jure. — C'est bien, continua le marchand de toiles en se levant; retirez-vous dans votre chambre, madame, je vais régler nos affaires, et aujourd'hui vous quitterez ma maison. Je ne veux pas de voleuse chez moi.

Madame Van-Dyck sortit.

— Vous comprenez, monsieur, dit Tristan en s'approchant de M. Van-Dyck, lequel, peu habitué aux émotions violentes, essuyait la sueur qui coulait de son front, vous comprenez que, tant qu'on s'en est tenu vis-à-vis de moi aux taquineries, je n'ai rien dit, mais qu'accusé comme je viens de l'être, je devais faire ce que j'ai fait. — Oui, mon ami, répondit M. Van-Dyck en lui tendant la main, vous n'avez fait que votre devoir, le reste me regarde.

L'amie, toute tremblante, était tombée sur une chaise et ne savait quelle contenance prendre.

Tristan remonta dans sa chambre, où, par un effet tout naturel aux impressions du genre de celle qu'il venait d'éprouver, il fut près de se trouver mal; puis, voyant à quelles persécutions il était en butte, attristé malgré lui de la lettre qu'il avait reçue de Willem et de cette amitié perdue, croyant que le moment du désespoir était arrivé, il fondit en larmes en prononçant involontairement le nom de sa mère et de Louise.

XLIV

Monsieur Van-Dyck se dévoile.

Quand Tristan fut un peu remis de son émotion, il se rappela M. Mametin, que la Providence, entrevoyant l'avenir, avait si miraculeusement envoyé sur sa route quelques jours auparavant. Il remercia dans le fond du cœur ce hasard divin qui prenait si scrupuleusement soin de lui, et cependant il se promettait bien que ce serait la dernière épreuve qu'il tenterait contre le sort, et que si sa nouvelle position avait le même résultat que toutes celles qu'il venait de traverser, il en finirait décidément avec la vie.

Il acheva ses malles et ses paquets, au milieu des parfums et des chansons de la nature qui, comme une éternelle consolation, sourit à la douleur des hommes, et montre quelquefois avec un simple rayon de soleil, l'espérance, ce chemin de l'avenir.

Quand tout fut terminé, quand il eut réuni ce qu'il avait à emporter, il dit adieu à cette chambre où il avait cru être heureux et descendit chez M. Van-Dick.

Il trouva le commerçant qui, encore fort agité, écrivait des lettres dans son cabinet et ne se retourna même pas, tant il était préoccupé, en entendant ouvrir la porte.

Tristan s'approcha donc de M. Van-Dick, et quand il fut à côté de lui, le voyant toujours aussi attentif à ce qu'il faisait, il lui dit:

— Je vais me retirer, si je vous dérange. — Ah! c'est vous, mon cher ami, je ne vous voyais pas, pardon! Eh bien, que dites-vous de ce qui vient de se passer? — Ce n'est pas à moi de vous donner mon opinion. — Je croyais ma femme capable de bien des choses, mais non de cela. — Il faut lui pardonner. La colère conseille mal, et madame Van-Dyck a été assez punie par l'affront qu'elle vient de subir. Quant à moi, je lui pardonne, et de grand cœur. — Vous a-t-elle parlé? — Non, je ne l'ai pas vue. — Soyez tranquille, cela ne se renouvellera pas. — Je vous le promets. — Elle quittera la maison, dit M. Van-Dyck d'un ton où l'on devinait déjà que sa résolution chancelait. — Elle restera ici. — Vous ne pouvez cependant plus vivre ensemble. — C'est vrai; je l'ai parfaitement compris. — Eh bien? — Eh bien, je ne me reconnais pas le droit, après avoir apporté le trouble, bien malgré moi du reste, de mettre enfin la désunion dans une maison qui me fut, du moins par vous, mon cher monsieur Van-Dyck, la plus hospitalière que j'aie rencontrée. C'est à moi de céder la place à madame Van-Dyck, et je la cède. — Et vous allez? — Chez le docteur Mametin. — Eh bien, vous avez raison, fit M. Van-Dyck; et à votre place, j'en ferais autant. — Vous voyez. — D'abord, cela fera enrager ma femme. — Et cela ne fera pas de scandale. — Puis, vous serez mieux qu'ici. Madame Mametin est une adorable femme qui sera charmante pour vous, et Mametin un homme qui vaut beaucoup mieux que moi. Allez donc, cher ami, allez. — Vous m'approuvez? — Parfaitement. — Mais, au moins, en quittant votre maison, mon cher monsieur Van-Dyck, j'emporte votre estime? — Tout entière. — Et si jamais nous nous retrouvons en face l'un de l'autre? — Je vous tendrai la main comme maintenant, et nous nous verrons souvent, car j'entends que vous veniez me voir et je compte aussi vous faire visite, à vous et à ce cher docteur. Mais voulez-vous que je vous donne un conseil? — Volontiers. — Ne demeurez pas dans la même maison que Mametin; c'est toujours embarrassant pour quelqu'un. Si vous m'en croyez, vous louerez une maison à part. — C'est ce que je comptais faire; sinon une maison, du moins un appartement. — Louez la petite maison qui est vacante en face de la sienne, vous l'aurez à très-bon marché; vous serez près de lui et chez vous. — Vous avez raison. Maintenant, je vous demanderai un service.

M. Van-Dyck porta naïvement la main à la clef de sa caisse.

— Tout ce que vous voudrez, cher ami.

Tristan rougit et arrêta la main du commerçant.

— Merci, lui dit-il, ce n'est pas de cela qu'il s'agit. — Pourquoi pas de cela? — Parce que je n'ai besoin de rien. — Ne vous gênez pas; vous me rendrez cet argent plus tard. — Merci, une dernière fois, mon cher monsieur Van-Dyck; j'ai tout ce qu'il me faut. — Comme vous voudrez; mais n'oubliez pas que désormais, comme aujourd'hui, mon amitié et ma caisse sont à votre disposition. — Mille grâces! — Voyons le service, maintenant. — Vous savez que j'étais fort bien avec Willem? — Oui. — C'est un honnête garçon, à l'amitié duquel je tiens. — Je comprends cela. — Voulez-vous être assez bon, quand il reviendra, pour l'assurer, sur votre parole et sur la mienne, qu'il n'a rien à me reprocher, et que je serai toujours heureux de le voir. — Êtes-vous donc mal ensemble? — Oui. — Depuis quand? — Depuis hier. — Comment le savez-vous? — Il me l'a écrit. — A propos de quoi? — Je l'ignore. — Ma femme lui aura écrit. — Vous croyez? Mais que peut-elle lui avoir dit sur mon compte? — Que vous lui faisiez la cour; ce qu'elle m'a dit à moi. — Mais je ne vois pas, continua Tristan, qui voulait paraître ne rien savoir des relations d'Euphrasie et de Willem, ou qui voulait enfin faire avouer à M. Van-Dyck qu'il les connaissait, mais je ne vois pas ce que cela peut lui faire.

M. Van-Dyck regarda Tristan en dessous, en lui disant d'un ton que l'on ne peut rendre :

— Niais!

Tristan ne put s'empêcher de sourire.

— Tenez, puisque nous voilà seuls, reprit M. Van-Dyck en allant ouvrir sa porte et s'assurer qu'on ne les écoutait pas, parlez-moi franchement. Vous étiez bien ici? — Parfaitement.
— La vie telle que je vous l'offrais vous souriait assez? — Oui.
— Et vous comptiez rester longtemps avec nous? — Toujours, si c'eût été possible. — Pourquoi diable alors vous êtes-vous brouillé avec ma femme? — Ce n'est pas moi qui me suis brouillé avec elle, c'est elle qui s'est brouillée avec moi. — Pourquoi? que lui avez-vous fait? — Vous voulez le savoir? — Oui. — Sérieusement? — Sérieusement. — Eh bien, mon cher monsieur Van-Dyck... mais... je ne sais réellement comment vous dire cela. — Dites-le. Voulez-vous que je vous aide? — Je ne demande pas mieux. — Ma femme a commencé par vous dire qu'elle avait été mariée contre son goût? — Oui. — Qu'elle était malheureuse? — A peu près. — Elle vous a questionné sur votre vie? — Justement. — Elle vous a demandé si vous aviez été amoureux? — Comme vous dites. — Et que lui avez-vous répondu? — Que je l'avais été et ne le serais plus. — Ah!

diable! c'est ici que cela se gâte. Imprudent! Cependant elle a fait du sentiment avec vous tant que Willem a été ici? — C'est vrai. — Et une fois Willem parti, elle vous a avoué qu'elle vous aimait?

Tristan fit signe que oui.

— Et vous lui avez répondu? — Que je ne pouvais l'aimer sans trahir l'amitié et l'hospitalité. — Très-bien. Et vous vous êtes entêté dans cette idée? — Oui. — Et vous vous étonnez de ce qu'elle vous fait? — Non. — C'est bien heureux. Et vous avez compté, après pareil refus, rester dans ma maison? — Fallait-il... — Que vous ai-je dit sur la route de Milan? — Je ne me souviens plus, répondit Tristan, qui voulait faire faire à M. Van-Dyck la confidence entière. — Je vous ai dit que vous ne pourriez rester chez moi qu'à la condition que ma femme vous aimerait. — Je me rappelle. — Vous devez vous rappeler aussi que je vous ai conseillé de faire tout votre possible pour arriver à ce résultat? — C'est vrai. — Vous n'y êtes pas arrivé, voilà tout. Aussi nous nous quittons, ce qui me fait beaucoup de peine. — Mais il n'y avait qu'un moyen d'être bien avec votre femme. — Lequel? — C'était d'être son amant, puisqu'il faut vous dire les choses par leur nom. — Eh bien, il fallait, par amitié pour moi, employer le seul moyen que vous aviez de rester avec nous. — Mais c'était vous tromper. — Est-ce que vous croyez que je n'aurais pas mieux aimé toute espèce de choses que ces querelles qui durent depuis huit jours? Je vous ai dit assez de fois que je tenais à mon repos, à mes repas réglés, à ma tranquillité domestique. Croyez-vous que je ne sache pas depuis longtemps comment je l'obtiens, ce bonheur que je désire? et pensez-vous qu'on peut goûter tous les bénéfices de l'égoïsme, sans que, dans les premiers temps, il en coûte quelque chose? Voyez Willem, il a compris tout de suite, lui! — Que voulez-vous dire? — Je veux dire que depuis qu'il est avec nous, il n'y a pas eu dans la maison le quart des querelles qu'il y a depuis que vous y êtes. — C'est qu'il a trouvé le moyen... — Celui que ma femme vous offrait. — Et vous ne lui en voulez pas? — Pas le moins du monde. Sans lui que serais-je devenu? C'est à lui que je dois mon bonheur, ce cher Willem! — Eh bien, tremblez alors. — Pourquoi? — Parce que votre femme ne l'aime plus. — Depuis quand? — Depuis qu'elle m'aime! — Oh! que vous la connaissez peu! Vous êtes mal avec Willem? — Oui. — C'est donc Euphrasie qui vous a mis mal avec lui? vous me le disiez tout à l'heure. — Vous avez raison. — Donc elle veut rester avec Willem comme elle était auparavant. C'est vous le niais là dedans. — C'est juste. — Et vous avez eu tort de refuser. — Hé ! je l'avais promis. — A Willem ? — Oui. — Que ne disiez-vous cela tout de suite ? — Je ne savais pas comment vous le prendriez. — Il se doutait donc de quelque chose ? — Certainement. — Ah ! alors je n'ai plus rien à dire, qu'à vous plaindre, mon pauvre Tristan. Mais, soyez tranquille, je détromperai Willem, et il me croira ; c'est bien le moins qu'il me doive : qu'en pensez-vous ? — Ma foi, oui. — Pourquoi diable nous quittez-vous ? — Il le faut. — Certainement, il le faut, et maintenant plus que jamais. Enfin, soyez heureux, mon cher Tristan, je vous le souhaite autant que vous le méritez.

Les deux hommes s'embrassèrent.

— Vous permettez que je vous laisse mes malles jusqu'à ce soir ? reprit Tristan. — Tant que vous voudrez. — Je vais aller voir cette maison, dit notre héros en se dirigeant vers la porte. — C'est cela, fit M. Van-Dyck qui l'accompagnait. — Et de là j'irai chez M. Mametin. — Venez tantôt me dire ce qui sera décidé.

En ce moment M. Van-Dyck ouvrait la porte de la rue.

— Merci encore une fois, mon cher monsieur Van-Dyck.

Et Tristan descendit les quelques marches du perron, après avoir encore serré la main de son hôte.

— Qu'on vienne me dire qu'il n'y a pas de ces maris-là, pensat-il en s'éloignant, et comme M. Van-Dyck serait à plaindre si, avec une pareille femme, il n'était pas ainsi ! — Qu'on vienne encore me conter, dit M. Van-Dyck en renfermant la porte de son cabinet et en se rasseyant devant son bureau, qu'on vienn encore me conter qu'il n'y a pas d'honnêtes garçons. En voilà un, j'espère ! et il a eu bien raison de tenir sa parole ; car, pour un homme comme lui, ma femme serait une maîtresse bien ennuyeuse.

Et il continua sa correspondance.

XLV

Où le lecteur va revoir quelqu'un qu'il n'a encore vu que deux fois.

Tristan s'en alla, respirant plus à l'aise, voir la maison que lui avait indiquée M. Van-Dyck. Une vieille femme gardait cette maison que son propriétaire offrait de louer toute meublée.

Elle se composait d'une salle à manger et d'une cuisine au rez-de-chaussée, de trois chambres au premier étage, d'une chambre de domestique et d'un grenier au second.

Le prix en était assez modéré, car c'était déjà presque la campagne; cependant Tristan, à qui elle convenait, mais qui comprenait qu'il lui fallait faire des économies, s'il voulait ne pas se trouver tout de suite dans l'embarras, marchanda fort, et comme il promit à cette vieille, qui le lui offrait, de la garder, comme en outre elle paraissait avoir les pleins pouvoirs du propriétaire, Tristan eut la remise de la différence qu'il demandait.

Il paya aussitôt les trois premiers mois, et donna l'ordre à la vieille de faire prendre, si bon lui semblait, des informations chez M. Van-Dyck, mais d'y faire prendre surtout les malles qu'il y avait laissées; puis, ayant demandé si la maison qui faisait face à la sienne était bien celle de M. Mametin, sur la réponse affirmative de la bonne femme, il alla frapper à la porte où deux jours auparavant nous avons vu frapper madame Van-Dyck.

Le domestique vint ouvrir en continuant de tenir la porte comme un homme qui va répondre qu'il n'y a personne.

En effet, ce fut ce qu'il répondit, quand Tristan eut demandé :

— M. Mametin? — Il est à la campagne avec madame, ajouta le domestique. — Et quand reviendra-t-il? reprit Tristan. — Nous ne le savons pas. — Où est cette campagne? — A une lieue et demie d'ici. — Porte-t-on ses lettres à M. Mametin? — Tous les deux jours. — Alors je vais lui écrire un mot.

Le domestique livra passage à Tristan, et le fit entrer dans la salle à manger, le fit asseoir près de la table, et lui apporta tout ce qu'il fallait pour écrire.

Tristan prit la plume, et commença la première ligne.

Il n'avait pas écrit quatre mots, qu'il entendit un perroquet chanter :

— *Oui, l'or est une chimère.*

Il tressaillit et devint tout pâle.

Il n'y avait pas à s'y tromper, c'était bien la voix de son perroquet.

Tristan se retourna, tremblant d'avoir rêvé, et cherchant l'animal connu.

Il n'était pas dans la salle à manger.

Mais Tristan entendit une seconde fois le perroquet, qui reprit avec un fausset des plus prétentieux :

— Oui, oui, oui, l'or est une chimère.

Tristan suivit la direction de la voix, et arriva dans le jardin, où il vit, sur un superbe perchoir, le perroquet qu'il tenait de sa mère, qu'il avait laissé à Louise, et qu'il avait retrouvé à Milan.

Le pauvre garçon était tout tremblant; il était bien sûr de reconnaître l'animal; mais quoique cette supposition lui fût naturellement venue tout de suite à l'esprit, rien ne prouvait qu'il fût chez sa femme, et il y avait même bien des chances pour qu'il n'y fût pas.

En effet, comment ce perroquet, qui était évidemment avec Louise à Milan, se trouvait-il à Amsterdam, justement dans la ville où il était, sans que, depuis le temps qu'il habitait cette ville, il eût rencontré sa femme? Ce perroquet avait peut-être été vendu, donné, volé! Toutes ces suppositions traversèrent brusquement l'esprit de Tristan.

Pendant ce temps, le domestique, qui avait vu ce monsieur, qu'il ne connaissait pas, se lever tout à coup, courir au jardin, interroger le perroquet, avait craint d'avoir affaire à un voleur ou tout au moins à un fou; il avait donc suivi Tristan, et derrière lui attendait la suite de cette aventure.

Tristan le vit, et le regarda, ne sachant s'il devait l'interroger.

— Belle bête, dit le domestique en montrant le perroquet, n'est-ce pas, monsieur?... — Oui. A qui est ce perroquet? — A monsieur et à madame. — Y a-t-il longtemps que vous êtes ici? — Non, monsieur. — Quand vous êtes entré dans la maison, ce perroquet y était déjà? — Oui, monsieur. — Madame Mametin est vieille? — Du tout. Monsieur ne la connaît pas? — Non. — Oh! madame Mametin est toute jeune. — Oui, oui, je me rappelle, fit Tristan, qui commençait à revenir de son émotion et qui voulait apprendre du domestique ce qu'il tenait à savoir, sans paraître ajouter grande importance à ce dont il l'informait; oui, dit-il, je me souviens, elle est brune? — Non, non, monsieur, elle est blonde. — Blonde? — Oui, monsieur. — Vous êtes sûr? — Oh! très-sûr. — Mince? — Oui. — Petite? — C'est cela. — Elle est Française? — Monsieur la connaît. — Et son nom de baptême est... — Louise.

Tristan tressaillit. Il y avait de quoi.

— Mon ami, reprit-il, vous êtes sûr que M. et madame Mametin sont à la campagne? — Oui, monsieur. — Et il n'y a qu'une lieue et demie d'ici jusqu'où ils sont? — A peine. — C'est bien;

au lieu d'écrire à M. Mametin, je vais aller moi-même le voir.

Et Tristan, rentré dans la salle à manger, déchira la lettre commencée, sortit, et, tout à ses pensées, s'achemina à pied dans la direction que lui avait indiquée le domestique.

On doit deviner, sans que nous les transmettions, les émotions auxquelles le cœur de Tristan était en proie. La position, en effet, était loin d'être comique, malgré l'allure bouffonne que Tristan lui eût trouvée s'il l'eût vue dans la vie d'un autre.

Quand il se disait :

— Je suis éveillé, je ne rêve pas, et je m'en vais bel et bien chez ma femme, que je n'ai pas vue depuis trois ans, et qui est bel et bien mariée avec un autre;

Quand il se disait cela, il était près de revenir sur ses pas.

— Quelle figure vais-je faire là-bas? continuait-il; il est impossible qu'en nous revoyant, Louise et moi, nous ne poussions pas au moins un cri. Que dira son mari? Mais après tout, je me moque bien de ce que dira ce monsieur. C'est moi le mari; c'est moi qui amène la catastrophe, et non pas moi qui la subis. C'est égal, j'aurai beau faire, je serai ridicule.

Voilà une aventure, j'espère!

Voyons, raisonnons un peu. Faut-il me présenter en homme qui vient tout casser et chercher sa femme, ou faut-il simplement me présenter sur l'invitation de M. Mametin et paraître tout ignorer?

D'abord, dans le premier cas, je puis me tromper; madame Mametin peut s'appeler Louise, avoir mon perroquet, et n'être pas ma femme. Alors, M. Mametin fait venir son jardinier, son portier, tous ses domestiques, et l'on me met à la porte galamment pour le bruit que je viens faire dans une maison tranquille et pour la façon dont je reconnais l'hospitalité qu'elle m'offre. Il est vrai qu'il n'y a qu'une chance sur cent pour que madame Mametin ne soit pas ma femme, d'autant plus que maintenant je me rappelle fort bien que M. Van-Dyck m'a dit avoir vu M. Mametin à Milan. C'est à Milan que j'ai entendu mon perroquet; Louise était évidemment à Milan. C'est Louise, c'est ma femme, et il n'y a pas de puissance humaine qui puisse m'en séparer! Je vais donc tout bonnement entrer, et dire que je viens chercher ma femme. J'ai hâte de voir ce qu'ils diront.

Eh! mon Dieu! ce qu'ils diront est bien simple, continua-t-il après un moment de réflexion; puisque ma femme n'a pas voulu me revoir à Milan, elle ne voudra pas me revoir davantage ici;

Je n'ai pas de preuve, elle me fera mettre à la porte si elle est indulgente, elle me fera arrêter si elle ne l'est pas; on me fera mon procès, on apprendra ou que je suis mort, et l'on me demandera de quel droit je vis, ou si je prouve que j'ai le droit d'être vivant, on découvrira que j'ai tué Charles, et on me coupera la tête. Ma femme et son mari en riront beaucoup, et voilà.

Décidément il vaut mieux que je me présente comme si je ne me doutais de rien, et je verrai venir les événements.

Plus j'y songe, se disait Tristan, plus le doute s'éloigne; c'est évidemment Louise que je vais trouver là-bas. M. Mametin est parfaitement l'homme que j'ai vu dans sa loge à Milan. Il me semblait bien l'avoir déjà vu quelque part, quand il est venu me parler chez M. Van-Dyck. Mais j'y pense : d'où leur venait cette sublime amitié pour moi? Louise savait-elle ma présence à Amsterdam? voulait-elle un rapprochement? avait-elle trouvé ce moyen? je m'y perds! en tous cas, le plus sage est de ne rien brusquer.

C'est dans ces dispositions que notre héros arriva devant une grille élégante et fermée, par les barreaux de laquelle il vit un charmant jardin au bout duquel s'élevait une adorable petite maison blanche, tout enveloppée de chèvrefeuille et de vigne.

Par un hasard extraordinaire, cette maison ressemblait, comme sa sœur jumelle, à la petite maison que Tristan avait habitée à Auteuil.

Ce ne fut pas sans une réelle émotion qu'augmentait encore ce souvenir qu'il sonna.

Une cloche sonore retentit dans le jardin. Un gros chien aboya, et le jardinier vint ouvrir.

— M. Mametin, dit Tristan. — Il n'y est pas, monsieur, mais madame y est.

L'émotion de Tristan redoubla.

— Monsieur veut-il parler à madame? reprit le jardinier. — Oui. — Quel nom dois-je annoncer? — Madame ne me connaît pas, annoncez tout simplement un monsieur à qui M. Mametin avait donné rendez-vous. — Veuillez entrer au salon.

Le jardinier fit traverser le jardin au visiteur, l'introduisit au rez-de-chaussée, dans une vaste chambre, richement meublée, et où la première chose qu'aperçut Tristan, fut le portrait de sa femme.

XLVI

Nous n'avons pas besoin de dire ce qu'éprouva Tristan quand il se fut assis dans le salon.

Qu'on se figure tout simplement un homme séparé depuis trois ans de sa femme, sachant qu'elle est remariée, et attendant dans le salon même du second mari que sa femme paraisse.

Il y avait à peu près cinq minutes que Tristan attendait, lorsque la porte du salon s'ouvrit et qu'il vit Louise.

Tristan se leva et s'approcha d'elle.

Il l'a trouva plus belle qu'elle n'avait jamais été.

Le sourire qui se montrait sur les lèvres de Tristan voulait dire : Vous ne m'attendiez pas. Eh bien ! me voilà, venez donc dans mes bras.

Louise, qui s'était fait dépeindre par le jardinier la personne qui l'attendait, Louise qui croyait, depuis qu'elle avait quitté Amsterdam, voir à chaque instant paraître son premier mari, avait, dans le portrait que lui avait fait le jardinier, dans ses pressentiments et dans le silence que le visiteur avait gardé sur son nom, deviné sinon reconnu tout à fait Tristan.

En ouvrant la porte du salon, elle avait vu son mari, elle était devenue pâle comme une morte : mais elle était parvenue à triompher de son émotion, et d'une voix assez calme elle avait dit à Tristan :

— Vous demandez mon mari, monsieur?

La foudre fût tombée aux pieds de Tristan qu'il n'eût pas été plus terrifié.

Il crut qu'il rêvait, passa la main sur son front, regarda Louise, et retrouva le même visage charmant, la même bouche souriante qui venait de lui dire, à lui, cette parole étrange.

— Oui, madame, répondit-il, pour voir jusqu'où la plaisanterie serait poussée. — Il n'y est pas, monsieur. — C'est ce que le jardinier m'a dit. — Il tardera même à rentrer, dit Louise, qui semblait, en ne s'asseyant pas et en ne disant pas à Tristan de s'asseoir, garder l'espérance qu'il se retirerait sans autre explication.

Disons bien vite que cette espérance ne tenait que bien légèrement dans l'esprit de Louise, qui, aux battements seuls de son cœur, comprenait l'importance de cette entrevue.

— C'est fâcheux, reprit Tristan, car je tenais à parler à

M. Mametin, et des choses les plus sérieuses, ajouta-t-il avec intention. — Asseyez-vous donc, monsieur, et attendez-le, peut-être rentrera-t-il plus tôt que je ne croyais.

Et Louise montra un fauteuil à Tristan, et tournant le dos au jour, afin d'avoir le visage dans l'ombre, elle se mit en face de son mari.

— Allons, se dit Tristan, voici un aplomb qui me déconcerte, ma parole d'honneur ; nous allons jouer une scène de haute comédie où je ne m'y connais pas. Commençons et tâchons d'être bien dans notre rôle.

Pendant ce temps, Louise, revenue de son émotion, d'autant moins forte qu'elle était plus attendue, avait pris la pose d'une femme qui s'apprête à écouter le plus poliment possible ce que va lui dire un visiteur qu'elle n'a pu congédier.

— Madame, dit Tristan, M. Mametin passe pour vous aimer beaucoup. — C'est vrai, monsieur. — De la part d'un étranger cette phrase pourrait vous sembler assez extraordinaire ; mais si étranger que je vous sois, peut-être ai-je le droit de vous l'adresser.

Louise ne répondit pas.

— M. Mametin, continua Tristan, passe pour ne rien faire sans vous consulter. — M. Mametin est un de ces maris comme on n'en trouve pas, monsieur, et en effet M. Mametin craindrait de me causer, ne fût-ce qu'une minute, je ne dis pas un chagrin, mais un ennui. — M. Mametin a dû, par conséquent, madame, vous faire part de ce qu'il m'a offert. — En effet, monsieur ; je vous avouerai même qu'il ne l'a fait que sur ma recommandation. — Serait-il vrai ? — Oui, monsieur ? — Comment ai-je pu être assez heureux pour gagner votre confiance ? — N'en remerciez que le hasard, monsieur, car c'est le hasard seul qui a tout fait. — Mais veuillez cependant être assez bonne pour me dire ce que je lui dois, afin que je sache jusqu'à quel point je dois le remercier. — C'est bien simple, monsieur, le hasard a voulu que vous portassiez justement le même nom que quelqu'un que j'ai beaucoup aimé. — Et que vous n'aimez plus ? dit Tristan, dont le cœur battait à chaque mot de Louise. — Non, monsieur, répondit-elle avec fermeté. — Depuis longtemps ? — Depuis six mois. — Et comment ce quelqu'un a-t-il pu vous déplaire à vous, madame, si belle et que l'on dit si bonne ? — En aimant une autre femme. — C'était donc votre...

— C'était mon premier mari, monsieur.

Louise répondait avait tant de calme, qu'il y avait des moments où Tristan croyait rêver.

— Et vous l'avez beaucoup aimé? reprit-il. — Beaucoup. — — Et qu'est devenu ce premier mari? — Du moment où je suis remariée, c'est vous dire qu'il est mort. — Et s'il ne l'était pas! — C'est impossible. — Cela s'est vu cependant. — Alors, reprit Louise, je ne me contenterais pas de l'oublier, je le mépriserais. — Et pourquoi? — Parce que l'homme qui, ayant laissé une femme qu'il disait aimer dans la position où me laissa mon mari, vit et ne s'inquiète plus de cette femme, ni de son bonheur, ni de son amour, ni de sa vie, cet homme ne doit attendre de cette femme que haine et mépris, et si les circonstances font qu'il passe pour mort, si le hasard le fait trouver en face de sa femme qui, se croyant veuve, s'est remariée, non par amour, mais par nécessité, s'il est au moment même de devoir sa position au mari de cette femme, il doit oublier le passé et ne pas reconnaître cette femme, qu'un mot peut perdre, qu'un signe peut compromettre. Voilà, monsieur, ce que doit faire un homme placé dans une pareille exception, s'il lui reste encore quelque délicatesse dans le cœur, et voilà, j'en suis convaincue, ce qu'en homme d'honneur vous feriez si vous vous trouviez à la place de cet homme! — C'est vrai, madame, reprit Tristan, qui comprenait la fausseté de sa position, et qui était forcé de reconnaître l'avantage que Louise avait sur lui et la vérité de ce qu'elle venait de lui dire; c'est vrai, madame; mais si cet homme n'était pas aussi coupable que vous le croyez; si les circonstances seules l'avaient forcé de s'éloigner et de se laisser passer pour mort; si une blessure l'avait retenu loin de sa femme et mis dans l'impossibilité de sortir, et par conséquent de la revoir, cet homme subirait toujours la même haine et le même mépris? — Si l'on ne peut marcher, on peut écrire. — S'il avait écrit et que, quelques démarches qui eussent été faites, la lettre n'eût pas été jusqu'à celle à qui elle était adressée, et qui avait elle-même disparu, sans qu'on sût où elle était allée? — Il devait chercher lui-même. — Mais, peut-être pour un crime dont il était innocent, risquait-il de se faire arrêter. — Outre que la justification eût eu lieu sans aucun doute, la femme méritait peut-être bien qu'il risquât la prison. Et cependant je lui pardonnerais encore, si, au lieu de fuir avec une maîtresse, il avait fui seul, et si, en recherchant la cause de sa fuite, on ne retrouvait, à côté du danger fictif, qu'il prétexte, l'amour nouveau qu'il éprouvait

Il n'y avait plus rien à répondre.

Tristan était accablé.

— Mais, madame, reprit-il saisissant un éclair de sa pensée qui lui paraissait illuminer une route sûre, pourquoi votre mari vous avait-il quittée ? — Pour se tuer. — Et pourquoi se tuait-il ? — Pour me laisser libre et permettre, par sa mort, un second mariage qui me rendît plus heureuse que le premier. — Eh bien madame, il me semble que le sentiment qui avait présidé à cette mort serait déjà digne d'estime. — Mais la mort n'ayant pas eu lieu, le silence n'a pas d'excuse ? — Au contraire, il y en a une, et une puissante. — Et laquelle ? — Cette tentative de suicide ne l'avait pas enrichi, il ne pouvait vous retrouver. En admettant qu'il vous revît, c'était une prison probable et une misère certaine, misère pire que celle du passé, qui l'attendaient lui et vous. Alors il s'est dit : En cachant ma vie j'accomplirai le sacrifice que ma mort voulait faire. Louise m'oubliera, et un jour ou l'autre elle retrouvera le bonheur que je ne pourrai jamais lui donner. Voilà ce qu'il s'est dit, madame, et voilà cependant pourquoi vous le méprisez. — Eh bien, monsieur, je crois d'autant plus à ce que vous me dites, que si telles ont été les pensées de mon mari, il serait heureux, en me retrouvant, de voir que ses vœux ont été exaucés. Je l'ai oublié, j'ai trouvé l'homme honorable sur lequel il comptait pour assurer ma vie, je suis heureuse, et si je le voyais, peut-être grâce à ce que vous venez de dire, ferais-je taire mes ressentiments et lui tendrais-je la main en lui disant : Merci.

Tristan était battu avec ses propres armes.

Il était impossible d'être plus insolemment calme que Louise.

— Vous avez raison, madame, toujours raison, dit Tristan en se rejetant anéanti dans le fond de son fauteuil, et vous abusez cruellement de votre avantage. — Mais, monsieur, reprit Louise avec une émotion qu'elle ne pouvait déguiser, la position est, je l'avoue, exceptionnelle, mais une fois la position admise, il n'y a plus à y chercher que les causes, les résultats, à voir qui des deux est resté fidèle à l'autre, qui des deux n'a rien à se reprocher. C'est ce que j'ai fait tout à l'heure. Ai-je demandé compte à mon mari de la vie qu'il a menée pendant deux ans ? lui en ai-je voulu de ses amours ? ne l'ai-je pas laissé libre de sa volonté ? et soit que j'apprisse à Milan sa liaison avec une chanteuse, soit que je connusse ici sa passion pour madame Van-Dyck, l'ai-je poursuivi de mes reproches, l'ai-je tourmenté de mon amour ? Je l'ai évité autant qu'il a été en mon pouvoir, et il comprendra qu'il n'a plus le droit de me demander compte d'une vie que des circonstances bizarres, il est vrai, mais indépendantes de nos deux volontés et surtout de la mienne, ont, sinon pour toujours, du moins momentanément, séparée de sa vie. — C'est affreux ce que vous me dites, fit Tristan en se levant, car si votre mari vous aime... — C'est sa punition, répondit Louise en se levant à son tour. — Ainsi, vous êtes impitoyable ? — Ce n'est pas moi, c'est Dieu ! — Et vous aimez M. Mamctin ? — Comme une fille aime son père. — Et il n'a jamais été votre mari ?... — Que de nom, je le jure sur ma mère ! — Alors il faut tout lui avouer. — Et retirer à ce vieillard, qui a peut-être encore deux ou trois années à vivre, la dernière espérance, la dernière consolation, la dernière joie de sa vie. Le prendre quand mon mari m'abandonne, porter son nom, l'habituer à un amour qu'il n'espérait pas, devenir sa seule famille, recevoir de lui fortune, soin, protection, et lorsqu'il plaît à mon mari de se souvenir que j'existe, abandonner lâchement ce vieillard, le laisser mourir en me maudissant et en blasphémant Dieu peut-être ; car l'homme qui va mourir, et il en mourrait, qui n'a pour veiller à son lit de mort que des souvenirs sans espérance, qu'une douleur sans trêve, est bien près de maudire ceux à qui il doit cette agonie et Dieu qui la permet. Comparez les deux hommes, monsieur, et vous verrez que ce que vous m'offrez est une infamie. — Mais, que prétendez-vous faire alors ? Tant qu'il y a eu une distance entre nous, tant que nous ne nous sommes pas rencontrés, ce que vous aviez résolu pouvait avoir lieu, mais maintenant que je vous vois, que je vous retrouve, que je vous aime, comment voulez-vous que je consente à vivre loin de vous. C'est impossible ce que vous me demandez là, Louise, réfléchissez. — Il le faut cependant. — Et si je refuse ? — Nous partirons. — Et si j'invoque la loi ? — Vous me déshonorerez, voilà tout, et vous aussi. Jamais un tribunal ne croira à la vérité de ce que nous lui dirons. Non, croyez-moi, mon ami, vous êtes jeune, moi aussi ; si triste qu'ait été le passé, il peut se faire oublier par un avenir que je ne souhaite pas, car il me faudrait souhaiter en même temps la mort d'un homme que j'aime et que je vénère, mais qui est dans les lois de la nature, et que j'attendrai, en priant Dieu de le retarder le plus possible. — Mais que ferai-je d'ici là ? — Ce que vous voudrez. Vous aviez le goût des voyages, voyagez. — Vous raillez, Louise, ce n'est pas le moment. — Eh bien, restez auprès de nous, si vous le préférez ; voyez en M. Mametin un père qui vous aimera, en moi une amie dévouée, et laissez Dieu faire le reste. C'est vous qui avez voulu ce qui est, n'est-ce pas ? — C'est vrai, fit Tristan en baissant la tête, et vous me pardonnerez ? — Oui, répondit Louise, et je vous aimerai peut-être.

En ce moment la cloche du jardin retentit, Louise fit signe à Tristan de s'asseoir, et s'assit comme au commencement de cette conversation.

Quelques instants après, un domestique parut et lui dit :

— Madame, monsieur vient de rentrer. — Priez-le d'entrer au salon, et dites-lui que M. Tristan l'y attend avec moi.

Et Louise se levant alla poser sa main sur les lèvres de Tristan, qui baisa cette main comme au jour où, jeune fille, elle la lui tendit pour la première fois.

Une minute après, M. Mametin ouvrait la porte du salon ; Tristan, ému et se tenant à peine, se leva, et Louise, courant au-devant du vieillard, lui tendit son front, sur lequel il déposa un baiser.

XLVII

Les deux fenêtres.

Il serait sans intérêt pour le lecteur de lui dire la conversation de Tristan et de M. Mametin.

Disons simplement que le premier croyait à chaque instant qu'il allait devenir fou, et qu'il accepta tout ce que lui offrait son nouveau protecteur, sans trop savoir ce qu'il acceptait.

Louise avait laissé les deux hommes seuls. Sa présence était inutile, et pouvait même devenir embarrassante pour elle.

Tout se fit donc comme si Tristan n'eût pas retrouvé sa femme ; il apprit, tout en causant, que M. Mametin adorait Louise ; le docteur, naturellement plus confiant que la première fois, lui raconta de quelle façon il avait pris intérêt à lui. Tristan eut même le bonheur d'entendre faire le panégyrique du premier mari de Louise, qui s'était tué, disait M. Mametin, pour une si noble cause, que Dieu avait dû pardonner le suicide en faveur de l'intention ; et il lui fut impossible, au milieu de cette conversation, d'isoler une minute sa pensée et de réfléchir à ce qui se passait.

Enfin, M. Mametin engagea Tristan à dîner pour le jour même; mais celui-ci, comme on le devine, prétexta la nécessité de son emménagement, et refusa.

Tristan finit par prendre congé du docteur, en le remerciant de sa protection et en le laissant convaincu, par suite des distractions sans nombre auxquelles il s'était laissé aller, qu'il était quelque peu fou.

Quand Tristan fut dehors, il respira.

La première chose qu'il fit fut de s'arrêter, le temps de laisser son esprit saisir le bout du fil qu'allaient suivre ses étranges pensées, puis il continua sa route.

Notre pauvre ami avait beau retourner dans tous les sens la conversation qu'il venait d'avoir avec sa femme, il était forcé de se dire qu'elle avait été ce qu'elle devait être, que sa femme était dans son droit, et que, si ridicule qu'elle le fît à ses propres yeux, il lui fallait subir cette position.

Dire que Tristan était plus que jamais amoureux de Louise, serait un pléonasme; seulement, ce que nous pouvons dire, c'est que cette dernière aventure, qui ne le faisait même pas l'amant de sa femme, jetait dans cet amour un imprévu charmant. En effet, il allait vivre presque continuellement avec Louise, ayant le droit de l'aimer et usant de ce droit; mais étant forcé de s'en tenir, devant M. Mametin, d'abord aux froides politesses d'un commencement de connaissance, puis d'en arriver tout au plus à cette amicale intimité qui s'établit tôt ou tard entre gens du même caractère, du même âge et qui vivent presque toujours ensemble.

Il est évident que si M. Mametin avait eu le même âge que Tristan, celui-ci, quelques bonnes raisons que lui eût données sa femme, n'eût pas consenti à cette vie nouvelle, et, à défaut de la loi, eût appelé à son aide un duel qui eût mis fin à la position. Heureusement l'âge du docteur, la certitude que le mariage que Louise avait fait n'était qu'une nécessité, donnaient à cette aventure une issue bien moins dramatique. Il y avait des moments où Tristan ne pouvait s'empêcher de rire. Certes, il savait bien que sa femme était mariée, il s'était habitué à cette idée depuis son départ de Milan; mais une chose dont il ne se doutait guère, c'est que le jour où il retrouverait sa femme, il ne s'en emparerait pas comme de son bien, et qu'elle l'amènerait avec un simple et froid raisonnement à paraître oublier qu'elle existât, et à vivre auprès d'elle comme auprès d'une étrangère.

Du reste, disons une chose que l'on ne croira peut-être pas, et qui cependant est vraie, c'est que Tristan, qui commençait à se blaser sur les aventures, n'était pas, par moments, fâché d'être tombé sur une de ce genre. A moins d'être bien exigeant, il ne pouvait guère en souhaiter une plus étrange, et l'avenir même auquel il venait de s'engager ne lui paraissait pas dénué de charmes.

Louise s'était naturellement embellie par le luxe, et réellement la femme qu'il retrouvait n'était pas la femme qu'il avait quittée. Elle était plus riche, plus belle, plus heureuse, elle était aussi pure que le jour où il était parti, et dans l'amour qu'elle lui inspirait, à peine, disons-le, s'il restait de l'ancien amour qu'elle lui avait inspiré. Tristan avait toujours adoré Louise, mais il n'y a amour si réel que la vie commune et surtout la vie malheureuse n'atténue un peu. A force de voir tous les jours, toutes les heures, toutes les minutes l'objet aimé, le cœur s'habitue à ne plus considérer comme un trésor la chose qu'il a sans cesse à sa disposition ; il arrive même quelquefois un moment où il est forcé d'aller chercher dans un bien qu'on lui refuse, ou qu'il ne peut obtenir que difficilement, des émotions dont il a besoin, pour que la vie n'ait pas la stupide régularité d'un chronomètre ou d'un almanach.

En suivant le cours ordinaire des choses, en le jugeant comme il faut juger les hommes, il est probable que s'il eût passé avec sa femme, heureux ou malheureux, les années qui se sont écoulées depuis le commencement de cette histoire, il est probable, disons-nous, que la monotonie du ménage lui eût fait désirer et même chercher et prendre quelque amour nouveau qui lui prouvât sa supériorité sur l'automate. Et la preuve de ce que nous avançons, c'est qu'il s'était passionné, ou du moins avait cru se passionner d'abord pour Henriette, ensuite pour Léa.

Ces deux amours éteintes, Tristan revenait et réalisait en même temps deux bonheurs. Il retrouvait sa femme et ne l'avait plus. Il la voyait tous les jours comme une amie, et suivant toutes les probabilités, elle lui serait rendue bientôt. Il la reprendrait avec les mêmes émotions qu'il avait le jour où il l'avait obtenue de sa mère. Jusqu'à ce moment, la vue quotidienne d'un bien qui était à lui sans qu'il pût le posséder augmenterait son amour et donnerait un élan au bonheur à venir.

Sa femme était pour lui comme une succession inaliénable : le présent lui en payait la rente, et l'avenir devait lui en donner le capital.

Ce sont toutes ces réflexions, jointes, du reste, à la nécessité, qui firent prendre à Tristan la résolution d'abandonner sa vie à la volonté de Louise. Elle lui avait donné sa main à baiser comme première récompense, et tout son être avait frissonné de bonheur à cette caresse habituelle, devenue par les circonstances une faveur mystérieuse. Le soleil dardait ses gais rayons sur le tout. La nature souriante disait d'espérer, les oiseaux chantaient. Tristan avait dans le cœur le besoin d'amour que toute créature animée aspire avec l'air parfumé du printemps, et il n'avait plus rien à souhaiter, puisque depuis un instant il savait sur qui porter cet amour ; et si ambitieux qu'il fût, il ne l'eût jamais offert à une créature plus belle, plus chaste, plus noble que sa femme.

Aussi, qui l'eût vu, après toutes ces réflexions, rentrer le sourire sur les lèvres chez M. Van-Dyck, se fût dit : Voilà un homme heureux.

Ce fut aussi la première pensée du commerçant, à qui Tristan dit qu'il n'avait plus rien à souhaiter.

Tristan eût même remercié volontiers madame Van-Dyck, la cause première de ce bonheur nouveau ; il se contenta d'embrasser son mari avec toute l'effusion d'un cœur reconnaissant, et lui ayant une dernière fois promis de le venir voir, il le quitta, et fit transporter ses malles dans sa nouvelle demeure.

Il fit sa chambre à coucher de la chambre qui donnait sur la rue et qui était presque en face de celle de Louise.

Il emplit cette chambre de fleurs, la parfuma de ses illusions, l'ouvrit au soleil, qui entra librement, et avec lequel il respira une seconde existence et une félicité nouvelle.

Sa vie avait été réglée de cette façon, et vous allez voir qu'elle ne manquait pas de charmes.

D'abord, Louise avait voulu revenir à la ville, Tristan ayant refusé, malgré l'insistance de M. Mametin, d'habiter, dans sa maison de campagne, l'appartement que celui-ci lui offrait.

Tous les jours il venait travailler avec le docteur, qui l'avait, dès le premier moment, pris en grande affection, et qui remerciait la Providence de lui avoir envoyé un aussi charmant compagnon.

Ils causaient ainsi tous les deux, allaient voir les malades pauvres, les soignaient, les guérissaient le plus souvent, et le nom de Tristan était associé dans les espérances et les bénédictions des malades au nom de M. Mametin.

Quant à notre héros, il s'était passionné pour le caractère franc du vieillard, il l'avait d'abord trouvé bon, puis il l'avait aimé, puis il était arrivé à jouer sans difficulté, et avec un certain bonheur d'expression, le rôle que Louise lui avait fait prendre.

Pour celle-ci, elle était avec le docteur sans aucune affectation d'amitié qui eût pu blesser les susceptibilités de Tristan, et reconnaissante envers ce dernier du sacrifice qu'il lui faisait, elle était pour lui, devant M. Mametin, pleine de soins, si bien déguisés, qu'ils ne faisaient jamais ridicule ni l'un ni l'autre des deux maris. Puis, quand elle restait seule avec Tristan, ce qui souvent lui arrivait, elle écartait habilement tout sujet qui pouvait avoir rapport au passé ou faire entrevoir l'avenir. Elle était si parfaitement chaste dans cette position, qu'un rien eût pu faire honteuse, qu'elle imposait à Tristan, et qu'il en arrivait à se complaire dans cette nouvelle vie.

Tout cela doit paraître bien étrange, et cependant tout cela était ainsi.

Quelquefois M. Mametin sortait après le dîner, et alors Louise et Tristan restaient seuls, ou bien c'était M. Mametin qui, fatigué, restait à lire et qui priait Tristan d'accompagner sa femme et de lui donner son bras pour la promenade du soir.

La vie de Louise, depuis qu'elle connaissait le docteur, avait toujours été si pure, et cela sans effort, qu'il eût confié Louise à don Juan lui-même.

Alors les deux époux, les deux amis, les deux amants, comme vous voudrez les appeler, se donnaient le bras, se promenaient pendant une heure dans les champs, puis ils rentraient à la maison, où ils trouvaient M. Mametin qui, sur le seuil ou à sa fenêtre, les regardait revenir et leur souriait de loin.

Cet homme était si bon, qu'en voyant à côté l'un de l'autre cette belle et pure jeune femme, cet homme jeune et beau, il se disait :

— Pourquoi Dieu n'a-t-il pas permis que Louise fût secourue par ce jeune homme, au lieu de l'être par moi ? Elle serait plus heureuse, car son bonheur n'est que de la résignation ; et quoi que je puisse faire, quelque amour que je lui consacre, rien ne donnera jamais à cet amour en cheveux blancs la persuasion et la réciprocité que lui donneraient les beaux cheveux noirs et la jeunesse de Tristan.

Puis Louise et Tristan rentraient.

Le docteur serrait la main à celui-ci, donnait un baiser à sa femme, et dans la poignée de main et le baiser muets, il y avait tout ce que nous venons de dire.

Vers dix heures on se séparait.

Louise remontait dans sa chambre et M. Mametin dans la sienne.

Tristan regagnait sa petite maison.

Il n'avait garde d'allumer ni lampe ni bougie; il se mettait à la fenêtre, regardait la splendide majesté de la nuit couronner la campagne d'étoiles, et de temps en temps une douce voix, qui semblait plus pure encore par la révélation d'une joie nouvelle, s'élevait dans le silence, et berçait harmonieusement les pensées du rêveur.

Puis la voix s'éteignait, une ombre blanche apparaissait à la fenêtre sur laquelle Tristan avait presque toujours les yeux fixés : cette ombre approchait sa main de ses lèvres, envoyait silencieusement l'adieu du soir à son voisin, puis la fenêtre se refermait, et pendant quelque temps encore une lumière courait derrière les rideaux de la croisée, et Tristan, l'esprit et le cœur remplis de mille pensées, suivait de l'âme et des yeux ce rayon devenu son étoile, et ne refermait sa fenêtre que lorsque celle de Louise, retombée dans l'ombre, lui avait fait comprendre que sa femme était enfin couchée et venait de s'endormir peut-être en rêvant à lui.

XLVIII

Incident.

Il y avait à peu près trois semaines que les choses étaien dans cet état, lorsqu'un matin Tristan vit entrer Willem.

Le commis était pâle, ce qui prouve qu'il était fort ému; et à peine fut-il entré dans la chambre de son rival, qu'il baissa la tête et hésita s'il tendrait la main à Tristan, dans la crainte que celui-ci refusât de la prendre.

Tristan comprit ce qu'éprouvait le pauvre garçon, et, ne pouvant lui-même résister à une certaine émotion, il s'avança les bras ouverts au-devant du commis.

Il est inutile de dire que Willem faillit étouffer Tristan dans l'embrassement qui suivit ce geste, puis il tomba sur une chaise.

— Eh bien! lui dit Tristan, vous ne venez donc pas pour me tuer? — Ah! mon pauvre ami, répliqua Willem en lui tendant la main, m'avez-vous bien pardonné? — Je ne vous en ai jamais voulu. — Dites-vous vrai? — Je vous le jure. — J'ai été bien injuste. — Dites que vous étiez bien amoureux, pauvre cher ami; vous ne l'êtes donc plus, que vous venez me tendre les mains? — Je sais tout. — Qui vous a conté cela? — M. Van-Dyck. — Dans tous les détails? — Oui. — Quel homme étrange! — Eh bien! mon cher Tristan, que vous avais-je dit? N'avais-je pas prévu qu'Euphrasie vous aimerait? — Vous vous exagérez peut-être ses torts, reprit Tristan, qui voyait Willem si désolé, qu'il eût voulu lui rendre au moins un peu d'espoir à défaut de conviction. — Oh! tout est bien fini, et je sais votre belle conduite, cher ami, dans toute cette affaire. Qu'avez-vous fait de ma lettre? — Je l'ai déchirée. — Merci, merci, noble ami que vous êtes!

Et le pauvre Willem poussa un soupir.

— Non! non! reprit-il les larmes dans les yeux et se promenant à grands pas dans la chambre, comme s'il eût répondu à un conseil intérieur, non, je ne lui pardonnerai pas. Ce qu'elle m'a fait vous faire est une infamie; et moi qui l'aimais à douter de vous!

Et Willem, qui avait un moment contenu ses larmes, s'abandonna à toute sa douleur, et se jetant sur le lit de Tristan, couvrant son visage de son mouchoir, il se mit à pleurer abondamment.

Quelle que soit la cause de la douleur, quand la douleur existe dans une aussi bonne nature que celle de Willem, il y aurait de la lâcheté à ne pas la secourir par tous les moyens possibles.

— Voyons, mon cher Willem, dit Tristan en s'approchant du pauvre garçon; voyons, cher ami, ne pleurez pas de la sorte, que diable! vous ne vous doutez pas de la peine que vous me faites, et votre chagrin est comme mon accusation.

Willem releva la tête et s'essuya les yeux.

— Je dois vous paraître bien ridicule, dit-il, mais que voulez-vous, c'est si bon de pleurer quand on souffre et qu'on s'est longtemps contenu! mais c'est fini maintenant, continua-t-il en essayant de reprendre un peu de calme; j'avais des larmes plein le cœur, elles sont sorties, je suis soulagé. Pardon de cette douleur stupide dont je vous fais le témoin. — Et dont je suis sans doute la cause?

Willem serra la main de son ami.

— Voyons, lui dit Tristan en s'asseyant auprès de lui, racontez-moi tout ce qui s'est passé.

Willem s'essuya une dernière fois les yeux.

— Quand êtes-vous revenu? reprit Tristan. — Hier soir seulement. — Qu'avez-vous fait en revenant? — Vous savez dans quelle injuste colère j'étais contre vous? J'ai voulu avoir verbalement l'explication que les lettres d'Euphrasie n'avaient paru me donner qu'avec la retenue de la chose écrite, et je lui ai demandé pour le soir même un rendez-vous. — Et monsieur Van-Dyck, que vous a-t-il dit? — Il m'a embrassé en riant. — Continuez, fit Tristan. — Euphrasie m'a accordé ce rendez-vous que j'avais hâte de voir venir depuis un mois, comme vous pensez, car j'aimais tant cette femme que loin d'elle je ne vivais pas. Enfin, à minuit, je montai dans sa chambre. La perfide me reçut comme elle me recevait toujours, et ce fut au milieu de serments d'amour et de fidélité qu'elle me confirma les infamies qu'elle m'avait écrites sur votre compte. Ma haine s'augmenta avec mon amour pour elle, et après une nuit attendue, la dernière de ce genre, hélas! je n'eus plus qu'une préoccupation, ce fut de vous trouver et de me battre avec vous. — Grand enfant! — Oui! grand enfant! mais vous savez ce que c'est qu'un cerveau troublé par le souffle de la femme qu'on aime. Je descendis chez monsieur Van-Dyck, et ayant déjà appris par les lettres d'Euphrasie que vous étiez parti, mais ne sachant pas, puisqu'elle l'ignore encore, où vous étiez allé, je demandai votre adresse à monsieur Van-Dyck. C'est alors qu'il me dit avoir été chargé par vous de vous justifier auprès de moi, et c'est alors qu'il me raconta toutes vos querelles avec Euphrasie, et les raisons de ces querelles. Je fus pétrifié, mon ami; et je ne pris que le temps de venir ici vous demander pardon, en vous donnant pour ma punition le spectacle de ma douleur ridicule, mais impossible à vaincre. — Pauvre ami! je suis désolé que monsieur Van-Dyck vous ait dit cela, et j'aimerais mieux que vous m'ayez donné un coup d'épée que de vous voir aussi malheureux. — Oh! je me guérirai de cette funeste passion; et d'abord, continua Willem avec une larme qui roula malgré lui sur sa joue; et d'abord je ne verrai plus cette femme. — Comment ferez-vous, si vous restez chez monsieur Van-Dyck? — Je n'y resterai pas, je souffrirais trop. — Qu'allez-vous faire? — Je ne sais. — Pardonnez-moi cette question, mon cher Willem; mais avez-vous une autre position que votre place? — Oui, j'ai une petite rente avec laquelle je puis vivre. — Pauvre cher ami, voulez-vous une chose? — Laquelle? — Voulez-vous demeurer ici avec moi? — Avec vous? — Oui. — Oh! comme cela la ferait enrager! — Et à moi, cela me ferait grand plaisir. — Non! je vous gênerais horriblement. — Du tout. — Si vous avez quelqu'un à recevoir? — Personne. — Personne? fit au milieu de sa tristesse Willem d'un ton ironiquement interrogateur. — Je vous jure. — Je veux bien, alors. Combien louez-vous ici? — Pourquoi? — Parce que je veux payer la moitié du loyer. — Vous êtes fou. — Alors je n'accepte pas. — Nous parlerons de cela plus tard. — Non, tout de suite. — Vous le voulez absolument? — Oui.

Tristan dit alors à Willem le prix de la maison, et Willem ne fut content que lorsqu'il eut donné à son ami la moitié de ce qu'il avait payé d'avance.

— Maintenant, reprit Willem, je vais faire mes malles. — Avez-vous parlé à madame Van-Dyck? — Non; vous seriez bien aimable de venir avec moi pour m'éviter une explication que sans vous je n'aurais pas le courage de lui refuser. — A votre service, cher ami.

Willem s'approcha de la glace, et voyant qu'il avait encore les yeux rouges, il dit à Tristan :

— C'est à peine si j'ose sortir dans cet état. Il faut que vous soyez bien bon pour consentir à vivre avec un sot comme moi.

Les deux hommes descendirent bras dessus, bras dessous, l'un consolant l'autre.

Ils arrivèrent chez M. Van-Dyck, qui les reçut les bras ouverts.

Willem monta tout de suite dans sa chambre.

M. Van-Dyck resta avec Tristan.

— Eh bien! lui dit le commerçant, vous voilà réconciliés? — Oui, mon cher monsieur Van-Dyck. — J'ai bien fait votre commission? — Parfaitement. — Il paraît qu'il y a de la brouille ici, reprit M. Van-Dyck d'un ton confidentiel. — Je le crains. — Euphrasie vient de me dire qu'elle voulait faire un voyage. — Ah! et vous partez avec elle? — Non, elle part seule. Elle va en France, chez cette cousine Émilie dont elle parlait l'autre jour. — Bientôt? — Je le crois. — Ah! tant mieux! ne put s'empêcher de dire Tristan. — C'est ce que j'ai dit tout de suite. Mais allez donc aider ce pauvre Willem, je tremble pour lui qu'on ne le fasse tomber dans une explication. En tout cas, ne quittez pas la maison sans me venir dire adieu. — Soyez tranquille.

Tristan monta à la chambre de Willem, qu'il trouva seul.

— Elle m'a fait dire de descendre, dit le commis. — Et vous descendrez? — Je ne sais pas. — Voilà que vous chancelez. — Non, je ne descendrai pas. — Avez-vous fait vos malles? — Je n'avais plus qu'à les fermer. Me voilà.

Willem descendit faire ses derniers adieux à M. Van-Dyck.

— Je n'ai été réellement heureux qu'avec vous, mon cher Willem, dit le commerçant, et je tremble que votre successeur ne vous vaille pas.

Willem poussa un soupir.

— Adieu, mon cher monsieur Van-Dyck, fit-il brusquement, car il sentait l'émotion le gagner; adieu!

Willem et Tristan tendirent chacun une main à M. Van-Dyck, qui les serra cordialement, et ils s'éloignèrent.

— Mon cher Willem, fit Tristan, je dois, maintenant que nous sommes destinés à vivre ensemble, vous faire part d'une chose. — De quoi donc? — D'un changement qui s'est opéré dans ma vie. — Vraiment! changement heureux? — Oui. — Contez-moi cela. — Je puis croire à votre discrétion? — Vous le demandez! — C'est un grand secret. — Préférez-vous le taire? — Non; tôt ou tard vous vous apercevriez de quelque chose, et j'aime mieux que vous sachiez tout de moi que du hasard. Quand nous allons être rentrés, je vais vous conter cela.

Au moment où les deux hommes allaient franchir le seuil de leur maison, le domestique de M. Mametin vint frapper sur l'épaule de Tristan. Il paraissait fort ému.

— Monsieur, voulez-vous venir tout de suite? dit-il à Tristan. — Qu'y a-t-il? fit celui-ci. — Madame vous demande à l'instant. — Qu'est-il donc arrivé?—Monsieur Mametin vient de se trouver mal, madame m'a envoyé vous chercher tout de suite, et j'étais désespéré de ne vous avoir pas trouvé chez vous. — Me voilà, me voilà, fit Tristan en s'assurant qu'il avait sa trousse sur lui; courons. Je suis à vous, cher ami, dit-il à Willem; attendez-moi.

Et d'un bond, il fut dans la maison du docteur.

Dans l'antichambre, il trouva Louise toute pâle.

— Hâtez-vous, lui dit-elle, et au nom du ciel sauvez-le. — Soyez tranquille, répondit Tristan, je le sauverai.

Louise et Tristan se donnèrent la main, et eux seuls pouvaient comprendre les nobles et saintes pensées qui les occupaient en ce moment.

Louise remonta chez elle.

Tristan courut à la chambre de M. Mametin, que l'on avait déposé sans connaissance sur son lit.

XLIX

Mystère.

— Il était temps.

Tristan saigna M. Mametin, qui rouvrit les yeux quelques moments après.

— Merci, fut le premier mot du vieillard. Où est Louise? fut le second. — Madame est rentrée dans sa chambre; quand je suis arrivé, elle me paraissait trop émue pour pouvoir supporter la vue de votre évanouissement. — Chère enfant! dit le docteur. — Maintenant, je puis lui faire dire de descendre? — Veuillez le lui dire vous-même; j'ai à lui parler. — Je crains que vous ne vous fatiguiez. — Je serai prudent, mais il faut absolument que je lui parle.

Tristan monta à la chambre de Louise, et la trouva à genoux et priant.

— Eh bien? dit-elle en voyant le jeune homme. — Eh bien, fit celui-ci, ce ne sera rien. — Merci, mon Dieu, s'écria Louise, vous m'avez entendue. — Vous êtes un ange, dit Tristan en tendant la main à sa femme. — Vous me pardonnez cette prière, n'est-ce pas? répliqua Louise, Dieu m'a bien pardonné une pensée que j'ai peut-être eue tout à l'heure. — M. Mametin vous demande; ne le faites pas trop parler, toute émotion, toute fatigue pourrait lui nuire.

Louise descendit.

Elle arriva dans la chambre du vieillard, qui, en la voyant entrer, lui sourit des yeux et de la bouche.

— Comment allez-vous, mon ami? fit Louise. — Bien, mon enfant. Ferme d'abord les fenêtres, je n'ai plus besoin d'autant d'air, et écoute-moi.

Louise s'assit auprès du lit.

— Tu te rappelles, reprit M. Mametin, que je t'ai dit l'autre jour avoir fait involontairement dans ma vie une mauvaise action; ce serait, tu me connais assez pour le croire, un grand malheur pour moi si je mourais sans l'avoir réparée. Cette attaque de ce matin est un avertissement du ciel que je n'ai plus beaucoup de temps à vivre, et je t'ai fait appeler pour que tu fisses en mon lieu et place la réparation que la mort peut m'empêcher de faire. — Pourquoi craindre ainsi, mon ami? vous voilà sauvé. — Je ne crains pas, chère enfant, je calcule. Écoute-moi donc. Je ne t'ai jamais parlé de ce que je vais te dire, et, quoi qu'il arrive, jure-moi de faire ce que je te demanderai sans en parler à personne. — Je vous le jure, mon ami. — Prends cette clef, dit le vieillard en tendant à Louise une petite clef qu'il avait dans sa poche. Va à ce secrétaire, et ouvre-le.

Louise obéit avec cette émotion involontaire qu'amène toujours la chose mystérieuse.

— C'est fait, dit-elle quand elle eut ouvert. — Cherche dans le tiroir du milieu. Il y a deux lettres, n'est-ce pas? — Oui. — Prends-les; l'une est pour toi, fit le vieillard, et je te la remets; ce sont mes dernières volontés. L'autre est pour quelqu'un que tu ne connais pas, mais que dans deux jours au plus tu connaîtras; garde aussi cette lettre: ce soir ou demain, si j'en crois un avis que je viens de recevoir, un homme se présentera ici. A mon âge il faut toujours douter du lendemain; si quand cet homme se présentera, j'étais mort, mon enfant, tu lui donnerais cette lettre, et tu saurais alors qui il est; si je vis, tu me l'amèneras sans rien lui dire, et l'explication que je dois avoir avec lui aura lieu devant toi. — Eh! pourquoi tout ce mystère dont vous vous entourez, mon ami? Peut-il y avoir dans votre vie une action qui ne soit juste? et, quoi que vous ayez fait, devez-vous vous en cacher à moi, votre meilleure amie? — Mon enfant, reprit le vieillard, j'ai besoin de ce mystère dont je m'entoure; la personne que j'attends, je ne l'ai jamais vue, je sais qui elle est, mais je ne sais pas ce qu'elle est. Ce que je dois faire pour cette personne doit dépendre de la vie qu'elle aura eue jusqu'à ce jour et de la conduite qu'elle aura tenue; si cette personne est irréprochable, comme je l'espère, tu deviendras son amie, tu l'aimeras, car elle aura besoin d'être aimée; si, au contraire, je ne trouve pas ce que j'attends, elle ne saura pas ce que j'ai à lui apprendre, et je ne veux pas que tu le saches, parce que ton cœur trop indulgent me ferait peut-être accorder une chose que je ne croirais plus devoir. — Mais, cependant, par cette lettre que je lui remettrais dans le cas où vous ne pourriez la lui remettre vous-même, ce mystérieux étranger apprendrait ce que vous ne voulez pas me dire. — Oui, parce que la mort, n'ayant plus le temps de se repentir, doit faire ce que la vie n'eût pas fait; parce qu'ignorant au moment de mourir si cet homme est bon ou mauvais, ma religion me conseille de croire le bien plutôt que le mal, et que Dieu ne me pardonnerait pas d'avoir douté. — C'est juste, reprit la jeune femme, je vous obéirai en cela comme en tout, mon ami; avez-vous encore d'autres ordres à me donner? — Des ordres, enfant! est-ce que ce n'est pas toi qui commandes ici? est-ce que ce n'est pas moi ton esclave? Embrasse-moi, et envoie-moi Tristan.

Quelques instants après Tristan était auprès du vieillard.

— Eh bien, docteur! fit M. Mametin en souriant, que m'ordonnez-vous maintenant? Du repos, n'est-ce pas? — Oui, certes. — Eh bien, moi, je vous prie de descendre auprès de Louise, et de tâcher que la pauvre enfant ne s'ennuie pas trop. Je vais essayer de dormir. — Permettez-vous que je présente à madame Mametin un de mes bons amis qui demeure avec moi, Willem, que vous connaissez? — Il demeure avec vous? — Oui.

Tristan raconta au docteur, en peu de mots, l'histoire de Willem et d'Euphrasie.

— Certes, présentez-le, ce pauvre garçon. — Reposez-vous, monsieur, dit Tristan en prenant la main de M. Mametin, vous avez la fièvre, et la moindre fatigue est à craindre.

Et, ayant préparé tout ce qu'il fallait, après avoir fermé les rideaux des fenêtres et du lit pour que le jour ne gênât pas le malade, Tristan se retira, et alla chercher Willem, qu'il présenta à Louise.

La journée se passa ainsi.

Les deux jeunes gens dînèrent avec madame Mametin; et celle-ci, qui craignait toujours que la personne attendue n'arrivât devant Tristan et Willem, congédia de bonne heure ses deux convives, sous prétexte qu'elle avait besoin de repos.

En effet, après s'être assuré que M. Mametin dormait, elle monta dans sa chambre, et Tristan, rentré chez lui, vit sa fenêtre s'illuminer comme de coutume.

Willem lui dit alors :

— Et cette histoire que vous aviez à me conter? — J'y songeais. — Voulez-vous toujours me la dire? — Oui. Comment trouvez-vous madame Mametin? — Adorable. — N'est-ce pas?

fit Tristan avec une certaine fatuité. — Est-ce que?... fit Willem d'un ton significatif. — Écoutez, fit Tristan.

Au moment où il allait commencer, il vit la fenêtre de Louise s'entr'ouvrir.

— Jetez-vous dans l'ombre, dit-il à Willem.

En effet, la fenêtre s'ouvrit tout à fait, et le baiser de chaque soir fut envoyé à son adresse.

Puis, quelques instants après, la lumière s'éteignit.

— Elle est couchée, dit Tristan. — Qu'est-ce que tout cela veut dire? demanda Willem. — Cela vous intrigue? — Passablement. — Figurez-vous, commença Tristan. — Pardon, si je vous interromps, dit Willem; mais voyez donc ce monsieur, couvert d'un manteau, qui cherche un numéro de cette rue.

Tristan regarda, et vit en effet un homme qui s'arrêtait devant toutes les maisons, regardait le numéro de chacune, et continuait sa route, après avoir vu qu'il n'était pas encore arrivé là où il allait.

— Je lui conseille de trouver vite la maison qu'il cherche, reprit Willem; il n'y a plus que celle de M. Mametin et les champs.

Le nocturne promeneur dépassa, sans la regarder, la maison qui précédait celle de Louise, et s'arrêta à la porte de M. Mametin.

Tristan ne savait trop ce que cela voulait dire.

L'inconnu sonna légèrement, et s'enveloppant de plus en plus dans son manteau, il attendit.

Quelques instants après, la porte s'ouvrit, et Louise, une lumière à la main, fit entrer le mystérieux visiteur.

— Hé mais! dit Willem à Tristan, c'est madame Mametin.

Tristan ne répondait pas.

— Tiens! tiens! tiens! dit Willem, M. Mametin fait bien d'être malade. — Que voulez-vous dire? fit Tristan d'une voix tremblante. — Je veux dire que pendant ce temps madame peut recevoir son galant. — Vous croyez que cet homme est l'amant de Louise? — Dam! il y a tout à parier que cela est. Une femme qui va ouvrir elle-même à un homme enveloppé d'un manteau, à pareille heure et pendant que son mari est malade, court grand risque d'être soupçonnée par ceux qui la voient. — C'est impossible, murmurait Tristan. — Quoi? — Ce que vous dites. — Qu'est-ce que cela vous fait? — Cela me fait beaucoup. —

Parce que? — Parce que madame Mametin est ma femme. Voilà l'histoire que j'avais à vous conter.

Willem s'attendait si peu à ce mot, qu'il faillit tomber à la renverse.

Pendant ce temps, Louise conduisait celui qui venait d'entrer à la chambre de M. Mametin, et le priant d'attendre un peu, elle entra seule.

Elle approcha doucement du lit, et voyant que le vieillard dormait encore, elle hésita à le réveiller.

Cependant, se rappelant l'importance que M. Mametin paraissait attacher à cette visite, elle prit la main du malade, et le réveilla.

— Mon ami, lui dit-elle quand il eut ouvert les yeux, c'est la personne que vous attendez. — Fais-la entrer, répondit M. Mametin avec émotion, et reste avec nous.

Louise sortit un instant, et rentra accompagnée du personnage mystérieux.

— Il y a quelque chose d'étrange là-dessous, et que je saurai demain, se disait Tristan à ce moment-là; mais il est impossible que Louise ait un amant.

Et il racontait à Willem, encore étourdi de l'étrange nouvelle qu'il venait d'apprendre, les détails de l'histoire que nous connaissons.

L

Le lendemain Tristan fit, dès le matin, à Louise une visite que motivait la maladie de M. Mametin. Il commença par s'enquérir de l'état du malade, et après avoir appris qu'il allait de mieux en mieux, il fit dire à madame Mametin qu'il avait à lui parler.

Louise descendit et trouva Tristan qui l'attendait au jardin.

— Louise, lui dit le jeune homme en se promenant à côté d'elle, il est impossible, n'est-ce pas, de mettre plus de confiance, plus de repentir, plus de discrétion que je n'en mets dans les rapports étranges qui existent entre nous depuis quelque temps. — C'est vrai, mon ami, aussi chaque jour amène-t-il pour vous le pardon d'une faute passée. — Cependant, quelques torts que j'aie eus, je puis bien demander quelque chose en échange de cette soumission? — C'est selon ce que vous me demanderez. — Je vous demanderai la vérité sur un incident de votre vie. — L'histoire de ma vie vous appartient tout entière, et je suis prête à vous répondre. Parlez donc? — Hier soir un homme est venu ici, est-ce vrai? — Oui. — Quel est cet homme? — Je l'ignore. — C'est impossible? — Pourquoi? — Vous-même lui avez ouvert la porte, au lieu de laisser ce soin à des domestiques; vous l'avez reconnu et fait entrer assez mystérieusement dans la maison. Quel est cet homme? — Je vous répète que je l'ignore. — Alors il m'est permis de tout supposer. — Excepté le mal. — Cependant le mal seul est vraisemblable. — Vous riez, mon ami, ou je ne vous comprends plus. — Que venait faire ici cet homme? — Il venait parler à M. Mamelin. — A pareille heure! La chose était donc bien importante? — Oui. — Et c'est vous qui étiez chargée d'ouvrir à cet homme? — Moi-même. — Et cet homme ne reviendra plus? — Il reviendra. — Aujourd'hui? — Ce soir. — Toujours mystérieusement? — Toujours. — Et vous lui ouvrirez encore? — Comme hier. — Vous voulez détourner mes soupçons avec cette confiance, Louise. Cet homme est votre amant? — Vous êtes fou. — Vous ne voulez pas me dire ce que cet homme vient faire ici? — Non. — Cela me regarde alors. — Que voulez-vous dire? — Que je le saurai. — Pas d'imprudence, mon ami, un rien peut nous perdre.

Louise était si calme, que ce calme, tout en le faisant douter, irritait Tristan.

— A ce soir, dit-il en s'éloignant.

Louise fut au moment de rappeler Tristan et de tout lui dire; mais une réflexion lui vint sans doute à l'esprit, car elle rentra.

De retour chez lui, Tristan trouva Willem qui écrivait une lettre.

Willem rougit en voyant qu'il était surpris.

— Je vous gêne? lui dit Tristan. — Non, j'écrivais. — Écrivez, cher ami, je m'en vais. — Non, non, restez.

Willem eût voulu que Tristan lui demandât à qui il écrivait; mais Tristan, qui le devinait peut-être, ne le lui demandait pas.

— A qui croyez-vous que j'écris? lui dit alors Willem. — Je l'ignore. — A Euphrasie.

Et Willem poussa un soupir.

— Quelle idée vous est venue? — Je réponds à une lettre que je viens de recevoir. — Et que vous dit-elle dans cette lettre? — Que mes soupçons sont injustes, qu'elle part pour Paris, et qu'elle veut me voir avant de partir. — Et vous lui répondez? — Que cela est impossible.

Willem poussa un second soupir.

Il était évident que sa réponse lui était dictée par la crainte que Tristan ne se moquât de lui, et que s'il n'eût écouté que son cœur il eût couru chez Euphrasie.

Tristan comprit bien cela. Malheureusement Tristan était d'assez mauvaise humeur, et ce fut avec le besoin de passer cette mauvaise humeur sur quelqu'un qu'il répondit à Willem :

— Allez-y, mon ami, allez-y, et dans deux heures vous serez convaincu de l'amour de votre maîtresse, et vous m'écrirez encore une lettre de sottises. — Mais, mon cher Tristan, je ne veux pas y aller. Croyez-vous que je pardonnerai à Euphrasie de m'avoir fait vous écrire déjà une pareille lettre. Je lui répondais que tout est fini entre nous, et que je veux me marier.

Et Willem poussa un troisième soupir, qui prouvait combien cette résolution était peu affermie dans son cœur.

Tristan le regarda; le pauvre garçon faisait peine à voir, deux grosses larmes venaient, malgré tous ses efforts, de mouiller ses yeux. Tristan eut pitié de cette naïve douleur.

— Pourquoi ne lui portez-vous pas vous-même votre réponse? lui dit-il.

On eût dit que Willem attendait cette permission, car un rayon de joie sécha ses larmes.

— A quoi bon? tout est fini, reprit-il d'un air indifférent avec lequel il espérait tromper encore son ami. — Écoutez, mon cher Willem, fit Tristan; vous croyez me devoir cette politesse de vous brouiller avec madame Van-Dyck pour ce qu'elle m'a fait, et d'imposer silence à votre amour et au pardon que vous lui accorderiez s'il ne s'agissait que de vous; vous avez tort, mon ami, la vie est courte, elle n'est pas gaie, je le sais mieux que personne, et mon avis est qu'on doit faire ce qui doit la rendre heureuse, sans s'inquiéter de ce qu'en diront les autres.

— Vous me dites cela d'un ton presque fâché. — Du tout, j'ai des ennuis particuliers, mais qui n'influent pas sur ce que je vous dis, et je vous parle, je vous assure, avec toute la franchise de mon cœur. — J'aimais tant cette femme! reprit Willem, qui tremblait que la conversation ne retombât sur autre chose, et que l'occasion de voir Euphrasie ne lui échappât. — Eh bien! retournez chez elle, fit Tristan. — Vous me le conseillez? — Parfaitement. — Vous ne m'en voudrez pas? — Du tout. — D'ailleurs, je ne veux la voir qu'une fois, pour lui dire que ma résolution est bien prise de ne la revoir jamais.

Le pauvre garçon avait déjà passé trente-six heures loin d'Euphrasie, mais c'était tout ce qu'il avait pu faire. Cependant il croyait, comme tous les amoureux, qu'il aurait la force de rompre avec la femme qu'il aimait, lui qui n'avait pas la force de rester deux jours sans la voir.

Il prit son chapeau tout doucement, comme s'il eût craint que le moindre bruit ne réveillât les susceptibilités de Tristan, et il s'approcha de son ami en lui tendant la main.

— Vous ne m'en voulez pas? lui dit-il; c'est plus fort que moi, il faut que je la revoie une fois encore, et je vous jure que ce sera tout.

Tristan regarda Willem, qui sentait si bien qu'il mentait, qu'il ne put s'empêcher, tout en souriant, de baisser les yeux.

Tristan s'en voulut de l'avoir ainsi brusqué.

— Allez, bon et cher ami, faites tout ce que vous voudrez. Suis-je donc devenu votre maître, et ne suis-je plus votre ami? N'ai-je pas toujours fait ce que j'ai pu pour que vous restiez heureux, et lorsque madame Van-Dyck vous a fait des mensonges sur mon compte, ne vous ai-je pas laissé croire que j'étais coupable plutôt que de vous brouiller avec elle? Allez donc la voir, mais rendez-moi le service de revenir avant la nuit, parce que j'aurai peut-être besoin de vous. — Soyez tranquille, je serai ici dans une heure. Oh! ce sera bientôt fait, allez. Eh bien, et l'homme d'hier soir, reprit Willem qui, depuis qu'il avait l'autorisation de s'en aller pouvait changer de conversation sans crainte; eh bien, qui était-ce? — Je vous conterai tout cela ce soir, mais soyez ici à huit heures. — Dans une heure, je vous dis.

Willem disparut avec la rapidité d'un collégien qui se croyait en retenue tout le jour et à qui l'on permet de sortir à midi.

Tristan retourna une seconde fois chez M. Mametin, qu'il trouva toujours couché, mais à qui une satisfaction intérieure semblait avoir rendu la santé, plus encore que le repos qu'il avait pris.

Quant à Louise, elle était sortie.

Tristan, qui savait que l'absence de Willem durerait plus d'une heure, resta le plus longtemps qu'il put dans la maison de M. Mametin; mais vers quatre heures, il lui fallut s'en aller, et Louise n'était pas encore de retour.

Au moment où il fermait la porte de la maison, il vit sa femme qui revenait.

Il alla à elle.

— D'où venez-vous? lui dit-il d'un ton assez brusque. — Je viens d'où bon me semble, et je n'ai de comptes à rendre à personne; et cependant, si vous tenez absolument à le savoir, je viens de rendre à la personne que vous avez vue entrer hier soir la visite qu'elle nous a faite. — Prenez garde, Louise; dites-moi quel est cet homme, car je me lasse à la fin de la ridicule position où mon amour pour vous me met depuis trois semaines, et je ferai un éclat. — Non. Vous comprendrez que votre position serait plus ridicule encore, et vous vous tairez. D'ailleurs, il n'y a rien de mal dans toute cette affaire, et vous-même rirez de vos soupçons quand vous la connaîtrez. — Eh bien, accordez-moi une chose. — Laquelle? — C'est que vous ne recevrez pas cette personne ce soir. — Je viens de lui dire de venir, fit Louise en souriant. — Et il passera une partie de la nuit chez vous? — Peut-être la nuit entière. Tout cela vous intrigue, jaloux. — Mais cela ne m'intriguera pas longtemps. — Que voulez-vous dire? — Que je sais ce qui me reste à faire. — Soyez prudent; c'est la seconde fois que je vous le dis. — Merci du conseil, madame. — A demain, dit Louise. — Peut-être à ce soir. — Comptez donc sur l'amour des femmes! se dit Tristan.

Louise rentra chez elle, Tristan chez lui.

Willem n'était pas encore de retour.

— Croyez donc à l'amitié des hommes! fit notre héros en voyant l'absence de Willem se continuer; allez donc demander, au nom d'un sentiment, un sacrifice à l'homme dont le cœur est rempli par une passion! Ah! vous me payerez tout cela, monsieur l'inconnu. Louise a bien raison de se moquer de moi, car il faut que je sois bien sot pour supporter ce que je supporte depuis trois semaines, et attendre, pour rentrer en possession de ma femme, la mort d'un vieillard que je soigne quand il est malade, et que je crois de mon devoir de sauver.

A six heures Willem rentra.

— Je ne vous attendais plus, fit Tristan. — Croyez, mon ami, que je n'ai pu revenir plus tôt, répondit le commis d'une voix grave et solennelle. — Eh bien! que s'est-il passé? — Vous me voyez tout ému, mon ami. — Et d'où vous vient cette émotion? — D'une chose à laquelle je ne m'attendais pas. Euphrasie m'a reçu avec une grande dignité; elle m'a avoué ses torts, tout en se donnant mon absence pour excuse, et elle a fini par me dire qu'elle se regardait comme indigne de mon amour, et qu'elle voulait me fuir pour cacher sa honte, qu'elle ne pourrait surmonter si elle restait dans le même pays que moi. Elle m'a offert ensuite de me rendre mes lettres, mais elle m'a dit que ce serait sa seule consolation loin de moi, et je n'ai pas eu le courage de les lui reprendre. Enfin, moi qui m'attendais à lutter contre des scènes et des reproches, j'ai été sans force devant l'aveu de fautes dont je suis presque coupable, et devant la noble humilité d'une femme qui dit ne plus mériter mon amour, mais qui promet de faire tout, dans l'avenir, pour reconquérir mon estime.

Tristan ne répondit rien ; il n'y avait rien à répondre.

— Elle part demain pour la France, dit Willem en se laissant tomber sur une chaise et en appuyant sa tête sur sa main, comme l'homme abattu qui ne sait plus ce qu'il va faire de sa vie. — Eh bien, mon ami, il faut partir avec elle, dit Tristan du ton dont il eût dit : Vous commencez à m'ennuyer horriblement. — Impossible. — Et pourquoi ? — Elle me l'a défendu. — Vous le lui aviez donc demandé ? — Oui.

Willem baissa la tête sous cet aveu.

La vieille domestique entra.

— Ces messieurs dînent-ils ? demanda-t-elle. — Moi, non, fit Tristan. — Moi non plus, dit Willem.

Ils restèrent seuls.

— Vous m'avez dit que vous aviez besoin de moi, reprit Willem, qui comprenait que toutes ses querelles d'amour devaient fatiguer Tristan. — Si vous n'aviez rien à faire. — Vous savez bien que je suis tout à vous. — Eh bien, mon ami, j'ai à écrire, et vous aussi, sans doute ; retirons-nous chacun chez nous, et quand le moment où nous devrons nous réunir sera venu, je viendrai vous chercher.

Tristan remonta chez lui, écrivit une longue lettre, sur l'adresse de laquelle il mit : A monsieur Mametin.

Puis, comme pendant ce temps la nuit était venue, il s'assit près de la fenêtre et attendit que le visiteur de la veille reparût.

Quelques instants après, il vit son ombre se dessiner sur le mur et s'avancer vers la maison du docteur.

Tristan prit son chapeau, descendit, entr'ouvrit la porte de Willem en lui disant : Attendez-moi, et sortit.

Au moment où il tournait la rue, l'inconnu arrivait à la maison de Louise.

Tristan se plaça entre la porte et lui.

— Où allez-vous, monsieur? dit Tristan. — Où je veux, monsieur, répondit l'homme au manteau.

Tristan tressaillit au son de cette voix, qu'il lui semblait avoir déjà entendue.

— Vous ne passerez pas, monsieur, reprit-il en se penchant pour distinguer les traits de cet homme. — C'est ce que nous allons voir, fit celui-ci en se dégageant de son manteau et en le jetant derrière lui. — En ce moment la lune sortit d'un nuage qui la voilait, et éclaira le visage des deux hommes. — Tristan! cria l'un en reculant. — Henry de Sainte-Ile! dit l'autre stupéfait. — Comment, c'est vous! — Moi-même! — Vous ne m'en voulez plus? — De quoi? — D'Henriette et du coup d'épée. — Non. Mais vous allez me dire ce que vous venez faire ici? — Bien volontiers. — Seulement je vous préviens d'une chose. — Dites. — C'est que si vous êtes l'amant de madame Mametin, nous allons recommencer à nous couper la gorge. — Rassurez-vous, je ne le suis pas. — Mais quel intérêt avez-vous à sa vertu? Je vous préviens que si vous êtes son amant, nous nous couperons la gorge tout de même. — Je ne le suis pas plus que vous. — Cependant il y a une raison à votre attaque. — Comme il y en a une à vos visites ici. — Certes. Dites-moi votre raison, je vous dirai la mienne. — Vous serez discret? — Comme la tombe.

Henri ramassa son manteau, Tristan lui prit le bras, et les deux hommes se promenèrent dans la rue.

Louise, qui s'était mise en tremblant à la fenêtre, lorsqu'elle avait entendu s'élever les deux voix, ne comprenait rien à l'issue de cette scène.

— Vous savez, dit Tristan, comment j'ai tué Charles le jour de notre première rencontre? — Oui. — Vous pourriez même, au besoin, témoigner de mon innocence? — Parfaitement. — Vous savez que je laissais une femme. — Vous me l'avez dit. — Charles a été enterré sous mon nom. — Par qui? — Par le docteur Mametin. — Et ensuite? — Ma femme se trouvait veuve. — C'est juste. — Et le docteur l'a épousée. — Magnifique! — Si bien que, sans être ni le mari ni l'amant de ma femme, je la surveille, et que, vous croyant mon remplaçant, je voulais vous tuer. Comprenez-vous? — A merveille. — J'avais demandé à Louise ce que vous veniez faire ici. — Elle a refusé de vous le dire. — Oui. — M. Mametin le lui a défendu. — Vous venez donc pour M. Mametin? — Pour lui seul. — Contez-moi cela. — C'est bien simple. Vous vous rapppelez que le jour où nous nous sommes vus pour la première fois, je vous ai dit que je n'avais jamais connu mes parents. — Je me souviens. — C'était même le grand malheur de ma vie. Eh bien! il y a quelques jours, je reçus une lettre d'un notaire d'Amsterdam, qui m'écrivait, par l'entremise de l'homme chargé de me payer ma pension, que j'eusse à me rendre ici au plus tôt. J'accourus. Le notaire me dit qu'un nommé Mametin, qui me cherchait depuis longtemps, avait les choses les plus importantes à me dire. Il était tard. Je voulus remettre au lendemain ma première visite au docteur, mais le notaire me dit que M. Mamelin avait recommandé que je me présentasse dès mon arrivée. Je me présentai donc hier soir, je trouvai le docteur couché. Il me tendit la main, me questionna sur ma vie, pleura à mes douleurs, et finit par m'avouer que j'étais le fils d'une grande dame qui vient de mourir, et qui, en mourant, l'a délié du serment que pour sa réputation il avait fait de ne pas me faire connaître mon père avant qu'elle fût morte; puis il me prit dans ses bras, et, en pleurant abondamment, il m'appela son fils. — Quelle aventure! — Vous jugez de ma surprise. Aujourd'hui je me suis rendu chez le notaire, comme mon père me l'avait dit, pour qu'il préparât un acte par lequel M. Mametin me reconnaît pour son fils et me fait son héritier avec sa femme. Voilà mon histoire, cher ami. — Elle est plus gaie que la mienne. — Et ce soir l'acte sera signé. C'est d'autant plus heureux, reprit Henry, que je suis amoureux d'une charmante jeune fille, dont je n'osais demander la main à cause de l'ignorance où j'étais de ma famille, et que je vais pouvoir épouser à mon retour en France. — Allons, mon ami, soyez heureux, dit Tristan, c'est tout ce que je vous souhaite. Il faut maintenant que je mette mon bonheur dans la vue de celui des autres. — Mais je songe à une chose, fit Henry tout à coup, et en se frappant le front. — A laquelle? — Mon père ne m'avait pas dit dans quelles circonstances il s'était marié, et il écoutait mes aventures sans me raconter les siennes. — Eh bien? — Eh bien, je lui racontai ma tentative de suicide au bois de Boulogne, et par conséquent ma rencontre avec vous. — Naturellement. — Alors il me questionna sur votre compte, et, quand je lui appris que vous n'étiez pas mort, il fut ému, je m'en souviens. — Louise était-elle là? —

Non; elle venait de sortir de la chambre. — Que vous a-t-il dit alors? — Rien qui m'ait frappé en ce moment. — Seulement, je me rappelle qu'il m'a demandé si vous aviez été à Milan. Je lui ai répondu, comme je l'ai appris depuis, que vous étiez le ténor, débutant dans Othello, dont la disparition a fait tant de bruit. — Et il ne vous a pas paru soupçonner que je fusse à Amsterdam? — Non. J'ai cru, sur l'instant, que la curiosité seule de vos aventures le faisait me questionner; mais, après ce que vous m'avez dit, je crains d'avoir fait une de mes maladresses accoutumées. — Je n'ai pas pu voir M. Mametin de toute la journée, mais Louise ignore évidemment cette circonstance, car, si elle l'avait connue, elle m'en eût fait part. Et quelle a été la conclusion de toutes ces questions? — La recommandation expresse de dire au notaire de venir ce soir, et le notaire m'attend déjà. — Cher ami, si vous apprenez quelque chose, venez, je vous en supplie, m'en informer. — Tout cela se débrouille d'un côté et s'embrouille de l'autre. — Tâchez de savoir si M. Mametin soupçonne que je suis le mari de Louise, et s'il le sait, eh bien! dites-lui franchement que c'est la crainte de lui faire de la peine, en échange du bonheur que Louise lui doit, qui nous a fait garder le silence là-dessus. — Soyez tranquille, fit Henry, je suis heureux et je ferai tout pour vous être agréable; le bonheur rend bons ceux surtout qui, a comme moi, n'ont pas l'habitude d'être heureux.

Et les deux hommes se séparèrent après s'être serré la main.

Tristan alla retrouver Willem, qui était si plongé dans ses peines qu'il n'entendit d'abord pas rentrer son ami.

— Incurable, pensa Tristan en regardant son ami.

Henry sonna à la porte du docteur.

Louise vint ouvrir comme la veille.

— Bonsoir, ma chère belle-mère, dit Henry. — Bonsoir, répondit Louise en souriant. — Le notaire est-il là? — Oui. — Il n'y a rien de nouveau? — Rien, mon ami.

LI

Quand Henry entra dans la chambre de son père, il le trouva levé et seul avec ce notaire.

— Vous avez fait une imprudence, mon père, lui dit-il en s'approchant de lui. — Non, mon enfant, je vais bien, tout à fait bien, répondit le docteur en tendant la main à son fils.

22

Puis, se tournant vers le notaire :

— Tout est-il régulièrement fait, monsieur? dit-il. — Oui, répondit le notaire. — Eh bien! veuillez remettre le papier à mon fils.

Le notaire remit à Henry l'acte par lequel son père le reconnaissait, et qui le faisait le fils adoptif de Louise. — Merci, mon père, fit Henry en se jetant dans les bras du docteur. — Maintenant, reprit M. Mametin, va remercier Louise, et laisse-moi un instant seul avec monsieur, que nous continuions ce que nous faisions quand tu es arrivé.

Henry s'éloigna, alla retrouver Louise et la remercia en lui baisant affectueusement les mains.

— Je ne m'acquitte, dit Louise, que d'une faible portion de la reconnaissance que je dois à votre père, mon ami.

Quand Henry fut parti, M. Mametin se remit à écrire, questionnant de temps en temps son compagnon sur les formules usitées en pareille matière.

— De cette façon, dit-il après avoir lu son testament au notaire, mon fils aura sa fortune et ma femme la sienne; et dans le cas où je viendrais à mourir, elle pourrait se remarier et apporter cette fortune à son nouveau mari sans contestation. — Oui, monsieur. — Très-bien.

M. Mametin cacheta la lettre qu'il venait d'écrire, la remit au notaire en se levant et lui dit :

— Merci, monsieur, de vos bons conseils, qui, je l'espère, ne serviront à mes héritiers que dans longtemps.

Et il sourit à l'homme grave, qui crut qu'il était de sa dignité de se retirer sans sourire.

Quand M. Mametin fut seul, il s'arrêta en passant la main sur son front, comme si une pensée de doute venait de se fixer dans son esprit, et comme s'il eût voulu changer cette pensée.

— Il le faut cependant, dit-il.

Et tirant de sa poche un flacon, il le vida dans une carafe pleine d'eau qui se trouvait préparée avec du sucre sur une table, puis il sonna :

Un domestique parut.

— Dites à mon fils de monter me parler, dit-il au domestique.

Et quand celui-ci fut sorti, le docteur alla ouvrir la fenêtre, jeta dans le jardin le flacon qu'il venait de vider, et aspira une bouffée d'air frais qui le fit frissonner malgré lui.

Henry parut et trouva M. Mametin accoudé à la fenêtre.

— Encore une imprudence, mon père, fit le jeune homme, vous avez la fièvre et vous vous exposez à un air froid et qui peut être mortel. — Ne crains rien, mon enfant, le bonheur est la panacée universelle, et depuis hier je suis guéri. — Vous m'avez fait appeler, mon père. — Oui, mon enfant, dit le vieillard en posant sa main sur le bras d'Henry et en s'asseyant sur le rebord de la fenêtre, oui, j'ai voulu que tu me répétasses une dernière fois que tu me pardonnes. — Et qu'ai-je à vous pardonner, mon père ? — Le silence que j'ai gardé et le malheur que je t'ai fait pendant si longtemps. Je te l'ai dit, mon enfant, ce n'est pas ma faute. Ta mère avait exigé de moi ce serment que de son vivant tu ne saurais ni son nom ni le mien. Ta mère est morte, et avant de mourir m'a écrit une lettre pour toi, cette lettre je te l'ai remise, tu me l'as lue et nous avons trouvé tous les deux mon excuse dedans. Maintenant, mon ami, je sais que tu veux te marier ; je sais que ton mariage dépendait de ce qui vient de se passer, je ne veux pas faire ton bonheur à demi, et j'entends que tu partes demain dès le matin. J'ai voulu avoir avec toi cette dernière entrevue, je dis dernière parce que la mort veille à la porte des gens de mon âge, et que si je mourais avant que tu partisses, ma mort reculerait encore ton bonheur, et continuerait la faute de ma vie. Je suis ton père depuis trop peu de temps pour te condamner d'abord à un deuil, et je veux que tu partes et que tu me ramènes promptement ta femme. Au revoir donc, mon cher enfant ; embrasse-moi et va prendre du repos, car tu dois en avoir besoin à la fois pour le voyage que tu as fait et pour celui que tu vas faire. Écris-moi dès ton arrivée à Paris, et sois heureux, en récompense du passé.

Le vieillard embrassa son fils, qui sentit deux larmes dans ce baiser.

— Maintenant, envoie-moi Louise.

Henry se rappela alors ce que Tristan l'avait prié d'apprendre.

— Oui, mon père, lui dit-il, et ce qui me décide à partir, c'est la certitude que je laisse auprès de vous une femme dévouée. — Tu as raison, mon ami, Louise est un ange. — Qui a bien souffert, m'avez-vous dit. — C'est vrai, la pauvre enfant ! — Mais vous ne m'avez jamais dit, mon père, comment vous l'aviez connue. — La première fois que je l'ai vue, répondit M. Mametin, qui avait d'abord hésité à répondre, elle était évanouie au milieu de la rue, et je l'ai recueillie. Elle était à la recherche de son mari, qui était sorti de chez elle pour aller se tuer, et dont elle venait d'apprendre la mort. — C'est étrange. — Quoi ! fit M. Mametin en tressaillant malgré lui. — Comment s'appelait son mari ? — Tristan. — Eh bien ! ce Tristan est le même avec lequel j'ai voulu me tuer et que j'ai retrouvé depuis en Italie. — Tu te trompes, mon ami, répondit le docteur d'une voix qu'il essaya de rendre assurée ; c'est le même nom, la même histoire, mais ce n'est pas le même homme. — Vous en êtes sûr ? — Sûr. Moi-même j'ai douté quand tu m'as parlé de ce Tristan ; mais, comme je l'ai fait enterrer moi-même, je suis bien convaincu de sa mort. — Il a vu Tristan, pensa le docteur, et il me questionne. — Il ne se doute de rien, se dit Henry ; cela vaut mieux. — Eh bien, mon père, je vais vous envoyer Louise. — Mais auparavant, dit M. Mametin avec une légère émotion que ne put remarquer son fils, donne-moi un verre d'eau : j'ai soif.

Henri donna à son père ce qu'il lui demandait.

Celui-ci prit le verre et en but le contenu d'un seul coup.

— Adieu, mon enfant ! dit-il en embrassant une dernière fois le jeune homme, et à bientôt.

Henry sortit, et quelques instants après Louise parut.

— Me voici, mon ami, dit-elle en entrant.

Pendant ce temps, Henry avait été pour parler à Tristan ; mais celui-ci, qui le guettait, l'ayant vu sortir, était descendu et l'avait trouvé à la porte.

— Eh bien ? lui avait-il dit. — Il ne sait rien, avait répondu Henry. — Alors, il faut que je parte, car la position telle qu'elle est n'est plus supportable. — C'est ce que je vous conseille, à la fois pour le repos de mon père et pour le vôtre. — Et vous ? — Moi, je pars demain. — Pour ? — Pour Paris. — Nous nous y verrons sans doute. — Vous comptez y aller ? — Oui. J'ai là-haut un ami qui ne demandera pas mieux que de voir la France. — — Alors, au revoir, cher ami. — A bientôt.

Tristan remonta chez lui, et Henry disparut.

— Ma chère enfant, dit M. Mametin à Louise, je crois que j'ai un peu de fièvre. Henry avait raison de me dire que l'air du soir pouvait me faire mal. Je vais me coucher. Fais demander M. Tristan.

Mais auparavant, ferme la fenêtre et donne-moi un verre d'eau.

Louise obéit.

M. Mametin but ce second verre comme il avait bu le premier.

— Cette eau a un mauvais goût, reprit-il ; jette-la dans le jardin, et remonte-moi cette carafe pleine.

Louise descendit, et au moment où elle traversait la salle à manger, elle entendit le perroquet qui criait.

Elle alla au perchoir afin de voir s'il lui manquait quelque chose.

— Mon pauvre Jacquot, lui dit-elle, tu as soif; et elle emplit le verre de l'animal avec une partie de l'eau qu'elle allait jeter, et jeta en effet le reste.

Puis elle donna l'ordre d'aller chercher M. Tristan, et remonta auprès de son mari, qu'elle trouva couché.

Quelques instants après, Tristan entrait dans la chambre du vieillard.

— Vous trouvez-vous plus mal? dit notre héros en voyant M. Mametin dans son lit. — Oui, reprit celui-ci, j'ai le frisson. — Il faut vous couvrir, car vous avez la fièvre. Vous aurez commis quelque imprudence. — Je me suis mis à la fenêtre; mais ce ne sera rien, et ce n'est pas pour cela que je vous ai fait appeler. Asseyez-vous tous deux auprès de mon lit, mes enfants, et écoutez-moi.

Involontairement Tristan et Louise se regardèrent.

— Donnez-moi chacun votre main, continua le vieillard; vous êtes deux nobles cœurs, et Dieu a bien fait de me mettre sur votre chemin pour que je pusse vous réunir, moi qu'il semblait avoir choisi pour vous séparer. Je sais tout, mes enfants; je sais votre dévouement à tous deux, je sais le sacrifice que vous avez fait au bonheur du vieillard qui espère n'avoir plus que peu de temps à vivre, mais qui veut, avant de mourir, reconnaître ce sacrifice, et cependant vous en demander un second.

Voici votre femme, Tristan. Remerciez le Seigneur, qui, en la séparant de vous, m'a envoyé à elle, comme je le remercie de me l'avoir confiée. Depuis qu'elle vous a retrouvé à Milan, mon ami, elle a dû bien souffrir, et cependant jamais un mot n'a altéré le dévouement qu'elle m'avait juré, jamais un mouvement de tristesse n'a altéré le bonheur qu'elle m'avait promis. J'ai appris par mon fils, lorsque je m'y attendais le moins, que la Providence vous avait réunis, et cependant j'ai voulu que ce secret restât entre nous trois, car tout à l'heure, lorsqu'il m'a questionné, je lui ai laissé croire que j'ignorais tout.

Lorsque je suis tombé malade, Tristan, vous m'avez soigné avec le dévouement d'un fils, et cependant ma mort était votre bonheur. Écoutez-moi donc. Je suis vieux. Je n'ai plus que de courtes années et peut-être que peu de jours à vivre. Mon fils, que je viens de retrouver, va se marier à Paris et sera tout à sa nouvelle famille. Je n'ai plus qu'une joie, qu'un appui, c'est Louise : il faut donc, mon ami, que vous me fassiez le sacrifice de la laisser accompagner les derniers pas de ma vie. Cependant, vous aimez votre femme, et un jour ou l'autre le sacrifice que vous vous imposez eût fini par être au-dessus de vos forces. Déjà même il devait vous peser, et vous avez dû, lassé de cette vie étrange, aviser au moyen de la changer ou même de la rompre ; répondez. — C'est vrai, fit Tristan ému de cette scène à laquelle il s'attendait si peu. — Et qu'avez-vous résolu ? — J'avais résolu de partir. — C'était le bon moyen, mon ami, d'attendre sans remords ce qu'au fond vous devez désirer. Partez donc, partez dès demain ; c'est un vieillard, c'est un ami qui vous le demande. Partez pour la France, soyez le compagnon de mon fils ; il a l'inexpérience qu'ont les gens qui ont toujours été malheureux et qui, par conséquent, redoutent toujours. Protégez-le, et le jour où vous le verrez prendre le deuil, revenez ici, mon ami, et vous trouverez Louise qui n'aura plus d'autres devoirs à accomplir que celui de vous suivre ; et ne vous impatientez pas, Tristan, continua le docteur en serrant la main du jeune homme, ce ne sera pas long.

Louise pleurait, et Tristan lui-même, les larmes aux yeux, reprit :

— Mon père, permettez-moi de vous donner ce titre, je suis tout prêt à vous obéir ; mais j'ai honte de vous quitter, car si vous étiez malade, nul, je vous le jure, fût-ce votre véritable fils, ne vous soignerait avec autant d'amour que moi. — Les émotions de cette journée m'ont brisé, reprit le vieillard avec un tremblement dans la voix. J'ai besoin de repos, mes enfants, retirez-vous. Toi, Louise, prie Dieu le plus longtemps que tu pourras ; vous, Tristan, préparez tout ce qu'il faut pour votre départ, et venez tous les deux demain à midi ; j'aurai peut-être encore quelque chose à vous dire.

Et le vieillard tendit son front à Louise et à Tristan, qui l'embrassèrent tous deux et se retirèrent.

Les jeunes gens se serrèrent la main et se séparèrent sans rien dire.

Il y a des émotions que la langue humaine ne traduit pas.

Tristan rentra et trouva Willem rêvant aux étoiles.

Il lui frappa sur l'épaule.

— Faites vos malles, lui dit-il. — Mes malles? — Oui. — Je pars. — Nous partons. — Quand? — Demain. — Et nous allons? — A Paris.

Willem sauta au cou de Tristan et faillit l'étouffer.

Il ne se fit pas répéter ce qu'il venait d'entendre, et, quelques minutes après, Tristan entendit son compagnon qui remuait les meubles, renversait les chaises et faisait ses malles en chantant.

LII

Le lendemain, Tristan se rendit de bonne heure chez Louise. Il la trouva déjà levée et pleurant.

— Qu'avez-vous? lui dit-il. — C'est peut-être une folie de pleurer ainsi, lui dit-elle, mais un petit malheur me semble toujours en annoncer un plus grand. Je suis superstitieuse, mon ami, et vous allez voir ce qui me fait pleurer.

Et Louise, prenant la main de Tristan, l'emmena dans le jardin et lui montra le perroquet mort, et dont on avait posé le corps sur un banc.

— Pauvre bête, fit Tristan, et deux larmes lui vinrent aux yeux.

Puis il s'approcha de l'animal, le prit, et, avec un attendrissement que l'on comprendra, il embrassa ce cadavre encore chaud.

— De quoi est-il mort? dit Tristan en regardant Louise. — Je l'ignore, je l'ai trouvé ce matin étendu sur le plateau de son perchoir. — C'est étrange, il n'était pas malade hier.

Et Tristan rouvrit l'œil fermé de l'animal.

— L'œil est vitreux, dit-il, on croirait que ce perroquet a été empoisonné. — Empoisonné, fit Louise, et par qui? — C'est ce que je me demande; où est son perchoir? — Dans la salle à manger.

Tristan se rendit au lieu que venait d'indiquer Louise, et regarda dans les bassins où se trouvaient la graine et l'eau.

Il trempa son doigt dans l'eau et le porta à ses lèvres.

— Cette eau est empoisonnée! dit-il. — Cette eau! fit Louise en pâlissant. — Oui, cette eau. — Vous en êtes sûr?

Tristan renouvela l'épreuve.

— Sûr, reprit-il. — C'est impossible! s'écria Louise en tombant à genoux. — Et pourquoi? — C'est moi qui ai versé cette eau dans ce bassin. — Et où l'avez-vous prise? — C'est monsieur Mametin qui me l'a donnée pour la jeter, disant qu'il la trouvait amère.

Tristan pâlit.

— Avez-vous vu monsieur Mametin ce matin? dit-il à Louise. — Non. — Il n'a pas appelé encore? — Non. — Ni cette nuit? — Non. — Il a bu de cette eau? — Un grand verre. — Montez dans sa chambre, dit Tristan. — Avec vous. — Non, seule. Moi, j'attends ici.

Louise n'osait bouger.

— Montez, montez, fit Tristan, il aura peut-être le temps encore de vous dire quelque chose.

Louise monta.

Une seconde après, le cœur oppressé, elle frappait à la porte du docteur, mais rien ne répondait.

Louise ouvrit alors la porte, et Tristan, qui avait monté les premières marches de l'escalier, entendit tout à coup un grand cri et le bruit d'un corps qui tombait sur le plancher.

Il se précipita dans la chambre où venait d'entrer Louise.

Celle-ci était évanouie, et tenait à la main un papier qu'elle avait trouvé sur le lit de M. Mametin, et sur lequel il y avait de l'écriture du docteur:

« Il vaut mieux que Tristan ne parte pas. »

Quant à M. Mametin, il était mort.

Épilogue.

Trois mois après les événements que nous venons de raconter, Louise et Tristan, en deuil tous les deux, finissaient de dîner dans un appartement de l'hôtel Meurice, à Paris, lorsque le domestique annonça :

— M. Willem. — Bonjour, cher ami, fit Tristan, il y a bien longtemps que nous ne vous avons vu.

Willem, beaucoup plus pâle et beaucoup mieux mis que nous ne l'avons connu, baisa fort galamment la main que Louise lui tendait, et s'asseyant à côté de Tristan, lui dit :

— J'ai appris que vous partez demain. — C'est vrai. — Ne pourriez-vous retarder ce voyage de quelques jours? — Si c'est pour vous rendre service, volontiers. — C'est justement cela. —

Tout à vous, cher ami. Que faut-il faire? — Il faut me servir de témoin. — Vous vous battez? — Je me marie. — Bah! et avec qui? — Avec une charmante jeune fille, que j'aime et qui m'aime un peu, je crois. — Et nos amours d'autrefois? — Je vous conterai tout cela, sachez seulement que j'en suis guéri. — J'en suis bien content. — Mais ce n'est pas le tout. Il faut que je vous présente à ma future belle-mère. — Quand vous voudrez. — Je viens pour vous chercher. — Tout de suite? — Oui.... — Je m'habille et je suis à vous.

Tristan entra dans la chambre, et laissa Willem avec Louise.

— Vous ne m'en voulez pas de retarder votre voyage, madame? — Du tout, monsieur, je connais l'amitié de mon mari pour vous, et je partage l'intérêt qu'il vous porte. — Mille grâces, madame. Et vous allez? — En Italie. C'est un caprice que j'ai eu de revoir, avec mon mari, le pays que nous avons parcouru séparés l'un de l'autre, et de retrouver ensemble les impressions différentes que nous y avons eues. — Je suis prêt, fit Tristan en reparaissant tout habillé. Allons-nous loin? — Aux Italiens. — Ah! votre future famille est là? — Oui. — Il y a une représentation nouvelle? — Justement, et les débuts d'une grande chanteuse. — Qui s'appelle? — Léa, je crois.

Louise regarda Tristan.

— Voilà une impression que je suis sûre de ne plus retrouver à Milan, dit-elle.

Tristan sourit à ce souvenir de Louise, à qui, on se le rappelle, l'impresario avait raconté la liaison de Léa et de Fabiano.

Quant à Willem, qui ne connaissait pas ce détail de la vie de Tristan, il ne comprit pas ce que cela voulait dire.

— Vous n'irez pas dans les coulisses, dit Louise en tendant son front à Tristan. — Sois tranquille.

Les deux jeunes gens descendirent.

— Et madame Van-Dyck, fit Tristan, c'est donc bien fini? — A tout jamais, mon ami. Cette ridicule liaison est le remords de ma vie. Que vous deviez me trouver sot! — Je vous aime mieux comme vous êtes que comme vous étiez; mais enfin qu'est-elle devenue? — Elle est retournée là-bas, en menant un nouveau commis à M. Van-Dyck, lequel commis était déjà installé quand, après la mort de M. Mametin, je ne pus résister au désir de partir et que j'arrivai à Paris. Du reste, vous saviez tout cela aussi bien que moi. — Et vous faites un beau mariage ! — Vous allez voir.

En effet, quelques instants après, Willem, entrant dans une première loge des Italiens, présentait Tristan à une vieille dame accompagnée de son mari et de sa fille, et présentait les deux hommes l'un à l'autre.

Tristan regarda alors cette foule élégante qu'il n'avait pas vue depuis longtemps, et vit dans une loge, presque en face de celle où il se trouvait, une femme qui le lorgnait et qui souriait en dessous de sa lorgnette.

Tristan attendit que la lorgnette s'abaissât, ce qui ne tarda pas, et il reconnut Henriette de Lindsay, qui lui sourit de façon à lui faire comprendre qu'il pourrait se présenter dans sa loge, où elle était seule avec une autre femme.

Lorsque la belle-mère de Willem eut invité Tristan à la soirée du contrat, celui-ci demanda la permission de se retirer, se fit ouvrir la loge d'Henriette, qui, en le voyant entrer, lui tendit la main.

— M'en voulez-vous toujours? lui dit-elle en riant? — Du tout. — Je vous ai bien regretté, allez. — Dites-vous vrai? — Sur l'honneur. Il était ennuyeux à périr, votre ami. — Notre ami, vous voulez dire? — Pourquoi diable avez-vous pris cela au sérieux? — J'étais amoureux. — Et maintenant? — Je suis marié. — Elle est retrouvée? — Oui; et si vous avez des commissions pour l'Italie, donnez-les-moi, je pars dans quelques jours. — Voulez-vous que je vous prête ma maison du lac Majeur? fit Henriette en souriant. — Moqueuse. — Il vous a donc donné un coup d'épée, répliqua Henriette, qui n'avait pas, on le sait, plus de suite dans les idées que dans les actions. — Henry? oui. — Il m'a conté cela; j'en ai bien ri. — Merci. — Mais vous êtes vengé. — Comment? — Vous ne savez pas ce qui lui est arrivé? — Non. — Il devait se marier. — Je sais cela. — Il paraît qu'il avait retrouvé son père. Il part pour aller embrasser l'auteur de ses jours, il revient, sa fiancée était mariée à un autre. — Pauvre diable! il n'aura pas été heureux une fois dans sa vie. — Merci, dit Henriette, je me souviendrai de ce mot-là. Et savez-vous ce qu'il a fait? — Non. — Il est reparti désespéré pour son petit château d'Enghera; si vous passez par là, cher ami, allez le voir. — J'y passerai exprès; ce pauvre garçon! — Et maintenant, adieu. — Vous me chassez? — Oui.

Henriette avait répondu ce mot en portant sa lorgnette à ses yeux. Tristan suivit la direction de la main, et vit un jeune homme qui venait d'arriver et dont le regard répondait à celui qu'il devinait derrière cette lorgnette.

— Un dernier mot, fit Tristan. — Dites? — Cette Léa qui débute est-ce celle qui chantait autrefois devant la porte de votre hôtel? — Oui, c'est elle. — Et qui refusait de porter vos lettres, continua Tristan. — Justement; mais qui vous a conté cela? — Elle-même. — Vous la connaissez donc? — Je l'ai connue à Milan.

Henriette adressa à Tristan un regard après lequel on eût pu mettre un point d'interrogation bien significatif.

— Oui, répondit le jeune homme. — Allez-vous lui faire vos compliments? — C'est inutile. — Mais vous intéressez-vous encore à elle? — Comment l'entendez-vous? — A son bonheur, veux-je dire? — Oui. — Eh bien! elle a admirablement chanté le premier acte, et chaque fois qu'on l'a applaudie, elle a regardé le jeune homme qui occupe le troisième fauteuil d'orchestre. Maintenant, quand vous reviendrez à Paris, venez me voir. — Toujours rue de Lille? — Toujours.

Tristan salua Henriette et sa compagne, et sortit.

— Quel est ce monsieur? demanda la femme qui était dans la loge de madame de Lindsay lorsque Tristan fut parti; je ne le connais pas. — C'est toute une histoire que je te conterai plus tard.

Et en même temps Henriette faisait imperceptiblement signe de monter à celui que nous l'avons vu lorgner tout à l'heure.

Le jeune homme obéit, et quelques instants après il disait à Henriette :

— Il y avait un monsieur tout à l'heure ici? — Oui. — Quel est-il? — C'est un monsieur que je connais fort peu, et dont j'ai toujours grand'peine à me débarrasser quand je le rencontre, fit Henriette d'un air indifférent.

Huit jours après, Willem était marié, et Louise et Tristan étaient sur la route d'Italie.

Comme il l'avait dit, notre héros voulut aller faire une visite au château d'Enghera.

Il monta donc avec Louise aux ruines que nous connaissons, et trouva l'ancien domestique d'Henry, ce vieillard que de Sainte-Ille avait mis sur son testament.

— Que demandez-vous, monsieur? fit le vieux bonhomme

qui ne reconnut pas Tristan. — Monsieur Henri de Sainte-Ile? — Monsieur Mametin, vous voulez dire? — Oui, répondit Tristan. — Il est mort, monsieur. — Mort! fit Tristan avec émotion. — Oui. — Et comment? — Il paraît qu'il lui était arrivé un dernier malheur; outre la mort de son père, qu'il avait retrouvé, il est revenu s'enfermer ici, et un matin que je ne le voyais pas paraître comme de coutume, je suis entré dans sa chambre. Il était sorti, son lit n'était pas défait; j'ai pensé qu'il était allé dans la montagne, la nuit, comme cela lui arrivait souvent; j'ai cherché, et au bout de quelque temps j'ai retrouvé mon pauvre maître, dont le cadavre était suspendu à l'un des pics du roc. Est-il mort de suicide ou d'accident? c'est ce que j'ignore. Je suis allé chercher deux braves paysans, et nous l'avons enterré là. Tenez, monsieur, fit le vieillard, voilà sa tombe.

Et il montra à Tristan un endroit où la terre, plus élevée, se couvrait de gazon.

Louise s'agenouilla sur cette tombe, et, en se relevant, cueillit une marguerite qu'elle cacha dans son sein.

— Pauvre ami! dit Tristan. — Oh! oui, monsieur, plaignez-le, dit le vieillard; on ne sait vraiment pas pourquoi Dieu permet qu'il y ait ainsi de pauvres créatures maudites dans leur naissance, dans leur vie et dans leur mort.

Le bon homme essuya de sa manche une larme qui mouillait ses yeux.

— Et quand avez-vous retrouvé son corps? demanda Tristan. — Le 13 du mois dernier, répondit le vieillard, le vendredi au matin. — Le vendredi? fit Tristan. — Oui, répondit le vieillard. — Allons, décidément, il faut croire à la fatalité, dit le jeune homme. — Et à la Providence, répliqua Louise en tendant son front à son mari.

Et tous deux, après avoir une dernière fois dit adieu à la tombe d'Henry, descendirent en se tenant la main, et en se retournant de temps en temps, comme pour bien graver dans leur esprit le souvenir de l'horizon et du passé qu'ils laissaient derrière eux.

FIN.

TABLE

Chap. I. Des émotions que peut éprouver un homme en regardant brûler un bout de chandelle.................. 1

II. Où l'auteur dit ce qu'il n'a pas eu le temps de dire dans le chapitre premier............................. 8

III. Où notre héros s'aperçoit qu'il est plus difficile de se tuer qu'il ne l'avait cru d'abord................. 13

IV. Louise.. 39

V. Où l'auteur se fût trouvé embarrassé si le lecteur avait pu accompagner le médecin à la Morgue...... 46

VI. Comment un chemin paraît de moitié plus court quand on le fait tantôt sur le siége et tantôt dans la voiture. 53

VII. Où le lecteur n'apprendra rien dont il ne se soit douté... 69

VIII. Les deux amants..................................... 76

IX. Où Tristan a tort de croire à ce que lui dit Henriette... 83

X. ! ! !... 93

XI. 104

XII. 111

XIII. Où il sera question de l'incisive qu'on a dérobée à Henry.. 119
XIV. Le petit homme à perruque à la Jean-Jacques et canne à pomme d'or.. 140
XV. À Milan... 145
XVI. La Prima-Donna.................................... 153
XVII. 171
XVIII. Histoire longue mais vraie. (Suite.).................. 177
XIX. Solo de Perroquet................................... 180
XX. 189
XXI. 197
XXII. Louise reparaît..................................... 201
XXIII. 206
XXIV. 213
XXV. La Providence prend la forme d'un commerçant hollandais... 220
XXVI. 226
XXVII. 232
XXVIII. 241
XXIX. 249
XXX. 256
XXXI. Les remords et les craintes de Willem................ 263
XXXII. Parenthèse....................................... 267
XXXIII. Ce que disait madame Van-Dyck pendant que Tristan faisait son portrait, et de ce qui en advint... 270
XXXIV. 278
XXXV. Où l'on verra que la musique n'adoucit pas toujours les mœurs de l'homme....................... 287
XXXVI. La tristesse de madame Van-Dyck.................. 294
XXXVII. Tristan Joseph et Euphrasie Putiphar.............. 299
XXXVIII. Les deux lettres................................ 308
XXXIX. 312
XL. 316
XLI. Un bon ménage..................................... 323

TABLE DES MATIÈRES.

XLII.	333
XLIII.	341
XLIV. Monsieur Van-Dyck se dévoile.	349
XLV. Où le lecteur va revoir quelqu'un qu'il n'a encore vu que deux fois.	353
XLVI.	358
XLVII. Les deux fenêtres.	363
XLVIII. Incident.	368
XLIX. Mystère.	373
L.	377
LI.	385
LII.	391
ÉPILOGUE.	392

FIN DE LA TABLE.

Paris.— Typographie Morris et Comp., rue Amelot, 64.

www.ingramcontent.com/pod-product-compliance
Lightning Source LLC
Chambersburg PA
CBHW071911230426
43671CB00010B/1564